U0898946

汉译经典

〔英国〕亚当·斯密 著
郭大力　王亚南 译

国富论 下

译林出版社

下卷目次

序　　论／1

第四篇　论政治经济学上之诸体系

第一章　商业主义或重商主义的原理／1

第二章　论限制从外国输入国内能生产的货物／21

第三章　论与某种国家通商，其贸易差额被假设为不利于我国，遂异常限制其各种货物输入／40

第一节　即根据重商主义的原则，这种限制亦不合理／40

旁论储金银行，尤其是阿姆斯特丹的储金银行／46

第二节　根据其他诸原则，这种异常的限制亦不合理／56

第四章　论支还／66

第五章　论奖励金／72

旁论谷物贸易及谷物条例／89

第六章　论通商条约／110

第七章　论殖民地／121

第一节　论建设新殖民地的动机／121

第二节　论新殖民地繁荣之原因／129

第三节　美洲的发现，及经由好望角到东印度的通路的发现，究于欧洲有如何的利益／153

第八章　结论重商主义／200

第九章　重农主义，即政治经济学上视土地生产物为各国收入及财富之唯一资源或主要资源之学说 / 218

第五篇　论君主或国家之收入

第一章　君主或国家之费用 / 241
第一节　论国防费 / 241
第二节　论司法费 / 257
第三节　论公共设施及土木工事之费用 / 269
第一项　便利社会商业之土木工事及公共设施 / 269
第二项　论青年教育之设施费 / 300
第三项　论各种年龄人民之教育设施费 / 325
第四节　论国君养尊之费 / 351
结　论 / 351
第二章　论一般收入或公家收入之源泉 / 353
第一节　特别属于君主或国家之收入源泉 / 353
第二节　论赋税 / 360
第一项　地租税 / 363
第二项　利润税，即加在资本收入上之赋税 / 381
第一项及第二项之附录　加在土地房屋资财上之资本价值税 / 392
第三项　劳动工资税 / 397
第四项　原要混加在各种收入上的诸税 / 400
第三章　论公债 / 439

序　论

政治经济学，若被视为政治家的或立法家的科学之一部门，那就要提示两个不同的目标。其一，是供人民以丰富的收入或生计，更确当地说，是使人民能自给以如此的收入或生计；其二，是供国家或共同社会以充分的收入，使公务得以进行。总之，其目的，在于富人民而又富其君主。

不同时代不同国民的不同富裕程度，曾在政治经济学上，引出两个不同的富民的主义。其一，可称为重商主义；其他可称为重农主义。关于这两个主义，我将尽我所能，予以充分而明了的说明，且将从重商主义开始。这是近世的学说，在我国今日又最为人所理解。

第四篇　论政治经济学上之诸体系

第一章　商业主义或重商主义的原理

财富由货币或金银构成的俗见，自然而然地因货币有两重作用而生。它是通商的媒介，又是价值的尺度。因为它是通商的媒介，所以，我们用货币，比用任何其他商品，都更容易取得我们所需的物品。我们常常觉得，获取货币是一件大事。只要有货币，以后随便购买什么，都不会难。又因为它是价值的尺度，我们常用各种商品所能换得的货币量来估计各种商品的价值。值多额货币的人，被称为富人；仅值少许货币的人，被称为穷人。俭朴的热衷于富的人，说是爱货币的人；不谨慎的宽宏的奢侈的人，说是漠视货币的人。求财富等于求货币。总之，按照通俗的说法，财富与货币，无论就那一点说，都被视为同义的字。

像富人一样，富的国家，每每被假设为有许多货币。贮积金银于国内，被假设为富国的捷径。美洲发现后，有一个时期，西班牙人每到一个生疏的海岸，第一个要问的问题，就是近旁有金银发现吗？他们就根据这种情报，判定那个地方有没有殖民的价值，乃至有没有征服的价值。以前，法兰西国王，特遣僧徒庇亚诺·加宾诺去见有名的成吉思汗的一位王子。据这位大使说，鞑靼人所常常问到的，只是法国的牛羊丰夥吗？他们这种问题和西班牙人的问题，有同样的目的。他们要知道那里的财富是否够得上他们去征服。鞑靼人及一切牧畜民族，大都不知道货币的用处；在他们中间，家畜便是通商的媒介，便是价值的尺度。所以在他们看来，财富是由家畜构成的，正如在西班牙人看来，财富是由金银构成的。在这两种看法中，恐怕还要以鞑靼人的看法最近于真理。

洛克先生曾指出货币与其他各种动产的区别。他说，其他各种动产是这样容易消耗的，故由这等动产构成的财富不大可靠；一个国家，即令毫无输出，亦只要是奢侈浪费，就不能由今年这等动产的富有救济明年这等动产的缺少。反之，货币却是一个可靠的朋友，它虽然会由这个人转到那个人，但若保之不使出国，却就不很容易浪费消耗。所以，照他说来，金银乃是一国动产中最坚固最根本的部分；他还以为，就因为这个缘故，所以，增殖此等金属，应该是政治经济的大目标。

别一些人却以为，设若一国能离全世界而独存，则国内流通的货币无论多少，都毫无关系。借货币而流通的消费可能品，将因货币有多有少，而所换货币亦有多有少；他们亦承认，这样的国家的实富与贫，乃取决于此等消费可能品的丰饶或缺少。但对于和外国发生关系，且有时不得不对外宣战，所以，还有在远地维持海陆军的必要的国家，他们的看法却又不同。他们说，除了送出货币来支付他们的给养，即无法在远地维持海陆军，但要送出货币，又非先在国内有许多货币不可。所以，每个这样的国家，都应在和平时节蓄积金银，一旦有事，才有资力对外宣战。

因有这一类的俗见，欧洲各国都尽力研究在本国蓄积金银的方法，虽然没有多大成效。以此等金属供给欧洲的主要矿山的占有者西班牙及葡萄牙，就曾以最严厉的刑罚或苛重的课税，禁止金银输出。往时，我们欧洲，几乎没有几个国家，不曾采用这种禁止政策。就连苏格兰，照吾人推测，是不致有此等规定的，但试考古代苏格兰议会法律，我们就发现了，那里对于金银输出国外，亦曾以重刑为禁。法兰西、英格兰往时，亦都曾采用同样的政策。

当这些国家成为商业国时，商人们在多数场合，总是感到这种禁令非常不便。他们常常觉得，以金银为媒介，向外国购买物品，而输入本国或运往别国，比用任何其他商品为媒介，都要更有利益。他们反对这种禁令，说它有害于他们的贸易。

第一，他们说，为购买外国货物而输出金银，不必会减少国内的金银量。反之，还往往会增加国内的金银量。因为，设若外货消费额不致因此而在国内增加，此等货物即可再输出到外国，而以大利润在那里售去，所以，带回来的财宝，也许会比原来输出去的购买费，更多得多。谟恩氏即以这种外国贸易作用，比于农业的播种期及收获期。他说："如果我们只看见了农夫播种时期散播良好谷物于地的行为，我们一定会把他看做一个狂人，不会想到他是一个农夫。但若我们再考察他收获期间的劳动，我们就会发觉，他的行为究有何等价值，究有如何丰富的生产。收获才是他努力的目的。"

第二，他们说，这种禁令并不能阻止金银输出，因与价值相对而言，金银的容积很小，极容易秘密输出。他们以为，只有适当的注意所谓贸易差额，才能防止这种输出。他们以为，若一国输出的价值大于输入的价值，外国就欠它一个差额，那必然是由金银支付，故可增加国内的金银量。如果输入的价值大于输出的价值，它就欠外国一个差额，这亦必然是由金银支付，故可减少国内的金银量。他们以为，如果在这场合禁止金银输出，那就不但不能阻止金银输出，且将使金银输出加多一层危险，从而使金银输出加多一层费用。他们以为，比较在不禁止输出金银时，在这种禁令下，在差额上为负的国家将更不利于汇兑。购买外国汇票的人，对于售卖外国汇票的银行，不仅要赔偿其运送货币之自然的危险困难与费用，且因禁止金银输出异常危险之故，须加付一种赔偿。汇兑愈是不利于我国，贸易差额亦必愈是不利于我国。与贸易差额有利之国比较，贸易差额不利之国的货币价值，必愈益低落。譬如，英荷二国间的汇兑，若百分之五不利于英，则在汇兑时，便须以英银一百零五翁斯(ounce)，购买荷银一百翁斯的汇票。英银一百零五翁斯，既只与荷银一百翁斯的价值相等，故亦只能购得一个比例量的荷兰货物。反之，荷银一百翁斯，却与英银一百零五翁斯的价值相等，故亦可购得一个比例量的英国货物。总之，售给荷兰的英国货物，将以如此低的价格出售；售给英国的荷兰货物，又将以如此昂的价格出售。这都由于汇兑的差额。英国货物，只能吸引如此少量的荷兰货币往英国；荷兰货物，却能吸引如此多量的英国货币往荷兰。所以，贸易差额不利于英国的程度，遂因而加甚，而终须以更大差额的金银输往荷兰。

以上的议论，有一部分是理由确凿，有一部分却是强词夺理。贸易上金银输出，往往有利于国家的议论，是理由确凿的。在私人觉金银输出有利时，禁令不能防止金银输出的议论，亦是理由确凿的。但他们如下的议论，却是强词夺理。他们说，自由的贸易不必政府关心，已可供国家以适当数量的其他有用物品，所以，要保持或增加本国的金银量，比要保持或增加本国其他的有用物品量，需要政府更为关心。他们又说，汇兑的高价，必致加甚他们所谓贸易差额的不利程度，使金银输出额越是巨大。这种高价，当然极不利于该欠外国债务的商人。在购买外国汇票时，他们须以更高得多的价格，付给银行家。但是，由此种禁令而起的危险，固可引起银行家的异常的费用，但不必会因此而输出更多的货币。这种费用，大多用在秘密输出的时候，故不至于使国家在所需汇出的数目以外，多输出六便士的货币一个。汇兑的高价，自然会使商人努力使输出几乎与输入相抵，使他们尽量缩小他们的支付额。汇兑高价的作用，必类于赋税，即增高外货的价格，减少外货的消费。所以，汇兑高价的趋势，并不是加甚他们所谓贸易差额的不利，只是减少他们所谓贸易差额的不利，不是加甚金银的输出，只是减少金银的输出。

使人民听了确信的议论，原来就是这般。这种议论，由商人们陈述于国会、王公会议、贵族及乡绅们之前；由那班被假设为了解贸易的人，陈述于那班自认为对于这问题一无所知的人之前。外国贸易可以富国的事实，在商人，在贵族，在乡绅，是同样知道的；但外国贸易如何富国的问题，他们却没有一个懂得清楚。商人们十分知道外国贸易如何使他们自己富裕的方法。这种知识的求得，原是他们的事务。但了解外国贸易如何富国的问题，却并不是他们的事务。除了在他们要向国家请愿改订国外贸易法的时候，他们自来不会想到这个问题。只在请愿改订法律的时候，他们才必须陈述国外贸易的结果如何有利益，才必须陈述现行法律如何阻碍这种有利的结果。他们向裁判官说外国贸易可以带货币回国，但外国贸易法却使外国贸易所带回来的货币比较没有这种法律的时候为少。决定这事件的裁判官听了这个说明，亦觉得十分满足。这种议论，遂达到了预期的结果。法兰西英格兰的金银输出禁令，遂以本国铸币为限了。外国钱币与金块的输出，遂任其自由。在荷兰及其他某几处，这种自由乃得广及于本国铸币。政府的注意遂从金银输出的监视转过来，监视贸易差额，因为只有贸易差额能够促起国内金银量的增减。他们放弃了一个无结果的注意，转向一个更复杂更困难却是同样无结果的注意。谟恩氏题名为《英格兰外国贸易的财宝》的著作，遂不仅成了英格兰政治经济的根本格言，而且成了各商业国政治经济的根本格言。以同一资本可提供最大收入而又能雇用最多本国国民的最重要的国内贸易，却竟被视为外国贸易的辅助物。据说，国内贸易既不能从外国带货币回来，亦不能把货币送到外国去。所以，除非国内贸易的盛衰，可间接影响于外国贸易的情状，那就无论怎样，亦不能以国内贸易为媒介而致国于富或致国于贫。

没有葡萄园的国家，须从外国吸取葡萄酒，同样，没有矿山的国家，亦须从外国吸取金银。政府似乎不必要特别注意某一物品而更不注意别一物品。一个有资力购买葡萄酒的国家，即可买得所需的葡萄酒；一个有资力购买金银的国家，决不至于缺少金银。它们像一切其他商品一样，须以一定的价格购买；并且，就因为它们是一切其他商品的价格，所以一切其他商品都是它们的价格。我们十分相信，不被政府注意的自由贸易，常可供我们以我们所需的葡萄酒；我们亦十分相信，不被政府注意的自由贸易，常可按照我们所能购入所能使用的程度，供我们以流通商品或其他用途的金银。

人类勤劳所能购入或生产的各种商品量，自然会在各个国家，按照有效需要（生产商品，送商品上市，必须支给地租、劳动与利润，愿支给这全部地租、劳动与利润的人们，其需要，便是有效需要）而调节各种商品量。但这种调节作用，特在金银那种商品上最易发生，而其作用亦最准确。因为，金银的体积小，价值大，持易从价廉之处运至价昂之处，从有效需要不足之处运至有效需要过度之处。譬如，假设英格兰需要追加量的金，而此种需要又复是有效需要，那只要一只货船，就可从利斯朋或其他地方运来金五十吨，可铸成五百万以上的几尼。但若所需为等价值的谷粒，那以五几尼换一吨谷粒计算，其输入便须有载重一百万吨的船一艘，若一船载一千吨，则须有一千艘。英格兰的海军，亦不足此数。

一国所输入的金银量，若超过于其有效需要，那无论政府怎样注意，亦不能阻止其输出。西班牙葡萄牙的苛法，并不能使金银不外溢。从秘鲁巴西来的不绝的输入，超过了这两个国家的有效需要，使金银在这两个国家的价格低在邻国之下。反之，如若某国的金银量，不足供应其有效需要，那就会抬高金银的价格，使在邻国之上。金银输入全用不着政府操心。即令政府自讨麻烦，想设法禁止金银输入，亦决不能有效。里加尔喀斯①的法律，虽要阻止金银输入拉齐顿曼②，但斯巴达人的充足的购买力，可以把这一切障碍突破。苛酷的关税法，不能阻止荷兰、哥登堡东印度公司③之茶输入英国，因其较廉于英国东印度公司。一磅茶的价格，至高十六先令。以银币付，则一磅茶的体积，约一百倍于十六先令的体积；若以金币付，则一磅茶的价格，尚不止二千倍。茶的秘密输入，其困难亦当加如此倍数。

有许多货物，因体积关系，不能随意由充溢的市场移至缺乏的市场，但金银要由金银丰足的市场运至金银缺乏的市场，却很容易。这是金银价格比较其他大部分货物价格更不常常变动的一部分的理由。当然，金银价格亦不是全不变动，但其变动，大都是迟缓的、渐进的、整一的。譬如，有人假设（也许是没有多大根据的假设）欧洲在现世纪及前世纪行程中，金银因不绝由西领西印度输入，其价值不绝下落，但只是徐徐地下落，要使金银价格突然改变，换言之，要突然使凡百货物的货币价

---

① 里加尔喀斯：Lycurgus，今译莱克格斯、吕库耳戈斯（约公元前700—前630），斯巴达的政治家和立法者，制定法令规章，奠定了希腊强权的基础。——编者注

② 拉齐顿曼：Lacedemon，今译拉栖第孟，古代斯巴达的别称。——编者注

③ 荷兰、哥登堡东印度公司：the Dutch and Gottenburgh East India Companies，即荷兰东印度公司和哥登堡东印度公司。荷兰东印度公司成立于1602年3月20日，1799年解散，其原名意为“联合东印度公司”；哥登堡（哥德堡）东印度公司即瑞典东印度公司，是瑞典为了与东亚（特别是中国）贸易，而于1731年在哥德堡成立的公司。——编者注

格发生显著的腾落，却非有像美洲那样的发现，致商业上发生那样的革命不可。

这一切姑置不论。如果一个有资力购买金银的国家，竟有时偶然缺乏金银，要想方法补替，比较要补替任何其他商品的缺乏，都更方便。如果制造的原料不足，工业必致停顿。如果食粮不足，人民必致饿死。但若货币不足，既可物物交换，又可记账买卖而每月或每年清算一次，更可用调节得当的纸币。第一方法虽很不方便，第二方法就比较方便了，至若第三方法就不但不会不方便，且有时会觉得更为方便。所以，无论就任何一点说，政府保存国内货币量增加国内货币量的用心，都是不必要的。

货币稀少的怨声，是最普遍不过的。我们对于货币，像对于葡萄酒一样。如果我们缺少购买货币的费用，又没有贷借货币的信用，那是常常会感到缺乏的。否则我们就用不着担心它会缺少。然而抱怨货币稀少的人，又不必常常是不谨慎的浪子。有时，全通商都市及其近邻地方，会一般感到货币稀少。营业过度，是这现象的普通原因。谨慎的人，若不比例于其资本而创营计划，结果就会像支出收入不相平均的浪费者一样，既不能有购买货币的收入，亦不能有借贷货币的信用。在计划尚未实施以前，他们的资财就完了,跟着,他们的信用亦完了。他们到处去向人借贷货币，但到处的人，都说没有货币出借。就连货币稀少的怨声像这样遍于全国，亦不足证明国内流通的金银已失常量，那仅可证明有许多不能支给代价的人在渴望金银而已。在贸易利润较平常为大的时候，那就无论大小商人，都容易犯营业过度的错误。他们送出的货币虽不较平常为多，但他们在国内国外，都用记账的方法买进异常量的货物，而运往远方的市场，希望在付款期前取回货物的代价。但若付款期前不能取回代价，他们手上就没有购买货币的资力，亦没有贷借货币的确实担保品了。货币稀少的一般怨声，非起因于货币稀少，只起因于求借者难于借得，债权人难于索回。

认真去证明财富非由货币或金银构成，乃由货币所购各物构成（对于所购各物，货币只是用以购买的价值），那未免过于滑稽。无疑，货币是国民资本的一部分；但我们讲过，它通常只是一小部分，并常常是最少利益的一部分。

商人所以觉得以货币购买货物较易，以货物购买货币较难的，并非因为构成财富的更主要的成分是货币，不是货物，那只因为货币是已知的确立了的通商媒介物，一切物品都易于为了和它交换而舍给，但要取得货币来交换货品，却不见有那么容易。此外，有大部分的货品都比货币有更大的消磨性，要把它们保存，亦常须蒙受更大得多的损失。又，有货物存在手上，比较有货物价格纳在金库，特易发生货币需要，为己所不能应付。还有，他的利润，直接出自卖货者多，直接出自买货者少。因此，他大都更热望以货品交换货币，更不怎样热望以货币交换货品。不过，丰富的货品堆在堆栈，不能按时售卖出去，虽有时可成为个别商人破产的原因，但决不能使一国或一个地方破产。商人的全部资本，往往由容易消磨的货物构成，注定了要用来购买货币，但一国土地劳动年产物，却只有极小部分能用来从邻国购买金银，极大部分是在国内流通，亦在国内消费。就连送往外国的剩余物品，亦常有大部分用来购买其他种类的外国货。所以，非用以购买金银不可的那部分货物，即令不能卖出以交换金银，亦不至于使国民破产。损失是有的，不方便亦是有的，必须设法以补替货币，亦是不错的。不过，其国土地劳动年产物却是照常一样或几乎照常一样。它的维持，尚有同样多或几乎同样多的可消费的资本可供使用。以货品交换货币比以货币交换货品，虽是困难一点，但放远来看，则以货品吸引货币比以货币吸引货品，却又似乎更有把握。除了购买货币，货物还有其他许多用处；但除了购买货物，货币就一无所用。有了货物，不愁没有货币，但有了货币，却不常有，更不必定有货物。购买货物的人，不必再把货物出售，但售卖货物的人，却常常再须购买。购买人往往为自己消费使用，所以买了就完了；售卖人却非再有购买不为功。不再购买，就仅仅成了事业的一半。人们所以需求货币，不是为了货币自身，却不过为了货币所能购买的物品。

据说，消费可能品，马上会被破坏，金银则因有较大的耐久力，设不继续输出，即可永久蓄积国中，致国民实富，有不能使人置信之增加。所以，以如此耐久的商品交换如此容易消磨的商品，据称，是最不利于国家的贸易的。不过，我国的铁器，亦是极耐久的，设不继续输出，亦可永久蓄积国中，致国内锅釜有不能使人置信的增加。但我们若以之交换法国葡萄酒，却又不被看作是不利的贸易。一看，就知道随便在哪一国，这类用器的数目都须受限制于其使用；随便哪一国，锅釜都是用来烹调食物的，够烹调食物就行了，多也没有用处；但若食物增加了，要增加锅釜是很容易的，那只要用一部分追加的食物量，来购买锅釜，或维持追加数的制造锅釜的铁工。同样，我们一看，就知道随便哪一国，金银量都受限制于这类金属的使用，那或铸成铸币而当通货用，或打成器皿而当家具用。但无论在任何一国，铸币之量都受支配于国内赖铸币而流通的商品的价值；商品的价值增加了，马上就会有一部分商品，送到有金银铸币的外国，去购买流通商品所必要的追加量的铸币。我们又知道，随便在哪一国，金银器皿的数量，都受支配于国内豪华家族之数与富；豪华家族之数与富增加了，大都马上会有一部分追加的财富，送到有金银器皿的地方，去购买追加量的金银器皿。锅釜虽为家用所需，但非家用所必需的锅釜，虽设法取得，设法保存，亦不能增加其家之食用；同样，金银虽为国用所需，但非国用所必需的金银，虽设法输入，设法保留，亦不能增加其国之财富。出资购买此等不必要的用器，不仅不能增进家庭食品的量与质，且将把它减损；同样，出资购买此等不必要的金银，亦必致减少财富，即减少衣食住的物品，使不能照旧雇用人民，照旧维持人民的生计。我们必须记住，金银无论铸为铸币抑锻成器皿，终与厨房的用具同为器具。增加金银的用途，增加消费可能品（这些商品，都由金银而流通，而支配，而准备），你一定能够增加金银的数量；反之，如果你想由异常的方法增加它们的数量，你就一定会减少它们的用途，又因为金银的数量必须受限制于其用途，所以，甚至于会把金银的数量减少。如果金银量的蓄积已多于国用所需，则因其输运如此容易，其死藏不用之损失又如此浩大，所以，任何法律亦不能防其立即输出。

一国要遂行对外的战争，维持远遣的海陆军，并不一定要蓄积金银。海陆军所赖以维持的，不是金银，是消费可能品。国内产业的年产物，换言之，本国土地、劳动及可消费的资本之年收入，就是在远隔诸国购买此等消费可能品的资力。有此等资力的国家，即能维持对远国的外战。

一国有三个不同的方法，购买远遣军队的俸给与食粮。第一，把若干部分蓄积着的金银运往外国；第二，把若干部分制造业的年产物运往外国；第三，把若干部分常年原生产物运往外国。

真正积贮在国内的金银可分为三个部分：第一，流通的货币；第二，私家的金银器皿；第三，依多年节俭而聚存于国库之货币。

一国流通的货币节用不了多少，因为一国流通的货币不能有多大的剩余。无论在任何一国，年年买卖的货物价值，虽必须有一定量的货币来流通，来配分给真正的消费者，但不能使用这必要量以上的数量。流通的通道，必吸引充足的货币额，以充满其自身，但不能容纳必要量以上的数量。在对外战争的场合，固然通例会从这个通道取出若干，但既有许多人遣往国外，国内所须维持的人数便减少了。国内流通的货物既已减少，流通这货物所必要的货币亦必减少。并且，在这样的境况中，通例会发行大批的纸币，如英格兰的财政部证券、海军部证券、银行证券。这各种纸币既可代替流通的金银，遂得有机会把较大量的金银送往外国。不过，这一切方法仍是不够的。对外战争的经费每每浩大，期限每每悠久，要赖这个资源来维持，就极不充分了。

熔解私家的金银器皿，更无济于事。接近战争开始之初，法兰西曾使用这方法，但这方法所得的利益，尚不足补偿时尚的损失。

往时，君王蓄积的财宝，会提供一个更大得多且更耐久得多的资源。但在今日，除了普鲁士王，全欧洲殆无一国君王以蓄积财宝为政策了。

在历史的记录中，现世纪的对外战争，要算经费最为繁重的了。但支持这种对外战争的基金，却只有极少部分出自流通货币、私家金银器皿或国库财宝的输出。前次对法战争，英国曾费去九千万镑以上的经费，其中有七千五百万镑新募的国债，有每镑土地税附加二先令的附加税，以及动用的常年减债基金。这项经费，就中有三分之二以上是用在远隔诸地，换言之，用在德意志、葡萄牙、亚美利加，在地中海诸港，在东印度及西印度诸岛。英格兰王没有蓄积的财宝，我们又自来不曾听见有非常量的金银器皿被人熔解。而一向，大家又都以为国内流通的金银未曾超过一千八百万镑。自接近金币改铸以来，大家虽相信那种估计未免太低，但据我所闻见的，则最夸大的统计，亦不过说我国金银合计达三千万镑。如果支持战争的只是我国的货币，则按此统计，至少得在六七年间，把这数目的全部第一次送出，第一次送回，第二次送出，第二次送回，而再送出。按照这个假设，国内的全部货币，定须在短期间内行所无事地作二次的往来。若是，政府保存货币的用心，即如此设想，亦可谓全无必要。何况在这期间内，流通通道并未现出较平常为空虚的模样。有资力换取货币的人，很少会感到货币缺乏。在全战争期间，尤其是将要终结之顷，对外贸易的利润实际较平常为大。这种情形，照例，使英国各地发生一般的营业过度的现象。这种现象引起了货币稀少的呼声，因为这种呼声，常常会伴随这种现象而生。有许多人，既无资力可以购买它，复无信用可以借它，当然会缺少它，但就因债务人难于借得，债权人遂亦难于索回。不过，有价值换取货币的人，大都仍可按价值取得金银。

所以，接近战争的巨大经费，决非主要出自金银的输出。英国若干种商品的输出，是这笔费用的出处。在政府或政府工作人员与一商人订约汇款至外国时，这商人即向国外来往通汇处，出一期票。他为了支付这张期票，与其送金银出国，就毋宁送商品出国。如果英国商品，不为那个国家所需要，他就会设法把商品送往别国，购买一张期票，来付清那个国家的欠款。把商品运往适当的市场，常可取得颇大的利润。但运金银出国，却不见有任何利润可图。商人送此等金属到外国购买外国商品，虽有利润可图，但此种利润之来源，非由于报答品的购买，却由于报答品的售卖。送出去还债的金银，既不能取得报答品，亦不能有利润。所以，他自然会设法，由输出商品的方法付还外债，而不愿采用输出金银的方法。所以，英国现状的作者，便说接近战争期中，英国输出的巨量货物没有取回一点报答品。

上述三种金银之外，在一切大商业国中，都有大量的金块交替着，一次输入，一次输出，以经营国外贸易。这种金银块条，像国民铸币流通特定国内一样，流通于各商业国之间，可视为大商业共和国之货币。国民铸币的流动及其方向，受支配于流通本国境内的商品，大商业共和国货币的流动及其方向，则受支配于流通各国间的商品。二者均为便利交换而设，一则用于同国不同个人之间，一则用于不同国不同个人之间。接近战争的维持，或曾动用这大商业共和国的货币一部分。在大战中，这种货币的运动与方向，自然和太平时节不同。战场周围，将越为此种货币流通之处；交战国军队所需的俸给与食粮，均须在交战地点及其邻邦购买。但英国每年这样使用的大商业共和国的货币，必须年年购买，购买所用之物，或为英国商品，或为英国商品所购得之他物。所以结局仍是归到商品，仍是归到一国土地劳动年产物。这才是我们维持战争的终极的资源。设想每年这样大的失费，必须出自巨大产物，是很自然的。一七六一年，失费便在一千九百万镑以上。任何金银蓄积，亦不能支持这样大的常年的浪费。甚至于任何金银的年产额，亦不足支持。根据最可靠的统计，则每年输入西班牙葡萄牙的金银，总共不过六百万镑。就某几年说，这个数目要支持前次战争四个月，亦不大能够。

军队派往远地，其俸给食粮，常须在远地购买。购买此种俸给食粮，或购买大商业共和国货币以购买此种俸给食粮，均须输出若干商品。最宜于为这目的而输出的商品，似乎是比较精巧改良的制造品，因其小容积中包含大价值，故得以小费用遂行大距离的输出。一国产业，若能每年生产多量剩余的这种制造品而输往外国，那么，即令它不输出巨量的金银，甚至于没有如此巨量的金银可供输出，它亦可维持失费极为繁重的对外战争至许多年数。在这场合，这颇大部分的年剩余制造品的输出，虽于私商人，有报答品提供，但于国家，却没有一点报答品。政府曾向商人购买外国期票，备在外国购买军队的俸给和食粮。不过，总有一部分剩余制造品的输出，可继续取回报答品。在战争期间，制造品的需要加倍了。第一，购买军队的俸给与食粮，既然向外国出了期票，则为付清期票之故，自然要制造货品。第二，国内通常消费的外国货物，仍须向外国购买，为换回这种货物之故，又须制造货品。在破坏性最大的对外战争中，大部分制造业往往会大盛起来；反之，在太平时节，却往往会衰落下去。它们在国家衰落时繁荣，在国家恢复繁荣时衰落。试一比较晚近战争期中英国各种制造业的状况及停战后若干期内英国各种制造业的状况，即可例证我们上面所说。

赖土地原生产物输出，而遂行失费繁重或期限悠久的对外战争，是不大方便的。运送大量原生产物往外国，以购买军队的俸给食粮，费用太大了。而且没有几个国家所生产的原生产物，除了足够维持本国居民生活所需，还能有多大的剩余。于是，以大量原生产物输往外国，实无异夺去人民一部分必要生活资料。但制造品的输出，情形就不同了。制造业工人的生活资料，仍保存国内，所输出者仅为彼等产物之剩余部分。休谟氏屡次注意往昔英王不能继续长期对外宣战的事实。那时英吉利除了土地原生产物和粗制造品，即无其他可资以购买远地军队的俸给食粮。但原生产物不能从国内消费节省下来多少；粗制造品和原生产物的运输费，又过于巨大。所以，这种不能的原因，并不是缺少货币，只是缺少比较精巧改良的制造品。英格兰之买卖，今日固依货币而行，往时亦一样依货币而行。流通货币的数量，在今日，固然与通常买卖的次数与价值，持有一定比例，但那时亦持有一定的比例，其比例又必须是一样的。实则，因为那时没有纸币，现在，纸币却已代替了大部分金银，所以，那时所持的比例，还定然比现在更大。在商业制造业不甚发达之国，遇有异常事件发生，臣民对于君主，屡屡不能有多大援助。其理，我将在下面说明。所以，这样的君主，只有努力蓄积财宝，以防万一。并且，像这样的国家，即令没有这种必要，国王亦自然会倾向于积蓄所必要的节俭。在这种简易的状态下，君主的经费决不为虚荣心所支配，以尽宫廷骄奢淫逸之所好；那大都用以周济佃人，款待臣下。虚荣心虽往往流于浪费，周济与款待却绝少有此结果。因之，鞑靼酋长莫不富有财宝。乌拉[①]哥萨克酋长麦齐伯[②]（查理七世的有名的同盟者）的财宝，据云甚伙。梅罗文居安系[③]的列代法兰西王，全有财宝。在他们分封诸儿时，亦以财宝分给诸儿，萨克森诸王及侵服后最初诸王，亦同样蓄积财宝。王位的篡夺，大都以掠夺君王财宝为第一着，似乎篡夺王位，即以掠夺前王财宝为最基本的手段。进步国商业国之君主，却没有蓄积财宝的必要，因为他们在非常的场合可以得到臣民非常的援助。他们蓄积的性向亦没有那样厉害，他们自然会（也许是必然会）追随时代的风尚。他们的经费，遂和领土内各大地主的经费，一样为豪华的虚荣心所支配。宫廷中的无意义的装饰，一天华丽过一天，其用费之大，不仅阻止蓄积，且将侵蚀其他必要用途上的基金。德西利达斯描写波斯宫廷的话，可用来描写欧罗巴诸帝王的宫廷。在那里，看得见许多华美，看不见多少势力，看得见许多婢仆，看不见多少士兵。

金银输入，不是一国经营国外贸易所得的主要利益，更不是唯一利益。经营国外贸易的地方，无论是什么地方，都可从此得两种不同的利益。即输出本国不需要的剩余部分的土地劳动年产物，输回本国所需的别种物品以为报答。以剩余物品交换他物来满足他们欲望的一部分，从而增进他们的享乐品，即是给剩余物品以价值。赖此，国内市场之狭隘，得不至于妨碍各工艺部门之分工，使不能达至最高程度。又赖此，国内消费不了的劳动生产物部分，得开放了一个更广阔的市场，鼓励他们改进他们的劳动生产力，极度增加

① 乌拉：Ukraine，今译乌克兰。——编者注

② 麦齐伯：Mazepa，今译马泽帕，即伊万·马泽帕（1639—1709），彼得大帝时代乌克兰酋长，1687年至1709年在位。——编者注

③ 梅罗文居安系：the Merovingian race，即梅罗文加王朝。公元500年至750年统治法国的王朝。——编者注

他们的年产物，从而增加社会之真实财富与收入。这对于国外贸易进行中诸国，是何等伟大重要的贡献，但继续这种贡献的，便是国外贸易。固然，经营国外贸易的商人，会在更大的程度上供应本国人民的需要，输出本国的剩余物品，所以，最受国外贸易的利益的，是商人所在的国家。但通商各国，都将受莫大利益。以金银输入无金银矿山但又需要金银之国，固然是国外商业的事务的一部分，但比较是最无意义的一部分。单为了这种打算而经营国外贸易的国家，一世纪下来，亦怕没有满一船的机会。

美洲的发现，诚然增加了欧洲的富，但致富之由，非输入金银。美洲金银矿山的丰饶，减低了这种金银的价值。与十五世纪比较，今日购买金银器皿所须付给的谷物或劳动，约为当时三分之一。今日欧洲，每年费同量的劳动和商品，所可购得的金银器皿约可三倍于当时。而且，因为商品跌价至原三分之一，不仅原来有资力购买这商品的人，可购买三倍以前的数量，即原来没有资力购买这商品的人，亦将有此资力，所以有资力购买金银器皿的人数，也许会比从前增加至十倍以上，甚至二十倍以上。于是欧洲现有的金银器皿，不仅比从前（即令当时改良程度一如现今，不过美洲矿山未曾发现）多了三倍以上，且恐已较多二十倍乃至三十倍以上。欧洲无疑从此获得了实在的利益，不过那确乎是一种甚不重要的利益。金银价值的低廉，使它们比较往时已更不宜于充作货币。同一购买已需较多货币，往时我们荷包内仅须携带一个“格罗”的，于今已须携带一个先令。这也是一种不便。金银价值高是一种不便，金银价值低亦是一种不便，但哪一种不便最无关重要，却颇难说。不过，这两种不便，都不会在欧洲情状上引起任何根本的变化。然而欧洲情形，确曾因美洲发现而发生非常大的变化，此中理由，究在哪里呢？即为欧洲各种商品，开放了一个无尽的新市场！这样一来，分工进步了，技术改良了。这在通商范围狭隘，有大部分生产物缺少市场的时候，是决不会有的现象。有了这现象，劳动生产力遂改良了，欧洲各国的生产物遂增加了，居民的真实收入与财富遂亦跟着增大了。欧产的商品，对于美洲几乎完全是新奇的；美产的商品，对于欧洲亦几乎完全是新奇的。于是，出人意料之外，有了一种新的交易，那于旧大陆有利，亦自然于新大陆有利。谁料到欧洲人蛮不讲理，竟然使这样一种应该有利于万国的事情，成了若干不幸国家灭亡的原因。

与美洲发现几为同时的绕好望角至东印度的通路的发现，也许可以说是开放了一个更大的国外通商市场，虽然比较远些。美国当时除了两个民族，其余均在未开化状态中，但这两个民族亦在被发现后不久就灭亡了。讲到东印度，则有中国，有印度斯坦，有日本，有其他各国，他们虽没有更丰饶的金银矿山，但在其他各方面则与秘鲁、墨西哥比较，都当称富裕之国，他们的耕种更为进步，他们的工艺亦更为进步。即令我们相信（虽然明明白白不能使我们相信）西班牙诸作家关于往昔秘鲁、墨西哥的夸大的记载，我们亦当视它们不及东印度诸国。与文明富国交易，比较与未开化野蛮国交易，所交易的价值，当然要更大得多。但欧洲由美洲贸易所得的利益，比较由东印度通商所得的利益，却一向遥为巨大。葡萄牙人独占东印度贸易，几达一世纪，欧洲人要把任何物送到东印度去，或从东印度购入任何物品，都须间接经过葡萄牙人的手。前世纪初叶，荷兰人开始侵入印度时，随即组织一个公司，一手包办了东印度的商业。英吉利、法兰西、瑞典、丹麦，又随在后面仿效他们的先例。所以，欧洲无论哪一大国，对于东印度，都不曾享得自由贸易的利益。这种贸易的利益，所以不及美洲贸易的，即因东印度贸易不能自由，而美洲贸易，即欧洲各国对其所属殖民地的贸易，却任一切属民自由经营。除了这个理由，我们实在用不着列举其他。是等东印度公司的排他性特权、深厚的财富，以及本国政府的保护惠益，处处皆足引起嫉妒。这种嫉妒心，使人们常常把这种贸易看作有害的贸易，因为经营这种贸易的国家，年年有输出巨量银的必要。当事人之答辩，则谓银的继续输出，虽可致欧洲一般于贫困，但不能致贸易国于贫困，因为，以报答品的一部分输往欧洲其他诸国每年所入的银量，遥大于所出的银量。反对者，以我所检讨的俗见为根据，答辩者亦以我所要检讨的俗见为根据。所以，关于他们任何一方，我们都不必多费口舌，年年输银往东印度之结果，固可略略提高欧洲器皿的价值；银铸币所能购得的劳动和商品，或亦可增加。但在这二结果中，前一结果只是极小的损失，后一结果亦只是极小的利得；二者都太无意义，值不得社会任何部分的注意。东印度的贸易既为欧洲商品开放了一个市场，或者说，为金银（由这些商品而购得的）开放了一个市场，那当然有增加欧洲商品年产额，从而增加欧洲真实财富与收入的趋势。而这种贸易，一向所以增加欧洲财富收入甚少的，那也许要归因于其进行上之处处蒙到限制。

我总以为，对于财富由货币或金银构成的俗见，加以充分的检讨，虽则是一种麻烦的工作，却亦是一种必要的工作。我讲过，照普通说法，货币屡屡表示财富，这种词语的暧昧，使我们熏染于这种俗见之中。我们明明知道这种俗见不合理，但在推理时，我们每每忘记自己的原则，致默认这种俗见为确实不能否定的真理。英国有几个最上乘的著作家，在论商业时，便从如下的观点出发，即构成一国财富的，不仅是金银，而且是土地、房屋及各种消费可能品。但在推理时，他们却把土地、房屋、消费可能品，通统忘记了。在议论的力点上，他们常常假设一切财富由金银构成，常常假设一国工商业的大目标即是增加此等金属。

上述二原则，一为财富由金银构成，一为无金银矿山之国，只能由贸易差额（即由输出价值超过输入）而输入金银。这二原则既经确立，那就无怪政治经济学的职志，在于尽量减少国内消费的外国商品之输入，尽量增加国内产业的生产物之输出了。于是，其富国二大机关，便是限制输入与奖励输出。

输入的限制，共有二类：

第一，本国消费的外国商品，如能由本国生产，那无论从任何国输入，均一律加以限制。

第二，对某外国的贸易，如贸易差额被假设为不利于本国，那就无论是任何种货物，只要从那个国家输入，均一律加以限制。

此等限制，有时采用高率关税的方法，有时采用绝对禁止的方法奖励输出的方法，有时是支还，有时是奖励金，有时是与外国订立有利的通商条约，有时是在远地建设殖民地。

在下述二场合，允许支还。一、在国内制造品课税或纳国产税时，如输出，即允将课税的全部或一部支还；二、输入时已经课税的外国货品，如再输出，即允将课税的全部或一部支还。

奖励金的颁发，或用以奖励新兴的制造业，或用以奖励被假设为应受特别眷顾的产业。

由有利的通商条约，特定国的货物或商人，得在外国，享受其他诸国货物及商人所不能享受的特殊的特权。

在远地建设殖民地，不仅可给殖民地建设国的货物与商人，以诸种特殊的特权，且往往给他们以一种独占。

二种限制输入的方法，四种奖励输出的方法，即是使贸易差额有利，以增加国内金银量的六大手段，为重商主义所倡导。我将在以下各章分别加以讨论。我的讨论，比较不着重这六种手段，能不能有输货币入国的想象的倾向，而着重此等方策，对于其国产业的年产物，究有如何的影响。这诸种方策，既有增减其国年产物价值的倾向，所以亦分明有增减其国真实财富及收入的倾向。

第二章　论限制从外国输入国内能生产的货物

以高率关税或绝对禁止，限制从外国输入国内能够生产的货物，国内生产此等货物的产业，即多少可以确保国内市场的独占。禁止从外国输入活家畜与盐渍食品的结果，英国牧畜业者，遂确保了国内屠肉市场的独占。谷物输入的高率关税（在收获中平时，即等于禁止的高率关税），给了谷物生产者以同样的利益。外国羊毛输入的禁止，同样有利于羊毛制造家。丝制造业所用的材料，虽全系外国产，但接近亦取得了同样的利益。麻布制造业虽尚未取得，但亦有阔步前进以冀取得同种利益的倾向。还有许多其他种类的制造业，同样在英国取得了或几乎取得了有害同胞的独占权。英国所绝对禁止输入或在一定条件下禁止输入的货物，其种类之繁多，在一般不很熟知关税法的人，简直是不易猜测的。

这种国内市场的独占，往往会对于享有独占权的特种产业，予以大奖励，是毫无疑问的；往往会违反自然所向，使社会上有较大部分的劳动及资财流入这特殊用途，亦是毫无疑问的。但这办法能不能增进社会一般的产业，能不能引导产业走上最有利的方向，却也许没有这样显明。

社会一般的产业，决不能超过社会资本所能维持的限度。任何个人所能雇用的劳动人数既须按照比例于他所有的资本，所以，大社会一切人员所能继续雇用的劳动人数，亦须按照比例于大社会所有的全部资本，决不能超过这个比例。任何商业条例，亦不能使社会一般产业之量的增加，超过社会资本所能维持的限度。那不过违反自然所趋，勉强改变一部分资本的用途，至若这个人为的方向，比较自然的方向，是否能有利于社会，却又毫不确定。

各个人都不绝努力为他自己所能支配的资本，寻觅最有利的用途。放在他心里的，诚然不是社会的利益，只是他自身的利益，但他检考自身利益的结果，自然会或不如说必然会引导他选定最有利于社会的用途。

一、投资国内用以维持国内产业，若能取得资本的普通利润，或略为少些，但少得有限，那各个人的资本，就都会尽量投在国内，尽量用以维持国内的产业。

如果利润均等或几乎均等，则一切批发商人都自然宁愿经营国内贸易，而不愿经营消费品的国外贸易，但与其经营贩运贸易，却又不如经营消费品的国外贸易。投资经营消费品的国外贸易，资本常常不受自己监视，但投在国内贸易上的资本，却常受自己监视。在国内贸易的场合，所信托的人，品性如何，情况如何，投资人更容易弄得明白，即令偶然受骗，他亦更知道法律要求赔偿的手续。至若贩运贸易，则商人资本，分散在两个外国，没有任何部分，有携回本国的必要，亦没有任何部分，受他亲身的监视与支配。譬如，阿姆斯特丹商人投资，从肯尼斯堡[①]贩运谷物至利斯朋，从利斯朋贩运水果及葡萄酒至肯尼斯堡，其资本通例有一半投在肯尼斯堡，一半投在利斯朋。没有任何部分，有流入阿姆斯特丹的必要。这时候，这商人自然以住在肯尼斯堡或利斯朋为宜。他所以卜居阿姆斯特丹，不过因为有极特殊的事情为之驱策。然终以资本远隔，极不放心的缘故，他常常把贩运的货物的一部分，不计上货下货的双重费用，亦不计税金与关税的

① 肯尼斯堡：Konigsberg，即哥尼斯堡。——编者注

支付，曲道输入阿姆斯特丹。他为了要亲身监视资本的若干部分，遂不惜担负这非常的费用。亦即因此故，贩运贸易占优势的国家，居然会成为通商诸国货物的中心市场或一般市场。但因要省免第二次上货下货的费用，商人往往尽量在本国市场售卖这诸国的货物，即在可能范围内，尽量使贩运贸易变作消费品的国外贸易。同样，经营消费品的国外贸易的商人，当收集货物，准备运往外国市场时，亦常常乐意以均等或几乎均等的利润，尽量在国内售卖货物的一大部分。他要在可能范围内，使消费品的国外贸易变作国内贸易，这样，输出的危险与困难，就省免了许多。于是，虽然有时因有特殊原因而驱资本出国，被迫投于远方，但我们总可以说，无论哪一国，本国总是本国居民所有资本不绝流向的中心，本国居民所有的资本，亦即不绝流通于这个中心的周围。我们讲过，投在国内贸易上的资本，比较投在消费品国外贸易的等量资本，必能推动较大量的国内产业，使国内有较多数的居民，能够从此取得收入与职业。投在消费品国外贸易上的资本，比较投在贩运贸易上的等量资本，亦有这种较大的利益。所以，在利润均等或几乎均等的场合，各个人的投资方向，大都能给国内产业以最大的援助，从而，给本国最多数居民以收入与职业。

二、投资维持国内产业的各个人，都定然会努力指导产业，使其生产物尽可能有最大的价值。

勤劳的生产物，即是添加于勤劳对象物或材料上的东西。雇主利润的大小，即按照比例于这生产物的价值的大小。投资维持产业的人，既以图取利润为唯一目的，他自然会努力使投资维持产业的结果，能够得到价值最大的生产物，换言之，希望所得的生产物，能交换最大量的货币或其他货物。

但各个社会的年收入，与其勤劳全部年产物之交换价值，常常恰好相等，或不如说恰好是同一的事物。把资本用来维持国内产业，指导国内产业，各尽所能，尽量使其生产物价值达到最高程度，本来就无异各尽所能，尽量使社会的收入加大。固然，他们通例没有促进社会利益的心思。他们亦不知道他们自己曾怎样促进社会利益。他们所以宁愿投资维持国内产业，而不愿投资维持国外产业，完全为了他们自己的安全；他们所以会如此指导产业，使其生产物价值达到最大程度，亦只是为了他们自己的利益。在这场合，像在其他许多场合一样，他们是受着一只看不见的手的指导，促进了他们全不放在心上的目的。他们不把这目的放在心上，不必是社会之害。他们各自追求各自的利益，往住更能有效的促进社会的利益；他们如真想促进社会的利益，还往往不能那样有效。一般为公众幸福而经营贸易的人，据我所知，并不曾成就多少善事。但有这种感情的商人既然不多，所以，用不着多费口舌，来谏止他们这种感情。

什么种类的国内产业最宜于投资？什么种类的国内产业的生产物常有最大的价值呢？关于这问题，政治家、立法家的判断，绝没有他个人自己的判断那样准确，因为个人处在当事人的地位。政治家指导私人应如何投资营业，结局不过加重自身的责任，去注意那种最不必注意的问题，从而扩大自身的权力。把这种权力委在迂愚僭越自认宜于为此的人手中，真再危险没有。其实，这种权力，决不能安然委在任何一人身上，亦不能安然委于议会或元老院。

使国内产业上任何特殊工艺或制造业的生产物独占国内市场，即在相当程度上指导私人应如何使用其资本。这种法规，几乎在这一切场合，都是无用的或有害的。如果本国产业的生产物，与外国产业的生产物能一样低廉，则此法规显然无用。如果不能一样低廉，那就一般是有害的。如果购买所费，比较家内生产所费为小，就一定不宜于家内生产，那是贤明的家主都知道的格言。所以，裁缝决不要亲自制作自己的鞋履，而向鞋匠购买。鞋匠决不要亲自制作自己的衣服，而向裁缝购买。农民则既不要缝衣，亦不要制鞋，而宁愿雇用这两种匠人。他们全发觉了，专营一种较优于他人的产业，而以生产物之一部或其一部之价格，购买他们所需要的别种物品，实大有利于他们自己。

于个别家庭为得策者，于全国亦不致为失策。就某种商品说，设本国亲自制造所费多于向外国购买所费，就不如在我们的较有利的方法上，经营我们本国的产业，而输出本国生产物之一部，以向外国购买。国家一般的产业，常与维持产业的资本成比例，所以，像上述匠人的例一样，绝不至于减少，却不过放任它，使随意拣选最有利益的用途。如果一种物品，购买所费少，制造所费多，投资制造就显然不曾按照最有利益的方法。不让他投资生产价值较大的东西，却责令他投资生产价值较小的商品，一定会多少减损其年产物价值。按照假设，向外国购买这商品，所费既较少，亲自制造，所费既较多，如果任其自然，则等量资本投在国内，所能生产的商品仅仅有一部分或其价格的一部分，就可把这商品购买进来。所以，规令的结果，不过使其国产业由较有利的用途改到更不利的用途，从而，其国年产物的交换价值不但没有顺随立法家的意志增加起来，而且一定会蒙受这种法规的影响，致减少下去。

固然，有时赖有这种法规，特定制造业，比较在没有此等法规的时候，得更迅速的确立起来，甚至于过一些时，即能在国内以同样低廉的费用或较为低廉的费用，制造这特殊的商品。不过，社会的产业要有利的流入特殊的水道，固可由这种法规，而更为迅速，但产业的总额及收入的总额，却都不能由这种法规而增加。社会的产业，只能随社会资本的增加而为比例的增加；社会资本增加多少，又只看社会能在社会收入中渐次节省多少。这种法规的直接影响，既然是减少社会的收入，那在有这法规的时候，比较在没有这法规，资本及勤劳的使用均一任其自然的时候，社会资本，无论如何，亦不能有更迅速的增加。

没有这种法规，那特殊制造业诚不能在这社会上确立起来，但在社会存续任何期间内，社会亦不致因此而更贫乏。在社会存续一切期间，其全部资本与勤劳，均将投在当时最有利的用途上，虽然对象有各种不同。在一切期间，其资本亦必尽可能提供最大的收入，因之，资本与收入均尽可能以最大的速度增加。

有时，在某特殊商品的生产上，某一国占有如此大的自然的优利，以致全世界皆承认与之竞争，必毫无益处。譬如，如果苏格兰为了要栽种极好的葡萄，酿造极好的葡萄酒，而嵌玻璃，设温室、温壁，致费用三十倍于由外国输入，而所得之品质，至多不过与外国葡萄酒相等，那单单为了要奖励苏格兰酿造克拉雷和白贡地（均法兰西葡萄酒名），便禁止一切外国葡萄酒输入，亦是合理的法律吗？如果比向外国购买，所使用的资本与劳动多了三十倍，而所得的货物，却是相等，那偏如此改变资本的用途，当然是十分不合理的；但若如此，那就使所使用的资本与劳动，仅较多三十分之一，或仅较多三百分之一，亦就不能不说是不合理的。不合理的程度虽则没有那样明显，但为不合理则一。至若一国胜于他国之优利，系出于天然，抑出于后获，在这点上，却又无关于我们的问题。只要甲国有这优利，乙国无此优利，乙国即毋宁向甲国购买，而不宁愿自己制造。譬如某匠人，较从事他业者某人的优利，诚然只是后获的，但利于互相购换，更不利于兼营非分之业，却是两方共有的感想。

从这种国内市场的独占而取得最大利益的人，便是商人与制造家。禁止外国家畜及盐渍食品的输入，课外国谷物以高率关税（这在收获中平的年岁，即等于禁止），虽亦有利于英国的牧畜家与农业家，但这二种限制，对于牧畜家、农业家的利益，就使综合计算，亦赶不上商人制造家由同类条例所得的利益。制造品，尤其是精制造品，比较谷物家畜，更易由一国运至他国。所以，国外贸易，通例以输运贩卖制造品为主要业务。就制造品说，外国人稍微占一点点便宜，就可以使我国工人甚至于在国内市场上贱卖。但就土地原生产物说，非占有极大的便宜，就不能作到这个地步。如果外国制造品，得自由输入，也许真有几种制造业会受其损害，也许真有几种制造业会因此破灭，结果定有大部分资财与产业将离去现在的用途，被迫而改投入其他的用途。但土地原生产物的最自由的输入，亦不能在本国农业上引出这样的结果。

例如，即令家畜的输入，从来就是这样自由，但仅少的输入，决不能有所影响于英国牧畜业。活家畜，怕是海运较昂于陆运的唯一商品了。因为家畜可以行走，由陆运即自己运输自己。但由海运，则被运输的，不仅家畜，家畜所需的食料饮料，亦须费许多钱、许多麻烦来运输。爱尔兰及大不列颠间之海程，距离颇短，故爱尔兰家畜之输入，亦较易。晚近，已许爱尔兰家畜在有限期间输入了，其实，即许其永续自由输入，亦不能大影响于大不列颠的牧畜家的利益。大不列颠沿爱尔兰海峡一带，大都是牧畜地。爱尔兰的家畜，须经极广漠的地方，始能驱入真正的市场，而适于使用，故所费颇为不资，且亦麻烦得可以。肥的家畜，不能行走那么远，所以，只有瘦家畜可以输入，这种输入决不至于抵触饲畜地方及肥畜地方的利益（不但不会抵触，且因其可以减低瘦家畜的价值，从而给其地以利益），仅足抵触繁畜地方的利益。自从爱尔兰家畜输入解禁以来，爱尔兰家畜，运入不多，加以瘦家畜的售价，又依然高昂的事实，似乎证明了，就连大不列颠的繁畜地方，亦不会大受影响于爱尔兰家畜的自由输入。据说，爱尔兰的普通人民，对于家畜的输出，有时曾加以激烈的反对。但是，输出者如果觉得继续输出家畜有任何利益，那在法律又赞助他们的时候，他们要克服爱尔兰群众的反对，是很容易的。

此外，饲畜及肥畜的地方，通例已大改良。但繁畜的地方，却通例未曾开垦。瘦家畜的高价格，因可增加未开垦土地的价值，往往无异于颁发反对改良的奖励金。对于全境已大改良的国家，与其亲自繁殖瘦家畜，殊不若输入瘦家畜为有利。据说，现在荷兰各地，即信奉此原理。苏格兰、威尔士及诺孙伯兰①的山地，不能有多大改良，依照自然，似乎就注定了要作大不列颠的殖畜场。准许外国家畜自由输入，其唯一结果不过使这些地方不能利用英王国其他部分的日益增加的人口与改良，不能再提高其家畜价格至于法外程度，不能再向国内更为改良更为开垦的一切地方，课取一种真实的赋税。

像活家畜一样，盐渍食品的最自由的输入，亦不能有所害于大不列颠牧畜家的利益。盐渍食品，不仅是容积极大的商品，且与鲜肉较，其品质既较劣，其价格又因所费劳动及运费较多而较昂。所以，这种盐渍食品，虽能与本国的盐渍食品竞争，但决不能与本国的鲜肉竞争。那虽然是远洋航船所需的食料，虽有许多用处，但在人民食料中，究竟不是任何可观的部分。自从准许盐渍食品自由输入以来，从爱尔兰输入的盐渍食品，为量仍是不多的事实，是我国牧畜者丝毫用不着畏惧这种自由之实验的证据。屠肉价格，并不会显著的受其影响。

就连外国谷物的输入，亦不大能够影响大不列颠农业家的利益。与屠肉比较，谷物那种商品的容积，是遥较为大。以四

---

① 诺孙伯兰：Northumberland，今译诺森伯兰郡，英国英格兰最北的区。——编者注

便士购买屠肉一磅为高价，以一便士购买小麦一磅，殆为同样的高价。外国谷物，甚至在大荒年，亦不过输入仅少量之事实，可以安慰我国农业家，不必担心外国谷物的自由输入。根据最可靠的谷物贸易研究家的报告，平均每年输入的各种谷物量，总共不过二万三千七百二十八卡德，仅及本国消费额五百七十一分之一。但因谷物奖励金在丰年引起了按现耕作状态所不致有的输出，故遇歉岁，亦必致引起按现耕作状态所不致有的输入。因为有这种奖励金，今年的丰收，已不能补偿明年的歉收。平均输出量，既必致因这种奖励金而增加，所以，在现耕作状态下，平均输入量，亦必致因这种奖励金而增大。倘无奖励金，则输出之谷物较少，故逐年平均计算，输入量也许亦较现今为少。谷物商人，换言之，在英国及他国间运贩谷物的人，诚将因此而损失许多生意，致受大损失，但在乡绅们农业家们，则吃亏极其有限，所以，最望奖励金持续的人，不是乡绅与农业家，只是谷物商人。

说句恭维话，在一切人民中，就算乡绅与农业家，最少有卑劣的独占精神。大制造厂的企业家，如果发觉了附近二十哩内新建了一个同种类的工厂，有时就会大惊起来。在阿卑维尔[①]经营羊毛制造业的荷兰人，规定在那城市周围二十哩内，不许建设同类的工厂。反之，农业家与乡绅，却通例愿意促进邻近各田庄的开垦与改良，不但不会加以阻止。大部分制造业都要保持秘密，他们却没有秘密。如果他们发现了有利的新方法，他们不但不会保守秘密，且愿尽其可能，遍告于邻人。里嘉图曾说："Pius Questus stabilissimusque, minimeque invidiosus; minimeque male cogitantes sunt, qui in eo studio occupati sunt."乡绅

① 阿卑维尔：Abbeville，今译阿布维尔。——编者注

与农业家，散居国内各地，不易团结。商人与制造家，却集居于都市，盛行排外的同业组合的风气，他们既可不顾本市居民而取得排外的特权，自然会努力不顾本国的人民，而求得同类的排外特权。保障国内市场独占的限制外国货物输入的方法，似乎就是他们的发明。乡绅们农业家们，抛弃他们本人地位自然会有的宽大心，起来要求谷物及屠肉的供给独占权，也许是模仿商人制造家，因见他们常常压迫自己，要和他们立在同等的地位。至若关于自由贸易，他们自身利益所受影响，如何遥较商人制造家利益所受影响为浅，他们也许没有费一刻工夫来考虑。

以恒久的法律，禁止谷物及家畜的输入，即规定一国的人口与产业，永远不得超过本国土地原生产物所能维持的限度。

加外国产业以若干负担，以奖励国内产业，似乎只在下述二场合，可得利益。

第一，特种产业为国防所必需。加重外国同种产业的负担，以奖励国内同种产业，颇为有利；第二，一种产业的生产物，虽系本国出产，亦须在国内课取赋税，则加外国同种产业以若干负担，以奖励国内同种产业，亦通例有利。

现在，先讲第一场合。例如，英国的国防，是否巩固，就看他有多少海员与船舶。是则为奖励英国的航运业起见，订立航海法，有时绝对禁止外国航船，有时课外国航船以重税，给本国航运业者以本国航运的独占权，就很是适当了。航海法的规例，大要如下：

一、凡与大英居留地殖民地通商或在大不列颠沿岸经商的船舶，其船主、船长及船员四分之三，须为英国籍之臣民，否则，没收其船舶及所载之货物，以示厉禁。

二、有许多容积极大的输入品，只能由上述那种船舶或货品出产国（其中船主、船长及船员四分之三，均为该国臣民）的船舶，输入大不列颠，但由后一类船舶输入，须课加倍的居留税。若由其他船舶输入，则处以没收船舶及所载货物之刑罚。此法令颁布时，荷兰人正是（现今仍是）欧洲的大贩运业者。但从这法令公布以来，他们再不能作大不列颠的贩运业者了，再不能把欧洲其他各国的货物输入我国了。

三、有许多体积极大的输入品，只许由出产国输入，否则，就使用英国船舶运送，亦在禁止之列，并没收其船舶与所载货物。这项规定，也许专为荷兰人而设。那时（现今仍是），荷兰是欧洲各种货物的大中央市场，有了这个条例，英国船舶就不能在荷兰国境内起运欧洲其他各国的货物了。

四、各种盐渍鱼类、鲸须、鲸鬓、鲸油、鲸脂，非由英国船捕获及调制，在输入大不列颠时，即须课以加倍的居留税。那时欧洲以捕鱼供给他国为业者，只有荷兰人（现今，这种渔人主要仍是荷兰人）。有了这个条例，他们要以鱼类供给英国，便须负担一种极重的负担了。

这航海法制定的时候，英荷二国虽实际未有战争，然两国间仇视之剧烈，则已达极点。制定这法律，公布实施这法律的，是长期议会的政府，但不久就在克伦威尔王朝及查理二世王朝，爆发了几次荷兰战争。所以，说这个有名的法令有几个条目，是从民族的敌意出发，亦是十分可能的。但这个法令仍是很贤明的，即令出自最慎重的智慧，所得结果，当亦不过如是。由民族敌意出发，竟得与最慎重的智慧，同其归趋。危害英格兰安全的唯一海军力——荷兰海军力，便从此削减了。

航海法不利于国外贸易，不利于由外国贸易致国于富。一国在对外国的通商关系上，当然以买贱卖贵为有利益。买价求其最廉，卖价求其最昂，那与个别商人的处境是完全一样的。但要买贱，则自由贸易最为适宜。何则？贸易的完全自由，将鼓励一切国家，以他们所需的物品，输入他们的国内。如要卖贵，亦同样以自由贸易为最适宜。如若买者群集于本国市场，货物售价即可尽量提高。航海法，对于输出英国生产物之外国船舶，诚不曾加以负担。往时输出货物输入货物须同样付纳的居留税，亦由以后若干法令，有大部分输出品，无须再纳居留税了。但这一切，均不足减轻航海法对于国外贸易之有害倾向。何则？外国人如果因为受我们禁止，或被我们课取高率关税，致不能来此售卖，亦必致不能来此购买。空船来我国装货，势必致损失一面的船费。减少售卖者的人数，即是减少购买者的人数。如是，与贸易完全自由的时候比较，我们不仅在购买外国货物时要买得更贵，而且在售卖本国货物时要卖得更廉。但国防与国富相较，则国防居于遥为重要的地位。在英格兰各种通商条例中，航海法也许是最贤明的一种。

其次，再讲第二场合。即一种产业生产物，虽系本国生产，亦须在国内课税，加外国同种产业以若干赋税，以奖励国内同种产业，亦通例有利。在这场合，课外国生产物以同额的税金，似亦合理。这办法不能给国内产业以国内市场的独占权，亦不致使某特殊用途的资财与劳动多于自然所必要。课税的结果，仅促使一部分资财及劳动的用途，略略违反自然所趋，而流入较不自然的用途。课税后，本国产业与外国产业，仍得像课税前一样，尽可能立在近似同一的水平线上，互相竞争。所以，在英国，如果国内产业生产物亦不免课税，那就往往为了要制止我国工商阶级的喧嚣怨声——说他们将在国内贱卖——之故，而对于同种类的外国商品之输入，课以更重得多的税金。

关于自由贸易第二种限制，有人以为，在若干场合，不应局限于输入本国而与本国课税品恰相竞争的外国商品，应该作遥进一步的推广。生活必需品，如已在本国课税，他们就以为，课外国输入的同种生活必需品以赋税，固为应当；即对于输入本国与本国任何产业生产物竞争的任何外国商品，课以赋税，亦属正当。他们说，这种课税的结果，必致提高生活品价格，劳动者生活品价格提高的结果，劳动价格往往一定会跟着腾贵。所以，本国产业生产的各种商品，虽无直接的赋税，但均将因此种课税而腾贵起来。因生产这各种商品的劳动腾贵了，所以，他们说，这种课税，虽只以生活必需品为对象，但影响所及，实无异加国内一切产物以赋税。所以，因要使国内产业与国外产业立在同等地位，他们以为，对于输入本国，与本国任何商品竞争的任何外国商品，一律课以与本国商品价格提高额相等的税额，乃属必要。

生活必需品税，如英国的石碱税、盐税、皮革税、烛税等，是否一定会提高劳动价格，从而提高一切其他商品的价格，我们将在后来讨论赋税时，加以讨论。现在，我们姑且假定其是吧，一定会提高劳动价格从而提高一切其他商品的价格吧，但这种一般的提高（因劳动价格提高，致一切商品的价格提高），就下二点看，便和特殊的提高（因特种赋税直接加在这特种商品上，致这特种商品的价格提高）不同。

第一，特种赋税可在如何程度上提高这特种商品的价格，往往可以十分准确的判定。但劳动价格的一般的提高，将在如何程度上，影响各种不同劳动生产物的价格，却不能十分确实的判定。所以，要比例于各种国内商品价格的提高额，而课各种外国商品以相当的赋税，亦必不能十分准确。

第二，生活必需品税，对于人民状态的影响，殆类于土壤贫瘠、气候不良。这种赋税提高食粮价格的方法，有如生产食粮已需异常的劳动和费用。在土壤贫瘠、气候不良引起天然的穷乏时，指导人民如何使用其资本与产业，当然是不合理的；在生活必需品课税引起人为的缺乏时，指导人民应如何使用其资本与产业，亦同样属于荒谬。在这二场合，为人民利益，都最好让他们自己度量自己的处境，在这不幸情状中，在国内或国外寻出比较有利的用途，来经营自己的产业。因为他们的赋税负担已经太重了，再课他们以新的赋税，使他们购买其他大部分物品，亦须同样支付过高的价格，当然是最不合理的改良法。

这一类赋税达到了一定的高度，则其可恶，不仅等于土壤贫瘠，且等于天时险恶。但最通行这一类赋税的地方，偏偏就是诸最富裕、最勤勉的国家。其他的国家，决不能支持如此大的倒行逆施。只有最康强的身体，能在不健康的摄生下生存并享受健康。所以，能在这一类赋税下存立而繁荣的国家，其各种产业，均须享有最大的天然利益与后获利益。在欧洲，最通行这一类赋税的国家，首推荷兰，其国繁荣之由来，决非如一般不合理的想象。这一类赋税，决不是荷兰继续繁荣的原因，那只因有别种事情，以致虽有这种赋税，亦不能阻止其继续繁荣。

课外国产业以若干负担，以奖励本国产业，在上述二场合，是一般有利，而在下述二场合，则有考虑余地。(一)在如何程度上，宜继续准许一定的外国货物自由输入。(二) 在如何程度上，或在如何模式上，宜在自由输入已中断若干时之后，恢复自由输入。

在如何场合，我们有时会发生第一种考虑——在如何程度上，继续准一定外国货品自由输入，始为适当呢? 即，在某外国以高率关税或禁止的方法，限制我国某种制造品输入其国内之场合。在这场合，复仇心自然会迫令我们报复。我们对于他们某种或一切制造品，课以同样的关税或禁止，以限制其输入我国，亦属常情。各国亦通例如此互相报复。法国人，对于一切可以输进来和他们竞争的外国货品，特别喜欢用限制输入的方法，来庇护他们本国的制造业。

这似乎是科尔伯特氏[1]政策之大部。科尔伯特氏才能虽不小，但在这里，却似乎为商人制造家的诡辩所欺蒙了。这般商人制造家，常常要求一种有害同胞的独占权。现在，法国最有智力的人，觉得他这一类行为实于国家无利。这位大臣，一六六七年公布关税法，对于大多数外国制造品，概课以极高率的关税。荷兰人请求减轻关税不得，遂于一六七一年，禁止法国葡萄酒、白兰地及制造品输入。一六七二年的战事，有一部分应归因于这次商业上的争论。宁沫根[2]的和平会议，卒允荷兰人之请，减轻了这种种赋税的若干。结局，荷兰人遂亦撤回输入禁令。这次战事，遂于一六七八年结束。但，就在这时以后不久，英法二国又互相倾轧，采用同样的高率关税与禁止政策，压迫对手方的产业。戎首[3]似乎是法兰西。两国间夙怨甚深，故于此事，双方都甚认真，不肯放松一点。一六九七年，英国禁止伏兰德制造的薄纱输入。伏兰德彼时尚为西班牙领地，其政府遂亦禁止英国羊毛输入，以为报复。一七〇〇年，英国撤回了禁止伏兰德薄纱输入之禁令，以伏兰德撤回禁止英国羊毛输入之禁令为条件。

为了要撤废不平的高率关税或禁令而采用的报复政策，如果有达到撤废目的的盖然性，就可说是良好的政策。大外国市场的恢复，通例，对于因某称物品价格暂时昂贵而蒙受的暂时的不便，不仅可予以赔偿，而且有余。但这种报复政策，是否能够达到这种目的，其判断，与其说是立法家所应注意的科学，不如说是流俗所称政治家或政客所应有的技巧。立法家之考虑，应受指导于常常不变的普遍原理。狡猾权谋的动物，即通俗所谓政治家或政客，才只注意于暂时的世变。在没有撤消这种禁令的可能性的时

① 科尔伯特氏：Mr. Colbert。——编者注

② 宁沫根：Nimeguen，奈梅亨。——编者注

③ 戎首：发动战争的主谋、祸首。——编者注

候，为了要赔偿我国某阶级人民所受的损害，再由我们自己，把损害普及于我国一切其他阶级，实在是一个不好的办法。在我们邻国禁止我国某种制造品时，我们通例不仅禁止他们同种制造品，单是这样，罕能给他们以显著的影响，且从而禁止他们别几种制造品。这无疑可给我国某特种工人以奖励，替他们排去了一些竞业者，使他们能在国内市场上，抬高他们的价格。不过，受邻国禁止的我国那一辈工人，并不能得我国禁令的利益。反之，他们以及我国其他各阶级人民，在购买某几种货物时，却都不得不支付比从前更为昂贵的价格。像这一类法律，征课了全国的真实赋税，但受益的不是受邻国禁止令之害的那一阶级的工人，却是其他阶级的人民。

在如何场合，我们有时要发生第二种考虑——在自由输入已中断若干时以后，在如何程度上或如何样式上恢复自由输入，才算适当呢？即，在本国特殊制造业，因一切能加入本国和它竞争的外国货物，已受高率关税或禁止的影响，而如此扩大起来，能雇用非常多数职工的时候。在这场合，人道主义，可以要求一步一步地、小心翼翼地、时有戒心地慢慢恢复自由的贸易。如果骤然撤废高率关税与禁止较低廉的同种类的外国货物，即将迅速流入国内市场，把我国无数人民的日常职业与生活资料，骤然剥夺了去。由此而起的紊乱当然很大。然依据下述二种理由，则由此而起的紊乱不像一般所想象的那么厉害，亦是十分可能的。

第一，无奖励金通常亦可输出一部分到欧洲其他各国的制造品，都不大会受影响于外国货品的最自由的输入。这种制造品，输往外国，其售价必与同品质同种类的任何其他外国货品同样低廉。因此，在国内，其售价自必较廉，故依然能控制国内的市场。即令有一些爱时髦的人，有时只因外国货是外国货，便爱好起来，本国制造的同种货物，虽价廉物美，亦为他们所不取，然终以按照事物之自然，那种愚行，殊不能如此普及，致显著地予人民一般职业以影响。譬如，我国羊毛制造业，我国鞣皮业，我国铁器业，其中，即有大多数部门的制造品，每年不必依赖奖励金而输往欧洲其他各国，然雇用职工最多数的制造业，亦就是这几种制造业。受自由贸易影响最大的，也许是丝制造业；次之，是麻布制造业，但后者所受损失，又遥较前者为浅。

第二，如此恢复贸易自由，虽将使许多人民突然失去他们日常的职业和普通的生计方法，但不能因此便断言他们将无职业无生计。晚近战争停止时，海陆军大减，有十万以上（其数之大，殆与最大制造业所雇用的人数相等）的海兵陆兵，失去他们日常的职业，他们无疑会觉得不方便，但他们并不因此，便被剥夺了一切职业与生计，海兵的较大部分也许逐渐地有了机会，就改业而服务于商船。被遣散的海陆兵士，都被吸入人民大众中，而在各种职业中受雇。十万以上的惯于使用武器的人（其中，尚有许多是惯于劫掠的），位置上经过了如许大的一个变化，却并不会引起大的动乱，亦不会引起何等显著的紊乱。随便什么地方，流氓的数目并不曾因此而显有增加，并且，据我所知，除了商船海员的工资以外，无论何种职业劳动的工资，亦不曾减少。兵士尚可如此改所业务，则制造业工人要改就新业，当然不至于无资格，因为兵士一向赖俸给为活，制造业工人则专赖自身劳动为生。前者习于怠惰与浪费，后者习于实用与勤劳。勤劳方向的改变，仅由这一种劳动改为别一种劳动，当然更容易得多；要由怠惰与浪费改为勤劳，势必较为困难。此外，据我们观察所得，大部分制造业，都有性质相似的旁系的制造业，所以，他们要改变勤劳的方向，很容易就能达到目的。并且，这类工人的大部分，尚有时被雇而为农村的劳动。以前在特殊制造业上雇用他们的资财，仍将留在国内，而在别一种方法上，雇用等人数的人民。国家的资本依然无恙，对劳动的需要亦依然不变，或极近于不变，不过，使用的地方不同，从事的职业不同而已。一旦被遣散了的海陆兵士，有在大不列颠或爱尔兰任何都市任何地方经营职业的自由。国王治下一切臣民，如果都能像海陆兵士一样，恢复其经营实业的天赋自由，换言之，设能摧毁同业组合的排他的特权，撤废徒弟法令（二者都是天赋自由之实际的侵害），再撤废居住法，使贫穷工人于此地此业成为失业者，得于彼地彼业成为就业者，不必担心刑罚，亦不要担心被迫迁移，从而使社会与个人都好像在兵士的场合一样，不致因某特种制造业工人的偶然的解散而蒙受损害。我国的制造业工人，无疑对于他们的国家，有颇大的功绩。但与以血肉保卫国家的人相较，他们并没有更大的功绩，对于他们，亦用不着有更细心的待遇。

自由贸易完全在大不列颠恢复之期望，其不合理，殆如理想岛或乌托邦将在大不列颠设立之期望。不仅公众的偏见，还有更难克服的许多个人的私利害关系，与此种期望极相反对。军队的将校，热烈的一致的反对缩小兵力，制造家亦以同样的热烈与一致，反对在国内市场上增加竞业者人数的法律。军队的将校，往往鼓动兵士起来，以暴力或乱暴，攻击缩小兵力的提案；制造家亦将同样鼓动他们的工人起来，以暴力或乱暴，攻击这种法律。所以，现今，要尝试在某一方面减缩我国制造家已得的危害我们同胞的独占权，其危险殆如缩编军队。这种独占权，已经加大了某一种制造业上的人数，他们会像一个过于庞大的常备军一样，不但可以胁迫政府，且常可胁迫立法院。赞助加强此种独占权的提案的国会议员，不仅可得理解贸易的佳誉，且可在那一个以人数众多财富庞大而占重要地位的阶级中，获得民意与势力。反对这类提案的人，就令有阻止这类提案的权力，有世所公认的正义心，有最高的阶位，有最大的社会功绩，恐仍不免受最不名誉的侮辱与诽谤，不免受人格的攻击，且有时不免受实际的危险。愤怒的失望的独占者，有时会以无理的暴行危害他们。

大制造业的企业者，如果因为在国内市场上突然遇到了外国人来竞争，遂不得不捐弃原业，其损失当然不小。通常用来购买材料支付工资的那一部分资本，要另寻用途，也许不会十分困难。但那一部分固着在工厂及职业用器上的资本，其处分却恐须惹起颇大的损失。为了他们的利益，公平的顾念，要求这种更革，不宜操之过急，但宜徐缓逐渐的，在长期的警告以后实行。立法院之考虑，若能不为片面利害关系之喧嚣的强请所左右，而为普遍幸福之广大的见地所指导，即应为此理由，特别小心，不再建立任何新的这一面的独占，亦不推广已经建立的独占。这样的法规，均可实际扰乱国家的组织，即令后图救济，亦难免会引起别一种骚扰。

至若在如何程度上，宜为征收政府收入，不为防止输入，而课外国商品输入以赋税，却是我后来讨论赋税时所要讨论的问题。但为防止输入，甚至于减少输入而设的赋税，则既可破坏贸易的自由，亦显然可以破坏关税的收入。

第三章　论与某种国家通商，其贸易差额被假设为不利于我国，遂异常限制其各种货物输入

第一节　即根据重商主义的原则，这种限制亦不合理

重商主义所提倡的增加金银量的第二个方法，是异常限制某种国家几乎一切货物的输入，因为与这种国家通商，其贸易差额被假设为不利于我国。因此，西里西亚的细竹布，付了一定的赋税，即可输入英国，供英国本国消费；法兰西的细葛布及细竹布，却除了输入伦敦港暂停以待输出，便禁止输入。法兰西葡萄酒输入所须负担的赋税，亦较重于葡萄牙或任何其他国葡萄酒输入的负担。依照一六九二年所谓输入税，一切法国货品，均须支纳价值百分之二十五的赋税。但其他各国货物大部分的输入，所纳赋税，却是更轻得多，罕有超过百分之五以上的（法兰西的葡萄酒、白兰地、食盐、醋，诚然不在此例；但此等商品，复依照别项法律或这个法令的特殊条文规定，须支纳别种苛重的赋税）。一六九六年，又认此百分之二十五，尚未足沮害法国商品的输入，遂再课以百分之二十五的赋税。能避免追加百分之二十五赋税的法国货物，仅白兰地一项而已。此外，法国葡萄酒每吨又须纳新税二十五镑。法国醋每吨又须纳新税十五镑。法国货物又决不能省免此等一般补助金，即关

税簿上列举的各种货物全须支纳的百分之五税。即令把三分之一补助金和三分之二补助金，算作是全部的补助金，亦有此等一般补助金五倍。因此，在现今战事未开始以前，法国大部分栽培物、生产物或制造品，至少，亦须负担百分之七十五的赋税。但大部分货物，实在负担不起这样重的赋税。所以，课它们以这样重的赋税，无异禁止它们输入。我相信，法国为报答此种待遇起见，亦曾以如此苛重的赋税，加在我们的货物及制造品上。这种相互的限制，几乎断绝了两国间一切公平的贸易，输法国货物至英国者，输英国货物至法国者，主要皆由秘密运输。我在前章所检讨的诸原则，发源于私的利害关系和独占的精神；在这章所检讨的诸原则，却发源于国民的偏见与敌意。我们正可以推测，我在这章所检讨的诸原则，还更不合理。就连根据重商主义的诸原则，那亦是不合理的。

第一，即令英法间自由通商的结果，贸易差额确于法国有利，我们亦不能因此便断言那样一种贸易，将于英国不利，亦不能因此便断言英国全部贸易的总差额，将因此种贸易而愈不利于英国。如果法兰西的葡萄酒，较葡萄牙的葡萄酒为价廉物美，其麻布较德意志的麻布为价廉物美，那英国所需的葡萄酒与外国麻布，当然以向法兰西购买为更有利，以向葡萄牙德意志购买为更不利。从法兰西每年输入的价值，固将大增，但因同品质的法兰西货物，较廉于葡萄牙德意志二国货物，故全部输入的价值必减少，而减少之量，则与其低廉程度成比例。即令输入的法兰西货物全部在英国消费，情形当亦如此。

第二，事实上，输入的法兰西货物全部，仍有大部分会再输到其他国家去作有利润的贩买。这种再输出也许会带回一个报答品，与法国全部输入品的原费，有相等的价值。关于东印度贸易的言论，应用到法国贸易上来，也许亦是真的。东印度的货物，虽有大部分是用金银购买，但由其中一部分货物的再输出所带回到本国来的金银，即较多于全部货物的原费。现在，荷兰贸易最重要诸部门之一，即是运法兰西货物到欧洲其他诸国。英国人饮的法国葡萄酒，亦有一部分秘密由荷兰及锡兰[①]输入。如果英法间贸易自由，或法国货物在输入时，与欧洲其他各国支付同样的赋税，而在输出时，又可同样支还，则于荷兰如此有利的贸易，或须为英格兰分去一份。

第三，两国间的贸易差额究于何国有利，换言之，何国输出的价值最大，那是颇难断定的一个问题。我们判断的时候，不能有确实的规准。关于这一类问题，我们的判断，往往根据于国民的偏见与敌意。而这种偏见与敌意，又常常为特种营业家的私利害关系所促进。在这场合，我们往往会参考两个规准，即税关账簿与汇兑情形。税关账簿，因所评价的各种物品，有大部分的评价颇不准确，所以，现今大家都承认那是极不确实的规准。至若汇兑情形，那恐怕亦几乎同样有这种毛病。

当伦敦与巴黎两地以平价汇兑时，据说，那就显示了伦敦所负于巴黎的债务，恰为巴黎所负于伦敦的债务所抵清了。反之，购买巴黎期票，若须在伦敦支付汇水[②]，据说，就显示了伦敦所负于巴黎的债务，未为巴黎所负于伦敦的债务所抵清。因此，伦敦必须以一定差额的货币送往巴黎。因输出货币颇有危险、麻烦与费用，故代汇者要求汇水，汇兑人亦须支给汇水。据称，这两都市间，债权与债务的普通状态，必然受支配于彼此间商务来往的普通情形。由甲都市输入乙都市的数额，若不较大于由乙都市输出到甲都市的数额，由乙都市输入甲都市的数额，

① 锡兰：Zeeland，荷兰的一个省。——编者注

② 汇水：远期汇率与即期汇率的差额。若远期汇率大于即期汇率，那么这一差额称为升水；若远期汇率小于即期汇率，那么这一差额称为贴水；若远期汇率与即期汇率相等，那么就称为平价。——编者注

又若不较大于由甲都市输出到乙都市的数额，则彼此间，债务与债权可以抵清。但若甲方从乙方输入的价值较大于甲方向乙方输出的价值，则甲方所负于乙方的数额，必较大于乙方所负于甲方的数额。债权债务，于是不能互相抵清。债务重于债权的方面，遂必须输出货币。汇兑的普通情形，即可标示两地间债务与债权的普通状态，亦必然会标示两地间输出与输入的普通情形，因两地间债权债务的普通状态，必然受支配于两地间输出输入的普通情形。

即令汇兑的普通情形，可以充分指示两地间债务与债权的普通状态，但亦不能因此便断言：债务债权的普通状态若有利于其地，贸易差额亦即于其地有利。两地间债务与债权的普通状态，并非常常完全取决于两地间商务来往的普通情形，且常受影响于两地间任何一地对其他各地的商务来往的普通情形。譬如，英格兰购买了汉堡、丹齐克[①]、里加等处的货物，往往购荷兰期票以支付货物代价。于是，英荷间债务与债权的普通状态，即不完全受支配于这两国间商务来往的普通情形，且须受影响于英格兰对这其他各地的商务来往的普通情形了。在这场合，即令英格兰每年向荷兰的输出，遥遥超过于英格兰每年从荷兰输入的价值，即令所谓贸易差额大有利于英格兰，英格兰每年或仍须输货币到荷兰去。

此外，按照一向计算汇兑平价的方法，则汇兑的普通情形，亦决不能充分论证下述那一件事：即，汇兑的普通情形，若似有利或被假设为有利于其国，则债务与债权的普通情形亦必于其国有利。换言之，真实的汇兑情形，常常与算定的汇兑情形极不相同，所以，在许多场合，关于债务债权的普通情形，我们决不能根据汇兑的普通情形，而得到确实的结论。

---

① 丹齐克：Dantzic。——编者注

假设你在英格兰支付的一个货币额，按照英格兰造币局标准，包含若干翁斯纯银，而你所得的期票，在法兰西兑付的货币额，按照法兰西造币局标准，其中所舍的纯银量恰好相等，普通就说英法两国间以平价汇兑。如果你所支付的，较多于兑付所得，你就被假设是付了汇水，于是，普通就说汇兑于英格兰为不利，而有利于法兰西。如果你所支付的，较少于兑付所得，你就被假设是得了汇水，于是，普通就说汇兑于法兰西为不利，而有利于英格兰。

第一，我们不能常常按照各国造币局的标准来判断各国通货的价值。各国通货的磨损程度、削剪程度，低于标准的程度，是有多有少的。一国通用铸币的价值与他国通用铸币的价值比较，并非按照比例于各自应含的纯银量，却只按照比例于各自实含的纯银量。在威廉帝时代改铸银币以前，英格兰与荷兰间的汇兑，依照普通的计算法，按照各自造币局的标准，要英格兰贴水百分之二十五。但英格兰当时通用铸币的价值，据洛德斯君研究所示，却低于其标准价值百分之二十五。所以，当时两国间的汇兑，照通常的计算法，虽如此大不利于英格兰，实则有利于英格兰。在英格兰，实际支付更小量的纯银，所购得的期票，却可在荷兰兑得较大量的纯银。被想象为付了汇水的，实际却是得了汇水。在晚近英格兰金币改铸以前，法国铸币比英国铸币的磨损程度更小得多，也许，更近于其标准百分之二乃至百分之三。如果英国法国间的汇兑，据计算，其不利于英国的程度，若未超过百分之二或百分之三，则真实的汇兑场便可于英国有利。至若金币改铸以来，则有利于英而不利于法的汇兑，就更为常见了。

第二，有些国家的造币费用，由政府支办；有些国家，又由私人支办。在后一场合，持银块往造币局铸造者，不仅要支给铸币的费用，有时，尚须提供政府以若干收入。在英格兰，造币所费，是由国家支办，如果你持一磅重的标准银至造币局，你即可取回六十二先令，内含同样的标准银一磅。在法兰西，则铸币须扣除百分之八的赋税，这不仅足够支办造币所费，且可提供政府以小的收入。在英格兰，因铸造无所费，故通币的价值，比较通币内实含的银块量的价值，不能超出许多。在法兰西，就像制造金银器皿一样，须支给工价，这种工价亦须加在通币价值内。所以，包含一定重量纯银的一定额的法国货币，比较包含等重量纯银的一定额的英国货币，一定有更大的价值，其购买必须付以更多的银块或商品。所以，这两国的通币，虽同样近于各自造币局的标准，但包含等重量纯银的一定额的英国货币，未必就能购买包含等重量纯银的一定额的法国货币，亦未必就能购买在法国兑付如此货币额的期票。如果为购买这张期票，英国所支付的追加货币，仅足补偿法国铸币所费，则两国间的汇兑，事实上就是行着平价，债务与债权自然可以互相抵清，虽然按照通俗的计算方法，这两国间的汇兑是大有利于法国。如果为购买这张期票，英国所支付的追加货币，尚不足补偿法国铸币所费，则两国间的汇兑，实有利于英国，虽然按照通俗的计算方法于法国有利。

第三，有些地方，如阿姆斯特丹、汉堡、威尼斯等处，均以他们所谓银行货币兑付外国汇票；但有些地方，如伦敦、利斯朋、安杜蒲、勒格浩等处，则以当地普通通币兑付。所谓银行货币，往往比较普通通币的同一名义的金额，有更大的价值。例如，阿姆斯特丹银行一千基尔德尔（Cuilders），比较阿姆斯特丹地方的通币一千基尔德尔，便有更大的价值。二者间的差额，被称为银行的亚骄（Agio），这在阿姆斯特丹，通常大约为百分之五。假设两国通用的货币，是同样接近于各自造币局的标准，但一国以普通通币兑付外国汇票，他国则以银行货币兑付外国汇票，这两国间的汇兑，即令事实上有利于以普通通币兑付的国家，但按照通俗的计算法，仍可有利于以银行货币兑付的国家。这好比两国间的汇兑，虽然事实上，是有利于以较劣货币兑付外国汇票的国家，但按照通俗的计算法，仍可有利于以较良货币兑付的国家。其中理由，亦正复相类。在晚近金币改铸以前，对阿姆斯特丹，对汉堡，对威尼斯，我相信，对一切以所谓银行货币兑付的地方，伦敦的汇兑，按照通俗的计算法，都是不利于伦敦的。但我们不能因此便断言，事实上这种汇兑确于伦敦不利。从金币改铸以来，那就连与这些地方通汇兑，亦于伦敦有利了。对利斯朋，对安杜蒲，对勒格浩，我相信，除了对法兰西，伦敦对欧洲大多数以普通通币兑付汇票的地方，按照通俗的计算法，其汇兑大都于伦敦有利。事实上，亦未必就非如此。

旁论储金银行，尤其是阿姆斯特丹的储金银行

像法兰西、英吉利那样的大国，其通货殆全由本国铸币构成。如果这种通货因磨损、剪削或其他原因，而降至标准价值之下，国家即可有效的，以改铸的方法恢复通货的旧观。但是，像艮诺亚，汉堡那样的小国，其通货全由本国铸币构成的，殆不常见，那一定有大部分是由各邻国（住民常常与之交接的邻国）的铸币构成。像这样的国家，要由改铸的方法，改良其通货，是颇为困难的。这种通货，因其本身性质极不确实，一定额的这种通货，价值亦甚不确实，故在外国，其评价必然会低于其所实值。所以，如果这种国家以这种通货兑付外国汇票，其汇兑，就一定于它大为不利。

一国商人们必须忍受这种不利的汇兑，那当然是很不方便的。

为了要救济这种不方便，这样的小国，如果注意到了贸易的利益，就常常会规定，凡有一定价值的外国汇票，其兑付均不得以普通的通货，只许以一定银行的银票或在一定银行的账簿上转账。这种银行的设立，既得国家的信用，复得国家的保护，其兑付汇票，势须准确的按照国家的标准，以良好真正的货币兑付。其实，威尼斯、艮诺亚、阿姆斯特丹、汉堡、鲁伦堡等地的银行，原来就为这目的而设立（虽然其中，有些是后来为了别种目的而设立的）。这种银行的货币既较优于其国的普通通货，就必然会持着一种亚骄，亚骄之大小，则按照通货低于国家标准之拟设的程度。据说，汉堡银行的亚骄，普通约为百分之十四，这百分之十四，即是国家标准良币与损削低价劣币（由邻国注入的）二者间拟设的较差。

一六〇九年以前，阿姆斯特丹由广阔贸易从欧洲各地带回来的外国铸币，剪削磨损的程度既甚大，而其量又复甚宏。因之，其国通货的价值，遂低于造币局新出良币的价值约百分之九。新出的良币，每每是一经铸造出来，即被熔解，或被输出。货币丰夥的商人，亦不能常常寻得充分的良币量，来兑付他们的汇票；此类汇票的价值，虽有若干法规为之预防，但仍然会显出颇大程度的不确实。

为了要矫正这种不便，遂于一六〇九年在同市的保证下，设立了一家银行。这家银行，既接受外国铸币，亦接受本国轻量的磨损了的铸币，除了在价值中扣除必要的鼓铸费、管理费，即按照国家的标准良币，计算其固有的价值。在扣除此小额费用以后，所余的价值，即在银行的账簿上设下一种信用。这种信用，即所谓银行货币，因其所代表的货币，恰好按照造币局的标准，故常有同一的真实价值，而其固有价值又较多于普通的货币。同时，那里又规定，凡在阿姆斯特丹兑付或卖出的六百基尔德尔以上的期票，均须以银行货币兑付。这种规定，马上就把这一切汇票的不确实除去了。因有这种规定，每个商人遂均不得不为了要兑付他们的外国汇票，而与银行来往。这对于银行货币，当然会惹起相当的需要。

银行货币，除了它固有的对普通通货的优越性以及这种需要所必致附与的追加价值，还同样有几种别的利益。那没有遭逢火灾、劫掠及其他意外的可能；阿姆斯特丹市，须负其全责；其兑付，仅须费一单纯的转账之劳，用不着费神去计算，亦用不着冒险由一地运至他地。因有这诸种利益，它自始就持着一种亚驿。大家都相信，原来储存在银行内的货币，概允留存其地，没有谁打主意要求支还债款，虽然这种债款，在市场上出售，常可得一项贴水费。因为，要求银行支还债款，银行信用的所有者即将失去此项贴水费。新由造币局造出的先令，既不能在市场上比普通的磨损了的先令购得更多的货物，所以，从银行金柜中取出来归入私人金柜中的良好真正的货币混在普通通货中，其价值即不复较高于普通通货，且恐不复为人所易辨识。当它存在银行金柜时，它的优越性是很明白而确定的。当它流入私人金柜时，他的优越性必难于确认，其确认所费，恐亦多于其确认所值。此外，一旦从银行金柜中提出来了，银行货币的其他各种利益亦必随而丧失。安全性丧失了，便易的安全的移让性丧失了，支付外国汇票的用处亦丧失了。尚不只如此。倘非预先支付保管费，那就令想从银行金柜提取货币出来，亦是不可能的。

这种铸币的储金，或者说，银行义当以铸币付还的储金，就是银行当初的资本，或者说，就是所谓银行货币所代表的那种东西的全价值。现在，据设想，那已经只是银行资本的一极小部分了。为了要便利金银条块的贸易，这许多年以来，银行对于金银条块的储金，又会实行在其账簿上，给予一种信用。这种信用，比较金银条块的造币局价格，一般约较低百分之五。同时，银行又附与一种受领证书或收据，内填储金人或持票人的姓名。持此项证书，得于六个月内任何时，再转付一定量银行货币（等于储金时银行账簿上所给信用所代表的银行货币）给银行，并支付百分之四分之一（如果是以银储）或百分之二分之一（如果是以金储）的保管费，即可再把金银条块提出。但同时又规定，若是缺乏这种付款，又或期限已满，则储金应以向时收受的价格，或以向时银行账簿上所给信用所代表的价格，归为银行所有。如此支付的储金保管费，可以看作是一种仓库租金。至若金的仓库租金，如何会比银的仓库基金更贵得多，却亦举出了几种不同的理由。据说，金的纯度比银的纯度更难于确认。在更贵重的金属上，欺骗是比较容易，由欺骗而引起的损失亦比较大。此外，银是标准金属，据说，国家更愿意鼓励以银储，更不愿意鼓励以金储。

金银条块的价格略低于通常时，其储存最为通行；迄其价格腾贵时，即再提出。在荷兰，金银条块的市场价格，大都较高于其造币局价格（这好比晚近金币改铸以前英格兰的情形，而其理由亦正相同）。其差额，据说大都为每马克（Mark）六至十六斯迪维（Stivers），即银八翁斯，其中包含纯银十一分，包含合金一分。对于这样的银（在被铸为外国铸币时，其成色为一般所周知，亦颇确定，例如墨西哥的银圆）的储金，银行所给的信用，换言之，银行价格，则为每马克二十二基尔德尔；造币局价格约为二十三基尔德尔；市场价格则为二十三基尔德尔六斯迪维，乃至二十三基尔德尔十六斯迪维，超出造币局价格百分之二乃至百分之三。金银条块的银行价格、造币局价格及市场价格之比例，大概类此。一个人，正可为了金银条块的造币局价格与市场价格间之差，而出售其受领证书。金银条块的受领证书，几乎常常有若干价格。

至若坐待六个月期满，不去把储金提出来，或忘记付百分之四分之一或百分之二分之一的保管费，而获取别六个月的新受领证书，以致银行得按向时收受的价格而把储金收为己有，却是极不常有的现象。但是，这现象虽不常有，但亦有时发生，而在金的场合又较常于在银的场合，因银的保管费较轻，金则因为是更贵重的金属，其保管亦须支纳较高的仓库租金。[①]

由储存金银条块而获得银行信用与受领证书的人，在其汇票满期时，即以银行信用兑付。至若受领证书是出卖抑是保留，那就看他对于金银条块价格的涨跌，作如何的判断。但此种银行信用的受领证书，大都不会长此保留，亦无长此保留的必要。有受

---

① 以下便是现在（一七七五年九月）阿姆斯特丹银行接受各种金银条块及铸币的价格。

——银——

英吉利银币、法兰西克郎、墨西哥银圆……每马克二十二基尔德尔

新铸墨西哥银圆……每马克二十一基尔德尔十斯迪维

都克东（Ducatoons）……每马克三基尔德尔

利克斯银圆（Rix dollars）……每马克二基尔德尔八斯迪维

包含纯银十二分之十一的银块，每马克二十一基尔德尔，按此比例，纯银降而为四分之一，则每马克为五基尔德尔。

纯银块每马克二十三基尔德尔。

——金——

葡萄牙金币、几尼（Guineas）、新路易奥斯（Louis d'ors new）……每马克三百一十基尔德尔

旧路易奥斯……每马克三百基尔德尔

新杜凯特（New ducats）……每杜凯特四基尔德尔十九斯迪维八

金块之收受，按照比例于其纯度对上述外国金币之比较。纯金块，银行给价每马克三百四十基尔德尔。但一般说来，铸币纯度有定，而金银条块的纯度则非经熔解试验无由确定，故对于金银条块，银行给价略较铸币为低。

领证书并要提取金银条块的人，可以发现许多银行信用或银行货币，让他以普通价格购买；同样，有银行货币并要提取金银条块的人，亦可以发现许多受领证书。

银行信用的所有者及受领证书的保持者，是两种不同的对于银行的债权人。受领证书的保持者，倘非再给银行以一定额的银行货币，使所值等于被领金银条块的价格，决不能提取受领证书上所记明的金银条块。如果他自己没有银行货币，他就必须向有银行货币的人购买银行货币。但有银行货币的人，设不能向银行提出受领证书，表示自己所需要的数额，他亦不能提取金银条块。如果他自己没有受领证书，他亦必须向有受领证书的人，购买受领证书。有受领证书的人，购买银行货币，其实就是购买提取一定量金银条块的权力。这种金银条块的造币局价格，较高于其银行价格百分之五。所以，他为购买银行货币而支付的那百分之五的亚骄，并非为了一种想象的价值，乃是为了一个真实的价值。有银行货币的人，购买受领证书，其实亦就是购买提取一定量金银条块的权力。这种金银条块的市场价格，大都较高于其造币局价格百分之二乃至百分之三。所以，他为购买受领证书而支付的价格，亦同样是为了一个真实的价值。受领证书的价格及银行货币的价格合起来，形成了金银条块的完全价值或价格。

以国内流通的铸币储入银行，银行亦会给受领证书，但这种受领证书，通常是没有价值的，亦不能在市场上生出价格。例如，在市场上值三基尔德尔三斯迪维的都克东，存入银行所得信用便只值三基尔德尔，比流通价值低了百分之五。银行虽亦同样给发受领证书，使持票人得以六个月内任何时支付百分之四分之一的保管费，提出存在银行的都克东，但这种受领证书往往不能在市场上生出任何价格。三基尔德尔银行货币，虽大都可以在市场上售得三基尔德尔三斯迪维，即在提出以后，都克东即可复得其完全价值，但因在提出以前，须纳百分之四分之一的保管费，故得失相较，恰好互相抵消。但是，假若银行的亚骄竟降为百分之三，这种受领证书便可在市场上生出若干价格了，便可售得百分之一又四分之三的价格了。但现今银行的亚骄，大都在百分之五以上，所以，这种受领证书往往任其满期，或者像他们所说，任其归银行所有。至若储存金杜凯特 (gold ducats) 所得的受领证书，就更惯常任其满期，因其仓库租金为百分之二分之一，尤较为昂。在这种铸币或条块的储金，任其归银行所有时，银行往往可得利百分之五。这百分之五，便可以看作是永远保管这种储金的仓库租金。

受领证书过期的银行货币额，必然是很大的。银行当初的资本全部，自从第一次储入以来，就没有一个人打主意调换新的受领证书，或把储金提出，因为根据我们上面举出的那诸种理由，那就无论采用这二方法中任何一法，都必然是有损失的。受领证书已经过期的银行货币额，必包含银行当初的资本全部。但这数额无论如何大，对于银行货币的全额，所持比例，据一般假设，终必甚微。阿姆斯特丹的银行，过去数年间，是欧洲最大的金银条块的仓库，但其受领证书却是很少过期的，或者照一般所说，那是不常任其归银行所有。更大得多的那一部分银行货币或银行账簿上的信用，都是过去数年间，由金银条块商人不绝储存不绝提取而创立的。

没有受领证书，即不能向银行有所要求。受领证书过期的那比较小量的银行货币，混在受领证书尚属有效的那比较大量的银行货币中，所以，没有受领证书的银行货币额颇虽可观，但决没有某一部分的银行货币，永远没有谁来要求。银行不能为同一事物，而对两个人负担债务人的义务，没有受领证书的银行货币所有者，在未购得受领证书以前，决不能要求银行付款。但在普通的平时，他要按照市场价格（这种价格，和他售卖铸币或金银条块——受领证书使他有权向银行提取的铸币或金银条块——的价格，大都互相符合）购得一张受领证书，却亦不觉困难。

但在国家多难的时候，情形就两样了，譬如一六七二年法兰西人的侵入。当时，银行货币的所有者，均亟望从银行提出储金，归自己保存，大家都需要受领证书。这种需要可以非常的提高受领证书的价格。有受领证书的人，可以作非分的想望，不再要求各受领证书所记明的银行货币的百分之二或百分之三，他们会要求其二分之一。知道银行组织的敌人，甚至会把一切受领证书收买进来，以防止财宝搬出。在这非常时期，据想象，银行正可破坏通常的规则。即，无受领证书的人，亦可要求付款。无银行货币但有受领证书的人，亦可向银行要求各自受领证书上所记明的储金价值的百分之二或三。所以，有人说，在这场合，银行不宜踌躇片刻，须立即以货币或金银条块，对于有银行货币记在银行账簿上但无受领证书可向银行提取储金的人，支付他们所有的完全价值；同时，对于有受领证书但无银行货币的人，支付百分之二或三,因为这个数目,在这个时候,已经是他们所应得的全部价值了。

就连在普通的平时，有受领证书的人，亦情愿减低亚骄，好以较低的价格，购买银行货币，从而，以较低的价格，购买受领证书上所记明的可以提取的金银条块，或以轻高的价格，把受领证书卖给有银行货币并望提出银行货币的人。因为受领证书的价格，大都等于银行货币的市场价格及受领证书所记明的铸币或金银条块的市场价格之较差。反之，有银行货币的人，却大都情愿提高亚骄，好以高价出售其银行货币，或以低价购买受领证书。是等相反的利害关系，往往会惹起股票买卖的诈术。为防止这种诈术起见，近数年来，银行已决意永远以百分之五的亚骄，为通货而售卖银行货币，再永远以百分之四的亚骄，购买银行货币。

这种决断的结果，亚骄遂永远不能超在百分之五以上，亦永远不能降在百分之四以下。银行货币与流通货币二者市场价格间之比例，遂得常常极其接近于各自固有价值间之比例。但在未有此种决断以前，银行货币的市场价格，高低往往不一，按照这两种相反利害关系所及于市场之影响，有时腾至百分之九的亚骄，有时又跌而与流通货币平价。

阿姆斯特丹银行，宣告不曾以储金之任何部分贷出；储金账簿上每记下一基尔德尔，即在金库内，在货币或金银条块的形式上，保藏一基尔德尔的价值。受领证书尚未失效，随时可来提取。事实上续出续入的那一部分货币与金银条块，全保藏在金库内，固不容置疑，但受领证书久已满期，在普通的平时，即不能再要求提取。而实际上永远或在联邦国家存立的期限内，常常留归银行的那一部分资本，是否亦是这样，却似乎很不确实。然在阿姆斯特丹，有一基尔德尔银行货币，即有一基尔德尔金银存在银行金库中之信条，在各种信条中，总算是奉行最力的了。阿姆斯特丹市作了这个信条的保证人。银行在四市长的指导下。这四市长每年改选一次。新任四市长，必比较账簿，调查银行的金库一次，宣誓接管，后来，再以同样庄严的仪式，把金库点交给继任的人。在这真诚的宗教国家，宣誓制度迄今未废。有了此种更迭，对于一切不正当的行为，亦就似乎有了充足的保障。党争在阿姆斯特丹政治上所引起的革命，许多次了，但在这一切革命中，占优势的党派，都不会在银行管理那一点上攻击他们的前任不忠。对于失势的党派之名义与信用，再没有第二种事情比这种攻击，还更能给以深切的影响了。如果这种攻击具有根据，我们可以断言，那是一定会提出来的。一六七二年，法王方在乌屈利底[①]，阿姆

① 乌屈利底：Utrecht，今译乌得勒支，荷兰中部城市。——编者注

斯特丹银行付款之迅速，致无人敢怀疑他们契约履行上的忠诚。当时，从银行金库中提出的货币，尚还有些，后为银行设立后邑厅的大火所烧焦。这些货币，必定是从那时候起，即被保留在银行之内。

这银行的金银总额如何，老早就成了一般好事者常常臆测的问题。但所提供的，只是猜想而已。一般都以为，与这银行有账目来往的人，约有二千。假设他们每人平均在账目上有一千五百镑的价值罢（那是最大的假设了），那银行货币的总额，从而，银行的金银总额便大约等于三百万镑，以每镑十一基尔德尔计算，就大约等于三千三百万基尔德尔了。这样一个大的数额，已足经营一极广泛的流通。但比较一般人关于这宗财产的夸大的思想，这又遥为不及了。

阿姆斯特丹市，从这银行取得了颇大的收入。除了所谓仓库租金，凡第一次与银行立一账目，各人均须纳费十基尔德尔；每开一次新账，又须纳费三基尔德尔三斯迪维；每转一次账，须纳费二斯迪维；如果转账的数目不及三百基尔德尔，则须纳六斯迪维，以防止小额的转账；每年不清算其账目二次者，罚二十五基尔德尔；转账的数目如果超过了储金的账目，须纳费等于超过额的百分之三，其请求单亦被搁置。据一般人设想，银行由受领证书满期而归己有的外国铸币与金银条块，储之，待有利时再行出售，亦会获得不少利润。此外，银行货币以百分之五的亚驿出卖。以百分之四的亚驿买入，亦会提供银行以利润。此诸种利得，已足支付职员薪俸，支办管理费用而甚有余。单就储金所纳保管费一项而言，据说已等于十五万至二十万基尔德尔的纯年收入。不过，这机关设立的目标，原来不是收入，只是公益。其目的，原来为要救济商人，补救他们在不利的汇兑上所忍受的困苦。由此而生的收入，是不曾预料到的，简直可以说是一种意外。好了，我为了要说明，为什么用银行货币兑付的国家和用普通通货兑付的国家通汇兑，其汇兑大都似乎有利于前者，而不利于后者，竟无意识的引出了这一列冗长的题外话。现在，是我们归到本题的时候了。前一种国家用以兑付汇票的货币，其固有价值常常不变，恰与其造币局标准相符；后一种国家用以兑付汇票的货币，其固有价值常常变动，且几乎常常多少较低于其造币局标准。

第二节　根据其他诸原则，这种异常的限制亦不合理

在本章的前节，我已竭力说明，就连根据重商主义的原理，对于某种国家——其贸易差额被假设为不利于我国——的货物输入，亦不必加以异常的限制。

然而，此种限制以及其他许多商业条例所根据的整个的贸易差额学说，又是多么不合理啊。当两地通商时，这种学说便想象，如果贸易差额得保持平衡，则两方各无得失；如果贸易差额略有偏倚，就必一方损失，他方利得，得失程度则与离违正密平衡的偏倚程度成比例。但这两种设想都是错误的。像我后面所亟要说明的那样，奖励金与独占权，虽为本国而设立，但由奖励金及独占权所迫起来的贸易，却正可以不利于本国。一般亦复如是。反之，不受强制拘束，自然的规则的两地间的贸易，虽不必同样有利于两国，但必于两国有利益。

所谓利益或利得，我的解释，不是金银量的增加，只是一国土地劳动年产物的交换价值的增加，或者是一国居民的年收入的增加。

在贸易差额保持平衡的场合，如果两地间的贸易，全由两国国产商品的交换构成，那在大多数场合上，他们不仅都会得利，所得利益且必相等，或极近似于相等。在这场合，对于各自的剩

余生产物的一部分，彼此提供了一个市场。甲方为生产及制造这一部分剩余生产物而投下的（分配在其国一定人数间而给他们以收入或生计的）资本，将由乙方补还；乙方投下的这种资本，将由甲方补还。所以，两国的居民都有一部分将间接从别一国取得他们的收入与生计。两国间所交换的商品，其价值若又被假设为相等，则在大多数场合，两国投在这种贸易上的资本，亦必相等，或极近似于相等；而且，因为都是用来生产两国的国产商品，所以，两国居民由此种配分而得的收入与生计，亦必相等或极近似于相等。如此互相提供的这种收入与生计，乃按照比例于商务来往的大小而有多寡。若彼此每年均等于十万镑，则彼此提供于对手方居民的，亦为十万镑的年收入；若等于一百万镑，则彼此提供于对手方居民的，亦为一百万镑的年收入。

设甲乙两国间的贸易，是属于如此的性质：甲国货物输至乙国者纯为国产商品，乙国输至甲国的报答品，则纯为外国商品；两国间的贸易差额，仍假设为平衡的，得以商品为商品而支付。在这场合，两国仍然享有利得，惟利得的程度不等；从这种贸易取得最大收入的，是只输出国产商品的那一国的居民。比方说，英格兰从法兰西输入的，纯为法兰西所生产的国产商品，但英格兰却没有法兰西所需要的商品，遂不得不每年报以大量的外国货物如烟草与东印度货物。这种贸易虽可供两国居民以若干收入，但给法兰西居民之收入，必多于英格兰居民所得。法兰西每年投存这种贸易上的全部资本，是分配在法兰西的人民间。但英国资本，只有一部分，即用来生产英国货物备与外国货物交换的那一部分资本，是每年分配在英格兰的人民间。其资本，有较大部分是用来补还威基尼亚、印度、中国的资本，而对于这诸远国的居民提供一种收入与生计。即令两国所投资本相等或几乎相等，但法国资本的使用，必比较更能够增加法国人民的收入，英国资本的使用，所增于英国人民收入者必较小。因在这场合，法兰西所经营的是对英格兰的直接的消费品的外国贸易；英格兰所经营的，是对法兰西的迂回的消费品的外国贸易。这两种外国贸易所生的不同结果，已经在前面充分说明了。

不过，两国间的贸易，也许既不能双方全为国产商品的交换，亦不能一方全为国产商品，一方全为外国货物。几乎一切国家彼此间所交换的，都是一部分是国产商品，一部分是外国货物。不过，国产商品占交换品最大比例，外国货物占交换品最小比例的国家，依然常常是主要的利得者。

但若英格兰用以报答法兰西每年输入品的，不是烟草与东印度货物，而是金银，那贸易差额便被想象为不平衡，不是以商品为商品而支付，乃是以金银为商品而支付。当然，在这场合，亦像在前一场合一样，能供两国人民以若干收入，但所给于法兰西者，必较多于所给于英格兰者。但英格兰的人民，不是不能从此取得收入。为生产英国货品以购买金银而投下的资本——这资本，乃配分在英格兰一定的居民间，而供他们以收入——必可因此而补还，使其用途得以继续。输出一定价值的金银，比较输出等价值的任何其他货物，不见得会更减少英国的资本总量。反之，那在大多数场合，其实，会增加英国的资本总量。倘非国外对于这种商品的需要，被假设为较大于国内对于这种商品的需要，倘非报答品在国内的价值，在期望中，按大于输出品在国内的价值，那就任何商品亦是不会输到外国去的。如果烟草在英格兰仅值十万镑，但输往法兰西所购买的葡萄酒，在英格兰却可值十一万镑，这种交换就增加了英格兰资本一万镑。如果英格兰金十万镑所购得的法国葡萄酒，在英格兰亦可值十一万镑，这种交换，亦就同样可以增加英格兰资本一万镑。在地室中有值十一万镑葡萄酒的商人，比较在堆栈中有值十万镑烟草的商人，是一个更富裕的人，比较在金柜中有值十万镑金的商人，亦同样是一个更富裕的人。他比较其他二人，可以推动更大量的产业，而以收入、生计、职业，给予更多数的人民。但国家的资本，与其国全体人民的资本相等，一国每年所能维持的勤劳量又等于这一切资本所能维持的勤劳量。如是，一国资本及其每年所能维持的勤劳量，就大都会因此种交换而增加了。为英格兰的利益计，与其用威基尼亚的烟草或用巴西秘鲁的金银，当然毋宁用他们自己的铁器及广幅布，来购买法兰西的葡萄酒。直接的消费品的外国贸易，常常比较迂回的消费品的外国贸易为更有利益。但由金银实行的迂回的消费品的外国贸易，并不比较由其他货物实行的迂回的消费品的外国贸易为更不利。无矿产国每年输出金银，不见得会更容易使金银干竭，无烟草国每年输出烟草，不见得会更难使烟草干竭。有资力购买烟草的国家，决不会长此缺乏烟草；同样，有资力购买金银的国家，亦决不会长此缺乏金银。

据说，工人和麦酒店交易，乃是一种有损的交易。制造业国和葡萄酒产国间自然会有的贸易，有同样的性质。我却以为，工人和麦酒店的交易，并不一定是有损的。就此种贸易本身的性质说，其利益殆类于任何其他的贸易，不过，有时也许比较更有滥用之虞。酿酒家的职业，甚至于小酒贩的职业，与他种职业一样是必要的分工部门。工人所需的麦酒量，一般与其亲自酿造，毋宁向酿酒家购买，并且，如果他是一个贫穷的工人，他购买麦酒，就一般与其向酿酒家作大量的购买，便毋宁向小酒贩作小量的购买。他有购买过度的麦酒量的可能，正好比一个贪食者有购买过度的屠肉量的可能，一个翩翩公子有购买过度的布匹的可能。贸易的自由，固然有滥用的过度的可能，并且，有几种贸易的自由，特别更容易发生这种结果，但无论如何，对于工人大众，这一切贸易的自由，总是有利益的。而且，由嗜酒过度而破灭其财产的个人，固然有时有之，但似乎用不着担心会有这样的国家。虽然在每个国家，都有许多人所消费的酒类超过他们资力所能提供的程度以上，但有更多人所消费的酒类，不及他们资力所能提供的程度。并且，据经验所诏示于吾人者，吾人又应当说，葡萄酒的低廉，似乎不是泥醉的原因，而是节酒的原因。葡萄酒产国的人民，一般是欧洲最节酒的人民，西班牙人、葡萄牙人、法兰西南部诸省人民，可以作证。对于普通日常的饮食物，人民不常至于过度。像淡麦酒那样廉价的饮料，虽然大花大用，亦不能表现一个人的宽宏大量。反之，只在过热或过寒，不能栽种葡萄树，从而，葡萄酒异常稀少昂贵的国家，如北部诸民族、热带诸民族（如几尼亚[①]海岸的黑奴），泥醉才会成为普通的恶德。当法国军队，从法国北部诸省开拔至南部诸省，即从葡萄酒昂贵区域开拔至葡萄酒廉价区域，据说，当初每每因见良好葡萄酒如此价廉新鲜而耽溺于其中；但驻留数月之后，其中大部分，便像当地居民一样节酒了。同样，如果把外国葡萄酒税、麦芽税、麦酒税、啤酒税一律撤销，或可使英国中下等阶级的人民，暂时盛行泥醉的风气，但不久，也许就会养成一个恒久的普遍的节酒习俗。现今，在时髦的有资力消费最贵饮料的人群中，泥醉已经不是一种恶德了。吃麦酒而泥醉的缙绅先生，已极不常见。此外，葡萄酒贸易在英国的限制，与其说为了要防止人民走入（如果可以如此说）酒店，毋宁说为了要防止人民不能购买价最廉物最美的饮料。那种限制，赞助葡萄牙的葡萄酒贸易，妨害法兰西的葡萄酒贸易。据说，对于我国的制造品，葡萄牙人是更好的顾客，法兰西人是更不好的顾客，所以，我们应当优待葡萄牙人而加以奖励。他们照顾了我们，我们亦应当照顾他们。下贱商人的卑怯的术数，居然在这一个大

---

① 几尼亚：Guinea，今译几内亚，非洲西部国家。——编者注

帝国中设立起来，作为政治设施的原则。其实，那只有下贱的商人，才会把这种术数看作是对待顾客的规则。至若大商人，就常常不问这些小节，而在价最廉物最美的地方购买他的货物。

依着这样的原则，诸国家都认为他们的利益在于使一切邻人乞食。对于与我通商诸国之繁荣，我国辄以不愉快的眼看待，并把他们诸国的利得看作是我国的损失。国际通商，像个人通商一样，原来应该是团结与友谊的纽带，现在，却成了不调和与敌意的最丰沃的源泉。王公大臣们的反复不定的野心，在这世纪及前世纪，比较商人制造家们的无礼的嫉妒心，更加是欧洲和平的致命伤。人间支配者的暴力与不正，自古以来，即是一种邪恶。对于这种邪恶，我恐怕，按照人事的性质，还是难有救药。至若，不是亦不应该是人间支配者的商人制造家们，其卑贱的贪欲，其独占的精神，虽恐不能改正，但要防止他们，使不再扰乱他们自身的安稳，却是极其容易。

最初发明这种原则传布这种原则的，无疑是独占的精神；最先倡导这种原则的，亦并不是后来信奉这种原则的愚人。在任何国家，人民大众的利益，常常是而且必然常常是，在最廉价的人手里购买他们所需要的各种物品。这个命题是非常明白的；费心思去证明它，反而是一种滑稽的事情。并且，如果没有这班商人制造家的自私自利的诡辩，混混人间的常识亦不会成为什么问题。在这一点，这班商人制造家的利益，正与人民大众的利益相反。像同业组合内的自由人，以阻止国内居民雇用其他居民，只雇用自己为利益一样，这班商人制造家，亦以自身保有国内市场的独占权为利益。因此，在英国，在欧洲大多数其他国家，几乎对于一切由外国商人输入的货品，都加以异常的赋税。因此，凡能输入本国，与本国制造品竞争的一切外国制造品，均须课纳高额的赋税，或禁止输入。又因此，对于某种通商国家，如果贸易差额被假设为不利于我国，换言之，如果国民敌意的燃烧，特别对这种国家现着激烈，就会异常限制其国几乎一切货物的输入。

在战争或政治上，邻国的财富，虽于我国有危险，但在贸易上，则确于我国有利益。在战时，敌国的财富，或可使敌国能够维持胜于我国的海陆军。但在平和的通商状态下，亦可使他们和我们交换一个更大的价值，对于我国产业的直接生产物或用这种生产物购进来的物品，提供我们一个更好的市场。勤劳者邻近的富人，比较贫民，是一个更好的顾客；邻近的富国，亦复如是。经营同种制造业的富人，固然是邻近各同业者的危险邻人，但他的费用，可供邻近其余一切人以好的市场，所以，对于人数更多得多的邻近其余一切人，当然是有利的。不仅如此，较贫的经营同业的工人，又将因此而减低其售价，从而，使他们那一切人有利。同样，富国的制造家，无疑会成为邻国同种制造家的极危险的竞业者，但这称竞争却有利于人民大众。此外，如此富国的大费用，必能在其他各种方法下供人民大众以良好的市场，从而使他们得利。一个想发财的私人，决不会想退居于僻远的贫乡中，要住在首都或大商业都市上才对。他们知道，流通财富极少的地方，所可取得的财富亦极少；流通财富极多的地方，一定有些财富可以归到他们手上。指导一人、十人、二十人普通意识的这个原则，应该支配一百万、一千万、二千万人的判断，使全国民认邻国之富，乃是本国获得财富之盖然的因由。想由外国贸易致富的国家，在其邻国均为富裕的勤劳的商业国时，最易由外国贸易而富。一国四周，若均为游牧的未开化人和贫穷的野蛮人，那么，耕作本国土地，经营国内商业，固然未始不可富其国家，但要由外国贸易富其国家，就绝不可能了。由耕作本国土地经营国内商业而致大富的国家，比如古代的埃及人和现在的中国人。埃及人，据说，极不注意外国商业；中国人，大家知道，是极轻视外国商业，不常予以法律的正当保护。以一切邻国陷于贫困境域为目标的近代外国通商原则，如果能够产出它所企望的结果，那就一定会陷外国商业于不被人注意，亦不被人重视的地位。

法兰西英格兰间的贸易，所以会在两国都受到如此多的阻碍与限制，就是此等原则的结果。如果这两国能抛弃商业的嫉妒和国民的敌意，来考察其真实利害关系，则法兰西之贸易将较欧洲任何其他国之贸易，为更有利于英国；同一理由，英国之贸易，亦将较欧洲任何其他国之贸易，更有利于法国。法兰西为英国最近之邻国。英国南部沿海各地与法国北部及西北部沿海各地间的贸易，好像国内贸易一样，可以每年往返四次、五次乃至六次。这两国投在这种贸易上的资本，比较投在外国贸易其他大部分部门上的等量资本，能够推动四倍五倍乃至六倍的勤劳量，所能雇用所能养活的人数亦有四倍五倍乃至六倍。这两国最远隔各地间的贸易，亦至少可以希望每年往返一次。所以，就连这种贸易，比较我国欧洲外国贸易的大部分，亦至少是同样有利。若与夸大的我国北美殖民地的贸易（那大都要三年以上，乃至四年五年以上，才能往返一次）比较，那至少亦有三倍的利益。此外，法兰西据说有居民二千三百万。我国北美殖民地居民却据说不过三百万。法兰西又比北美洲更富饶得多（虽然因为法国分配更不平均,致法国的贫民乞丐远较北美为多)。与我国北美殖民地比较，法兰西所能提供的市场至少更大八倍；再加以往返更为频繁，当更有利二十四倍。英国的贸易，亦同样如此有利于法国。按照比例于两国的财富、人口与接近，则英国贸易对于法国的利益，亦必同样较大于法国殖民地贸易对于法国的利益。然而，这两国智者所认为宜加以沮害的贸易，及最受其偏爱奖励的贸易，其间颇大的差违，便是这样的。

然而，使两国间开放的自由的贸易得如此有利于两国之环境，又惹起了这种贸易的主要障碍。因为是邻国，他们必然是敌国。于是，一方的富强，将增加一方的恐惧。于是，增加国民友情利益的事情，只足煽动国民敌意的暴力。他们同是富裕的勤劳的国家。这一国商人制造家，常常担心别一国商人制造家的技术与活动会和他们立在竞争的地位。商业上的嫉妒，因国民敌意的暴力而刺激起来，共同燃烧着，又复被燃烧着。两国的贸易业者，均热烈地确信他们自私自利的谬说，宣称不受限制的外国贸易，必然会生出不利的贸易差额，不利的贸易差额，又一定会破灭自己的国家。

在欧洲各商业国内，以这种学说自命的学者，都常常预告：因由不利的贸易差额，国家破灭之期已近。他们由此激起了不少的悬虑，几乎各商业国均曾尝试改变贸易差额，使于本国有利而于邻国不利。但在这一切悬虑以后，在这一切无效的尝试以后，欧洲似乎并没有一个国家，会因此种贸易而贫困下去。反之，对一切国家实行开放门户并允自由贸易的都市与国家，不但不曾因此种自由贸易而致破灭，且因此而日臻于富。重商主义的推测，殆完全不符于事实。惜哉，欧洲今日，从某几点说，配称为自由港的都市虽有几个，配称为自由港的国家却还没有。最近于此的国家，也许要算荷兰了(虽然仍离此甚远)。那里，国民全部的财富，即由外国贸易而得。不仅如此，那里大部分必要生活资料是得自外国贸易，亦是一般所承认的。

有别一种差额，和贸易差额是极不相同的。这种差额，我在前面已经说明了。那必然会按照其为有利抑为不利，而致一国于盛衰。这就是年生产与年消费的差额。前面讲过，年生产的交换价值如果超过了年消费的交换价值，社会的资本每年就必然会按照比例于这超过额而增加起来。在这场合，社会仅以其收入维持其生存，每年在收入中节省下来的部分，自然会加到社会资本上去，并用在如此用途上，俾进一步增加年生产物。反之，如果年生产的交换价值，短于年消费的交换价值，社会的资本每年就必然会按照比例于这短少额而减少下去。在这场合，社会的支出超过了社会的收入，那必然会侵蚀社会的资本，资本必然会减退，跟着资本的减退，其产业的年产物的交换价值亦减退。

生产与消费的差额，与所谓贸易差额全异。在没有外国贸易不与世界往来的国内，可以发生这种差额。在财富人口与改良均在逐渐增进或在逐渐减退的全地球上，亦可以发生这种差额。

就连在所谓贸易差额大概不利于我国时，生产与消费的差额仍可不断的有利于我国。即令半世纪来，我国输入的价值继续较大于输出的价值；在这全期间内，流入的金银悉数立即输出；流通铸币逐渐减少而以各种纸币为之代；甚至于所负于诸大国的债务，亦是逐渐增加；但我国的真实财富，我国土地劳动年产物的交换价值，仍可在这期间，按照更大得多的比例增加起来。我国北美殖民地的状态，以及他们在现今扰乱事件发生以前的对大不列颠的贸易状态，都可证明这并不是一个不可能的推测。[①]

① 这一段，是一七七六年写的。

第四章　论支还

商人制造家们不以独占国内市场为满足，且进而为他们的货物，要求独占最广大的外国销场。但他们的国家，在外国没有裁判权，所以，他们要独占外国销场，是简直不可能的。所以，他们不得不以请求奖励输出为满足。

在各种奖励中，所谓支还，是最合理的了。允商人于输出之际，支还本国产业上之国产税或国内税的全部或一部，并不会使货物的输出量，较大于无税时候货物的输出量。这种奖励，不会违反自然的趋势，驱使大部分的资本转向特殊的用途，却可以使课税不至于驱使这部分资本中的任何部分转向其他的用途。社会上各种用途间的自然的平衡，不会因这种奖励而破坏；这种奖励，其实有阻止课税破坏这种自然的平衡之作用。对于社会上劳动之自然的配分，这种奖励没有破坏的倾向，只是保存的倾向。在大多数场合，这种保存是有利益的。

输入的外国货物，在再输出之际，亦有支还。关于这种支还，我们可以作同样的议论。在英国，这种支还大都等于输入税的最大部分。规定今日所谓旧补助金的议会法令，又于其附则第二项，规定每个商人，不论国籍，均得于输出时，支还课税之半额。但英国商人，以十二个月为期，外国商人以九个月为期。只有葡萄酒、小葡萄干、精制丝物诸种货物，因已有其他的更有利益的酌量，故不适用此条例。这个议会条令所规定的赋税，在当时，还是唯一的外国货品的输入税。至若把这种支还及其他各种支还的请求期间延至三年，却是以后的事情。（乔治 世第七年法令第二十一号第十条。）

旧补助金以后所课的诸种赋税，有大部分是在输出时支还。但此通则有许多例外，所以，支还的学说，便不像制度初定时那样单纯了。

有些外国货品，输入量会大大超过国内消费的必要量，是早经预料到了的，所以，在其输出时，全部课税概行支还，就连旧补助金亦不保留其半额。在我国美洲殖民地未曾叛变以前，我们独占了玛利兰及威基尼亚的烟草。我们输入烟草约九万六千浩格斯赫德（Hogshead），国内消费据说还不及一万四千浩格斯赫德。这个余额是必须排除出去的。为了要便利这种巨额的输出（如果输出在三年内举行），遂允支还其全部赋税。

我们又独占（虽不是完全的独占，但极近于完全的独占）了我国西印度群岛的砂糖。所以，如果砂糖在一年内输出，则在输入之际所课的一切赋税均可支还；如果在三年内输出，则除了旧补助金的半额，其他一切赋税亦允支还（大部分货物输出之际，至今依然保留旧补助金的半额）。砂糖输入额，虽大大超过国内消费的必要额，但此种超过额，与烟草通常的超过额比，是颇不足观的。

有些货物，因为是我国制造家嫉妒的特殊对象物，遂禁止其输入，以供国内消费。但若支纳一定的赋税，即可任其输入，暂停以待输出。但在这样输出之际，所课的税是完全不支还的。我们的制造家，就连对于这种受限制的输入，亦不愿加以奖励；他们深恐屯栈的货物会偷运出一部分，来和他们自己的货物竞争。我们现在输入精制丝物、法国细白麻布与寒冷纱、绘花印花染色着色的棉布等物，即须受此种条例的拘束。

我们且不愿作法国货物的贩运者。法兰西被视为我国的敌人。我们与其让他们利用我们作媒介而获取利润，毋宁放弃我们自身的利润。在法兰西货物输出之际，不仅旧补助金之半额不允支还，即第二次的百分之二十五的税亦被保留。

根据旧补助金附则第四条，一切葡萄酒输出之际，所许支还之税，比较输入时所支纳之税之半额，遥为多数。似乎，立法院当时的目的，是要比普通一般，多把一点奖励给葡萄酒的贩运业。与旧补助金同时课纳或稍后课纳的其他赋税，有些如同所谓附加税，新补助金，三分之一补助金及三分之二补助金，一六九二年关税，葡萄酒的铸印费（Coinage on Wine)，即允在输出时，全部支还。但这一切赋税，除了附加税与一六九二年关税，概在输入时以现钱支付；如此巨大的金额的利息，所费于贩运者甚巨，所以，希望此种货物的贩运贸易有利，就成了一种不合理的希望了。所以，所谓葡萄酒关税，只有一部分；法兰西葡萄酒输入每吨二十五镑的税（即一七四五年、一七六三年及一七七八年课加的赋税)，就没有任何部分，允在输出时支还。一七七九年及一七八一年对于一切货物输入而附加的那两种百分之五的关税，在一切其他货物输出时既允全部支还，所以，在葡萄酒输出时，亦允其全部支还。一七八〇年特别课加在葡萄酒上的最后的赋税，亦允全部支还。因为保留的税额太重了，所以，这种恩典也许不能引起任何一吨葡萄酒的输出。这种规定，除了我国美洲殖民地，乃适用于一切依法准许输出的地方。

查理二世第十五年法令第七号，名为贸易奖励法，即给英国以欧洲一切生产物制造品供给殖民地的独占权。葡萄酒亦包括在内。但在海岸线如此广长的我国北美殖民地及西印度殖民地，我国统治权又如此微弱，居民且许以自己的船舶，把他们的未列举商品当初许运往欧洲各地，后又许运往芬尼斯特岬以南欧洲诸国，所以，这种独占权，恐怕是不大受人尊重的。即是说，无论在什么时候，他们也许都有方法，从运往的国度运回一些货物。他们要从出产葡萄酒的地方输入欧洲的葡萄酒，也许有些困难；他们要从葡萄酒课税繁重，其大部分又不能在输出时支还的国度如大不列颠输入欧洲的葡萄酒，亦是不大方便。但美洲与西印度群岛，既得与玛德刺岛[①]自由交换他们各种未列举商品，玛德刺的葡萄酒（不是欧洲的出产物）便可直接输入美洲与西印度群岛了。一七五五年战争开始时，我国士官在我国全部殖民地所发觉的对于玛德刺葡萄酒的普遍的嗜好（这种嗜好，后来，又为这般士官带回到祖国，在那时以前，祖国尚不大流行此种葡萄酒），也许，就在这样的环境下养成的。后来，战事完结了。一七六三年（依乔治三世第四年法令第十五号第十二条），除了法国葡萄酒，一切葡萄酒均允在输出到殖民地时，支还所课纳的三镑十先令以外的赋税（因为，国民的偏见，不许奖励法兰西葡萄酒的贸易与消费。）。但这种恩惠敕赐的时候，到我国北美殖民地叛变的时间，相距未免太短了，所以，此等地方的风习，卒不能因此而有显著的变化。

在一切葡萄酒（除了法国葡萄酒）的支还上，殖民地由这法令所受恩惠，比较其他各国更大得多，但在大部分其他货物的支还上，殖民地所受恩惠却更小得多。在大部分货物输出到其他各国之际，旧补助金得支还半额。但这项法令，却规定除了葡萄酒，白棉布及棉纱一切欧洲或东印度生产制造的商品，在输出到殖民地时，不得支还旧补助金之任何部分。

支还制之设立，也许原来是为了要奖励贩运贸易。贩运船舶的运费，既概由外国人以货币支付，贩运贸易遂亦被假设为特宜

① 玛德刺岛：Madeira，今译马德拉岛。——编者注

于输金银归国。贩运贸易，虽不应受特殊的奖励，此种制度设立的动机，虽然非常可笑，但这种制度的本身，却似乎很为合理。这样的支还，决不能违反无输入税时的自然趋势，而驱使过大部分的资本，加入这一种贸易。那不过可以防止输入税完全把此种贸易排除。我们虽不应特别奖励贩运贸易，却亦不应加以沮害，我们应该像对待其他各种职业一样，任其自由。这种贸易，对于那一部分既不能投在本国农业，亦不能投在本国制造业，既不能投在国内贸易亦不能投在消费品国外贸易上的资本，乃是一个必要的出口。

关税的收入，不但不会因此种支还而受损，且将因此种支还而得利，因在支还时，得保留一部分的赋税。如果全部赋税均被保留，则纳税的外国商品不能输出，从而，因缺少市场故，亦不能输入。如是，本可以保留的那一部分赋税，便无从纳入了。

有了这样的理由，那就令在输出时（无论是本国产物抑是外国产物），支还全部课税，亦是充分合理的了。在这场合，国产税的收入，诚不免稍受损失，关税的收入更不免受较大得多的损失；但产业之自然的均衡，劳动之自然的配分，（这多少要受扰乱于这种课税），却将因这种规定，而更为恢复起来。

但以上诸种理由，仅足证明在输出货物到完全独立的外国时，支还课税是合理的，并不能证明在输出货物到我国商人制造家享有独占权的地方时，亦是合理。例如，在欧洲货物输出到我国美洲殖民地时，支还课税，并不能使输出额，较大于无支还制度时的输出额。因我国商人制造家在那里享有独占权，所以，即令保留全税额，亦也许不至于减少运到那里去的输出额。所以，在这场合，支还仅足为国产税及关税的收入之损失，决不能改变贸易的状态，亦不能在任何一点上使其推广。至若在如何程度上，这种支还得被认为我国殖民地产业之妥当的奖励，或者说，在如何程度上，允许他们省免本国其他人民所不能省免的赋税，才有利于祖国，我打算在讨论殖民地时，再加以论述。

总之，我们必须常常了解，支还制度只在输出品真正输出到外国的时候有用。如果输出品会再秘密输入我国，支还制度就毫无用处。大家都知道，有些支还（尤其是烟草的支还），就在这情状下，屡屡被人滥用，并惹起了许多既有害于收入，复同样有害于公正贸易家的欺诈。

第五章　论奖励金

英国某种产业的生产物，常常请求输出奖励金；输出奖励金，亦有时真是发给。据称，我国商人制造家，赖有这种奖励金，乃能在外国市场上，与竞业者，以同样低廉或更为低廉的价格，出售他们的货物。据说，输出量将从而加大，贸易差额遂亦较有利于我国。在外国市场上，我们不能像在国内市场上一样，给我们的工人以独占权。对于外国人，我们不能像对于本国人一样，强迫他们购买我国工人的货物。于是，想出了其次的最好的方法，即付钱给外国人购买。这个以贸易差额富国富民的方法，乃是重商学说所提倡的。

一般承认，奖励金只宜发给那种无奖励金即不能经营的商业部门。但无论什么商业部门，如果商人售货所得价格，可以偿还此货物制造乃至上市所投下的资本及其普通利润，那就令没有奖励金，亦必能继续经营。这样的商业，与其他在无奖励金状态下进行的诸商业部门，显明是立在一条水平线上，所以，亦不更急求奖励金之颁发。只有商人售货价格不足补还其资本及其普通利润的商业，或售货价格不足抵偿货物上市之实费的商业，才必需奖励金。奖励金之发给，乃所以补偿此损失，奖励他继续经营或开创一种被想象为得不偿费（每经营一次，投下的资本即亏蚀一部分，并且，如果一切其他商业都像这样的性质，全国资本亦不久就会破灭无存）的商业。

据观察，须赖奖励金经营的商业，在两国间，长期经营下去，必有一国常常亏本，即货物的售价少于货物上市的实费。奖励金的颁发，固可使这种商业的经营得以继续，但是，如果没有奖励金来补还商人货物售价上的损失，他自身的利害关系，不将驱使他改变资本用途，寻觅其他（得以货物售价偿还货物上市所用的资本及其普通利润）的职业吗？像重商主义所提倡的其他各种方法一样，奖励金的结果，亦不过强迫一国商业，使不流入自然的通路，却流入更不利得多的其他通路。

有一聪明博识的作者，著一小册，论谷物贸易，很明白地说出了，自从谷物输出奖励金第一次确立以来，输出的谷物的价格，依十分克己的评价算，已大过于输入的谷物的价格，依非常高的评价算，则其超过额，当遥遥超过于此期间付出的奖励金全额。他想象，按照重商主义的真确原理，这是明明白白的证明了，这种强制的谷物贸易，有利于国家；因为输出的价值如此超过了输入的价值，除了补还国家奖励输出所费的全部异常费用，尚大有余额。他不知道，这个异常的费用，换言之，这个奖励金，仅是谷物输出所实费于社会的极小部分。农业家用来栽种谷物的资本，亦须同样加以考虑。如果谷物在外国市场上所售的价格，不够在补偿奖励金以外，再补偿这个资本及其普通利润，则其间差额便是社会的损失，国民资财亦将减少那样多。但一般人所以觉得有颁发奖励金必要的理由，又使我们假设，谷物在外国市场上的售价，不够作上述那样的补还。

据说，自奖励金设立以来，谷物的平均价格已显著地下落。我曾努力说明，前世纪末叶，谷物平均价格已有多少跌落，在现世纪最初六十四年间，仍继续有此倾向。如果这种事实真如我所确信的那么真确，那就没有奖励金，亦必然会发生这种结果，而其发生似乎并不是奖励金的结果。法兰西不仅无奖励金，且在一七六四年以前，谷物输出尚受一般的禁止，但法兰西的谷物平均价格，和英格兰是一样低落了。谷物平均价格上这种逐渐的低落，也许，既不能究局的归因于这一种条例，亦不能究局的归因于任何别一种条例，但宜归因于银的真实价值上的逐渐的不知不觉地腾贵（我已在本书第一篇，努力说明了现世纪行程中，这种现象曾发生于欧洲一般市场上），奖励金决不能有助于谷物价格的减低。

丰年，惹起异常输出的奖励金，一定会使国内市场的谷物价格提高到自然的程度以上。但这就是奖励金制度的公言的目标。歉岁，奖励金虽大都停止，但它在丰年所惹起的大输出，一定会屡屡多少使这一年的丰收不能救济别一年的不足。所以，无论年岁丰歉，奖励金都有一种趋势，要提高谷物的货币价格，使多少较高于无奖励金时国内市场上谷物价格所应有的程度。

在现实的耕作状态下，奖励金必然会有这种趋势，我想，那在稍有一点理性的人中，是不会有异议的了。但有许多人，以为奖励金有奖励耕作的趋势，而其奖励之方法有二。第一，他们以为，奖励金可以为农业家的谷物开放一个更阔大的外国市场，所以有增加谷物需要的趋势，从而，奖励谷物的生产；第二，他们以为，奖励金可以为农业家确保一个更好的（比在现实耕作状态下，无奖励金时，所可希望的价格更好）价格，所以有奖励耕作的趋势。他们以为，这个双重的奖励，因在长年期限内，可以增进谷物的生产，致使国内市场上谷价低落的程度，（在此期末尾的现实耕作状态下），除了抵杀奖励金提高谷价之程度，尚大有余。

对于这种意见，我的答复如下。由奖励金惹起的外国市场的推广，必定会在各年间牺牲国内市场。无奖励金便不会输出，但终因有奖励金而输出的谷物，设无奖励金，即可留在国内市场上，以增加消费而减低那商品的价格。据观察所得，谷物奖励金，像一切其他输出奖励金一样，将以两种不同的赋税，课加在人民身上。第一，人民必须纳税，以支付奖励金；第二，国内市场上商品价格必致提高，因人民大众莫不是谷物的购买者，所以，在这特殊商品上，由这种提高而生出的赋税，又必须由人民大众付纳。所以，就这特殊商品而言，第二种赋税远较第一种赋税为重。且假定，逐年平均计算，每输出一卡德小麦给奖励金五先令，只可使国内市场上这商品的价格，较在无奖励金时现实收获状态下所应有的价格，每布奚更高六便士，即每卡德更高四先令吧。这种假定，决不能称为太过。然而，就连在这种十分克己的假设上，人民大众，除了须担负每卡德小麦输出奖励金五先令以外，他们每消费一卡德，亦仍须支付四先令的高价。但根据上述那位聪明的谷物贸易论者所述，输出的谷物与国内消费的谷物之比，平均尚不过一与三十一之比。所以，如果他们所支付的第一种赋税为五先令，他所支付的第二种赋税便一定是六镑四先令。把这样苛重的赋税加在第一生活必需品上，必致减缩劳苦贫民的生活品，不然，就必致按照生活品货币价格的提高，而提高货币工资。如果生出第一种影响，必致减缩劳苦贫民抚养子女教育子女的能力，从而，限制国内人口。如果生出第二种影响，又必致缩减雇主雇用贫民的能力，使他们所雇用的人数较少于无奖励金的场合，所以，又必致限制一国产业。奖励金所引起的谷物的异常的输出，不仅会按照比例于国外市场与国外消费的推广，而减少国内市场与国内消费，且因其限制一国人口与产业，其最后趋势，必为沮害并抑制国内市场的渐次的推广，所以，长久下去，与其说它会扩大谷物的全市场与全消费，毋宁说会缩减谷物的全市场与全消费。

又据一般人设想，谷物的货币价格的这种提高，因可使这商品更有利于农业家，必能奖励这商品的生产。

关于这种意见，我的答复如下。如果奖励金的结果，是提高谷物的真实价格，换言之，是使农业家，能以同量谷物，按照当地劳动者的一般生活状态（无论是丰厚，是中平，抑是贫啬），维持更多数的劳动者，情形也许真会如此。但奖励金显明不能有这种结果，任何人为的制度均不能有这种结果。奖励金所能大大影响的，不是谷物的真实价格，只是谷物的名义价格。这种制度所课加在人民大众身上的赋税，于付纳者固为一苛重的负担，于收受者则利益极小。奖励金的其实效果，与其说是提高谷物的真实价值，毋宁说是降落银的真实价值。使等量的银，不仅只能交换较小量的谷物，且只能交换较小量的其他一切国产商品。因为，谷物的货币价格，支配其他一切国产商品的货币价格。

谷物的货币价格支配劳动的货币价格。劳动的货币价格，必须常常足够使劳动者能够购买一定量的谷物，够他在丰厚的、中平的或贫乏的生计状态（那究竟如何，须看社会情状是进步，是停滞，抑是退步而定。社会上的雇主，必须按照社会的情形来维持劳动者的生计）下，维持他自身和他的家庭。

谷物的货币价格，支配一切其他土地原生产物的货币价格。在改良的任何阶段中，这一切土地原生产物的货币价格，一定会和谷物的货币价格保持一定的比例——虽然这种比例，会因改良阶段不同而不同。例如牧草、干草、屠肉、马、马粮，从而内陆运输及大部分国内贸易，其货币价格均受支配于谷物的货币价格。

谷物的货币价格，因可支配一切其他土地原生产物的货币价格，遂得支配几乎一切制造业原料的货币价格。谷物的货币价格，因可支配劳动的货币价格，遂得支配制造艺术及勤劳的货币价格。因可支配二者，故得支配完全制造品的货币价格。劳动的货币价格，一切土地生产物劳动生产物的货币价格，都必然会按照比例于谷物的货币价格而或腾或落。

所以，奖励金的结果，虽可使农业家售卖谷物的价格，由每布奚三先令六便士腾至每布奚四先令，并比例于其生产物的货币价格的腾贵，而支纳地主以货币地租；但若谷物价格这样腾贵的结果，现在四先令所可购得的任何种类的国产商品，均不较多于以前三先令六便士所可购得的，那农业家与地主的境遇，就都不能由此种变化而有多大改进。农业家的耕作不能有多大进步；地主的生活不能有多大改良。谷物价格的这种提高，虽可在购买外国商品时，给他们以些微的利益，但在购买国产商品时，便一点利益也不会有。然而，农业家的费用，就几乎全部用来购买国产商品，地主的费用亦有大部分用来购买国产商品。

由矿山丰沃而起的银价低落，可平均（或极近似于平均）影响于商业世界的大部分，故于特殊一国，不是什么重要的事体。由此而起的一切货币价格的腾贵，虽不能使受者实际更为富裕，却也不能使受者实际更为贫乏。金银器皿的价格，实际会更低落下来，但其他一切物品的真实价值，却必恰如旧时。但若银价跌落的原因，是特殊国家的特殊地位或政治制度，则其影响仅及于一国，就成了极为重要的事体了。这种事体，不但不能使任何人实际更为富裕，却有使一切人实际更为贫乏的趋势。一切商品的货币价格腾贵——在这场合，是这一国所特有的现象——有多少阻抑国内各种产业的趋势，从而，使外国国民能比本国工人，以较小量的金银，提供几乎一切种类的货物，不仅在外国市场上，而且在本国市场上，使本国的工人削价售卖。

西班牙葡萄牙因特占有金银矿山，遂得以金银分配于欧洲其他各国。因之，这两种金属自然会在西班牙葡萄牙略为低廉，而在欧洲其他各国略为昂贵。但其差，不应较大于运输及保险所费。

因其体积小而价值大，运输费不成大问题；至若保险费，亦必与任何其他等价值货物的保险费相等。所以，如果这两国不用政治制度，加大这种特殊情状的不利益，那他们由这种特殊情状而蒙受的苦痛，一定是极小的。

对于金银输出，西班牙课以赋税，葡萄牙且加以禁止，以致输出须负担秘密输出的费用，从而，使这两种金属在他国，价值如此高出于西、葡二国。秘密输出的费用，概须加在其价值中。设以堰阻流水，迄堰既满，则水必从堰上溢出，好像没有堰阻一样。禁止金银输出，亦类于此。禁止金银输出，不能在本国保留本国所能使用的程度以上的金银量。一国土地劳动年产物，限制了这一国在铸币上，在金银器皿上，在镀金上，在金银装饰品上，所可使用的金银量。如果他取得了这个数量，就譬如堰已满了，以后流入的全部水流，均必外溢。于是，西、葡二国，虽禁止金银输出，但每年从西、葡二国输出的金银，依然极近似的等于其每年输入的金银。好像堰内的水必较深于堰外的水一样，由这种限制而抑留在西、葡二国的金银量，与他们土地劳动年产物比例而言，必较大于其他诸国的金银量。堰头愈高愈强，则堰内堰外水深程度的差亦必愈大。所以，课税愈高，禁令所立的刑罚愈严峻，警察官执行法律愈周到严格，则西、葡二国金银对土地劳动年产物所持的比例，与其他诸国的这种比例相较，其间之差亦必愈形巨大。据说，其间差额是极可观的。于是，在西、葡二国，家家都滥用金银的器皿，而在思想起来，配享此种奢华的其他诸国，反而觉得缺如。此种贵金属的过剩，必然会使金银低廉，或者说，必然会使一切商品昂贵，遂致沮害西、葡二国的农业与制造业，使诸外国得比较二国，在本国的生产制造上，以较小量的金银，供给彼等以许多种类的原生产物，及几乎一切种类的制造品。课税及禁止的作用，有不同的两途。那不仅大大低减西、葡二国贵金属的价值，且因其抑留不愿抑留的一定量的金银，致使其他诸国贵金属的价值略高于与此相反的场合，从而，使其他诸国与西、葡二国通商，得享受两重的利益。倘能将此水门开放，则堰内之水减少，堰外之水增加，两方不久就会平衡。同样，倘能撤除此种课税与禁令，则西、葡二国之金银量大减，其他诸国之金银量得稍增，此等金属的价值及其对土地劳动年产物的比例，不久就会在一切国家间归于平衡，或极近似的归于平衡。西、葡二国，由金银的这种输出而忍受的损失，全然是名义上的、想象上的。他们的货物的名义价值，他们的土地劳动年产物的名义价值，诚将跌落，而比较以前，得以较小量的金银代表，但其真实价值必依旧，所能维持所能支配所能雇用的劳动量，亦必依旧。他们的货物的名义价值跌落了，所余金银的真实价值必腾贵，于是，比较往昔为通商为流通而使用的较大的金银量，现今所有的数量虽较小了，但所能应答的目的，则与往昔无二致。流往外国的金银，决非无所谓的流往外国，那必然会带回等价值的某种物品。这种货物，又决不能全然是游惰者只消费不生产者的奢侈品消耗物。游惰者的真实财富与收入，既不能由这种异常的金银输出而增加，其消费亦不能由此而大增。所以，由此带回来的货物，也许有大部分，至少也有一部分，是材料、工具、食料，以雇用勤劳人民维持勤劳人民。勤劳人民，必能再生产他们所消费的全价值及其利润。于是，社会死资财的一部分，得一变而为活资财，从而比较往昔，能推动更大量的产业。其国土地劳动年产物，马上会有一点增加，再过几年，便会大有增加。其国产业现今所受的最苛重的负担之一，就这样除去了。

西、葡二国的不合理政策，其作用如是，谷物输出的奖励金，其作用亦必如是。耕作的实际状态无论如何，谷物输出的奖励金，总会使国内市场上的谷物价格，略昂于无奖励金的场合，并使外国市场上的谷物价格略低于无奖励金的场合。又因谷物的平均货币价格，多少支配一切其他商品的平均货币价格，所以，此等奖励金又会大大减低国内银的价值，略为提高外国银的价值。这种奖励金，使外国人（尤其是荷兰人）能够以较廉（不仅比较在无奖励时他们所出的代价为廉，且比较在同样有奖励金时我们自己所出的代价为廉）的价格吃我国的谷物。关于此事实，有一卓越的权威作者马太·德克尔先生，曾为我们确凿言之。这种奖励金，使我们的工人不能像在无奖励金时那样以小额的银而提供我们的货物，却使荷兰人能以较小量的银提供他们的货物；使我国制造品，无论在何处，均须略昂于无奖励金时，并使他们的货物，无论在何处，均可略廉于无奖励金时，从而，使他们的产业，比较我国的产业，得多享受两重的利益。

这种奖励金，因在国内市场上，所提高的，与其说是我国谷物的真实价格，毋宁说是我国谷物的名义价格；所增加的，与其说是一定量谷物所能维持所能雇用的劳动量，毋宁说是这一定量谷物所能交换的银量，所以，必致沮害我国制造业，然又无大补于我国农业家或乡绅。固然，这两者的荷包，都会因此而多有一点点货币收入；固然，要使他们大部分相信那于他们并无极大的补益，也许有点困难；但若货币跌价，货币所能购买的劳动量、食料量，各种国产商品量都减少，那么，即令其数量增加，由此而得的补益，亦就不过是名义上想象上的了。

在大社会中，受这种奖励金的实在益处的，或者说，能受这种奖励金的实在益处的，也许只有一种人，即谷物商人或谷物的输出者输入者。丰年，奖励金必致使谷物输出量较大于无奖励金的场合；并且，因为那可以使今年的丰收，不能救济明年的不足，又必致在歉岁，使谷物输入量较大于无奖励金的场合。

在丰年歉岁，那都可以增加谷物商人的业务。但在歉岁，这种奖励金就不但可以使他比较在无奖励金时（如此，今年的丰收，即可多少救济明年的不足）能够输入较大量的谷物，且可以较好的价格并从而以较大的利润售卖谷物。所以，据我所见，最热心赞成此种奖励金的继续与更新的，亦就是这一群人。

我们的乡绅，在课外国谷物输入以重税（那在收获中平的时候，便等于禁止），给本国谷物输出以奖励金时，似乎是仿效我们的制造家的行为。由这一种制度，他们取得了国内市场的独占权；由别一种制度，他们努力防止国内市场停积谷物过多。总之，他们是由这两种方法，提高他们的商品的真实价值的。在这一点，他们和制造家所采取的方法是一样的。制造家亦会同样采取这两种方法，来提高许多种制造品的真实价值。但他们不曾注意谷物及其他各种货物间本有巨大的根本的差别。以独占国内市场的方法，或以奖励输出的方法，使毛织物麻织物得以较好的价格（比无独占权无奖励金时较好）出售，那是可能的，因为由这种方法，不但提高了此等货物的名义价格，而且提高了此等货物的真实价格。你使此等货物等于较大量的劳动与生活品；你不仅增加了此等制造家的名义利润、名义财富与名义收入，并且增加了他们的真实利润、真实财富与真实收入；你使他们能够过较优裕的生活，或在那特殊制造业上，雇用较大量的劳动。你实际奖励了此等制造家，使国内的勤劳量，比较无此制度时，得有较大的数量，导入他们那一方面。但这种制度，如果适用到谷物方面来，那你所提高的就只是谷物的名义价值，不是谷物真实价值。你不能增加农业家的真实财富与真实收入，亦不能增加乡绅的真实财富与真实收入。你不能奖励谷物的栽培，因为你不能使谷物能够养活能够雇用更多数的栽培谷物的劳动者。按照事物之自然，谷物的真实价值就是有定的，不能因其货币价格改变而改变。输出的奖励金，国内市场的独占，都不能提高谷物的真实价值。最自由的竞争，亦不能使它低减。走遍全世界，谷物的真实价值，亦等于谷物按照当地劳动者一般生活状态（无论是丰厚，是中平，抑是贫乏）所能维持的劳动量。毛织物麻织物不是支配的商品。一切其他商品的真实价值，并非最后受测量受决定于毛织物麻织物。谷物却不然。一切其他商品的真实价值，都是最后受测量受决定于各自平均货币价格对谷物平均货币价格所持的比例。谷物的平均货币价格，虽有时会一世纪和一世纪不同，但其真实价值却不随此种变异而变异。随这种变异而变异的，只是银的真实价值。

国产商品输出的奖励金，都不免遭受两种抗议。第一，是对重商主义一切方法之一般的抗议：即违反自然趋势，使一国产业，有一部分被迫而流入较少利益的通路。第二，是对这种方法之特殊的抗议：即不仅驱使一国产业，有一部分被迫而流入较少利益的用途，且将被迫而流入实际不利的用途。无奖励金即不能经营的贸易，必然是一种损失的贸易。谷物输出的奖励金，即须遭受第二种抗议。它无论从哪一点说，亦不能促进他们所要促进的那种商品的生产。在乡绅们要求建立此种奖励金时，虽然是模仿商人制造家，但商人制造家完全理解了他们的利害关系，其行动亦往往受这种理解的指导，乡绅们却并没有此种完全的理解。他们对于国家收入，加上了一个极大的失费；对于人民大众，加上了一个极重的赋税；但对于他们自己的商品，却没有在任何可以眼见的程度上，增加其真实价值。且因略为减低了银的真实价值，实际尚在若干程度上沮害国家的一般产业；因土地改良程度必然取决于国家的一般产业，所以，他们不但没有促进他们的土地的改良，且从而加以多少的阻滞。

人们其实应该这样想，为奖励一种商品的生产，生产奖励金的作用，要较输出奖励金为更直接。此外，生产奖励金，只以一种赋税课加于人民，即他们必须纳税，以支付奖励金。生产奖励金，不但不会提高这商品在国内市场上的价格，且有减低它的倾向。所以，他们不但不会因此而支纳第二种税，他们所支纳的第一种税，亦将因此而至少可得一部分的补还。不过，生产奖励金，是不常颁发的。重商主义听确立的偏见，使我们相信，国民之富，直接得自生产者少，直接得自输出者多。输出，因为是更直接的带货币归国的方法，遂更受优遇。据说，生产奖励金，据经验所诏示，又比输出奖励金更易受欺诈。这种说法真确到什么程度，我不知道。但输出奖励金，往往滥用到许多欺诈的目的上，却是大家都知道的。但这一切方策的发明者，商人与制造家并不情愿在国内市场上，他们的货物，会陷在蓄积过剩的情状下。生产奖励金，有时会惹起这种情状，输出奖励金，却将使过剩部分送往外国，使国内残留部分货物的售价得以提高，所以，实在能够防止这种情状发生。因此，在重商主义各种方策中，输出奖励金便成了他们最爱好的一种了。我就知道，有许多种职业的经营者，都私下同意从自己的荷包里面，掏出钱来，奖励他们一定部分的货物的输出。这种方策施行顺利的结果，虽然大增了国产的商品，却仍能在国内市场上，把他们的货物的价格提高到一倍以上。但是，在这种方策应用到谷物方面来的时候，则因其可以减低谷物的货币价格，其作用遂大异于此。

在某特定的场合，亦颁给类似于生产奖励金的某种东西。盐渍鲱渔业及鲸鱼业所得的吨次奖励金（Tonnage Bounties），或可视为带有此种性质。这种奖励金，据说，有使此货品在国内市场上的价格较廉于在无此等奖励金的场合。从别方面看，则我们又必须承认，其结果与输出奖励金的结果相同。赖有它，国内资本，遂有一部分的用途，所提供于市场的货物，其价格尚不足补偿其费用及资本的普通利润。

此等渔业的吨次奖励金，虽无补于国之富，但以其可增加船舶及水手之数，所以，或可被认为有补于国防。用这种奖励金来维持国防（像维持常备陆军一样），比较维持一个大的常备海军（如果我可以用这名词），所需费用也许有时会更小得多。

但虽有这种辩护，下述那诸种考察，仍不免使我相信，至少，在颁给这诸奖励金之一的时候，立法院是大大受了欺骗。

第一，鲸渔船奖励金似乎太大了。

自从一七七一年冬渔开始以来，直到一七八一年冬渔完毕，鲸鱼船的吨次奖励金，为每吨三十先令。在这十一年内，苏格兰鲸鱼船捕捞的鲸鱼总数为三十七万八千三百四十七桶。在海边捕获即行盐渍的鲸鱼，称为海条。但要运到市场去售卖，仍须附加一定量的盐，成为商用鲸鱼，再上包。在这场合，三桶海条，每每改装为商用鲸鱼二桶。所以，在这十一年间，所获商用鲸鱼，计有二十五万二千二百三十一桶又三分之一。在还十一年间，付出的吨次奖励金，总计十五万五千四百六十三镑十一先令，即海条每桶得八先令二便士又四分之一，商用鲸鱼每桶得十二先令三便士又四分之三。

鱼盐渍时，所用之盐，有时是苏格兰产，有时又是外国产，但均可免纳一切国产税而交付给鱼之盐渍业者。但普通，苏格兰盐每布奚，现今须纳国产税一先令六便士，外国盐每布奚须纳十先令。据假定，鲸鱼每桶须用外国盐大约一布奚又四分之一。若用苏格兰盐，平均便须二布奚。如果鲸鱼是输入以待输出，则全免纳盐税。如果是输入以供国内消费，则无论所用为外国盐抑为苏格兰盐，每桶均仅纳一先令。鱼一桶所需用的盐，即令根据最低的假定，亦必需一布奚，然而，苏格兰对于这一布奚的盐，却仅课税一先令。我们知道，在苏格兰，外国盐通例皆用以盐渍鱼类。自一七七一年四月五日至一七八二年四月五日，输入的外国盐，共计九十三万六千九百七十四布奚，每布奚重八十四磅。苏格兰盐交付给鱼渍场之盐量，却不过十六万八千二百二十六布奚，每布类仅五十六磅。这样看，渔业所用的盐，便主要是外国盐了。此外，每桶鲽鱼输出，又付奖励金二先令八便士。渔船捕获的鲽，又有三分之二以上是输出的。所以，综合这一切来计算，你就会知道，在这十一年间，渔船捕获鲽鱼一桶，若取苏格兰盐渍，则在输出时，所费于政府者，计十七先令十一便士又四分之三；在输入以供国内消费时，所费于政府者，计十四先令三便士又四分之三；若以外国盐渍，则在输出时，所费于政府者，计一镑七先令五便士又四分之三；在输出以供国内消费时，所费于政府者，计一镑三先令九便士又四分之三。良好商用鲽鱼一桶的价格，最低十七先令或十八先令，最高二十四先令或二十五先令；平均约为一几尼。

第二，盐渍鲽鱼业的奖励金，是一种吨次奖励金，按照比例于船舶的载重量，非按照比例于船舶在渔业上的勤惰与成败。我恐怕，有许多开出去的船舶，不以捕鱼为目的，而以捕奖励金为唯一目的。一七五九年，奖励金为每吨五十先令，但苏格兰全部渔船所获，却不过海条四桶。在这一年，海条每桶，单就奖励金一项而言，已须费政府一百一十三镑十五先令；商用鲽鱼每桶，则所费为一百五十九镑七先令六便士。

第三，有吨次奖励金的盐渍鲽渔业，每每用载重二十吨至八十吨的大渔船或甲板船。这种捕鱼法，也许是从荷兰学来的，是更适宜于荷兰地位而更不适宜于苏格兰地位的。荷兰陆地与鲽鱼大批伏处的海相距甚远，所以，这种渔业的进行，非利用甲板船不可，因甲板船可携带充足的水料食料，以备远海之航行。但苏格兰的希伯利德[①]或西部群岛、席德兰群岛及北部海岸西北部海岸，总之，鲱渔业经营的主要邻近各地，却到处都是海湾，伸入陆地，即被当地称为海湖者。此等海湖，即为鲱鱼来游此海时所群集的地方。且因此种鲈鱼（我相信，还有许多种其他的鱼）来游之时期，颇欠常规，所以，小舟渔业乃最适宜于苏格兰的特殊地位。如此，渔人一经捕得鲱鱼，即可携上岸来盐渍或生食。每吨三十先令奖励金，固可给大船渔业以大奖励，但必然会成为小舟渔业的一个障碍。小舟渔业，因无如此的奖励金，故不能与大舟渔业，在同样的条件上，以盐渍鲱鱼提供于市场。于是，在未有大舟渔业以前颇为可观的小舟渔业，之前据说曾雇用不少海员，但现今却几乎全然凋落了。关于此种在今日已经十分凋零且无人过问的小舟渔业，以前曾有若何规模，我必须承认，我不能说出何等十分正确的话。小舟渔业既无奖励金可得,所以,关税吏、盐税官都不曾记下何等的记录。

第四，苏格兰有许多地方，一年内，在某一季节，普通人民所食的鲱鱼，并不见少。可使国内市场上鲱鱼价格跌落的奖励金，对于境遇决不丰裕的同胞民众大多数，也许是一个颇大的救济。但大鲱渔船奖励金，决没有这样良好的作用。最适宜于供应国内市场的小舟渔业，曾为它所破坏；每桶二先令八便士的附加输出奖励金，又使大渔船所捕鲱鱼有三分之二以上输到外国去。在前此三十年至四十年之间，大渔船奖励金尚未设立，我相信，那时盐渍鲸鱼每桶的普通价格为十六先令。在前此十年至十五年之间，小舟渔业尚未完全破灭，据说，那时盐渍鲱鱼每桶的普桶价格为十七先令至二十先令。在最近五年间，平均每桶二十五先令。但这种高价，也许应归因于苏格兰沿海各地的鲱鱼实际不足。并且，

① 希伯利德：Hebrides,即赫布里底群岛，位于英国苏格兰西部，被小明奇海峡（Little Minch）分为内、外赫布里底群岛。——编者注

我又必须指出，与鲱鱼同时卖却的桶（那种桶价，包在上述各种价格内），自从美洲战事开始以来，已经涨价约一倍，即由大约三先令涨至大约六先令。我又必须指出，我所采纳的往时诸价格报告，并不是完全一致首尾符合的。有一个知识甚正确经验甚丰富的老人，便对我说，五十余年以前，良好商用鲱鱼一桶的普通价格为一几尼。我以为，那还可以看作是平均价格。但我认为，这一切报告有一个共同点，即国内市场上鲱鱼的价格，并不曾因大渔船奖励金而减落。

此等渔业家，在领受此等丰厚的奖励金以后，如果仍能以往时通常的同一价格或较高价格，售卖他们的商品、他们的利润，便有非常加大的希望了。就某些人说，情形如此，亦并不是不可能的。但一般说来，我却有理由相信情形决非如此。这种奖励金的通常结果，是奖励轻率的企业家，使冒险经营他所不了解的事业，于是，由他们怠惰无智所引起的损失，虽有政府加以非常的优遇，亦不足予以补偿。一七五〇年，第一次以每吨三十先令奖励金奖励盐渍鲱鱼业的法令（乔治二世第二十三年第二十四号法令），又敕立了一个合股公司，资本五十万镑，纳资人（除了上述那诸种奖励，如上述的吨次奖励金，如每桶二先令六便士的输出奖励金，如盐税一律免纳）得在十四年间，每纳资一百镑，即可取得每年受取三镑的资格，而由关税征收长官，每半年支付半额。这家大公司的经理及指导员均住伦敦。但除这公司以外，又公布在国内各海港，设立资本总额不下一万镑的渔业公司为合法。这些比较小的渔业公司的经营，虽由经营者自行负责，得利失利都需自己担任，但一样可以取得同一的年金以及各种奖励。大公司的资本不久就满额了，于是，在国内各港，又设立了好几家渔业公司。但虽有这一切大奖励，这一切公司，无论大的小的，几乎全失去了他们资本的全部或大部，现在，这种公司的痕迹，亦一点不见了，盐渍鲱渔业现今几全部由私人投机家经营。

如果某一种制造业为国防所必需，则常常仰给其物于邻国，未必就是聪明的办法。如果这一种制造业非奖励即不能在国内维持，则课其他一切产业部门以赋税，备在国内维持这一种制造业，亦未必就是不合理的。对于英国制造的帆布及火药，其输出奖励金，也许都可根据这个原理而予以辩护。

课人民大众的产业以赋税，备支持特种制造家的产业，得称为合理者，殊属罕见。但虽如此，在人民大众均享有较大收入，不知如何使用其全部收入的极顶繁荣时期，对于所爱好的制造业，颁给如此的奖励金，亦就像作别种无谓的花费一样，不足奇怪。在公的费用上，在私的费用上，大富都屡屡可以作大愚之解嘲。但在一般困难与艰难时期，犹继续此种浪费，其错谬便非普通可比了。

所谓奖励金，有时即是支还，故不能与真正的奖励金一概而论。例如，输出精砂糖的奖励金，即可说是赤砂糖黑砂糖在精制地方所课赋税的支还。输出精制丝物的奖励金，即可说是生丝卷丝输入税的支还。输出火药的奖励金，即可说是硫磺硝石输入税的支还。按照税关的用语，输出时所得的恩典，只在输出时货物形态同于输入时的场合，得称为支还。如果输入以后，其形态曾经某种制造业改造，则因其名称已改，放在新名称项下的恩典，便叫做奖励金。

对专长所业的技术家与制造家，公众所给予的赏金，亦不能与奖励金一概而论，赏金虽可奖励异常的技巧与技能，从而提高各职业上现雇各个工人的竞争心，但不足使一国资本违反自然趋势，以过大的比例流入特种的职业。这种赏金的趋势，不是破坏诸职业的均衡，却是使各种职业的作业得尽其可能而达于完善与完全。此外，赏金所费极轻；奖励金所费极大。单就谷物奖励金一项而言，有时，每年所费于公众者，即在三十万镑以上。

奖励金有时被称为赏金，支还亦有时被称为奖励金。但我们应时常注意于事物的性质，不必管它的名称。

旁论谷物贸易及谷物条例

世人对于确立谷物输入奖励金的法律及与此有关的诸制度，大都加以赞赏。我在未曾指出这种赞赏全然不当以前，是不能把论奖励金这一章结束的。特一考察谷物贸易的性质及与谷物贸易有关系的英国法律，即可充分说明我此说之真理。这题目太重要了，所以，这个旁论，就令长些，亦是正当的。

谷物商人的贸易，包含四个不同的部门。这四个部门，虽有时由一人之身兼任，但按其性质，实在是四种不同的独立的贸易。第一，对内商人的贸易；第二，国内消费品的输入商人的贸易；第三，供外国消费的国内生产物的输出商人的贸易；第四，贩运商人的贸易，即输入谷物以待输出。

对内商人的利害关系，无论骤然一看，是怎样与人民大众的利害关系相反，但在极歉乏的年度，却是恰好一致。他情愿按照真实歉收所必需的程度，尽量提高谷物的价格，但若再比这程度更高，就决不于他有利了。价格的提高，可以沮害消费，使一切人，尤其使下等阶级人民节省而经济。但若提得太高了，则消费的沮害过甚，致令一季节的供给超过一季节的消费，以致下次收获物已经进来，上次收获物犹有残余，那他就危险了。他的谷物，不仅会依自然的原因而损失颇大部分，且其残余部分，将不得不以较数月前遥为低廉之价格出售。但若提高的程度不足，则消费的沮害未足，致令一季节的供给，短于一季节的消费，那他不仅会损失他一部分应得的利润，且将使人民在一季节将要完毕之前，遭逢饥馑（不是缺乏的困难）的可怕的恐慌。为人民的利益计，他们每天、每星期、每月的消费，宁愿与一季节的供给，尽其可能，正确地保持着比例。对内商人的利害关系，亦复如是。尽他判断能力所及，以按近于这比例的比例，供人民以谷物，他售卖谷物的价格必最高，所得利润必最大。收获情状如何，其逐日逐星期逐月的售卖额如何，他是知道的。这种知识，使他能够多少正确的，判定人民所得的供给，究与此比例相差几何。于是，他就令只愿一己的利益，全然不顾到民众的利益，就连在不足的年度，他亦一定能够像聪明的船长有时待遇船员的办法一样，待遇人民大众，即在他预先看见了粮食快要缺乏了，他就叫他们减食。固然，有时船长顾虑太过，在实际没有必要的时候，亦使他们减食，使他们感到不便。但这种不便，比较起来，并不很大。他们有时由船长行为不谨慎而蒙受的危险、痛苦与破灭，才真是惊人呢。同样，有时，对内谷物商人贪欲过度，致超过季节不足所必需的程度而提高谷物价格，但人民由此种行为（这可有效的使他们避免季节之末的饥馑）所感受的不便，比较起来，亦是很小的。他们有时由季节开始即行廉售而蒙受的不便，才可怕呢。并且，这种过度的贪欲，于谷物商人自身，亦是很有害的；他不仅会因此而蒙受一般人的厌憎，而且，就令他能够避免这种厌憎的影响，他亦不能避免下述那一种困难。即，在季节之末，必然会残留在他手上一定量的谷物，并且，如果下一季节是丰收的，他这残留额的售价，又必远较贪欲不大过度的场合为低。

如果一个大国的收获物全部，得由一大会社的商人占有，那为他们的利益计，也许真会像荷兰人处置摩洛哥的香料一样，为了要提高一部分存货的价格，便把存货的大部破坏或委弃。但对于谷物，这样广泛的独占，就便凭借于法律的暴力，亦是不易建立的；并且，在法律准许贸易自由的地方，最不易为少数大资本（虽则可以购取谷物的大部分）势力所垄断独占的商品，就要算谷物。一国收获的全部谷物的价值太大了，少数私人的资本是不能少数购买的；即令其能少数购买，然其生产方法又将使此种购买全然不能实行。在任何文明国家，都以谷物的年消费额为各种商品中之最大者。所以，一国勤劳，每年用以生产谷物的部分，亦必较大于每年用以生产任何其他物品的部分。在它第一次从土地收获出来之后，亦必较任何其他物品分配于较多数所有者之间。这种所有者，决不能像一群一群的独立制造家一样，集居在一个地方，却必然会散居在国内各隅。此种最初的所有者，或直接供给其邻近地域的消费者，或供给其他对内商人而间接供给此等消费者。对内谷物商人的人数（包括农业家及烙面师），必较多于经营任何其他商品的商人；且因其散居各处，要加入一般的团结，又更不可能。在歉岁，如果其中有一个商人，发觉了他所有的谷物，已有许多不能以通行的价格在季节之末售脱，他决不会想维持此价格，坐贻竞业者竞争者以利益而贻自身以损失。他将立即减低此价格，希望在新收获出来之前，把他的谷物售去。支配一个商人行为的动机及利害关系，又将支配其他一切商人，强迫他们都在他们所能判断的限内，以于季节丰歉最为合宜的价格，售出他们的谷物。

关于现世纪及前此二世纪欧洲各地粮食不足与饥馑之情形，有些记载颇为可靠。试在这诸地中，任择一地之经过而细心检考之，我相信，我一定能够发现粮食不足的情形，决不曾发因于对内谷物商人的团结，却只发因于真正的不足。那有时在特殊场合是肇因于战争的浪费，但在最多数的场合，却是肇因于天年的不顺。其次，他又会发现饥馑发生的原因，只是政府强蛮以不适宜的手段，救济粮食不足的不便。

在各部分均得自由通商自由交通的广大产谷国内，由最不顺天年而起之粮食不足，亦不能大至产生饥馑。若能处之节俭经济，那就连最稀少的收获亦可在略为紧缩的情状下（像普通丰收在略较丰泽的情状下那样），维持一样多的人数一年。最不良的天年，莫过于过度的干旱及过度的霪雨了。但因谷物可栽于高地，亦同样可栽于低地，可栽于湿气最重之地，亦同样可栽于易受干旱之地。所以，有害于低地的霪雨，可有利于高地；有害于高地的干旱，又可有利于低地；所以，在大旱与多雨的年度，吾人收获虽均将远逊于气候顺适的年度，但无论是大旱抑是多雨，一国某一部分的损失，都可在相当程度上，由别一部分的利得而抵偿。在产米诸国内，作物不仅需要极湿润的土壤，而且，在稻长期间，尚有时须浸在水里，所以，干旱的影响，遂遥为可怕。然而，就连在这样的国内，干旱亦不见得会那么普遍，以致在政府允许自由贸易时，亦必然会惹起饥馑。数年前，孟加拉的大旱，也许只会惹起极大的粮食不足，而后来所以会转为饥馑，也许因为是东印度公司的职员，曾以不适宜的条例，不审慎的限制，加在米的贸易上面。

政府如要救济粮食不足的不便，遂命令一切商人，以被假定为合理的价格售卖他们的谷物，结果或是妨碍他们提供谷物上市，以致在季节之初，即产生饥馑，或是（假设他们会提供谷物上市）使人民并奖励人民赶快消费，以致在季节之末必然会产生饥馑。无限制无拘束的谷物贸易自由，既然是防止饥馑的痛苦之唯一有效的方法，所以亦是缓和粮食不足的不便之最好的药方。因为真正粮食不足的不便，是不能救济的，那只能缓和。没有一种商业比谷物贸易，还更值得法律之充分的保护；亦没有一种商业比谷物贸易，还更需要这种保证；因为没有一种商业比谷物贸易，更容易受一般人的憎厌。

歉岁，下级民众，辄谓其困苦为谷物商人之贪欲所造成。于是，谷物商人遂成为他们憎恶愤怒的目标。在这场合，他不要说图取利润，他还会日在完全破灭的危险中，其仓库为民众之暴力所掠夺破坏。但谷物商人图取大利润的时候，亦就是谷物价格昂贵的歉岁。他通常与某一些农业家订约，在一定年限内，按一定的价格，供他一定量的谷物。这个契约价格之订定，必按照假设为中度合理的价格，即按照普通平均的价格。那在晚近歉岁以前，普通约为小麦每卡德二十八先令；其他各种谷物每卡德的契约价格，亦按此为准。所以，谷物商人遂得在不足的年度，以普通价格购买而以较高得多的价格售卖他谷物的大部。这是一种异常的利润。但这种异常的利润，只足使其所业与其他商业立在平等地位，只足补偿他在其他场合，由此商品之易腐性或其价格意外变动之频繁性而生的许多损失。这种事实，只要看看谷物贸易比任何其他商业，没有更多的发大财的机会，就会充分明白。他们只能在不足的年度获取大利润，但他受一般人憎恶的年度亦即是不足的年度。因此，稍有品格及财产的人，多不愿加入此种职业，这种职业，遂委弃在那一群下流的商人之手。在国内市场上，介在生产者及消费者间的中间人，便几乎只有磨坊工人、烙面工人、制粉工人、面粉经售人以及一大群困苦的小贩了。

欧洲往时的政策，对于一种这样有利于社会的商业，不但不曾抑退一般人对它的憎恶，反之，且视此种憎恶为正当而加以奖励。

爱德华六世第五年及第六年法令第十四号，规定凡购买谷物或谷粒，不愿再拿出来售卖的人，应被视为犯法的垄断者，初犯，处以二个月的禁锢，没收谷物的价值；再犯，处以六个月的禁锢，没收的价值加倍；三犯，处以头手枷刑，任皇帝随意处以禁锢之刑，并没收其动产之全部。欧洲其他大部分地方往昔的政策，亦不比英格兰昔时的政策为良。

我们的祖宗，似乎曾想象，人民向农业家购买谷物，必较向谷物商人购买为廉，因为他们生怕谷物商人会超过农业家所要求的价格，而为自己需索异常的利润。所以，他们要竭力消灭他的商业。他们甚至于要竭力防制生产者与消费者间有任何中间人存在。他们对于所谓谷物垄断者或贩运者所营商业所加的许多限制，意义便是如此。那时，没有特许状，证明其人诚实公正，即不许经营此种商业。依据爱德华六世的法令，则非经三治安判事认可，又决不能取得此种特许状。但是，就连有了这样的限制，以后，亦仍被认为不足，所以，依据伊利沙白的一个法令，有权颁发此种特许状的，就只有四季治安裁判所了。

欧洲古时的政策，就在这情状下，努力规律农村最大的职业——农业，而其规律之原则，则与规律都市最大职业——制造业之原则，完全不同。这种政策，使农业家除了消费者，或他们直接的谷物经售者、垄断者及贩运者，即不能再有任何其他的顾客，因而强迫他们不但要经营农业家的职业，而且必须经营谷物批发商人及零售商人的职业。反之，在制造业方面，欧洲古时的政策，却在许多场合，禁止制造家兼营开店的生意，不许他们零售他们自己的货品。一种法律的用意，是要促进国家的一般利益，或者说，使谷物趋于低廉，但行之不得其法。别种法律的用意，却要促进特种人——店老板的利益，因为依照当时人的假设，这种人将为制造家所连累而贱卖，如果允许制造家零售，这种人的生意就会破灭。

但是，即令制造家有开设店铺零售货物之权利，亦不能连累普通店老板，使其贱价售卖。投在店铺内的资本部分，必从制造业上提取出来。因要使其所业与他人所业立在一条水平线上，他这一部分资本既必须取得制造家的利润，所以那一部分资本亦必须取得店老板的利润。例如，假设在他所居住的那特殊市场上，制造业资本及小卖业资本的普通利润均为百分之十。那在制造家自行开店零售的场合，他在店铺中每售去一件货物，即须取得利润百分之二十。当他自工厂搬运货物至店铺时，他对于货物所估的价格，必然是他向零售店老板所能索取的批发价格。如果估价较低于此，他的制造业资本的利润，便失去了一部分。当货物在他自己店铺内售去时，如果出售值格，较低于其他店老板所售价格，那他的小卖业资本的利润，亦就失去了一部分。所以，在这场合，他对于同一件货物，虽似已取得加倍的利润，但因这种货物曾继续充作两个不同资本的部分，所以，对于他投下的资本，他所取得的却其实是单一的利润。如果他所得利润较少于此，他就是损失者，换言之，他投下他全部的资本，不曾与大部分邻人取得同一的利益。

制造家所不许为者，农业家却许在相当程度上为之。即，以一己之资本，分投于两种不同的职业。即，以一部分投在谷仓及干草场上，以供应市场上不时的需要，而以其余部分用来耕作土地。但他投下后一部分，所得利润既不能较少于农业资本的普通利润，所以，他投下前一部分，所得利润亦不能较少于商业资本的普通利润。实际投来经营谷物商人职业的资本，无论是属于被称为农业家的人，抑是属于被称为谷物商人的人，都不免要有等量的利润，来补偿如此投资的这资本所有者，并使他的职业得与其他职业立在同一水平线上，使他不至于见异思迁。被迫而兼营谷物商人职业的农业家，并不能在市场上，比任何其他谷物商人在自由竞争的场合，以更廉的价格售卖他的谷物。

得以全部劳动用在单一的作业上，于劳动者颇有利益；得以全部资本投在单一的职业上，亦于经商人有同样的利益。劳动者将从此获得一种技巧，使他能以同样的两只手，完成遥为多量的作业；同样，经商人亦将从此取得一种便易的顺手的经商方法（买卖货物的方法），使他能以同量的资本经营遥为多量的业务。劳动者一般得因此而以遥为低廉的价格，提供他们的作品；经商人亦将一般因此而得以遥为低廉的价格（比较以资财及心思，用在多式多样的对象物上的场合），提供他们的货物。大部分制造家，都不能像周到的活动的小卖商人——他们的唯一业务，便是批发的购买货物，再零星地售卖货物——那样，以如此低廉的价格，零售他们自己的货物。大部分农业家，更不能像周到的活动的谷物商人——他们的唯一业务，是批发的购买货物，贮集在大谷仓内，再零星的售卖出去——那样，以如此低廉的价格，把他们自己的谷物零售给往往相距四五百里的都市上的居民。

禁止制造家兼营小卖业的法律，加紧了资本用途的这种分割。强迫农业家兼营谷物商人职业的法律，却妨碍了这种分割的进行。这两种法律，都显然侵犯了天然的自由，所以都是不正当的；因为不正当，所以都是愚策。为了任何社会的利益，这一类的事情，都是不应加紧，亦不应妨碍的。以劳动资本兼营无经营必要的职业者，决不能使邻人贱价售卖，从而伤害他的邻人。他也许会伤害他自己，并大都会伤害他自己。谚云，兼营一切事业的不富。法律应该以人民各自的利益，委托于人民自己。人民因处在当地，所以，比较立法官，定然更能够了解他们自身的利益。但在这二种法律中，最有害的，又是强迫农业家兼营谷物商人职业的法律。

这项法律，不仅妨碍了如此有利于社会的资本用途之分割，而且同样妨碍了土地之改良与开垦。强迫农业家不专营一业而兼营二业，即是强迫他把资本分作二部，而仅把一部分投在耕作事业上，但若他有售卖全收获（一经收获，即行售卖）于谷物商人之自由，他全部资本就会立即归还土地，用来购买更多的耕牛，雇用更多的雇役，俾在更优良的情状下改良土地和耕作土地了。如果强迫他零售他自己的谷物，他就不得不全年常常以资本一部分，保留在他的谷仓及干草场中，再不能像无此种法律时候那样优良的，以同量资本耕作土地。所以，此种法律，必要会妨碍土地的改良，不但不能使谷价低廉，且有减少谷物生产，从而提高谷物价格的趋势。

除了农业家的业务，最有助于谷物栽种事业的业务，其实就是有适当保护及奖励的谷物商人的职业，像批发商人的职业有助于制造家的职业一样，谷物商人的职业亦有助于农业家的职业。

批发商人，因可提供制造家以现成的市场，其货物一经制成，即将被他们取去。有时，且在其货物未经制成以前，预先支付货物的价格，所以，使制造家能够把他全部的资本（有时，且较这全部为多）不断地投在制造业上，使他所制成的货物，比较非亲自把货物卖给直接消费者及零售商人不可的场合，遥为多量。批发商人的资本，既一般足够补偿许多制造家的资本，所以，他和他们间的这种来往，会使一个大资本的所有者，情愿支持许多小资本的所有者，并在他们非此即有破产危险的损失与不幸中，予他们以援助。

农业家及谷物商人间的同一种类的来往，设能普遍地确立起来，则所带来的结果亦必同样有利于农业家。农业家得因此而以其全部资本（甚至于较全部为多），不断地投在耕作事业上。他们这种职业，诚然更容易罹受诸种意外，但有了这种来往，那就无论在哪一种意外中，他们亦可寻到他们寻常的顾客——富裕的谷物商人。他情愿支持他们，亦能够支持他们。并且，他们亦不必像现在这样，一味依赖地主的宽容及地主管事人的慈悲。设能（那恐怕是不可能的）把此种来往普遍地立即地确立起来；设能立即把全部农业资本从其他一切不相宜的职业移归相宜的职业——土地的耕作事业；设在必要时，为支持扶助这个大资本的作业，能立即供以别一个几乎同样大的资本，那么，单是这种事态的变更，将在国内的全地面上引出如何巨大、如何广阔、如何急激的改良，就恐怕是不很容易想象了。

爱德华六世的法令，尽量禁止生产者与消费者间有中间人存在，从而努力消灭了一种贸易。这种贸易的自由进行，本来不仅是缓和粮食不足的不便之最上策，而且是预防这灾祸之最上策。除了农业家的职业，最有利于谷物生产事业的，便是谷物商人的职业了。

这法律的峻严，赖后跟数项法规而和缓了不少。这数项法规，一步一步的，允许在小麦价格不超过每卡德二十先令、二十四先令、三十二先令、四十先令，谷物得行囤积。最后，查理二世第十五年法令第七号，再规定在小麦价格不超过四十八先令一卡德时（其他谷粒的价格，以此为准），一切不是垄断者（Forestallers即购入谷物，再在三月内在同一市场售卖的人）的人，囤积谷物或购买谷物以待售卖，都被认为合法。对内谷物商人所曾享受过的贸易自由，总算依据这项法令而完全取得了。

乔治三世第十二年的法令，几乎废止了其他一切取缔囤积及垄断的古代法令，但对于查理二世第十五年的法令所设的限制，独未撤废，故仍继续有效。

但查理二世第十五年的法令，却在某程度上，把两个极不合理的世俗的偏见认为正当。

一、这个法令，假设小麦涨价至每卡德四十八先令，其他各种谷物亦按此比例涨价，则谷物囤积特易有害于人民。但据我们前所叙述，则谷物显然无论价格如何，对内谷物商人的囤积，也不至于有害于人民；而且，四十八先令虽可视为颇高的价格，但在不足的年度，这价格就连在收获以后那一刻（那时，新收获物尚不能卖出任何部分，所以，就连一个无智识的人，亦不会假设新收获物的任何部分会被囤积以妨害人民），亦是常常发生的。

二、这个法令，假设在一定的价格下，谷物最易为人所垄断，即最易为人所购占，俾不久再在同一市场内出售，以致妨害民众。但是，如果商人会购占谷物，送往特殊市场或留在特殊市场，俾不久再在同一市场内出售，那一定因为依他判断，在这特殊场合，这市场不能全季得到如此丰厚的供给，不久即将涨价。如果他的判断错了，价格并非不久即行上腾，那他就不仅会损失如此投下的资本的全部利润，且因储藏谷物，必须有所费失，所以如此投下的资本亦将损失一部分。如此，他所害于自身的，必遥较重大于民众所受的损害。民众固然会在这特定的开市日，为他的垄断所阻碍，以致不能得到供给，但此后，他就能在任何开市日，以恰好同样低廉的价格，供给他们自身。反之，如果他的判断是对的，那他就不但无害于人民大众，且将提供他们以一最重要的贡献。这使他们更早就能够感到粮食不足的不便，从而，使他们不至于后来痛烈的感到这种不便（如果价格的低廉鼓励他们不按合季节的实际不足，而为急速的消费，那就一定会如此痛烈感到这种不便）。如果不足是真实的，那为人民计，就最好是把这种不便尽可能平均分配于一年的各月、各星期、各日。谷物商人的利害关系，使他研究如何可以尽其可能，准确地去做这一件事。任何其他人，都没有这种利害关系，亦没有这种知识，更没有这种能力，来准确处理这一件事。所以，这一件最重要的商业上的活动，当然应当全然委托于他。换言之，至少，在国内市场的供给上，谷物贸易是应当任其完全自由的。

对于囤积与垄断之世俗的恐惧，可比拟于对于妖术之世俗的恐怖与疑惑。以妖术而被问罪的不幸的妖术者，无涉于不幸事件之发生；以囤积垄断而被问罪的人，亦同样无涉于不幸事件之发生。法律取缔告发妖术，使人们无力为满足自己的恶意，而以此种想象的罪名，控告他们的邻人，亦就取去了奖励并支持这种种恐怖与疑惑的大原因，从而，有效地消灭了这种种恐怖与疑惑。

同样，恢复国内谷物贸易的完全自由的法律，也许，亦能够有效地消灭世人对于囤积与垄断之恐惧。

查理二世第十五年第七号法令，虽有各种缺点，但与法典中任何法律比较，对于国内市场供给的增丰及耕作的增进那两点，亦恐更有贡献。国内谷物贸易所曾享受过的自由与保护，全依这项法令取得了。在国内市场的供给及耕作的增进那两方面，用国内贸易来促进，都遥为有效，用输入贸易输出贸易来促进，都遥为逊色。

根据那位论述谷物贸易的著者的计算，则大不列颠每年平均输入的各种谷物量与每年平均消费的各种谷物量之间，所持比例不过一比五百七十。所以，在国内市场时供给那一方面，国内贸易的重要必五百七十倍于输入贸易。

根据同一作者的计算，大不列颠每年平均输出的各种谷物量，不过占年产额的三十分之一。所以，在耕作的增进（即提供本国产物以市场）那一方面，国内贸易的重要亦必三十倍于输出贸易。

我不大相信政治的算术，亦不要证实此二种计算正确。我所以在这里引述，不过为了要说明，在一个最有思虑、最有经验的人看来，谷物的外国贸易与国内贸易比较，是怎样更不重要啊。奖励金设立前那几年的谷价的大低廉，也许有理由，在相当程度上，归因于查理二世的这项法令的作用。因为，这项法令在前此约二十五年的时候颁布的，那已有充分的时间产出这种结果。

至若，关于其他三部门的谷物贸易，我有极少的几个字已可充分说明我所要讲的话。

第二，输入外国谷物供国内消费的商人的贸易，显然有助于国内市场的直接的供给，故在如此程度上，亦直接有利于人民大众。其趋势为略减谷物的平均货币价格，非减少谷物的真实价值，换言之，不会减少谷物所能维持的劳动量。如果输入是随时自由的，农业家及乡绅们每年出售谷物所得的货币，也许会比输入常被切实禁止的现在更少。但他们所得的货币，将有更高的价值，将可购买更多量的其他物品，雇用更多量的劳动。他们的真实财富与真实收入，虽被表现为较小量的银，但不会比现在更小；他们所能耕种所愿耕种的谷物，亦不会比现在更少。反之，由谷物的货币价格跌落而起的银的真实价值的腾贵，既可略略减低一切其他商品的货币价格，亦可使其国产业在一切外国市场上取得若干利益，从而，有奖励并增进其国产业的趋势。但国内谷物市场的范围，必与种谷国的一般产业，换言之，必与生产他物、占有他物，或占有他物价格、备与谷物交换的人数，保持着比例。在一切国家，国内市场都是最近的最方便的谷物市场，所以，亦同样是最大的最重要的谷物市场。由谷物平均货币价格跌落而起的银的真实价值的腾贵，既有扩大最大又最重要的谷物市场的趋势，所以，不但不会沮害谷物生产，而且有奖励谷物生产的趋势。

查理二世第二十二年第十三号法令，规定在国内市场上小麦价格不过每卡德五十三先令四便士时，小麦输入，每卡德须纳税十六先令；在国内市场上，小麦价格不过每卡德四镑时，小麦输入，每卡德须纳税八先令。但前一价格，只在一世纪以前，非常不足的时候发生过；后一价格，则据我所知，是从来未曾发生过。但是，这法令便在小麦未涨至后一价格以前，仍规定须课如此的重税；在小麦未涨至前一价格以前，所课赋税，殆无异禁止其输入。至若其他各种谷物，其输入之税率与赋税，与其价值比例而言，亦几乎是同样的重。[①]而况，此后的法令，又把这种税加重了。

歉岁，人民由此种法律的严格施行所受的苦痛，也许是很大的。但在歉岁，此种法律往往由一时的条例而停止施行，即在有限的期间内，允许外国谷物输入。这种暂行条例的必要，充分说明了这普通法律的不当。

对于输入的这种限制，虽先于奖励金而设立，但所本之精神与原则，则与此后的奖励金完全一样。但有奖励金制度以后，这种或他种输入限制政策，就无论本身是怎样有害，亦成了必要了。倘若在小麦价格不及每卡德四十八先令或不大超过此数时，外国

---

① 当今皇帝第十三年以前，各种谷粒输入所纳的赋税如下：

谷粒（每卡德）	税
蚕豆二十八先令	十九先令十便士
四十先令	十六先令八便士
四十先令以上	十二便士
大麦二十八先令	十九先令十便士
三十二先令	十六先令
三十二先令以上	十二便士

麦芽为常年麦芽税法禁止输入。

燕麦十六先令	五先令十便士
十六先令以上	九便士又二分之一
豌豆四十先令	十六先令
四十先令以上	九便士又四分之三
黑麦三十六先令	十九先令十便士
四十先令	十六先令八便士
四十先令以上	十二便士
小麦四十四先令	二十一先令九便士
五十三先令四便士	十七先令
四镑	八先令
四镑以上	约一先令四便士
荞麦三十二先令	十六先令

这诸种赋税的设立，一部分为查理二世用以代替旧补助金者，一部分为新补助金，三分之一及三分之二补助金，及一七四七年补助金。

谷物得自由输入，或其输入仅须纳小额的赋税，那么，假设有奖励金，就一定有人会贪图奖励金的利益，再把谷物输出，不但大有损于公众收入，并且，以推广本国产物市场（非外国产物市场）为目的的制度，亦就完全错乱了。

第三，输出谷物供外国消费的商人的贸易，当然于国内市场供给的增丰，毫无直接的贡献，但有间接的贡献。不必问此供给通常出此何种来源——在本国生产呢，抑从外国输入呢？但若其国通常所生产的谷物或通常所输入的谷物，不较多于通常所消费的谷物，则国内市场之供给就永远不会丰饶。但是，在一切普通的场合，如果剩余额不能输出，则生产者将按度国内市场上仅仅消费所需而生产谷物，决无意生产剩余，输入者亦将按度国内市场上仅仅消费所需而输入谷物，决无意输入剩余。似此，供给此种货品的商人们，殆无日不提心吊胆，恐怕货物不能售脱，所以，市场不大会有存货过剩，只常有存货不足的情形。输出的禁止，限制了其国的改良与耕作，使其供给不超出本国居民的需要。输出的自由，却使其国耕作事业推广以供给外国。

查理二世第十二年第四号法令，规定谷物输出，在小麦价格不超过每卡德四十先令，其他各种谷粒的价格以此为准时，即不受禁止。帝十五年，又将此种自由扩大，即在小麦价格不超过每卡德四十八先令时，允其自由输出；帝二十二年，就无论价格如何高了。固然，在如此输出时，尚须付国王以磅税，但因一切谷粒，在关税表中，评价均甚低，故此磅税，在小麦仅为每卡德一先令，在燕麦仅为每卡德四便士，在其他各种谷粒仅为六便士。威廉玛利治世第一年，又由确立奖励金的那个法令，规定在小麦价格不超过每卡德四十八先令时，事实上，已不再征收这小额的税。威廉三世第十二年第二十号法令，又公然无论价格如何高，把这小额的税撤去了。

如是，输出商人的贸易，就不仅有奖励金为之奖励，且较对内商人的贸易遥为自由了。依着上述诸项法令中的最后一项，在任何的价格上，谷物也可囤积以待输出；但除了在价格未超过每卡德四十八先令时，谷物是不许囤积以待国内售卖的。据上所述，对内商人的利害关系，决不能和人民大众的利害关系相反。输出商人的利害关系，却可以，也真有时和人民大众的利害关系相反。在本国正愁粮食不足时，邻国亦患饥馑，那输出商人的利害关系，或将使他输往邻国的谷物量，大大加重本国粮食不足的灾难。此等法令的直接宗旨，不是国内市场的供给丰饶；却在奖励农业的口实下，使谷物的货币价格尽量提高起来，从而，使国内市场上的不足现象尽量延续下去。沮害输入的结果，甚至在大大不足时，国内市场亦只能仰给于本国的生产。奖励输出（在价格已高至每卡德四十八先令时）的结果，就连在大大不足时，国内市场亦不得享受本国生产物的全部。在有限期间内禁止谷物输出，并在有限期间内免除谷物输入税的暂行法律，为英国所不得不常常采用。这事实已可充分说明其一般制度之不当。设令其一般制度妥当，则有何种理由须屡屡放弃其一般制度呢。

设一切国家均仿用自由输出自由输入的自由制度，则大陆内所分成的许多国家，必无异大国内所分成的许多省。据推理，据经验，大国内诸省间的对内贸易自由，都不仅是缓和粮食不足的最上策，而且是防止饥馑的最上策；大陆内诸国间的输出贸易输入贸易的自由，亦复如此。大陆愈是广大，大陆各部分间水运陆运的交通愈是容易，其中任何部分受此二种灾难的机会，必愈是稀罕。一国的不足，很容易就能由他国的丰收而得救济。但不幸，完全采取此种自由制度的国家，还极少数啊。谷物贸易的自由，几乎在一切地方均多少受着限制；有许多国家，限制谷物贸易的不合理的法律，且往往加重粮食不足的不可避免的不幸，使成为可怕的饥馑的灾难。这种国家，对谷物的需要，是常常如此巨大而急切，所以，邻近小国，若已同时觉得粮食有些不足，再给他们以供给，怕就会陷自身于同样可怕的灾难。因此，一个国家采用了这种最恶的政策，往往会使别一国不敢采用原来最善的政策，因这一种行为，会在相当程度上因此而成为危险的不慎重的行为。无限制的输出自由，于大国之危险性，是更少得多的，因大国生产遥为巨大，无论输出谷物量如何，供给都不至于大受影响。在瑞士一邦或意大利一小国内，也许尚有时有限制谷物输出的必要。但在英格兰法兰西那样的大国，却不见得会有这样的必要。而且，使农业家不能随时运送货物到最好的市场，亦显然是为了公众功利的观念，国家的理由，而把正义的常法牺牲了。立法院这种行为，除了在迫不得已的场合，是不应该有的，是万难原谅的。如果真要禁止，那就只有在谷物价格非常高的时候，才应该禁止谷物输出。

关于谷物的法律，无论在什么地方，都可以比拟于关于宗教的法律。对于现世生活的生存，以及对于来世生活的幸福，人民关心太切了，因此，政府必须服从他们的偏见，并且为了确保公众的稳静，而确立他们所是认的制度。也许就因为这个缘故，关于这两种大事，我们就不大能够确立合理的制度了。

第四，贩运商人的贸易，是输入外国谷物以待再输出，亦有助于国内市场上供给的增丰。此种贸易的直接目的，虽非售谷物于国内，但他往往愿意如此做。并且，就使如此出售所得的货币，远较在外国市场上所可期望的数额为小，他亦愿意如此做。因为，如此，他可以省免上货及下货，运送及保险那各种费用。以贩运贸易为媒介而成为他国仓库堆栈的国家，其居民不常感到缺乏。贩运贸易虽可减低国内市场上谷物的平均货币价格，但不曾从此减少它的真实价值。那只会略略提高银的真实价值。

在大不列颠，因外国谷物输入须纳重税，而其中大部分又无支还，所以，就连在一切普通的场合，贩运贸易亦是事实上受着禁止。而在异常的场合，粮食不足虽然使我们有以暂行法律停止征课此种赋税的必要，但又往往禁止输出。实施这一类法律的结果，谷物贸易就在一切场合，都事实上受着禁止了。

这一类法律，本与奖励金制度之确立有关，一向被人推称，实则没有被人推称的价值。英国的改良与繁荣，常常被人说是此等法律的结果，其实，很容易就可依据其他的原因，而加以说明。英国法律保证了一切人均得享有其自身劳动的结果。只要有这种保证，那就令有这些以及二十条其他的不合理的商业条例，亦可致英国于繁荣之境。而且，由革命而完成的这种保证，又和奖励金的确立，几乎是在同一时候呢。在可以自由而安全的向前努力时，各个人改善其自身境遇的自然的努力，是一个如此强有力的原理，那就令没有任何的帮助，亦能单独的致社会于富与繁荣，而且，不仅如此，那还可克服无数的顽强的障碍——人为的法律，常常拿这诸种障碍来妨害这种努力的作用，虽然这诸种障碍的结果往往会多少侵蚀这种努力的自由，减少这种努力的安全。在大不列颠，产业是十分安全的；虽不能说完全自由，但与欧洲各国比较，总是一样自由或者更为自由。

大不列颠最繁荣最改良的时期，虽后于这诸种法律（与奖励金有关的法律）的确立，但我们决不能因此便说大不列颠繁荣改良的原因是这诸种法律。那亦后于国债，但能说国债是大不列颠繁荣改良的原因吗？

与奖励金有关的这一类法律，殆与西班牙、葡萄牙的政策，有恰好相同的趋势，即在实行此类法律的国内，略为减低贵金属的价值。但是，西班牙、葡萄牙也许应该为最贫乏，英国却无疑是欧洲最富的国家。他们境遇上的这种差异，很容易就可由下述二种原因说明。一、输出金银，在西班牙须纳税，在葡萄牙受禁止，而这种法律的施行，复受严厉的监视，所以，在这两个每年有六百万镑以上金银输入的国家，一定比在实施谷物条例的英国，有更直接且更有力得多的作用，使金银的价值跌落。二、在这两国，这种不良政策的影响，无一般的人民自由与安全，为之抵消。在那里，产业既不自由，亦不安全，世间的及超世间的政治又陷入如此状态，即令没有其他原因，即令其通商条例之贤明程度，一如今日他们大部分通商条例之愚谬程度，亦足单独的使他们现在的贫穷状态成为恒久的现象。

乔治三世第十三年第四十三号法令，关于谷物条例，似乎立起了一种新的制度，那在许多方面，都比旧制度更好，但在某一两点上，却也许没有那样好了。

这个法令规定中等小麦价格腾至每卡德四十八先令，中等黑麦豌豆蚕豆的价格腾至三十二先令，大麦的价格腾至二十四先令，燕麦的价格腾至十六先令时，凡供国内消费的输入，均得免纳高率赋税，而代以小额的税。在小麦，仅每卡德六便士；其他各种谷粒，亦以此为准。关于其他各种谷粒，尤其是关于小麦，国内市场得容纳外国供给之价格，就比从前更低得多了。

同一法令，又规定小麦价格涨至每卡德四十先令（先前是四十八先令）时，则小麦输出的全部奖励金（五先令），即行停止发给；大麦价格涨至每卡德二十二先令（先前是二十四先令）时，则大麦输出的全部奖励金（二先令六便士），即行停止发给；燕麦粉价格涨至每卡德十四先令（先前是十五先令）时，则燕麦粉输出的全部奖励金（二先令六便士），即行停止发给；黑麦的奖励金，由三先令六便士减至三先令，其价格涨至二十八先令（先前是三十二先令）时，奖励金即停止发给。如果奖励金的不当，真有如我上文所说，那就越是停发得早，越是数目减少，就越是优良了。

同一法令，又允许在谷物价格最低的场合，设输入的谷物堆在堆栈,同时用两把锁（一把是国王的,一把是输入商人的）锁住，那就可以为再输出而免税输入谷物。但这种自由，只通行于大不列颠二十五个海港，那全是主要的海港。其余大部分海港，也许没有专为此用的堆栈。

就以上各点说，这项法令就显然改良了旧时的制度。但这法令，又规定燕麦价格不超过每卡德十四先令时，每输出一卡德，即可得奖励金二先令。对于这种谷粒的输出，亦好像对于豌豆蚕豆的输出一样，以前从来不曾发给过奖励金。

这法令，又规定小麦价格涨至每卡德四十四先令时，即禁小麦输出；黑麦价格涨至每卡德二十八先令时，即禁黑麦输出；大麦价格涨至二十二先令时，即禁大麦输出；燕麦价格涨至十四先令时，即禁燕麦输出。这几种价格，都似乎太低了，并且，就在奖励金（其发给，以强迫输出为目的）停止发给的那一个价格上，全然禁止输出，亦似乎很不妥当。停止发给奖励金之价格，应当更低得多才对；不然，就应该在更高得多的价格上，尚允许谷物输出。

就以上诸点说，这项法令又较旧时的制度为劣。但是，就令有这一切缺点，我们犹应像批评梭罗法律一样，对于这种法令作如次的批评。即，其本身虽不是至善的，但已经是当时利害关系，偏见，及气质所能容纳之至善的了。这也许会在适当的时机为更好的法制，开出一条进路。

下述二种计算，因要解释并证明本章关于盐渍鯟鱼业所说的话，所以，附录在这里。我相信，读者可信赖它们的正确。

第一个计算，记载了苏格兰十一年间的大渔船数，搬出的空桶数，所捕得的鲱鱼桶数，每桶海条及每桶满装时所得的平均奖励金。

年次	大渔船数	搬出的空桶数	所捕得的鲱鱼桶数	对诸大渔船所付出的奖励金 镑	先令	便士
1771	29	5,948	2,833	2,085	0	0
1772	168	41,316	22,237	2,055	7	6
1773	190	42,333	42,055	12,510	8	6
1774	248	59,303	56,365	16,952	2	6
1775	275	69,144	52,879	19,315	15	0
1776	294	76,329	51,863	21,290	7	6
1777	240	62,679	43,313	17,592	2	6
1778	220	56,390	40,958	16,316	2	6
1779	206	55,194	29,369	15,287	0	0
1780	181	48,315	19,885	13,445	12	6
1781	135	33,992	16,593	9,613	12	6
总计	2,186	550,943	378,347	155,463	11	0

第二个计算，记载自 1771 年 4 月 5 日至 1782 年 4 月 5 日输入苏格兰的外国盐量及制盐厂无税交付渔业的苏格兰盐量，并附录其每年平均数。

期间	输入的外国盐布奚	制盐所交付渔业的苏格兰盐布奚
自1771年4月5日 自1782年4月5日	936,974	168,226
每年平均	$85,179\frac{5}{11}$	$15,293\frac{1}{11}$

外国盐每布奚重八十四磅；英国盐每布奚重五十六磅。

第六章　论通商条约

若有某一国，受条约束缚，只许某一外国某种货品输入，而禁止其他各外国这种货品输入，或课其他各外国某种货品以税，而独免课某一外国这种货品，那商业上受惠之国，至少，其国的商人制造家，必然会从这种条约取得大利益。这种商人制造家，在待他们如此宽宏的国内，享受了一种独占权。这个国家，遂成了他们货品的一个更广阔又更有利的市场。更广阔，因为其他诸国的货物不是排除，就是课以更重的税，故能多多吸收他们的货物；更有利，因为受惠国商人，在那里享受了一种独占权，故比较在一切国均得加入自由竞争的场合，往往能以更好的价格售去他们的货物。

这样的条约，虽可有利于受惠国的商人及制造家，但必不利于施惠国的商人及制造家。由此，他们赐给了某外国以一种有害于他们自己的独占权；比较在一切国均得加入自由竞争的场合，他们须常常以更昂贵的价格购买他们所需的外国货品。他们用以购买外国货品的那一部分本国生产物，却又必更为低廉，因两种对换的物品，其一低价乃是其他高价的必然结果，或不如说是同一回事。所以，其国年产物的交换价值，大都会因此种条约而减少。但这种减少，不能目为积极的损失，却只是减少他本来可得的利益。他出售货物的价格，虽较无通商条约时所可售得的价格为低，但售价总不至于不及所费；并且，像发给奖励金一样，他所得价格，决不会不足补偿运送货物上市所投的资本及其普通利润。否则，这种贸易就不能长此继续。所以，就连施惠国经营此种贸易亦是有利的，唯有利程度不及自由竞争之场合而已。

有些通商条约，却根据与此很不相同的原理，被假设为有利。有时，通商国给某一外国某种货品以妨害本国的独占权，只因为希望在二国间的全部商业上，本国每年所售，得较多于每年所购，以致金银的差额年年皆有利于己。一七〇三年英葡通商条约，就根据这原理而博得非常的赞赏。以下便是这条约的直译文，仅有三条：

第一条——葡萄牙神圣的国王陛下，以他自己及其承继人的名义，约定在未受法律禁止以前，以后永远准许英国罗纱及其余各种毛制品照常输入葡萄牙。但须依从以下的条件。

第二条——英国神圣的国王陛下，以他自己及其承继人的名义，必须以后永远准许葡萄牙产的葡萄酒输入英国，无论何时，亦无论英法二王国是和是战，并无论输入葡萄酒时所用的桶为勃浦（pipes）为浩格斯赫德（hogsheads）抑为其他的凯斯克（casks），均不得在关税或赋税这一类名义下，亦不得在任何其他的名义下，对于此种葡萄酒，直接或间接要求更多的东西。即比同量法国葡萄酒所纳的关税或赋税须减除三分之一。如果将来有一天，这言明的关税上的减除，竟在某一形式上被侵害，则葡萄牙神圣的国王陛下，再禁英国罗纱及其余各种毛制品输入，亦就是正当而合法的。

第三条——两国全权大使相约负责得各自君主批准条约后，在两个月内交换批准的文件。

这条约，规定葡萄牙国王在禁止英国毛织物输入以前，有以同一条件准许英国毛织物输入的义务，即在禁止以前，不得把税额提高。但他没有义务，比任何其他国（比方说法兰西或荷兰吧）

毛织物输入条件，以更好的条件，准许英国毛织物输入。但英吉利国王，却有义务，比法兰西葡萄酒（这，最常与葡萄牙的葡萄酒竞争）输入条件，以更好的条件，准许葡萄牙的葡萄酒输入，即减税三分之一。就这一点说，这条约就显然于葡萄牙有利，而于英国不利了。

但，这条约偏偏被称扬为英吉利商业政策上一种杰作。葡萄牙每年从巴西所得的金，都较多于其国国内贸易在铸币及器皿形式上所能使用的数量。如以剩余额抛置或锁闭于金柜中，未免损失太大了，但在其国之内，又不能寻得有利的市场，所以，即令禁止输出，亦必输出以交换在国内有更有利的市场之物品。其中，有大部分，是每年输往英吉利，以交换英国货物，或间接从英国交换其他欧洲各国的货物。巴勒梯君曾得报告，谓平均每周，由利斯朋来的周期邮船带至英国之金，即在五万镑以上。这数额恐近于夸张。果如此，则一年将总计在二百六十万镑以上了，那比较巴西每年所提供的想象的数额，还要更大。

数年前，我国商人曾失去葡王好感。有些特权，非经条约规定，只为葡王自由恩赐（那也许是请求的结果，但结果，葡萄牙人却取得了英王更大得多的恩惠、防御、与保护）者，就或被侵犯，或被撤回了。于是，通常最称扬葡萄牙贸易的人，亦表示此种贸易的有利程度并不如他们通常所想象。他们所说的这样的金的年输入，就有大部分，甚至于差不多全部分，不是为的英国的利益，只是为的欧洲其他各国的利益；每年由葡萄牙输入英国的水果与葡萄酒，几乎抵消了输往葡萄牙的英国货物的价值。

就假设这全部是为了英国的利益，而其总额又较大于巴勒梯君所想象，这种贸易，仍不能根据这种理由，便说比较其他输出品价值等于输入品价值的贸易，为更有利益。

其实，在这输入额全部中，只有一极小部分能被假设，是用来年年增加国内器皿或铸币之量。其余必送往外国，以交换若干消费可能品，但若这种消费可能品是直接由英国生产物购买，那就一定比较先以英国生产物购买葡萄牙的金，再以金购买这种消费可能品，为更有利于英国了。直接的消费品的对外贸易，必较迂回的消费品的对外贸易为有利。而且，要从外国运一定量外国货物至本国市场，在前一种贸易，所需资本必较少于在后一种贸易，而且少得多。设其国产业，仅以较小部分生产适合葡萄牙市场需要的货物，以较大部分生产适合其他市场需要的货物，而英国所需要的消费可能品，便为这其他诸市场所有，那么，不亦于英吉利更为有利吗？在这方法上，英国要获得他所需用的金及消费可能品,比较在现今的方法上,恐怕只须使用更少得多的资本吧。于是，英国便有了一种节省下来的资本，可以用来为其他的目的，用来推动追加量的产业，生产追加量的年产物了。

即令英国完全不与葡萄牙通商，英国在器皿上、铸币上、外国贸易上，所需的金的年供给全部，仍不难于获得。像一切其他商品一样，凡能给金以相当价值的人，总可以在某个处所，取得他所需要的金。而且，葡萄牙年年剩余的金，是仍须输出的，那虽不必为英国取去，但必为某其他国取去，但其他国又必像今日英国一样，乐以相当的价格，把这部分的金售卖出去。在购买葡萄牙的金时，我们是直接购买；在购买其他各国（除了西班牙）的金时，我们是间接购买，出价必略为昂。不过，这差额太小了，不值得公众注意。

据说，我国的金几乎全部来自葡萄牙。对其他各国的贸易差额，则或不利于我国，或无大利于我国。但我们应当记着，我国既从某一国输入了越多的金，则从其他各国所输入的金，自不免越少。对于金，亦好像对于其他各种商品一样，其有效需要，在任何一国，都有限量。如果我国从某一国输入这有限量的十分之九，则从其他各国输入的金，就不过是这有限量的十分之一了。而且，年年从某数国输入的金，越是超过我国在器皿上铸币上所必要的分量，则向其他各国输出的金，亦必越是增多；近世政策之最无意义的目标——贸易差额，对某些国而言，越是有利于我国，则对其余诸国而言，就越加会显出不利于我国的模样。

英国无葡萄牙贸易即不能存立那一个可笑的观念，竟在最近战争快要完结的时候，使法兰西及西班牙甘冒不违，请求葡王驱逐一切英船离港，并为安全起见，迎法兰西或西班牙的守备队入港。倘葡王竟接纳其外弟西班牙王所提出的不名誉的条件，英国所得而免除的不便，或将遥较丧失葡萄牙贸易的不便为大。即英格兰若可避免下述那一个负担，得以全力向着单一的目的，那就再来一次战争，亦尚可以自卫。但在这次战争进行中，英格兰却有一个国防上毫无设备的极弱的同盟国——葡萄牙，事事得英格兰来扶助。无疑，葡萄牙贸易的丧失，会给当时经营此种贸易的商人以颇大的困难，使他们在一二年内不能寻得任何其他同样有利的投资方法。然而，英格兰从这一个引人注目的商业政策蒙受的不便，却也许就在于此。

金银的逐年的大输入，既不是为了器皿，亦不是为了铸币，却只是为了外国贸易。迂回的消费品的对外贸易，以这二种金属作媒介，几乎比较以任何其他的货物作媒介，都更为有利。金银既是普遍的商业手段，所以，比任何其他的商品，亦更容易为人接受而换得货品；又因为它们的容积小价值大，所以，由一地到一地，来来往往，运输所费，又几乎比较任何其他的商品为少，从而，其物由运输而减损的价值亦比较小。在一切商品中，殆没有一种，有金银那样，便于在某一外国购买而仅仅为了再在其他外国售脱以交换某种货品了。葡萄牙贸易的主要利益，就在于使英国各种迂回的消费品的对外贸易，更为便易。这虽不能说是首位的利益，但无疑是一个颇可观的利益。

一国在器皿上及铸币上，仅需逐年输入极小量的金银，已可逐年加以补充。那种设想，是十分明白的。我们虽不与葡萄牙直接通商，这小量的金银，亦很容易就能在某处取得。

金匠的职业，在英国虽极可观，但每年售出的大部分新器皿，实皆由旧器皿熔解制成。所以，我国在器皿上每年所需的补充并不很大，那有极小额的年输入就行了。

就铸币而言，亦复如是。我相信，没有谁会想象，在晚近金币改铸以前，那十年间每年八十万镑以上的铸造，有大部分是每年用来增加国内一向流通着的货币。在铸币费由政府支办的国家，就连铸币内含的金银有充分的标准重量，其价值亦决不能比等量的未铸金属的价值，更大许多。为什么呢，因为要以一定量的未铸金银交换铸币内等量的金银，有到造币局交涉的麻烦，且须延迟数星期。不过，任何国的流通铸币，均不免有大部分有多少磨损，或由其他情形而低于其标准。在英国，则在晚近改铸以前，就很有这种情形，金币低于标准重量的程度常在百分之二以上，银币低于标准重量的程度常在百分之八以上。但若四十四几尼半，包含着十足的标准重量，即金重一磅，所能购买的未铸的金，亦比一磅多不了一点点；那没有一磅重的四十四几尼半，就不能购买一磅重的未铸的金了，于是，须附加若干，以补不足。所以，金块的市场流通价格，就不复与其造币局价格一致，换言之，不复是四十八镑十四先令六便士，而大约为四十七镑十四先令，有时又大约为四十八镑了。但在铸币大部分均如此低劣时，新从造币局出来的四十四几尼半，比较其他普通的几尼，又不能在市场上购买更多的货品；因为当它们流入商人的金柜中，与其他的货币混在一处，即难于辨认。即能辨认，所费亦必多于辨认所值。所以，像其他的几尼一样，其所值亦不更多于四十六镑十四先令六便士。但是，如果倾入熔锅，用不着有显著的损失，即可产出标准金重一磅，那在任何时，亦可换得金币或银币四十七镑十四先令至四十八镑，而其效用，却又无论就哪一方面说，亦与当初熔解的铸币相等。于是，熔化新铸币，亦就显然有利可图，而其熔化之速，殆又非政府所可预防。因此，造币局的活动，便有些像盆内罗甫（Penelope）的织物了；白昼所作的工作，晚间就消灭了。造币局的工作，与其说是逐日增加铸币，倒毋宁说是补替逐日熔化的最良部分的铸币。

设持金银至造币局铸造的私人，是自己支付造币费用，那就会像加工所费可以增加什器价值一样，增加此等金属的价值。已铸的金属，将较未铸的金属为更有价值。造币税，若非过高，则将以税之全价值，加入金银条块之内。因为，在任何地方，政府都有排他的造币的特权。铸币究以何种价值上市，一取决于政府的想象，再无其他铸币，可以拿比这还要低的价值，提供到市场上来的。如果课税过重，换言之，所课之税，若遥较铸造所需劳费的真实价值为大，那么，金银条块与金银铸币间价值的巨差，也许会鼓励国内外私造货币者，使注入大量的伪币，以致减低官造货币的价值。在法兰西，造币税虽为百分之八，但不见从此发生了什么显著的不便。住在本国的私造货币者，及住在外国的他们的代办人通信人，都到处有受危险的可能，这种危险太大了，不值得为了百分之六或百分之七的利润，就甘于冒受。

法兰西的造币税，使铸币价值，较高于按所含纯金量比例所应有的程度。于是，一七二六年一月[①]即敕令二十四凯勒提(carats)

纯金的造币局价格，定为七百四十里维尔 (livres) 九苏 (sous) 一德尼尔 (denier) 又十一分之一（合巴黎八翁斯的一马克）。若

① 参考《货币辞典·造币税条》。

酌量造币局的公差，则法兰西金币含有纯金二十一凯勒提又四分之三，及合金二凯勒提又四分之一。所以，标准金一马克，所值大约为六百七十一里维尔十德尼尔，不会比这更多。但在法兰西，一马克标准金，即铸为路易德奥斯（Louis d'ors）三十个（每个共二十四里维尔，故合为七百二十里维尔）。所以，造币税所增于标准金一马克的价值的，就是六百七十一里维尔十德尼尔与七百二十里维尔之差了，换言之，增加了四十八里维尔十九苏二德尼尔的价值。

熔化新铸币的利润，在许多场合，可由造币税而完全丧失，而在一切场合，都可由造币税而减少。此种利润发生的由来，往往是普通通货应含金银条块量与实含金银条块量二者之差。这差额若较小于造币税，则熔解新铸币，不但无利得，且有损失。若与造币税相等，则无利亦无失。若较大于造币税，则虽有利可图，但所得利润必较少于无造币税的场合。倘若（例如在晚近金币改铸以前）铸造货币，须纳税百分之五，则熔解金币，当受损百分之三；倘若造币税为百分之二，则无利亦无损；倘若造币税为百分之一，则虽可获利润百分之一，但不是百分之二。在货币以个数授受，不以重量授受的地方，造币税乃是防止熔解铸币及输出铸币的最有效的方法。被熔解或被输出的铸币，大都是最良而又最重的铸币，如此始可图取最大的利润。

以免税方法奖励铸造货币的法律，最初在查理二世时颁布，但时效有限；此后，屡次延期，直至一七六九年，始改订为永恒的法律。英伦银行，因要以货币补充其金柜，往往不得不持金银条块到造币局；他们也许以为，由政府担负造币费，比由自己担负造币费，要于自己更有利益。也许就因为这大银行恳求，政府才同意将此法律改订为永恒的法律。如果秤金重量的习惯应当废弃——实际上，那亦因为不便，而有被人废弃的模样——英格兰金币应以个数授受——晚近改铸以前，便是这样。那么，这大银行，就在这里，亦像在其他诸场合一样，大大误认了他们的利害关系了。

在晚近改铸以前，英格兰的流通金币低于其标准重量百分之二，因无造币税，故其价值亦较应含标准金块量的价值低百分之二。所以，在此大银行购买金块以备铸造时，所出价格，每较铸成后所有价值，更多百分之二。设造币须课税百分之二，则普通金币虽低于其标准重量百分之二，仍必与应含的标准金块量有相等的价值。型式的价值，在这场合，抵消了重量的减少。银行虽须支付百分之二的造币税，但他们在这全般事务上，所蒙受的损失亦只是百分之二，恰好和现实的损失一样，不会更多的。

如果造币税为百分之五，流通金币低于其标准重量者又仅为百分之二，则在这场合，银行将在金块价格上得利百分之三；但因他们须支付造币税百分之五，他们的损失，在这全般事务上依然恰好是百分之二。

如果造币税仅为百分之一，流通金币低于其标准重量者为百分之二，则在这场合，银行只在金块价格上损失百分之一；但因他们须支付造币税百分之一，所以，他们在这全般事务上的损失，仍像在其他一切场合一样，恰好是百分之二。

如果造币税甚为允当，同时，铸币复包含十足的标准重量，差不多像晚近改铸以来的那样，那么，银行在造币税上所失，必在金块价格上复得；在金块价格上所得，必在造币税上复失。他们在这全般事务上，既无所失，亦无所得。于是，他们在这场合，就像在上述其他一切场合上一样，恰好处在同样的地位，似乎不曾课取任何的造币税。

一种商品的税，若中平而不至于奖励密输，则以输运此种商品为业的商人，虽需垫付此种赋税，但因他可在商品价格中取回，故非真正的纳税者。最后支付这赋税的是最后的购买者，即消费者。但对于货币，一切人都是商人。我们购买货币都是为了把它再行售卖。所以，对于货币，在普通情形下，是不会有最后的购买者或消费者的。所以，在造币税是如此中平，不至于奖励伪造时，虽然一切人都垫付赋税，但没有一个人最后支付这种赋税，因为一切人都可在提高了的铸币价值中，取回各自垫付的数额。

所以，中平的造币税，无论如何，亦不会增加银行或任何持金银条块往造币局铸造的私人之用费；没有这中平的造币税，亦不至于减少他们的用费；无论有无造币税，如果通币包含了十足的标准重量，铸造即不至于使任何人破费；如果不及这重量，则铸造所费必等于铸币应含金块量及其实含金块量之差。

所以，在铸造费由政府支办时，政府不仅要负担小额的费用，且须损失本分应得的小额的收入。但这种无用的政府的宽宏，又不足使银行或任何其他的私人，享得丝毫的利益。

但若你对银行指导员说，造币税的征课，虽不能给他们以任何利得，却亦可保证他们不致有任何损失，他们也许并不会听了这些空话，便同意征取造币税。在金币现状下，货币复继续以重量相授受时，他们当然不能由这一种改制而得利益。但若秤衡金币的习惯，终有一天照现在的趋势被废弃了，同时，金币的状况，又终有一天会坏到晚近改铸以前那样，那征课造币税的结果，银行的利得，或者不如说，银行的节省，却也许会极为可观。送大量金银条块到造币局去的银行，只有英伦银行，每年造币的负担，亦全部或几乎全部是落在它身上。如果年年造币，仅用以弥补铸币的不可避免的丧失与必要的磨损，那是不会常常超过五万镑，至多亦不过十万镑。但若铸币低于其标准重量，就须在此之外，年年造币，以补充铸币由不断熔化及输出而起的大空虚。为这个理由，金币改铸前那十年或十二年间，每年造币，平均竟在八十五万镑以上。但是，倘若当时曾征课金币百分之四或百分之五的造币税，那就在当时情状下，恐怕亦可以有效的阻止铸币的输出与熔解。如此，银行所受损失，也许不是所铸金块（铸成货币八十五万镑以上）的百分之二点五，换言之，不是每年损失二万一千二百五十镑以上，而仅仅是这数额的十分之一。

国会指定支办铸币费的收入，不过每年一万四千镑罢了。而所费于政府的真实费用，换言之，造币局职员的俸给，在普通场合，我相信，不过此额之半数。想节省这样小的数额，或者，就连想取得比这更大得多的数额，亦是太无意义的想法了。也许，在有一些人想来，那是不值得政府严重的注意。但是，要节省那并非不能节省，而援往例，据今事，又都似乎可以节省的每年一万八千镑或二万镑，那在如此大的公司英伦银行，就无疑是一种值得严重注意的事体了。

上述那许多道理与议论，有些放在第一篇论货币起源及其效用，论商品有真实价格与名义价格之区别那诸章内，也许会更适当一些。但因奖励铸造的法律，溯源于重商主义的流俗的偏见，所以，我觉得，更宜于留在这一章。重商主义假设货币是构成一切国财富的东西，那么，最与重商主义精神吻合的事情，亦就莫过于奖励货币的生产了。货币的生产奖励金，乃是重商主义富国诸佳策之一。

第七章　论殖民地

第一节　论建设新殖民地的动机

欧罗巴人最初在美洲及西印度建树殖民地的利害关系，与古希腊罗马树立殖民地的利害关系相较，是没有那样明白判然的。

古希腊诸邦，均各占有极小的领土；任何一邦的人民，繁多到为本邦领土所不易维持的时候，便遣送一部分人民出去，在世界上辽远的地方探寻新的住址。彼等四周的好战的邻人，使他们任何一邦，也难在国内，十分扩大其领地。多利安人殖民，就只有到意大利及西西里去。这两地，在罗马建立以前，为野蛮未开化的人民所占居。伊奥尼亚人及爱奥里亚人（希腊其他二大部落）殖民，就只有到小亚细亚及爱琴海诸岛去。这两地，在当时，似与意大利西西里当时的情形，很为相像。母市，虽视殖民地为儿，但常常与以非常的恩惠与援助，所以，虽视殖民地为未解放的儿，但不要求任何直接的权威或司法权依然能够常常在殖民地取得非常的感谢与尊敬。殖民地可自决其政体，可自定其法律，可自选其官吏，可以独立国资格而向邻国宣战媾和，无需母市之承认与同意。没有什么比树立这种殖民地所奉的利害关系，尚较为明白判然的了。

罗马，像其他大部分古代共和国一样，原建立在一种土地配分法上，即按一定的比例，将所有的公有领地，配分于构成国家的各市民。但人事的进程，结婚呐，承继呐，割让呐，必然会把原来的配分颠乱，从而，把原来派分作许多家族的维持手段的土地掷归一个人所有。为救济此种颠乱起见，有一新法颁布，即限制各市民所得占有的土地量。不得过五百鸠吉拉(jugera)，约合英亩三百五十亩。但这法律，据我所知，虽亦施行过一两次，但大都被人忽视或回避。财产的不平均，继续加甚起来。市民的大部分，是没有土地的；但按当时风俗人情，无土地即难于维持自由人的独立。现时，无土地的贫民，若稍有资财，即可借耕他人的土地，或经营某种零售业；即令毫无资财，亦尚充任农村劳动者或工匠。但在古罗马，则豪富人家的土地，悉为奴隶所耕种；奴隶在一监工者的监督下工作，然监工者本身亦为奴隶；所以，贫穷的自由人，殆少成为农民或农村劳动者的机会。一切职业及制造业，甚而零售业，亦都为主人的利益而由奴隶经营。主人们的财富、权威、保护，使一个贫穷的自由人，难于和他们继续竞争。所以，无土地的市民，除了在每年选举时，得诸候选人的赠金以外，就难于有别种生计了。护民官，如果有鼓励人民反抗豪酋的决心，就会设法使人民回想古代的土地配分法，视限制此种人民私产的法律为共和国的根本法。人民吵着要求土地，但我们自然可以相信，富豪们是十分决意不肯分给他们所有的任何部分。但为了要给他们相当程度的满足，他们遂往往提议树立新殖民地。但征服的罗马，就连在这场合，也没有随便遣出市民到广漠世界上去寻求财产——如果可以如此说——的必要。她必须要知道市民究将定居在什么地方。她大都把意大利被征服诸地的土地，指定给与他们。他们在那里，亦像在共和国的领土一样，决不能建树任何独立的共和国，至多只能形成一种自治体。这种自治体，虽有颁发当地附属法律的权能，但仍须服从母市的惩治——司法权及立法权。但这种殖民地的树立，尚不止于为了要满足一部分的要求而已。且常常因为一个地方新被征服，当地人民是否服从尚属疑问，遂借此正当地设置一种守备队。所以，关于罗马殖民地，无论就其性质说抑就其建立的动机说，都与希腊殖民地完全不同。因之，原来用以指示这种建设的字眼，亦颇有种种不同的意义。拉丁字 Colonia 表示一种耕地。反之，希腊字 αποικια 则意为离家，离乡，出门。罗马殖民地虽在许多点上，与希腊殖民地不同，但促其建立的利害关系，却是同样明白判然的。这两种制度都溯源于无可奈何的必要，或明白显著的效用。

欧洲人在美洲及西印度树立殖民地，不是从必要而起；树立的结果，虽得了颇大的效用，但其效用亦并不那样明白显著。在殖民地方始建立时，这种效用是没有谁知道的；其树立及其发现的动机，亦不是这种效用。并且，就连到今日，这种效用的性质、范围及限界，亦还不大为人所理解。

十四世纪十五世纪间，威尼斯人经营一种极有利的贸易，即贩运香料及其他东印度货物，而配分于欧洲其他诸国。他们大都在埃及购买。埃及当时尚为马沫鲁克人所统领。马沫鲁克人是土耳其人的敌；威尼斯人亦是土耳其人的敌。这种利害关系的一致，再得了威尼斯货币的援助，遂使两国联络来起，几乎给威尼斯人一种贸易的独占权。

威尼斯人的大利润，诱发了葡萄牙人的贪欲。在十五世纪行程中，他们已努力由海道发现一条路，到摩亚人跨沙漠携象牙金砂所由而来的诸国。他们发现了玛德剌群岛，康那利群岛，阿左尔群岛，凯蒲·德·威特群岛，几尼亚海岸，罗安哥、康哥、安哥拉、孟加拉诸海岸，最后是好望角。他们早就希望分占威尼斯人的有利的贸易，最后那一次发现，为他们开出了一线可能的希望。一四九七年，达·伽玛[①]又从利斯朋港开航，以四船结成一队，经过十一个月的航行，达到了印度斯坦的海岸。一世纪来以非常的坚毅心，不断的努力，所追求的那种发现工作，就算告了一个结束了。

在此若干年之前，欧洲人对于葡萄牙人的未必就能成功的计划，尚在疑惑之际，却有一个艮诺亚的水手，提出大胆的计划，要向西航达东印度。东印度诸国位置如何，在当时欧洲还是不大清楚。少数欧洲旅行家，曾夸称其地距离，但其议论，也许出自纯朴无知；实际本来非常大的东西，在他们，既无测量之物，遂觉其无限了；甚至，因要夸张他们自己的冒险的惊人，表示自己曾亲身访问过离欧罗巴甚远甚远的地方，遂不惜过于夸大。然而，他们愈是说向东走那一程路是如何如何远，哥伦布便愈有道理的说，向西走那一程路是如何如何近。他提议，这一条路既最近又最稳当，当然要循由这个方向，他的时运，又居然使他说信了凯斯梯的伊萨伯拉[②]。于是，他就于一四九二年八月（较达·伽玛从葡萄牙出发的时候，几乎较早五年），从拔罗斯港出航，经过两三个月的航程，卒发现了小巴哈马群岛（即卢克圆群岛）中若干小岛，后又发现了圣·多明戈的大岛。

但哥伦布这次航海及以后诸次航海所发现的地方，都和他原要访问的地方相异。他不曾发现中国印度的财富、农功与人口，却只在圣·多明戈以及他曾经到过的新世界的一切其他部分，发现一个丛林未垦的地方，仅为裸体的穷苦的野蛮人所占居。但他似乎不愿自己比不上马可·波罗，自己所发现的地方，不是马可·波

---

① 达·伽玛：今译达·伽马（约1460—1524），开辟西欧直达印度海路的葡萄牙航海家。——编者注

② 凯斯梯的伊萨伯拉：Isabella of Castile，即卡斯蒂利亚（西班牙历史上的一个王国）的伊莎贝拉（1451—1504），女王，曾三次拒绝哥伦布向西航海去印度的计划，最后终于同意资助哥伦布的探险。——编者注

罗所描写的地方。马可·波罗在欧罗巴人中，是第一个先到中国及东印度去过的，至少，能把当地情形描写下来，他是第一个。哥伦布在欣羡之余，总希望自己所发现的地方，就是他所描写的地方。于是，他偶然听见了西巴（圣·多明戈一座山）的名字，与马可·波罗所述的西巴恩哥有些相像，便以为那是他以前早已放在心里的地方了，虽然并没有明白的证据。于是，他写信给浮迪南及伊萨伯拉，便把他所发现的这些地方叫做印度。他竟相信那是马可·波罗所描写的地方的一端，而与恒河相隔不远，换言之，与亚力山大所征服的地方相隔不远。就连后来辩明了那是截然两个地方，他亦依然自己奉承着自己，说此等富国不隔多远。此后，他还沿台拉·菲尔玛海岸，向德连地峡，进行探寻此等地方。

由于哥伦布这一错误，印度之名遂永为此穷乡僻壤所有了。最后，因发现了新印度与老印度极不相同，才给前者以西印度之名，使与东印度有别。然而，所发现者无论为何地，在哥伦布，都当然要向西班牙宫廷陈述他所发现的地方是如何如何重要。然而，在各国，构成财富的都是土地上动物植物的生产。但若他说那里动物植物的生产如何如何丰饶，那里当时就会没有一件事情可以证明他的陈述正当。

科里（cori）为鼠与兔之间的一种动物。据巴责氏所设想，与巴西的亚帕利亚[①]（Aperea）为同一的动物。然在当时，科里便是圣·多明戈最大的胎生四足兽了。然其种亦不甚繁。西班牙的犬与猫，或比这还要躯体微小的其他动物，老早就几乎已经绝种。然而，此等动物以及所谓伊旺诺（ivano）伊甘纳（iguana）那一类大蜥蜴，便是当地所能提供的最主要的动物性食物了。

居民的植物性食物，虽因其产业不足，不能十分丰饶，但尚

① 亚帕利亚：即豚鼠。——编者注

不致像动物性食物那样稀少。其中，主要为印度玉米、芋、薯、香蕉。那些植物，都是欧洲所不知道的，亦不为欧洲人所十分重视。他们并不以为，那些植物和欧洲原来生产的谷类豆类有相等的营养力。

棉花诚然是一种极重要制造业的材料，而在当时欧洲人看来，亦就是这诸岛上最有价值的植物性产物了。但迄至十五世纪末，欧洲各地都极重视东印度的麻斯林（muslin）及其他棉织品，欧洲各地均尚无棉织制造业。所以，就连这种生产物，在当时欧洲人眼里，亦不很重要。

哥伦布见新发现诸地的动物植物的生产，均不足证明他的陈述正当，遂转移眼光到矿产物上来了。他奉承着他自己说，这第三界的生产的丰富，足够补偿其他二界的生产的微薄。他见那里的居民，常在服装上悬着小片的金，并听他们说，那常可在溪流急流中发现。这种河流既从山中来，于是，他便十分相信，那里山间必有最丰饶的金矿。圣·多明戈遂被陈述为金矿丰饶之国，并因此故，按照当时（不只是现时）的偏见，被陈述为西班牙王及其国的无尽藏的真实财富的资源。哥伦布第一次航海归后，即以凯旋的名誉，引见凯斯梯及亚拉甘诸王。当时，所发现的诸国的主要生产物，都很庄重的带在他面前。但有价值的部分，却只是些小金带、金腕环及其他各种金饰品和几捆棉花而已。其余，都是些俗人惊异的好奇的物品，比方，几株极大的芦，几只羽毛极美的鸟，几只大鳄鱼大海牛的皮。但在这一切之前，立着六七个土人，其颜色奇异，相貌怪僻，却大大增加了这次展览会的新奇。

哥伦布陈述的结果，凯斯梯的枢密院，遂决意夺取这诸邦。这诸邦的人民，当然没有抵抗能力。传布基督教的敬虔的目的，又使这种反乎正义的计划成了神圣的事业。但促进此种计划的唯一动机，却是希望发现此等地方的金的宝藏。并为了要加重此种动机起见，哥伦布尚提议那里所发现的金的半额，应归于国王。这种提议亦为枢密院所采纳了。

最初诸冒险家输入欧洲的金，全部也许大部是由极容易的方法，向无抵抗的土人劫掠而得，所以，就连要支付这样的重税也不会很难。但土人所有一旦完全被剥夺尽了（事实上，在圣·多明戈及哥伦布所发现的一切其他地方，不到六年八年，就完全做到了这样），要再发现一些，就必须从矿中掘出时，就不复有支付此税的可能了。据说，这种税的严峻的榨取，曾使圣·多明戈的矿山完全停止开采，一直至于今日。后遂减至金矿总生产额的三分之一，再减至五分之一，再减至十分之一，最后减至二十分之一。银税有一个长期间为总生产额的五分之一。直到现世纪，才减至十分之一。但最初的冒险家似不大关心于银。似乎，比金更为低贱的东西都不值得他们注意。

继哥伦布企图而起的诸西班牙人，在新世界上的企图全都为同一动机所促。使奥伊达、尼苦萨、滑斯科·怒恩斯·德·比尔保到德连地峡，使科推兹到墨西哥，使亚尔马格罗及庇查罗到智利、秘鲁的，都是神圣的金的渴望。当这班冒险家到一个不知名的海岸时，第一个问题就是那里有没有金发现。他们就看这问题所得的情报如何，决定他们的去留。

在一切多费的不确定的会使大部分从事者破产的计划中，也许没有什么比探索新金银矿山的事业，更易于使人破产的了。这也许是世界上最少利益的彩票，得彩者的利得，最不能补偿失彩人的损失。因为，虽是有奖的票甚少，无奖的票甚多，但每一张票的普通价格仍是一个极富人的全部财产。掘矿的计划，不仅不能补偿掘矿的资本及资本的普通利润，而且大都会把资本和利润全行吸去。聪明的立法家，如要增加本国资本，那在一切计划中，其实，是最不应当异常奖励这种计划，最不应当违反自然所趋，移过大部分的资本，投入此种用途。事实上，因为人们对于自身的幸运，都怀着一种不合理的自信心，所以，就连按照自然趋势，亦惯常会有过大部分的资本，流到成功希望最少的用途上去。

关于此等计划，真挚理性与经验之判断，虽常常极端不能赞成，但人间贪欲之判断，却一般与此不同。把“仙丹”那种荒唐观念暗示给许多人之欲念，又把金银矿山无限丰饶那种荒唐观念暗示给其他许多人。他们不知道，在一切时代一切国民，此等金属的价值都主要出于其稀少性，而其稀少性，又由于自然所藏之量甚少，且在此少量之周围，包有坚硬难于掘开的物质，致掘开并获取此等金属所必要的劳动与费用，甚为浩繁。他们奉承着自己说，此等金属的矿脉，在许多地方，简直像铅、铜、锡、铁的矿脉那样，是大而且丰的。沃尔特·莱勒夫爵士的“爱尔多拉多”的黄金都市与国土的梦，充分证明了，就连有智之士，亦不免有此种奇异的幻想。而在这位伟人死了之后一百余年，尚有耶稣教徒基米拉相信这异乡的实在，并极其热心，我敢说，还是极其真挚地表明他能对于那种（有如此报酬来酬答他们传道的神圣劳动）人民，普照以福音之光，在他是觉得如何荣幸。

但在西班牙初次发现的那诸地，在现今看来，却实在没有一个值得开掘的金银矿山。最初诸冒险家所发现的金属量及第一次发现人们所采掘的诸矿山的丰沃性，其报告都太过夸大了。但冒险家的报告愈夸大，即愈足燃烧其邦人之贪欲。每一个航往美洲的西班牙人，都希望发现一个“爱尔多拉多”。命运之女神，在这里，亦像在其他极少数场合一样，有时候竟会成就。虔信者的过大的希望，亦竟有时不致失望。并且，他们所寻求的丰饶的贵金属，亦似乎在墨西哥秘鲁发现征服的时候（一在哥伦布第一次航行大约三十年之后，一在大约四十年之后），从命运女神的手上，送到了手了。

一个到东印度去通商的计划，遂引起了西印度第一次的发现。一个征服的计划，又引起了西班牙人在这新发现诸地建立这一切的殖民地。然激励他们去征服的动机，却又是发现金银矿山的计划。这计划，又卒因由出人意料的事故，居然出乎企划人的合理的期待，大为成功了。

欧洲其他各国最初试到美洲去殖民的冒险家，亦为同样奇怪的见解所鼓动；但成功的程度却颇不均等。巴西自第一次殖民以来，经过百余年，始发现有金、银、金刚石的矿山。在英吉利、法兰西、荷兰、丹麦诸国的殖民地中，却是至今尚未有何等贵金属矿山发现，即令偶有发现，在今日看来，亦没有开采的价值。但英吉利人最初在北美殖民的人，却也须以所发现的金银五分之一献于国王，否则，国王决不愿给予彼等以特许状。沃尔特·莱勒夫爵士的特许状，伦敦公司及蒲里莫斯公司的特许状，蒲里莫斯市会的特许状等等，其发给都曾献国王以所得金银五分之一。此等最初的殖民家，希望发现金银矿山，又希望发现到东印度去的西北路，但都失望了。

第二节　论新殖民地繁荣之原因

文明国之殖民，或占领荒芜的国土，或占领人口极稀疏、土人易让地于新殖民家的地方。但无论如何，此等殖民地，都比任何其他人类社会，得以更大的速度进于财富与强大。

未开化野蛮人千百年独自所能养成的农业知识和有用技术，也敌不过此等殖民家所随身携来的。同时，此等殖民家，又把服从的习惯、正常政府的观念、维持政府的法制的观念、正常司法制度的观念，随身携带来了，他们自然就会把这些再在新殖民地上树立起来。但在未开化野蛮民族中，在保护自身所必要的法律与政府已经确立之后，法律与政府之自然的进步，仍必较缓于技术之自然的进步。每个殖民家所得的土地，都多于他所能耕作的土地。他不须支付地租，且不大要支付赋税。没有地主分享他们的收获；君王所分的，又大都很少。就任何一个动机说，他亦会尽量使生产物增加，因为这生产物几乎全是他自己的。但他所有的土地往往太广阔，所以，尽他一己的勤劳及他所能雇用的他人的勤劳，也不能使土地生产物等于土地所能生产的数量的十分之一。他很热心地，从各地搜集劳动者，而以最优裕的工资为之报酬。但此等优裕的工资，加以土地的丰饶低廉，适足增加劳动者离开他的心意。他们要做地主，从而，以同样优裕的工资报酬其他劳动者。但他们要速离开他们的主人的理由，又正是这其他劳动者要速离开他们的理由。优裕的劳动报酬奖励结婚。儿童们，在婴孩的幼年期中，抚养均佳，迄其既长，其劳动价值又大过于其生活费。迄其成年，劳动的高价格与土地的低价格，又将使他们随在他们的父祖之后，得以同样的方法自立。

在他国，有地租及利润来吃工资，有上二阶级来压迫下一阶级。但在新殖民地，则上二阶级的利害关系，却使他们不得不更宽宏更人道地待遇下一阶级，至少，在那里，下一阶级是没处在奴隶状况中。自然丰度极大的荒地，可以稍稍的破费而得。常常兼为企业家的地主，希望从农功增加其收入。这种收入的增加便是他的利润。在这情形下，利润是一般的极为丰厚。但这种丰厚的利润，除了雇用他人的劳动来开辟土地耕作土地，即无由取得。在新殖民地上，土地的大面积与人民的小数目，往往极不平衡。这极不平衡的现象，使他难于取得这种劳动。所以，工资如何，他是不暇争议的；随便价格如何，他都愿雇用劳动。劳动工资的高昂，是人口增殖的奖励。良好土地的丰饶与低廉，又奖励农功，从而，使地主能支付这样高的工资。土地的全价格，几乎由此种工资构成；故视为劳动的工资，虽觉其高，但视为如此有价物的价格，则又觉其低。奖励人口及农功的进步的，又奖励真实财富与强大的进步。

古希腊殖民地趋于富强的进步，有许多也似乎是非常迅速。在一世纪或二世纪的行程中，就有些能与母市抗衡，甚至于超过母市了。西西里的西拉鸠斯及亚格里根东，意大利的台伦东及罗克利，小亚细亚的爱非苏斯及米勒达斯，无论就任何一点说，亦至少与古希腊任何一都市相等。建设虽较后，但一切学艺、哲学、诗学及修辞学，却和母国任何部分比较，亦是发生得一样早，进步得一样高。两个最古的希腊学派——达雷斯学派及毕太哥拉斯学派，据说，就不是建立在古希腊。一个建立在亚细亚的殖民地上，一个建立在意大利的殖民地上。这一切殖民地，都建立在未开化野蛮民族所居之地，那里，新殖民家易于取得他们的居地。他们有很多良好的土地，并因他们全然对母市独立，他们还能得按照他们自己的判断，在最合宜于他们自身利害关系的方法上，自由处理他们自己的事务。

罗马殖民地的历史，似乎没有这样光荣。有些，好比佛罗伦斯[①]，经过许多年代，在母市崩溃之后，固曾经发展而为蔚然大观的国家，但其进步却没有一个是非常迅速的。那些殖民地，都建立在被征服的地方，那里，人口早已十分稠密。分给新殖民家的土地量，大都不是很大的。并因殖民地不能独立，他们遂不能常常按照自己认为最有利于自己的方法，自由处理他们自己的事务。

就良地甚多那一点说，则欧洲人在美洲及西印度所建立的殖民地是和古希腊殖民地相像的，甚至于胜过古希腊殖民地。就附属于母国那一点说，它们虽和古罗马殖民地相像，但因它们还隔

① 佛罗伦斯：Florence，即佛罗伦萨，意大利城市。——编者注

欧洲，均得多少缓和其附属国的结果。它们的地位，使它们更不为母国所监视，所支配。在它们循由自己的方法追求自己的利益的时候，它们的行为，或因不为欧洲所知，或因不为欧洲所了解，而往往为欧洲所忽视。有时，即令知道了，理解了，亦只好容忍，因为太远了，难于拘束。所以，就连像西班牙那样强暴专横的政府，亦往往因恐全体反乱，而把已经发下的对所属殖民地政府的命令撤回或缓和。因之，欧洲这一切殖民地，在财富上，在人口上，在农功上，都有非常大的进步。

西班牙王，因可分受金银，故从殖民地初设以来，即可从其地取得若干收入。这种收入亦可刺激人间的贪欲，使非常过度地希望更大的富。于是，西班牙殖民地，自从初设以来，即甚吸引母国的注意。而当时欧洲其他诸国，却还有一个长时间，极不加以注意。但前者不曾因为有这种注意而较为繁荣；后者亦不会因为没有这种注意而较不繁荣。而且，按所有的国土面积比例而言，西班牙殖民地的人口与成功，尚较欧洲其他各国殖民地为劣。但西班牙殖民地在人口方面农功方面的进步，亦是非常速，非常大的。征服时建立的利玛市，据乌罗亚亚言，将近三十年前，尚不过五万人。居杜[①]仅为印第安一小村落，然据同一作者所言，在他那时，几乎和利玛市有相等的人口。肯茂利·凯勒利——据说是一个自称的旅行家，但其著作，都是根据极可靠的报告——就说墨西哥城有居民十万。所以，无论西班牙诸作家是如何善于夸大，这十万的数目亦较大于孟德朱马时所有居民人数五倍以上。这几个数目，较之英领殖民地三大都市波士顿、纽约、菲拉德尔菲亚的居民数目，都要更大得多。在墨西哥秘鲁未被西班牙人征服以前，那里没有适于拉曳的家畜。喇吗（lima）是唯一的负重

---

① 居杜：Quito，今译基多，原为古老的印第安人城市，是印加帝国北部疆土的首都。现为厄瓜多尔首都。——编者注

的动物，然其力，且较普通之驴为大劣。他们不知有犁。他们不知用铁。他们没有铸币，亦没有任何确定的通商媒介。他们的贸易是物物交换。一种木制的锄，是他们农业上的主要用具。尖石是他们切东西的刀斧。鱼骨或他种动物的坚腱，是他们缝东西的针。但这一切就似乎是他们职业上的主要用具了。在这样的状态下，此等帝国，当然不能像现今那样大大的改良，大大的开垦的。因为，现今，那里已有各种欧洲的家畜，已知利用铁，利用犁，利用许多欧洲的技术了。但一切国家的人口，又都须按照比例于其国农功及耕作的程度。所以，这两帝国自被征服以来，土人虽大受残杀，但现在的人口，仍较多于往昔任何时。其人种，自然亦大大改变了。我以为，我们必须承认，西班牙种的西印度人，就许多方面说，都较古印第安人为优。

除了西班牙人的殖民地，就要以葡萄牙人在巴西的殖民地，为欧洲人在美洲的最早的殖民地了。但因巴西发现甚久，尚不见有金银矿发现，故于国王，所能提供的收入亦甚少，甚或绝无，遂有一个长时期极不为人所注意。然就在这种不注意的情状下，它发展而为强大的殖民地了。在葡萄牙尚为西班牙所统领时，巴西为荷兰人所袭击。巴西原分为十四省，荷兰人占有其七。在葡萄牙恢复独立，而拥戴布拉甘查族为王时，荷兰人本来希望立即夺得其余七省。但当时，西班牙人之敌荷兰人，尚为葡萄牙人之友，因葡萄牙人亦为西班牙之敌。所以，他们就同意把巴西其余未被征服的那七省留给葡萄牙；葡萄牙人遂亦同意把巴西已被征服的七省，留给荷兰人。当时，二国尚为良好的同盟，这亦是当然的处置。但不久，荷兰政府即开始压迫葡萄牙的移民了。这班葡萄牙的移民，不高兴止于徒鸣不平，他们还以武装对付他们的新主。他们虽未曾得到母国的公然的援助，但在母国的默许之下，就决然奋起，把荷兰人逐出巴西去了。荷兰人因见自己已难保有巴西任何部分，遂不得不甘心情愿，把巴西全部奉还葡萄牙王。在这个殖民地内，据说有六十万人以上，其中，有葡萄牙人，有葡萄牙人的后裔，有西印度人，有黑白混血种人，有葡萄牙族及巴西族的杂种。没有一个美洲殖民地包含这样多数的欧罗巴系的人民。

十五世纪快要终结之顷及十六世纪之大部分，西班牙与葡萄牙是海上两大海军国。威尼斯虽与欧洲各地通商，但其舰队却几乎不曾出地中海一步。西班牙人因为是美洲的最初发现者，尝谓全美洲为西班牙所有。他们因为恐怕葡萄牙的海军，虽不敢阻止葡萄牙殖民于巴西，但大部分其他欧洲国家，却是不敢染指于这一大陆的。尝试殖民于福罗利答[①]的法兰西人，就悉为西班牙人所谋杀。但所谓无敌舰队的失败，（十六世纪终末之顷）结果，西班牙人的海军力衰落了，再没有能力阻止其他欧洲国家的殖民了。所以，在十七世纪行程中，英吉利、法兰西、荷兰、丹麦、瑞典，总之，一切有海港的大国，都想在新大陆上殖民了。

瑞典人殖民于纽吉萨[②]。那里，现今仍可发现不少瑞典的家族，那充分证明了，如果能得母国保护，这个殖民地亦定能趋于繁荣。但瑞典视之若无睹，所以，不久，就为荷兰人的纽约殖民地所吞并了。荷兰人的纽约殖民地，复于一六七四年，为英吉利人所夺。

丹麦人在新世界上，仅曾占有圣·道玛斯及桑达·克鲁斯两个小岛。这两个小殖民地乃为一排他的公司所统治。只有这个公司有权购买殖民家的剩余生产物，并供他们以所需的外国货物。所以，在买卖上，这公司不仅有权力压迫他们，且有压迫他们的最充分的诱因。排他的商业公司的统治，无论在什么地方，都是最坏的统治吧，但犹不能停止此等殖民地的进步，不过使其进步较为迂缓而已。丹麦前国王，后谕令解散此公司。从那时起，这

① 福罗利答：Florida，今译佛罗里达。——编者注

② 纽吉萨：New Jersey，今译新泽西。——编者注

两个殖民地亦就非常繁荣了。

荷兰人在东印度、西印度的殖民地，原来都受一个排他的公司所统治。故其进步，与旧国相较，虽觉甚大，但与大部分新殖民地相较，则觉甚缓。庶利南殖民地，虽甚可观，但与其他欧洲国家的大部分蔗田殖民地相较，犹为低劣。现今分成纽约及纽吉萨二省的诺瓦·伯尔基亚殖民地，就连在荷兰统治下，亦似乎不久就颇为可观。良好土地的丰饶与低廉，是繁荣的太有力的原因了，所以，最不好的政治亦不能全然抑止其作用。而且，离母国既如此其远，殖民家们正可由秘密输出输入，而多少避免这公司所享有的妨害他们的独占。现今，这公司已允一切荷兰船舶，纳货物价值百分之二点五，领得特许状，即可与庶利南[①]通商（但非洲与美洲间的直接贸易——那几乎全然是奴隶买卖——则依然为其独占）。公司缓和其排他特权，也许是这殖民地今日能如此繁荣的最大原因。苦拉可亚及奥斯达夏——属于荷兰的两大岛——是自由港，各国船舶均得出入。主要就因有这种自由，所以，这两岛虽是不毛的荒岛，但以其周围诸较良殖民地的海港，均仅许一国船舶自由出入，故能繁荣如此。

法兰西在加拿大的殖民地，在前世纪的大部分及现世纪若干年，亦为一排他的公司所统治。在如此不良的行政下，其进步与其他新殖民地较，定然是极迟缓的；但在所谓密西西比计划失败后，这公司被解散了。这殖民地的进步，亦就更迅速得多了。这殖民地后为英国所夺取，但其时人口，较神父查理瓦所述二三十年前情形，就几乎加了一倍。这位耶稣教徒曾游历全国，当然没有故意把它说得比实际更少的意思。

法兰西在圣·多明戈的殖民地，为海贼及草寇所树立。他们

① 庶利南：Surinam，今译苏里南，位于南美洲北部。——编者注

有一个长时期，不需要法兰西的保护，亦不承认法兰西的权威。迄后，这一种山寇受了招安，承认法兰西的权威了，那当然仍有一个长时期，受着非常宽大的待遇。在这期间，这殖民地的人口与农功，是进步得非常快的。后来，那里虽亦有一个时期受一个排他公司的压迫，而这种压迫又无疑曾延迟其进步，但其进步迄不曾因此而停止。此种压迫一旦解除，其繁荣之进程又恢复旧观了。现在，那里已是西印度最重要的蔗田殖民地了。其生产物，据说，较全部英领蔗田殖民地生产物总量，犹觉巨大。法兰西其他蔗田殖民地，亦大都非常隆盛。

但进步最速的殖民地，还要首推英吉利的北美洲殖民地。

一切新殖民地繁荣的两大原因，似乎是良好土地之丰夥，及按照自我方法处理自我事务之自由。

就良好土地丰夥一点说，英吉利的北美洲殖民地，虽然不能算坏，但与西班牙人和葡萄牙人的殖民地相较，却较为低劣，与晚近战争前法兰西人所有的某些殖民地相较，亦不更好。但英国殖民地的政治制度，与其他三国任何一国殖民地的政治制度相较，都更有利于土地的改良与耕作。

第一，英国殖民地上，未耕地的独占，虽未曾完全防止，但与任何其他殖民地相较，总算更受限制。殖民地法，规定各个地主均有义务在限制期间改良并耕作所有土地的一定比例，而在不履行义务时，即称此种土地为无人照料的土地，得让渡给任何他人。这种法律虽不是极严格的施行，但有相当效果。

第二，在本雪文尼亚，没有长男承继法，土地像动产一样，平均分配于家中一切儿女。新英格兰只有三省的法律，和摩西律一样，长子可得双份。在这几省，虽有过大量的土地，有时为某特殊个人所独占，但只要一两代，就可以把它分散。在其他英领殖民地，虽然像英吉利法律一样，长男承继权是依然存在的，但在一切英领殖民地上，保有自由借地权（free socage）的土地借用权，可使割让更为容易；大块土地的领受人，因仅可保持些微的免役地租，故为其利益，尚不如尽速割让其较大部分。在西班牙及葡萄牙诸殖民地上，凡附有何等名誉称号的大所有地，其承继均有所谓玛加剌左权（Jus Majoratus）。这种大所有地，全由一个人承继，实际上，都是断分的，都是不可割让的。法兰西诸殖民地，依照巴黎风俗，在承授土地时，与英吉利法律比较，是更有利于次儿以下诸儿。但在法兰西诸殖民地中，保有骑士（chivalry）及名誉（homage）的高贵借用权（noble tenure）的所有地，若有任何部分割让了，则在有限期间内，按照购买权，得由领土承继人或家族承继人赎回。国内一切大所有地，既都保有这种高贵借用权，那当然不免妨碍割让。但在新殖民地上，大未耕地的分散，由承继似不若由割让那样迅速。我们讲过，良好土地的丰饶与低廉，是新殖民地急速繁荣的主要原因。土地的独占，事实上，就会破坏这种丰饶与低廉。此外，未耕地的独占，又是土地改良的最大障碍。对于社会，提供最大量最大价值的生产物的，即是用来改良土地耕作土地的劳动。在这场合，劳动的生产物，不仅可支付它自身的工资，支付雇用劳动之资本的利润，并可支付劳动所耕土地的地租。所以，英吉利侨民的劳动，既比较其他三国任何一国，都更用来改良土地耕作土地，故所提供的生产物，就量言，就价值言，遂亦较胜一筹。这其他三国的殖民地，都实行独占土地，从而，多少颠倒了劳动的用途，使流入其他职业。

第三，英吉利殖民地民的劳动，不仅惯常提供较大量又较有价值的生产物，且因赋税适度，这生产物的较大部分还是属于他们自己，为他们所贮蓄，用来推动较为大量的劳动。英吉利殖民地民，自来，对于母国的国防、母国的行政费，不曾有所贡纳。反之，他们自身卫护所需费用，尚全由母国支办。海陆军费既以不可形容的比例，较大于必要的行政费，故其行政费，亦不会很多。内仅包括总督、裁判官及其他若干警察官吏的全俸，以及最有用公共土木事业的维持费而已。在现今扰乱事件开始以前，麻塞鸠塞[1]港的行政设施费，常惯是每年大约一万八千镑。纽·汉蒲夏[2]及罗德岛的行政设施费，各为每年三千五百镑；康纳克弟凯[3]四千镑；钮约[4]及本雪文尼亚各四千五百镑；纽·吉萨一千二百镑；威基尼亚及南卡罗林纳[5]各八千镑。诺瓦·斯考夏[6]及乔基亚[7]的行政费，一部由议会岁出支持。诺瓦·斯考夏每年又仅支出殖民地行政费每年大约七千镑；乔基亚仅每年大约二千五百镑。总之，北美全部的行政设施费（除了玛利兰及北卡罗林纳，这两州无正确计算），在现今扰乱事件开始以前，所费于侨民的，不过每年六万四千七百镑；如此小额的费用，已足统治三百万人，而且统治得很好，那真是永远值得我们记忆的。当地行政费的最重要部分及防御保护费的全部，都是不断为母国所负担。在欢迎新总督及新议会开幕之际，殖民地政府的仪式虽十分隆重，但不常常花费许多来布置装饰。他们的宗教的政府，亦是同样节俭。他们不知有什一税。他们为数不多的牧师，或由适度的薪俸维持，或由人民的喜舍养给。反之，西班牙及葡萄牙的主权者，且须仰给于其殖民地所课之税。法兰西虽不曾从其殖民地抽取任何可观的收入，出自殖民地的课税，虽大都用在殖民地，但其行政费却与其他二国一样，是非常浪费的，其仪式亦是一样多费的。例如，欢

① 麻塞鸠塞：Massachusetts，今译马萨诸塞。——编者注

② 纽·汉蒲夏：New Hampshire，今译新罕布什尔。——编者注

③ 康纳克弟凯：Connecticut，今译康涅狄格。——编者注

④ 钮约：即纽约。——编者注

⑤ 南卡罗林纳：South Carolina，今译南卡罗来纳，美国州名。——编者注

⑥ 诺瓦·斯考夏：Nova Scotia，今译新斯科舍，加拿大省名。——编者注

⑦ 乔基亚：Georgia，今译佐治亚，美国州名。——编者注

迎一个秘鲁新太守，所费就往往不资。但殖民地富民，又不仅在此等特殊场合，支纳赋税，以举行此等仪式而已。此等仪式，又在一切其他场合，使他们养成一种虚荣浪费的习惯。那不仅是暂时的非常苛酷的赋税，且可由此设立一种永久的尚更为苛酷的赋税，即使私人奢侈浪费。而在这三国的殖民地中，宗教的政府又是非常压迫的。那都有什一税；在西班牙及葡萄牙二国的殖民地中，还是抽得非常严格。此外，它们都受一种托钵和尚的压迫。在那里，他们的人数很多。他们不仅允许乞食，而以乞食为宗教神圣事业。贫民们均曾受最深的教导，认布施和尚为义务，拒绝布施为非常大的罪恶。所以，这种事情便成了贫民一种非常苛重的赋税了。此外，在这三国殖民地内，僧侣都是最大的土地并占者。

第四，英吉利诸殖民地，在处分其剩余生产物即自身消费不了的生产物时，比任何其他欧洲国家的殖民地，都要更有惠益，而许有更广阔的市场。各个欧洲国家，都曾努力要独占其所属殖民地贸易，并因此故，禁止外国船舶来和他们通商，禁止他们从任何外国输入欧洲货物。但此种独占实行的方法，又是各国极不相同的。

有些国家，以其殖民部贸易，全部委归一个排他的公司。殖民地必须向这个公司购买他们所需要的一切欧产货物，若有剩余生产物又必须全部卖给这个公司。所以，这个公司不仅心愿使前一种卖价，尽其可能的昂贵，使后一种买价，尽其可能的低廉，且不肯在如此的廉价上，购入更多的后一类物品，因为购多了，就不能在欧洲市场上，以极高价格售脱。它不仅愿在一切场合都降低殖民地剩余生产物的价值，且在许多场合，愿妨碍并抑制其产量之自然的增加。要妨碍新殖民地之自然的发展，在一切有思惟可能性的方策中，自然要以设立排他公司为最有效。荷兰的政策，一向即是如此。虽然在现世纪行程中，其公司亦在许多点上，放弃了这种排他的特权。在丹麦前国王统治下，丹麦的政策亦如此。法兰西的政策，亦有时如此。而最近，自一七五五年以来，欧洲其他一切国家都相率觉察了这种政策的不合理，而把它放弃了，但葡萄牙却仍抱此政策，至少，关于巴西二大省伯南布科及马伦南，仍抱这种政策。

有些国家没有设立这种排他的公司，但限制其国殖民地全部贸易，使仅能与母国某特定港通商，除了一定期节内的舰队，或有特许状（那大都须有极厚的报酬）的单船，一切船舶均禁从此特定之港出航。这种政策，固曾公开殖民地贸易于母国全体属民——如果在适合的港，在适合的时间，由适合的船舶。但投资领发此等特许船舶的商人，仍将全体协商起来，使如此经营的贸易，结果，不免与设立排他的公司，陷于极相近似的境地。这种商人的利润，必几乎是同样非法的压迫的。殖民地决不能有良好供给；往往不得不以极昂的价格购买，极廉的价格售卖。但在这几年以前，西班牙的政策就往往如此，一切欧产货物的价格，据说，在西领西印度上，都是很大的。乌罗亚告诉我们，在居多，一磅铁卖价大约四先令六便士，一磅钢铁售价大约六先令九便士。但殖民地售卖自身产物，主要即是为了要购买欧洲货物。对于后者，他们付价越大，对于前者，他们实得价格就越小。后者的高价无异是前者的低价。在这一点上，葡萄牙对于其殖民地（除了伯南布科及马伦南二省，这二省晚近所行的政策，较此尤为恶劣）所采政策，和西班牙昔时的政策，是完全一样的。

有些国家，许其国全体臣民经营殖民地贸易。母国的臣民，得从母国任何港与殖民地通商，除了税关的普通文件，且不必要任何特许状。在这场合，经商人数颇众，而散居各地，不能共同结合，他们彼此间的竞争，足阻止他们榨取非常的利润。在如此宽大的政策下，殖民地即能以合理的价格，售卖他们自己的生产物，购买欧洲的货品了。自从蒲里莫斯公司解散以来（彼时，我国殖民地尚属幼稚），英格兰即常常采用这种政策。法兰西亦常常采用此种政策。而自从一般英国人所称的密西西比公司解散以来，法兰西的政策就一律如此。所以，英、法二国经营殖民地贸易的利润，并不是非常大的，那当然啰，如果准许其他各国自由竞争，利润也许还要低些，但就只要如此，这两国大部分殖民地的欧产货品价格，已经不能算异常昂贵。

在英国殖民地剩余生产品输出时，亦只有一定种类的商品限于输出到母国的市场上。此等商品，因曾列举在航海法及此后诸种法令上，故名为“列举商品”(Enumerated commodities)。其余，即称为“非列举商品”（Non-enumerated)，可直接输出到他国，但运输的船舶须为英国船或殖民地船。此种船舶，须为英国臣民所有，其船员亦须有四分之三为英国臣民。

美洲及西印度有几种极重要的生产物，亦包含在非列举商品之中。例如各种谷粒、木材、盐渍食品、鱼类、砂糖及糖酒。

谷物自然是一切新殖民地耕作之最初的又是主要的对象物。法律若准其有极广阔的谷物市场，即奖励他们推广这种耕作，使大大超过于人口稀疏地的消费，从而，预先为不断增加的人口储存着一种丰富的生活资料。

在树木满地的地方，木材很少有价值，乃至于没有价值。于是，开拓土地的费用，就成了改良之主要障碍了。法律若准其有极广阔的木材市场，即可使本来很少价值的商品，生出一个价格，并使他们能够从本来单有出费的事业上，收得若干利润，改良就较为容易了。

在人口未达半数，耕作亦未达半数，家畜的繁殖自然会多过于当地居民的消费，因此，家畜每每很少有价值，乃至于没有价值。但我们讲过，在一国大部分土地能够改良之前，家畜的价格与谷物的价格，保持一定的比例。法律若准其有最广阔的市场，而无分其形式为死家畜抑为活家畜，即将提高这商品的价值。我们讲过，这种商品的高价格，对于改良是非常重要的。乔治三世第四年法令第十五号，定皮革及毛皮为列举商品，从而减低美洲家畜的价值。这种自由的良好影响，就多少为这个法令所减煞了。

我国立法院，心中常常记着，要由推广殖民地渔业而增加我国船舶及海军力。因此，这种渔业便取得了自由制度所能给予的一切奖励，而大为旺盛了。尤其是新英格兰的渔业，在晚近骚扰之前，也许还是世界上最重要的渔业之一。捕鲸业，在英国，虽有异常的奖励金,在一般人看来（但我不要妄作这种意见的证人），其生产物全部比每年所付奖励金的价值，也多不了许多。但在新英格兰，虽无奖励金，却仍营业极广。鱼，是北美洲与西班牙、葡萄牙、地中海沿岸诸国通商的主要商品之一。

砂糖本来也是只许输出到英国的列举商品。但一七三一年，由砂糖栽培者陈请，其输出遂得向往世界各地。但在许与此种自由时，尚附有各种限制，而英国砂糖价格又特高，故这自由仍大部分属于无效。英国及其殖民地，依然几乎是英国殖民地产砂糖的唯一市场。他们的消费，增加颇为迅速，所以，虽有牙买加及被割让诸岛的日益加甚的改良，砂糖的输入在这二十年内仍是大有增加，而到外国去的输出，却据说比较往昔不曾大得多少。

糖酒是美洲与非洲沿岸通商的极重要的商品，而从这种通商带回来的，即是黑奴。

如果美洲各种谷粒、盐渍食品、鱼类的全部剩余生产物，概定为列举商品，强迫输入英国市场，那就未免会给吾国人民勤劳生产物，以过大的冲突了。此等重要商品所以不但不曾列举，而且除了稻米，一切谷物及盐渍食品，还在常态的法律下，禁止输入英国，那也许并非为了关心美洲的利益，只是防忌这种过大的冲突。

非列举商品，原来可以输出到世界一切地方。木材及稻米曾一度列举，此后即定为非列举商品。但关于欧洲市场，仍受限制，仅能输出到芬尼斯特岬以南欧洲诸国。依照乔治三世第六年法令第五十二号，一切非列举商品都受同样的限制。芬尼斯特岬以南欧洲诸国，都不是制造业国。我们比较更不要担心殖民地船，会带回与我们本国制造品冲突的制造品来。

列举商品有二类。第一类为美洲特有的生产物，或为母国所不能生产的生产物，至少，亦是母国所不生产的生产物。属于这一类的，例如糖蜜、咖啡、可可、烟草、胡椒、生姜、鲸须、生丝、棉花、海狸，美洲其他各种生皮、蓝靛、黄颜料及其他各种染色木料。第二类非美洲所特有的生产物，母国亦是生产的，能够生产的，但其产量不足供应其需要，遂致有大部分需要主要须仰给于外国。属于这一类的，例如一切船舶用品：船桅、帆桁、突梁、松浆、柏油、松香油、铸铁、生铁、铜矿、生皮、皮革、泥锅、珍珠灰。第一类商品的最大量的输入，亦不能妨碍母国任何生产物的生产与销售。我们的商人，总希望局限这种商品，使仅能输出到本国市场，而且由这种局限，使自己能够在殖民地上廉价购买，而在国内以较好的利润售卖，并要在殖民地与诸外国之间设立一种有利的贩运贸易。那必然以英国为中心或媒介。此等商品输入欧洲，必须先输到这个国家里面来。第二类商品的输入，据设想，也须妥为支配，使不至于与本国同种产物的售卖相冲突，而仅与外国输入品的售卖相冲突。因为，课以适当的赋税，那种商品必较前者略为昂贵，但仍较后者低廉得多。局限此等商品使仅能输入本国市场，并非要妨碍英国的生产物；所要妨害的，乃是贸易差额被设想为不利于英国的那诸外国的生产物。

禁止殖民地以船桅、帆桁、突梁、松浆、柏油输出到英国以外的任何他国，自然有减低殖民地木材价格的趋势，从而，会加甚开拓殖民地土地的费用，加甚土地改良的主要障碍。一七〇三年，瑞典松浆柏油公司努力禁止其商品输出（除了由他们本国的船，在他们自定的价格上，并在他们自认为适宜的数量上），以抬高其商品到英国去的价格。为了要对抗这一个令人注意的商业政策，并使本国能尽可能的，不仅不须依赖瑞典，且不须依赖北方任何他国起见，英国遂对于美洲船舶用品的输入，赐以奖励金。这种奖励金的结果，是抬高美洲木材的价格，而其抬高之程度，且遥过于局限国内市场所能减低之程度；且因这二个规定是同时颁布的，其连带的结果，与其说是妨碍美洲土地的开拓，倒毋宁说是奖励。

铸铁、生铁虽亦为列举商品，但在从美洲输入时，却比较从其他各国输入，得免纳重税，所以，这规则一部分虽足妨碍美洲制铁厂的建设，但别一部分却可予以奖励，而奖励的作用还要更大。没有一种制造业比熔铁炉还更能引起木材的消费，还更能帮助树木满地的地方的开拓。

这些规定有些可以提高美洲木材的价值，从而，使土地开拓更为便易。但这种趋势既不为立法院所注意，亦不为立法院所理解。其有利结果，虽就这方面说全是偶然的，但并不因此而更不真实。

英领美洲殖民地及西印度殖民地间，无论就列举商品言抑就非列举商品言，都许有最完全的贸易自由。此等殖民地，今已如此人烟稠密而繁荣，故彼此间，对于彼此所有的生产物，已能提供一个大而广的市场。把这一切殖民地合起来看，那对于彼此的生产物，就是一个大国内市场了。

但英吉利对于其所属殖民地贸易，主要限于在生产物尚为原料或所谓第一阶段制造品时，始给以这种自由。至若更进步更精致的制造业，则仍为英国商人制造家所保留，而请求立法院，以高率关税或绝对禁止，使不能在殖民地设立。

例如，从英领殖民地输入粗制砂糖，每百斤量，仅纳税六先令四便士；白糖，纳税一镑一先令一便士；单制或复制的精制糖块，纳税四镑二先令五便士又二十分之八。在课税如此苛重时，英国是英领殖民地砂糖输出的唯一市场，至今，依然是主要市场。这种高率的关税，起初等于禁止漂白或精制砂糖，使不能供应外国市场，现在又等于禁止漂白或精制砂糖，使不能供应那最主要的也许可销其全产量十分之九以上的市场了。因此，法兰西蔗糖殖民地虽有颇旺盛的砂糖漂白精制的制造业，但在英吉利殖民地上，即令有之，亦不过用以供应殖民地本地的市场了。在格伦纳达尚为法兰西人所有时，其地各处几乎都有砂糖精制所，至少也有砂糖漂白所。但一经为英吉利人所有，这一类制造厂就几乎全部放弃了。现今（一七七三年十月）我相信，这岛上至多不过二三厂而已。不过，现今，因为税关宽纵，漂白糖精制糖，若能从块状研成粉末，就大都可以作粗砂糖输入。

英国一方面许铸铁、生铁从美洲无税输入（由他国输入，则不能免税），从而奖励美洲这种制造业，却又绝对禁止在任何英领殖民地上，建立制钢厂及铁工厂。她甚至不愿其殖民地民为自身消费而制作这种精制的制造品，却要他们向她的商人制造家，购买他们所需的这一类物品。

她又禁止由水运，甚至于由车马的陆运，把美洲生产的帽、羊毛、毛织物、从一省运至别一省。这种条例，很有效的，使这个殖民地不能为远地贩卖而建立这一类商品的制造业，限殖民地民的勤劳，只许经营那样粗糙的家用的制造业。那通例仅为私家所自用，或供同省的邻人使用。

禁止人民大众，使不能尽其所能来制造他们的全部生产物，不能按照自己的判断，把自己的资财勤劳投在自认为最有利于自己的用途上，当然侵犯了最神圣的人权。然而，此种禁令，虽如此不公，尚幸不至于非常妨害殖民地。土地仍是如此低廉，劳动仍是如此昂贵，所以，他们仍能比较自制，以更低廉的价格从母国输入几乎一切种类的精制品。所以，即令不禁止他们建立这一类制造业，但在现行改良情状下，自身利害关系的一次顾念，也许就会使他们不愿经营这种事业。在他们的现行改良情状下，此等禁止也许没有拘束他们的勤劳，制限他们勤劳自然所趋的用途。不过因为母国商人制造家，起了无根的妒意，遂致没有充分的理由，在他们身上，挂起了这种无关利害的奴隶徽章。但若那里的情形再改良一层，那种禁止也许就会成为真正的压迫而不可忍耐了。

英国因把殖民地某几种极重要的生产物局限于其母国市场，遂要在母国市场上，报他们某几种生产物以便利，即在此同种生产物由他国输入时，课以高率之关税，或在此种生产物由殖民地输入时，赐以奖励金。第一，她对于殖民地砂糖、烟草、铁，次之，对于他们的生丝，对于他们的大麻、亚麻，对于他们的蓝靛，对于他们的船舶用品，对于他们的建筑木材，概在国内市场上予以便利。第二，以奖励金奖励殖民地生产物输入。据我所知，第二种方法是英国所特有的。第一种方法却不是这样。葡萄牙似不满于仅以高率关税，限制烟草从殖民地以外任何其他地方输入，遂以极严厉的刑罚悬为厉禁。

关于欧洲货物的输入，英格兰对于殖民地的处置，亦同样较任何他国为宽大。

英国，对于外货输入时所纳之税，准其在再输出时支还一部分。那几乎常常是一半，通例是大部分，而有时是全部。如果在外货输入英国时须课极重之税，而在再输出时又不许支还任何部分，那就无论哪一个独立外国，亦不会承受这种再输出的商品。所以，不允支还，即无异贩运贸易告终；然而，这种贸易又是重商主义那样深深爱护的。

但我们的殖民地并不是独立外国；并且，英国又取得了以欧洲一切货品供给其所属殖民地的排他的权利，那正可以像他国对付殖民地一样，强制其所属殖民地承受这种曾在输入母国时课纳重税却又要再输出到外国去的商品。但不然，在一七六三年以前，大部分外货输出到我国殖民地和输出到任何独立外国，是一样得有同样的支还。不过，一七六三年，却由乔治三世第四年法令第十五号，大大减缩了这种宽容，从而有如次的规定："以欧洲或东印度的产出物、生产物、制造品，从本王国输出到任何英领美洲殖民地耕作地，均不得支还称为旧补助金的那一部分赋税；但葡萄酒、白棉布、洋纱除外。"在这法律之前，有许多种外国货在殖民地较在母国为廉；现今，有些仍然是这样。

关于殖民地贸易的大部分条例，都以经营殖民地贸易的商人为主要顾问，那是必须知道的。所以，此等条例更注意这种商人的利益，而更不注意殖民地的利益，亦更不注意母国的利益，亦是一点不足奇怪的。他们有排他的特权，可以输运欧洲货物供应殖民地，又可以购买殖民地那部分不和他们本国贸易冲突的剩余生产物。这种排他的特权，显然是牺牲殖民地的利益来为商人的利益。他们在再输出欧洲及东印度大部分货物到殖民地去的时候，又像再输出到独立国家去一样，许有同样的支还。这种支还，就连按照重商主义的观念，亦是牺牲母国利益，来为商人的利益。商人的利害关系，当然是在运送外国货物到殖民地去时，所付税应尽量的少，而所支还的税（在外国货物输入英国时垫支的税）则求其尽量的多。因此，他们就可以在殖民地，以较大的利润售卖等量的货物，或以同样的利润售卖较大的数量。他们总可以在某一方法下，得利若干。殖民地的利益，亦同样是以尽量低廉的价格，取得尽量丰饶的这一切货物。但母国的利益绝不常如此。支还此等货物输入时所纳税的大部，既会影响母国的收入，使母国制造品在殖民地跌价售卖（因外国制造品，赖有这种支还，得以更便易的条件运到殖民地），又往往会影响母国的制造业。一般的说，英国亚麻布制造业的进步，曾因德国亚麻布再输出到美洲殖民地的支还，而大为迟滞。

但是，关于殖民地贸易，英国的政策虽则和其他各国一样，受着重商主义精神的支配，但就全体看，却比任何他国都觉更为宽大而容忍。

但除了外国贸易，英领殖民地民就在一切场合都有完全的自由，按由他们自己的方法来处置他们自己的事务了。在一切点上，他们的自由都和本国同胞市民的自由相等，而且同样有一个人民代表会议——独有权课税以支持殖民地政府——来给以保证。这个会议的权力，超在行政权之上，殖民地民无论怎样卑贱可厌，都只要遵守法律，就用不着忧惧总督或各省文武官吏的愤怒。殖民地议会和英格兰众议院比较，虽一样不必是极平等的人民代表机关，但总比较更近于这种性质。行政权既无力使其腐化，且因行政机关经费由母国支持，故亦无腐化议会的必要。所以，一般说，这种议会是更受选举人的意旨的影响，殖民地立法院参议，与英国贵族院相当，但并由世袭的贵族构成。有些殖民地政府，例如新英格尔诸政府之三，此等参议非由政府指派，却由人民的代表推选。没有一个英领殖民地，尚有一个世袭的贵族。在他们中间，老殖民家族的后裔，比较有同等功绩同等财产的暴发户，虽是更受人们尊敬，但亦只更受人们尊敬而已。老殖民家族的后裔，并没有烦扰他的邻人的特权。在现今扰乱事件开始以前，殖民地议会不仅有立法权，且有一部分行政权。在康纳克提凯特及罗德岛，总督亦由他们选举。在其他殖民地上，他们规定的赋税，即由他们直接派员出去征收，征收员亦仅对他们直接负责。所以，人民在英领殖民地就较在母国，更为平等了。他们更有民主共和的精神，其政府，尤其是新英格兰那三个政府，遂亦更有民主共和的精神。

反之，西班牙、葡萄牙、法兰西的专制政治，却又在他们各自的殖民地上建立起来。此种政治，大都以独断权委于其一切下级官吏。因相隔过远之故，此等独断权的执行，自然会比平常还要强暴。我们知道，在一切专制政治之下，首都总比较更有自由。君主自己，决不要防制正义的制度，亦不要压迫人民大众，这亦于他无利。首都为君主所在之地，故得多少威压其下级官吏；但在远地，人民的怨声即不易传到君主耳里，下级官吏乃得为所欲为，比更无顾忌得多。但无论怎样大的帝国，亦没有什么地方，北欧领美洲殖民地，还较为远离首都了。自有世界以来，也许只有英领殖民地政治，能给如此远隔的省区人民以完全的保证了。法兰西殖民地的行政，与西班牙、葡萄牙二国殖民地的行政相较，亦常常比较宽宏稳和。法兰西民族的性格如此，故能有此种行政的优越；但其实，一切民族，若其政治与英国相较更为横暴，然与西班牙、葡萄牙相较，则更为守法而自由，就亦能有此种行政的优越。

英国殖民地政策的优越，主要在北美殖民地的进步上显现出来了。法国蔗糖殖民地的进步，与英国大部分蔗糖殖民地的进步比较，至少是相等的，甚而还要更胜一筹。但英国蔗糖殖民地却和英领北美殖民地，几乎享受同样的自由政治。这也许因为法国不像英国那样沮害殖民地精制自产的砂糖，但更重要的原因，却是他们政治的特质，使他们对于黑奴能有更好一层的管理法。

在一切欧属殖民地内，甘蔗都由黑奴栽培。生长在欧洲温带的人民的体格，据说，不能胜任西印度炎日下掘土的劳动。据今日情形说，栽培甘蔗，都是手足劳动。有许多人以为，设能使用锥犁，必大有利。但犁耕的利润与成效，多分取决于牛马的良好管理法；奴隶耕作的利润与成效，必同样取决于奴隶的良好管理法。我想，一般都承认，法兰西殖民家较英吉利殖民家，更擅长于管理奴隶。

对奴隶予以些微的保护，使不致过受主人侵凌的法律，似乎在政治十分专制的殖民地上，比在政治全然自由的殖民地上，要施行更有效一点。在颁布奴隶恶法的国家，州官保护奴隶时，喜欢在相当程度上干涉主人的私有财产的管理。在自由国，主人或为殖民地议会的议员，或为议员的选举人，故州官非经充分考虑，即不敢干涉他们。州官不得不对他们予以相当的尊敬。这种尊敬就使他难于保护奴隶了。但在政府十分专制的国家，州官即常常干涉个人的私有财产的管理，倘个人不依他所喜悦的方法管理，他就可发下他的令状，所以，他要保护奴隶，是更容易得多；普通的人道心，亦自然会使他如此作。州官的保护，使主人更不敢轻视奴隶，而不得不予以相当的重视，而待以比较温和的待遇。温和的待遇，使奴隶不仅更诚实，且更聪明，又因此二层而更有用。他的境遇，比较更近于自由仆役的境遇，而稍有廉直，稍顾主人利益。这种德行，唯自由仆役有之，而为奴隶所绝无。然而，在主人完全自由并十分安全的国家，奴隶就一般受着奴隶的待遇。

我相信，一切时代一切国民的历史都可证明这种议论，即奴隶在专制政治下比在自由政治下，有更好的境遇。在罗马史上，第一个保护奴隶，使不致过受主人凌磨的长官，就是皇帝。威底夏斯·鲍利奥，在奥古斯丁帝之前，要把他的奴隶之一（仅仅犯了一点小过失）截成块片，投入池中喂鱼，帝即大为愤激，令立将此奴释放，且释放其所有之奴。但在共和政治下，官长即不能有充足的权力来保护奴隶，更谈不上处罚主人了。

法兰西蔗糖殖民地（尤其是圣·多明戈的大殖民地）改良的资本，几乎全部出自此等殖民地之逐渐的改良与耕作。那几乎全部是殖民地民的土地劳动生产物，换言之，是那部分由良好管理法而渐次蓄积的并用以生产更多量生产物的生产物之价格。但英国蔗糖殖民地改良及开垦的资本，却有大部分自英国送来，并不全部是殖民地民的土地劳动生产物。英国蔗糖殖民地繁荣的主要原因，是英国大富溢出（如果高兴如此说）一部分到此等殖民地。但法国蔗糖殖民地繁荣的全部原因，却是殖民地人民的良好管理法。法国侨民在这一点上，是较英国侨民为优。这个优点，在奴隶管理法上最明白的显现出来了。

以上所述，即欧洲各国对于所属殖民地所抱政策的大纲。

对于美洲殖民地最初的建立及此后的繁荣（仅就内政方面观察），欧洲政策很少值得自夸的地方。

愚暗与不正义，似乎是最初建立此等殖民地计划所奉的原则；猎取金银矿山，足见其愚暗；贪图占有一个其良善土人自来不曾损害欧洲人，且曾以亲切之情款待欧洲最初冒险家的国土，足见其不正义。

后来建立殖民地的诸冒险家，似乎除了妄想寻觅金银矿山，尚有其他的比较更合理更可推称的动机；但就连此等动机，亦不足为欧洲政策增光。

英吉利的清教徒，因在国内受限制，遂逃往美洲以求自由，而在新英格兰建立四政府。英吉利的加特力教徒，所受待遇尤为不平，遂亦逃至美洲，建政府于玛利兰；卡克教徒，则建政府于本雪文尼亚。葡萄牙的犹太人，常受异端裁判所迫害，财产被剥夺，而被逐至巴西，他们遂仿上述诸先例，而在流犯与娼妇——这殖民地原为这种人所居——之间，导入相当的秩序与产业，教他们栽培甘蔗。在这一切情形下，使人民侨居于美洲耕作于美洲的，亦并不是欧洲诸国政府的智慧与政策，却只是他们的紊乱横暴。

欧洲诸国政府，对于此等建设中某几种最重要的建设，无论就其完成说，抑就其计划说，都几乎没有一点功绩。墨西哥的征服，不是西班牙枢密院的计划，只是古巴总督的计划。而使此计划完成的，又是大胆冒险家的精神。总督委任此等冒险家后，虽颇后悔，而遇事加以妨碍，但卒不能妨碍此种计划的完成。智利及秘鲁的征服者，甚至于美洲大陆上西班牙一切其他殖民地的征服者，在征服此等地方时，除了得以西班牙国王之名义建设并征服殖民地以外，即不曾受国家任何奖励。这班冒险家都是自己冒危险，出费用的。西班牙政府不曾对他们有任何贡献。至若英国政府，则对于其所属某几个最重要北美殖民地的建设的完成，亦几乎是同样毫无贡献。

但此等建设一经完成，巍然巨观，可引起母国政府注意时，母国关于他们所颁布的最初的条例，便只记得，如何可以保证她独占此等殖民地的贸易。即局限他们的市场，牺牲他们以扩大她自身的市场，从而，与其说促进他们繁荣的进程，倒毋宁说是加以抑压。不过，欧洲诸国施行此种独占的方法，彼此颇不相同。这种不同是欧洲诸国殖民政策大相径庭的一点。其中，最好的要算英格兰了。但比较其余任何他国，英格兰的殖民政策亦不过略为更不那样不自由，更不那样抑压而已。

所以，欧洲政策，究在如何方法下，有助于美洲诸殖民地最初的建立及现在的繁荣呢？在一个方法下，亦只在一方法下，大为有助。Magna Virûm Mater！它生育了造就了一班能够完成如此伟大事业，建立如此伟大帝国的人才。世界上，殆无任何他国的政策能够造就这种人才，实际亦不曾造就此种人才。殖民地应感谢于欧洲政策的，是此等活动的富有进取心的建设者，能有如此的教育与伟见；但其中，某几个最重要的殖民地，仅就其内政言，亦就只有这一点应感谢欧洲的政策了。

第三节 美洲的发现，及经由好望角到东印度的通路的发现，究于欧洲有如何的利益

美洲殖民地从欧洲政策所得的利益，已如上述了。欧洲从美洲发现及殖民所得的利益又如何呢?

这诸种利益可分成二类。第一，把欧洲看作一个大国，则欧洲从此等大事件究曾取得如何的一般利益呢；第二，对于所属殖民地各殖民国有它的权威与统治权，但各殖民国从所属殖民地，又曾取得如何的特殊利益呢。

把欧洲看作一个大国，则欧洲从美洲的发现及殖民，取得了如下诸种利益：一、这大国的享乐品增加了；二、这大国的产业增大了。

输入欧洲的美洲剩余生产物，供这大陆的居民以许多种类的商品，倘非有美洲发现及殖民，那是决不能有的。此等商品有些是为方便与效用，有些是为快乐，有些是为装饰，故增加了他们的享乐品。

这是很容易看出的，美洲的发现与殖民曾助进了如下诸国的产业。一、与美洲直接通商诸国，如西班牙、葡萄牙、法兰西、英格兰。二、不直接与美洲通商，但以他国为媒介，而以本国货品输送到美洲去的诸国，如奥地利属伏兰德，德意志若干省，即以上述诸国为媒介，送大量的麻布及其他货物到美洲。这一切国家都显明取得了一个更广阔的市场，来销售他们的剩余生产物，结局，亦就取得了增加剩余生产量的奖励。

这类大事件对于不曾送运一物——自己生产的——到美洲去的国家如匈牙利、波兰，是否亦有增进其产业的贡献？虽没有那样显明，但曾有这种贡献，却也是无可怀疑。美洲生产物，有一部分是在匈牙利、波兰消费；那里，对于新世界的砂糖、朱古力[①]、烟草，亦有若干需要。这类商品的购买，必须用匈牙利、波兰的产业的生产物，或用若干此等生产物所购入的东西。美洲这类商品，对于匈牙利、波兰，乃是新的价值，新的等价物，导入到那里，交换那里的剩余生产物。这类商品输送到那里去，遂为那里的剩余生产物创造了一个新的更广阔的市场。它们提高了这剩余生产物的价值，从而，有增加这剩余生产物的贡献。所以，那里的剩余生产物，虽没有任何部分输送到美洲，但可输送到其他诸国，由其他诸国用一部分美洲剩余生产物来购买。这种贸易原来是由美洲剩余生产物而进行，但赖有这种贸易，匈牙利、波兰的剩余生产物就发现了一个市场了。

不曾运送一物到美洲去的国家，固曾由这类大事件的贡献而增加了享乐品，增进了产业；其实，就连从来不曾收受一件美洲商品的国家亦曾同样受其益助。与美洲通商的其他诸国的剩余生产物增加了，所以，就连这样的国家亦可从此等其他国家收受更丰饶的其他商品。这种更丰饶，既必致增加其享乐品，亦必同样增进其产业。有更多种数的新等价物呈现在他们面前，来交换他们产业的剩余生产物了。一个更广阔的市场，终于为这个剩余生产物而造成了，于是，提高其价值，并奖励其数量的增加。每年掷入欧洲大商业界，由种种回转，每年配分于欧洲各国的商品总最，必致由全美洲剩余生产物的输入而增加。这个总量加大了，分归各国的数量亦往往会加大，从而，往往会增加他们的享乐品，

① 朱古力：chocolate，即巧克力。——编者注

增进他们的产业。

母国的排他的贸易，有减少其他一切国家享乐品及产业之趋势，至少，也可加以压抑，使不能照常发展。但于美洲殖民地的享乐品及产业则尤然。人类大部分事务所赖而推动的大发条之一的活动，因而，受了一个死的重压。这种排他的贸易，使殖民地生产物在一切其他国家腾贵起来，从而减缩其消费，从而拘束殖民地的产业，拘束一切其他国家的享乐品与产业，因享受须付较高的价格，故较少享受，因生产所得的价格较低，故较少生产。这种排他的贸易，又使一切其他国的生产物在殖民地腾贵起来，从而同样拘束一切其他国家的产业，并拘束殖民地的享乐品与产业。这是一个邪魔物，为了某特殊国家的设想的利益，而妨碍一切其他国家的享乐与产业。殖民地所受的妨碍尤甚。那不仅尽量排除了一切其他国家，使不能到一个特殊市场上来，且尽量限制了殖民地，使仅能到一个特殊市场上去。一方面要封闭一个特殊市场，而开放其他一切市场，他方面却要开放一个特殊市场，而封闭其他一切市场。这是极不相同的两回事。但殖民地剩余生产物，是欧洲从美洲发现及殖民所得诸种利益——享乐品增加、产业增进——的本源。母国的排他的贸易，却有违反自然所趋，而大大减损这本源的趋势。

各殖民国从所属殖民地所得的特殊利益，亦有二种：一、把殖民地看作一种普通领地，而从此取得的普通利益；二、因美洲殖民地那种领地，有一种非常特异的性质，故被想象从此生出了若干特殊利益。

各帝国从普通领地所得的普通利益如下：一、诸领地所提供的防卫帝国的兵力；二、诸领地所提供的支持帝国民政的收入。罗马诸殖民地屡屡可以提供这两种利益。希腊诸殖民地有时提供兵力，但几乎不曾提供任何收入。他们几乎不承认他们自己尚为母市所统领。在战时，他们常常是母市的同盟，在平时，他们几乎不是母市的属民。

欧洲的美洲殖民地，从来不曾提供任何兵力，来卫护母国。他们的兵力，且不足防卫他们自身；在母国加入战争时，他们不但不能助以兵力，且往往大大分散母国的兵力，来保证其所属殖民地。所以，在这点上，一切欧属殖民地，与其说是各自母国强力的原因,毋宁说是母国弱化的原因。一切都如此,没有一个例外。

只有西班牙、葡萄牙的殖民地，曾提供若干收入，以防卫母国或支持母国的民政。至若欧洲其他各国，尤其是英国，则所课得的税，能与平时所付的费用相等，已属罕见，若要支办战时的费用，就无论如何也是不够的。所以，这样的殖民地，只是各自母国出费的泉源，不是收入的泉源。

于是，各自母国从此等殖民地所得的利益，就只有后一种利益了，即因美洲殖民地是一种非常特异的领地，故被想象从此生出了若干特殊利益。但大家又承认，这一切特殊利益的唯一资源便是排他的贸易。

这种排他贸易的结果，那一部分被称为列举商品的英领殖民地剩余生产物，遂只能输往英国，不能输往任何其他国家了。其他诸国家，不得不在此后向英国购买。于是，这类物品，在英国必较在任何其他国家为廉，从而，与任何其他国家比较，都定然更有助益于英国享乐品的增加。同样，又必更有助益于英国产业的增加。与任何他国比较，英国在以本国剩余生产物交换此等列举商品时，都能为这一部分剩余生产物，取得更好的价格。例如，英格兰的制造品，将较任何他国的同种制造品，能购得较大量的她所属殖民地的砂糖与烟草。所以，限于在英国制造品及他国制造品均用以交换英领殖民地砂糖及烟草时，这种优越的价格即可给英国制造业以一种奖励。其他各国，在这情形下，是不能享有这种奖励的。殖民地的排他的贸易，既可减少（至少也可以抑压）不能经营此种贸易的诸国的享乐品与产业；那对于能经营此种贸易的诸国，就提供了一种明白的优于其他诸国的利益了。

但这种利益，与其说是绝对的利益，尚毋宁说是相对的利益；享有此种排他贸易的国家，所以能较优于他国，与其说是由于奖励本国的产业与生产，使较胜于贸易自由时自然所许有的情状，倒毋宁说是由于抑压其他诸国的产业与生产。

例如，玛利兰及威基尼亚的烟草，即因英吉利享有独占权，得以较廉的价格运至英吉利。至若法兰西，则其所需烟草，须从英吉利转运，故法兰西烟草价格，亦较为昂。设法兰西及欧洲一切其他国家，均能随时与玛利兰及威基尼亚自由通商，则此等殖民地的烟草，即可以较今日实际价格为廉的价格，运至其他国家。但尚不只此。运至英吉利的价格亦必同样较廉。烟草市场既较往昔广大得多，其生产或可大增，致烟草栽培的利润——据说今日是略略超在自然标准以上——减落，而与谷物栽培的利润止于其自然标准。烟草价格或可降落，而略低在今日价格之下。于是，与今日相较，英吉利及任何他国，均得以同量商品，在玛利兰及威基尼亚，购得较大量的烟草，即在那里，以更好的价格售去。如果此种烟草，能以其丰饶低廉而增进英吉利或任何他国的享乐或产业，那在贸易自由的场合，就一定会比较今日，在这两方面有更大的成果。在这场合，英吉利没有优于他国的任何利益。他虽可以用略较今日为廉的价格购买烟草，从而，以略较今日为昂的价格售卖她本国的商品，但与他国相较，他既不能以较廉的价格购买前者，亦不能以较昂的价格售卖后者。她这时也许会得一种绝对的利益，但她一定会把相对的利益失去。

英吉利为了要取得殖民地贸易上这种相对的利益，为了要尽量排除他国分享殖民地贸易（那是一种嫉妒的恶意的计划），不仅牺牲掉了她和一切他国本能从此种贸易取得的绝对利益的一部分，且使她自己几乎在一切其他贸易部门上，忍受一种绝对的不利和一种相对的不利，那是我们有充分理由相信的。

在英格兰由航海条例而独占殖民地贸易时，先前投在这种贸易上的外国资本，均不得不撤除出去。先前仅须经营这贸易的一部分的英国资本，现今已须经营其全部。先前仅须以殖民地所需欧产货物一部分供给殖民地的英国资本，现今已须以殖民地所需欧产货物全部供给殖民地了。但英国资本不能供给这全部，于是，由英国资本供给出来的货品一定会在殖民地非常腾贵。并且，原先只须购买殖民地剩余生产物一部分的资本，现在又须用来购买其全部了。但如此的资本，决不能依照和原价差不了多少的价格，把这全部买去。于是，所买的物品又必然是以非常的廉价买去。商人能以非常昂贵的价格售卖，能以非常低廉的价格购买之资本用途，利润必然是非常大的，必然会大大超过其他贸易部门的普通利润标准。殖民地贸易利润的优越，必致从其他贸易部门吸引一部分资本。资本的吸收，既然会逐渐增加殖民地贸易上的资本竞争，亦必致逐渐减少其他贸易部门上的资本竞争；既必致逐渐减低前者的利润，亦必致逐渐提高后者的利润，使一切的利润至于一个新的标准为止，那一个新标准与旧标准不同，而略较为高。

这双重的结果（从一切其他贸易吸引资本，又提高利润率，使略高于原状）不仅是此种独占权初立时所产出的结果。自有此种独占权以来，都继续产出了这种结果。

第一，这种独占权，继续从一切其他贸易吸引资本，使投入殖民地贸易。

自航海法定立以来，英国财富虽已有非常大的增加，但其增加，决不曾与殖民地贸易的增加保持同一的比例。一国的国外贸易，自然与其财富为比例的增加，其剩余生产物又自然与其全生产物为比例的增加。英国既几乎吞并了所谓殖民地外国贸易的全部，其资本，却未曾与殖民地外国贸易的范围按同一的比例增加所以，非继续从其他贸易部门吸去一部分原先投在那里的资本，并吸去更大部分原要投在那里的资本，即将无法经营。所以，自从航海法定立以来，殖民地贸易是继续增加，而其他许多国外贸易部门，尤其是对欧洲其他各国的国外贸易，却是继续凋落。我国远地贩卖的制造业，已经不像航海法未定立以前那样，适合于邻近的欧洲市场，或适合于较远的地中海周围各国的市场，而有较大部分，适合于还要较远的殖民地市场了，换言之，更不适合于有许多竞争者的市场，而更适合于享有独占权的市场了。德克尔爵士及其他诸作家，研究其他国外贸易部门衰落的原因，说是赋税过重，课税方法不当，劳动价格昂贵，奢侈增加，等等。其实，殖民地贸易的过度胀大，已经可以是这原因的全部。英国的商业资本虽极大，但非无限；自航海法建立以来，英国资本虽有大增，但未与殖民地贸易以同一的比例增加，所以，非继续从其他贸易部门撤去一部分资本，结果，使其他贸易部门有多少衰落，那就无论如何亦没有经营这种贸易的可能。

我们必须知道，不仅在航海法定立殖民地贸易独占以前，而且在殖民地贸易未曾非常盛大以前，英格兰就已经是一大商业国，其商业资本已经非常大了，而且每天都在增大。在克伦威尔当政时代，在对荷战争中，其海军已较荷兰为优。在查理二世登基时代爆发的战争中，其海军至少也与荷法二国联合海军相等，也许还要更优。这种优越，至少，在荷兰海军对其国商业，今昔尚是保持同一比例的场合，在现今，是不曾加大起来。这两次战争中，这大海军力，并不能起因于航海条例。前一次战争中，这个条例，刚刚拟成一个计划；第二次战争爆发时，这个条例虽已充分制定，但时间不久，尚未能生出任何可观的成效。条例中，确立殖民地的排他贸易的部分，则尤少成效。与今日相较，那时的殖民地和商业，都是不甚可观的。牙买加岛尚是一个不健康的荒岛，住民极少，耕作亦极废弛。纽约及纽吉萨尚为荷兰所有；圣·克利斯托阜[1]尚有一半为法兰西占领。安帝加岛[2]、两卡洛林纳[3]、本雪文尼亚、乔基亚、诺瓦·斯考夏，都尚未耕作。威基尼亚、玛利兰、新英格兰已耕作了；虽已经是极旺盛的殖民地，但在那时，也许没有一个欧洲人、美洲人，预先料到了从此以降那里的财富、人口、农功会有那样急速的进步。甚至于猜想亦不曾有人猜想过。在英国诸殖民地中，当时的情形与今日情形颇相类似的，只有巴伯多[4]一个岛而已。殖民地贸易（就连在航海条例定立以后若干期间，英格兰亦仅占有此种贸易之一部分，因航海条例定立以后好几年，才极严格的施行），决不能在当时成为英国贸易盛大的原因，亦不能正当时成为英国海军力强大的原因。英国海军为贸易所支持，但在当时，支持此种强大海军力的贸易，是欧洲及地中海沿岸诸国的贸易。但英国今日所享有的这种贸易，怕就不够当时支持任何如此的强大海军力了。设殖民地的正在滋长的贸易，得由一切国家自由经营，则英国所得而占有的部分无论如何——也许仍有非常大的部分归于她——亦定然可以加在她原先占有的大贸易之内，而不至于把它破坏。独占的结果，殖民地贸易增加了，但与其说增加了她原先占有的贸易，倒毋宁说引起了贸易方向的

---

① 圣·克里斯托阜：St. Christopher，今译圣克里斯托弗岛（原名圣基茨岛），位于拉丁美洲加勒比海地区。——编者注

② 安帝加岛：the island of Antigua。——编者注

③ 两卡洛林纳：two Carolinas。Carolina今译为卡罗来纳。两卡罗林纳指的是南卡罗来纳和北卡罗来纳。——编者注

④ 巴伯多：Barbados，今译巴巴多斯，位于西印度洋群岛的最东端。——编者注

全部的变化。

第二，这种独占权，必致提高英国各种贸易部门的利润率，与准许一切国家自由与英领殖民地通商时的自然利润率相较为高。

殖民地贸易的独占，既必致违反自然趋势，而以过大比例的英国资本吸入殖民地贸易，又必致因排斥一切外国资本之故，减少投在此种贸易上的资本全量，而与自由贸易时的自然资本量相较为少。但因其可以缩减这贸易部门上资本的竞争，故必致提高这贸易部门的利润率。又因其可以缩减一切其他贸易部门上英国资本的竞争，必致提高一切其他贸易部门的英国利润率。自航海法定立以来，无论特定期间英国商业资本的情状与范围如何，但在这状况继续不变的场合，殖民地贸易的独占总必致提高英国普通利润率，使英国这一贸易部门及一切其他贸易部门的利润率略高于没有这种独占的场合。如果自从航海法建立以来，英国普通利润率已是大大降落（那确是大大降落），那么，假设没有这个法令建立这种独占权来把它提高，它就一定会更为低落。

但在一国违反自然所趋而提高其普通利润率的事情，又必在这国，使各种无独占权的贸易蒙受一种绝对的和一种相对的不利。

蒙受一种绝对的不利。因为在此等贸易部门上，其国商人非违反自然，而以较高的价格售卖外国输入品及本国输出品，即不能取得这较大的利润。他们本国必须买贵卖贵；必致买少卖少；必致违反自然，而享受较少，生产亦较少。

蒙受一种相对的不利。因为在此等贸易部门上，不蒙受此种绝对不利的其他诸国将较胜于我们；或者，原来较劣于我们的，得从此减轻其较劣的程度。于是，其他诸国遂得因此而较我们享受为多，较我们生产为火。即如果他们原较我们为优，则使此优越加甚；如果他们原较我们为劣，则使此劣点减轻。由此提高我们生产物的价格，即由此使其他诸国的商人，能在国外市场上使我们贱卖，从而，从我国不曾享有独占权的那一切贸易部门中，把我们排除出去。

我国商人，常常说英国工资高昂，是他们制造品在外国市场贱卖的原因，而发不平之鸣；但关于他们资本利润的高昂，他们却三缄其口。他们常常抱怨他人的法外的利得，但关于他们自己的，他们却默然不发一言。英国资本利润的高昂，和英国劳动工资的高昂，在许多场合，都一样可以促成英国制造品价格的提高，在若干场合，则前者尤有此种作用。

我们正可如此说，英国资本就在这情况下，从我国未曾享有独占权的各种贸易部门（尤其是欧洲的贸易及地中海沿岸各国的贸易）上，吸出一部分来了，被排出一部分来了。

一部分是吸出来的。殖民地贸易继续增大了，一年一年总是感到经营殖民地贸易的资本不足。殖民地贸易的利润，遂较为优了。这种优越的利润，对于其他诸贸易部门的资本是一种吸引力。

一部分是被排出来的。英国的高率利润，在英国不享有独占权的一切贸易部门上，都给其他诸国以便利。这种便利对于其他诸贸易部门的资本，是一种排斥力。

殖民地贸易的独占，既然会从其他诸贸易部门吸去一部分原要投在这诸部门上的英国资本，又必强迫许多在殖民地无独占权时不要投在这诸部门上的外国资本，流入这诸部门。在这诸贸易部门上，英国资本的竞争减少了，故得超出原状而提高英国的利润率。反之，在这诸贸易部门上，外国资本的竞争却加大了，从而得违反原状而减低外国的利润率。这两种作用，都显然会使英国在这其他诸贸易部门上蒙受一种相对的不利。

或谓，殖民地贸易是于英国更有利益的。一种独占权能超出原状，强迫较大比例的资本，投入这种贸易，就无异把这种资本改投到对于国家较为有利的用途。

对于资本所属之国，最有利的资本用途，即是能够维持最大量本国生产劳动的用途，最能增加本国土地劳动年产物的用途。本书第二篇曾经说明，投在消费品外国贸易上的资本所能维持的本国生产劳动量，与其往还的频繁性，恰成比例。例如，一千镑资本，投在一年照例会往远一次的消费品外国贸易上，所能继续雇用的本国生产劳动量，即等于一千镑每年所能维持的本国生产劳动量。如果一年往还二次或三次，则所能继续雇用的本国生产劳动量，等于二千镑或三千镑所能维持的本国生产劳动量。所以，消费品的国外贸易，对邻国进行，比较对远国进行，一般是更有利益的。并又因为这个理由，直接的消费品外国贸易，比较迂回的消费品外国贸易，亦一般是更有利益。这一点，我们亦已在第二篇同样说明了。

但殖民地贸易的独占，就其对英国资本用途的影响说，却就在一切场合，都会从近国的消费品外国贸易强迫一部分资本流入远国的消费品外国贸易；而在多数场合，又会从直接的消费品外国贸易，强迫一部分资本流入迂回的消费品外国贸易。

第一，在一切场合，殖民地贸易的独占，都会从近国的消费品外国贸易，强迫一部分英国资本流入远国的消费品外国贸易。

殖民地贸易的独占，在一切场合，都会从欧洲贸易及地中海沿岸诸国贸易，强迫一部分资本，流入更远的美洲贸易及西印度贸易。美洲贸易及西印度贸易，不仅因距离较远，且因此等地方的情形特殊，致往还的频繁性较小。我们讲过，新殖民地常感资本不足。在新殖民地改良土地耕作土地，常有大利润大利益，但他们自己可用的资本却常常觉得太少。所以，他们除了使用自己的资本，常常还需要一种追加的资本。为要填补他们自身的不足，他们常常尽其可能向母国借债。所以，他们对于母国，是常常负有债务。但侨民商借款项的最普通的方法，不是立借契向母国的富人商借（他们虽有时如此），却是尽可能拖欠来往商人——以欧洲货物供给他们的商人——的款项。他们每年的付款，往往不及欠款三分之一，而常在此比例以下。于是，他们的来往商人，垫付给他们的全部资本，很少能够在三年以内归还英国，有时，且不能在四年五年内归还。五年始往还一次的英国资本一千镑，与一年全部往还一次的英国资本一千镑比较，当亦只能继续雇用五分之一的英国勤劳。于是，这一千镑资本一年所能继续雇用的勤劳量，遂仅等于二百镑资本一年所能继续雇用的勤劳量了。殖民家，以高价购买欧洲的货物，以大利息购买远期的期票，以大佣钱调换短期的期票，固可填补其来往商人由付款延期而受之损失，甚至于不仅于填补；但他能填补其来往商人的损失，不能填补英国的损失。在往还为期甚遥的贸易上，比较在往还为期更近又更为频繁的贸易上，商人的利润可以一样大，乃至于更大；但他本国的利益，他本国所能继续维持的生产劳动量，他本国的土地劳动年产物，却一定会致大为减少。与欧洲贸易比较，甚至于与地中海沿岸诸国贸易比较，美洲贸易的往还，是为期更遥，且又更不确定，更不规则；西印度贸易，则尤甚。那在我想来，对于这诸贸易部门略有经验的人，都能立予承认的。

第二，在多数场合，殖民地贸易的独占，都会从直接的消费品外国贸易，强迫一部分英国资本流入间接的消费品外国贸易。

不能运送到英国以外任何市场去的列举商品，有几种的数量非常超过英国的消费额，故不得不以一部分输出到其他诸国。但是，倘若不强制一部分英国资本流入迂回的消费品外国贸易，那就无法办到，例如，玛利兰及威基尼亚每年送到英国去的烟草在九万六千桶 (hogshead) 以上，但英国消费额却据说不过一万四千桶。于是，有八万二千桶以上的烟草，必须输出到法兰西、荷兰及波罗的海地中海沿岸诸国。运这八万二千桶烟草到英国，再运它到其他诸国，而从其他诸国取得货物或货币为酬的那一部分英国资本，即是投在迂回的消费品国外贸易上，而且必须投在这用途上，来售脱这个大的剩余。如要计算此种资本的全部，要多少年数才回到英国，我们必须在美洲贸易往还的期间以外，加入其他诸国贸易往还的期间。如若我国对美洲的直接消费品国外贸易，非三年四年不能回到英国，那投在这迂回旧消费品国外贸易上的全部资本，就非四年或五年不能回到英国了。如果与一年往还一次的资本比较，前者不过能够继续雇用三分之一或四分之一的本国勤劳量，后者就不过能够继续雇用四分之一或五分之一的本国勤劳量了。在某几个输出港上，外国商人输出烟草，往往可以赊欠。在伦敦港，则通例以现钱售卖，通例是“现秤现付”。所以，在伦敦港，全迂回贸易的最后往还，比较美洲贸易的往还，仅仅多了一个堆栈停留不卖的期间；但这期间，有时亦就够长。倘若殖民地烟草不限售给英国市场，则输入我国的烟草，也许会适应我国国内消费所需，不致输入甚大的剩余量。现在，我国是以这大剩余量输出到他国而购买本国消费所需的物品。这种物品，在不输入这大剩余量时，我国也许就会用本国产业的直接生产物或本国若干制造品来购买。现在，我国产业的直接生产物或制造品，几乎全部只适合于一个大市场，但若经这种变化，那也许会适合于非常多数的较小的市场吧。英国现在是经营一个大的迂回消费品外国贸易，但若经这种变化，那也许会经营非常多数小的直接消费品外国贸易吧。因往还更为频繁，现在经营这一个大迂回消费品国外贸易的资本，有一部分，也许只有小部分，不过三分之一或四分之一，就够经营非常多数小的直接消费品国外贸易，就可继续雇用等量的英国勤劳，就可一样支持英国的土地劳动年产物吧。如是,这种贸易的全部目的,就由更少得多的资本而遂行了。于是，有一大量剩余资本，可用以图取其他目的。即，改良土地，增加制造业，扩张商业。至少，也可以加入英国这各种用途，而与其他的资本竞争，从而减低这一切用途的利润率，使英国在这一切用途上，较之今日，尤能较其他一切国家为优越。

再者，殖民地贸易又强迫一部分英国资本从消费品国外贸易流入贩运贸易。消费品国外贸易的资本，无论如何，尚能多少维持英国的产业。贩运贸易的资本却一部分用来维持殖民地的产业，一部分用来维持其他诸国的产业。

例如，由这八万二千桶剩余烟草每年再输出而每年购回英国的货物，设不能全数在英国消费。则有一部分，例如从德意志、荷兰购回的麻布，必须送到殖民地去，特供他们消费。于是，那一部分英国资本——先购烟草，再以烟草购麻布的那一部分英国资本——就必致不能再用来维持英国的产业，而全部抽出来，一部分用来维持殖民地的产业，一部分用来维持其他诸国——以其本国产业生产物，购买这种烟草的国家——的产业。

此外，殖民地贸易的独占，因可违反自然所趋而强制过大比例的英国资本流入这种贸易，遂致把英国一切产业部门间的自然的均衡完全破坏了。英国产业，将不适合于非常多数的更小的市场，而图适合于这一个大市场。其贸易，将不在非常多数的小通路中进行，却主要被导入到一个大的通路。其产业及商业的全体，就更不安全了，其政治组织的全部状态，遂比较更不健康了。英国在现状下，有些像一个不健全的机体，其中，有一些生理机关生长过大了，遂致发生许多扰乱，那在一切部分发展更为均衡的生理机关是不常有的。人为的使一个大血管膨胀到自然的容积以上，而以不自然的比例之产业与商业，使非流入这个血管不可，从而，使这大血管略有停滞，就可以陷全政治组织于最危险的紊乱中。英国人民，近来常常非常忧惧与殖民地分裂，其恐怖，殆远甚于他们对西班牙无敌舰队或法兰西侵袭所感到的恐怖。这种恐怖，无论有没有道理，但一般人，至少，诸商人觉得应该把印花税法令（stamp act）撤废，总是这种恐怖的结果。殖民地市场完全排斥英国商品，设能持续数年，我国大部分商人就往往想象他们已经预见了他们贸易的全部停止；我国大部分制造家，就往往想象他们已经预见了他们事业的全部破坏；我国大部分工人，就往往想象他们已经预见了他们完全失业。但与大陆任何邻国绝交，虽亦会使此等人民有若干须停止或中断其职业，但其预料却不会引起这样普遍的情绪。若干小血管的血液循环的停滞，很容易把血液吐到大血管，不至于引起任何危险的紊乱。但若有一根大血管的血液停滞了，则直接的不可避免的结果，便是痉挛，半身不遂，乃至于死亡。设有一种制造业，因奖励金，或因国内市场及殖民地市场的独占，在人为的方法之下，过度膨胀起来，被提携到不自然的高度，那它只要稍有停滞或中断，即往往会惹起骚扰与紊乱，使政府惊骇，立法院狼狈失措。他们想，我国主要制造家，竟有这许多人会因此而突然完全停止营业，该会引起怎样大的紊乱与骚扰呀？

将来随便什么时候，要从这种危险把英国救渡出来，要使英国能够乃至强制她从这种过大的用途撤回一部分资本而投在更少利润的其他用途上，并要逐渐减缩一个产业部门，逐渐增加其他一切产业部门，而一步一步，把一切产业部门恢复到自然的、健全的、适当的，为完全自由制度所必致建立，亦仅能由完全自由制度保持的比例，那，那唯一的方策就是把那种法律——那种给英国以殖民地贸易独占权的法律——适度的逐渐的弛放下来，一直到有相当程度的自由的时候。立即开放殖民地贸易，使一切国家都可进来经营，那不仅会惹起若干过渡时期的不便，且将使现今以勤劳资本经营这种贸易的人，有大部分须忍受一种大的永续的损失。不讲别的，单说那输入八万二千桶烟草的船舶突然失业，就可以非常痛切的感到损失。这就是重商主义一切法规的不幸结果！这一切法规，不仅把极危险的紊乱导入政治组织中，而且，所导入的紊乱，尚非惹起更大的紊乱，至少，非暂时惹起更大的紊乱，即难于救济。所以，殖民地贸易应如何逐渐公开；何种制限应先行解除，何种制限应最后解除；完全自由与正义的自然制度，应如何逐渐回复，这诸问题的解决，我们且留下来，等待未来政治家、立法家的智慧吧。

一年余以来（一七七四年十二月一日），北美洲十二联邦完全排斥英国商品。在殖民地贸易中，丧失了一个如此非常重要的部门，在一般人想来，那该会令英国人痛切的有所怀感。但极不幸，却发生了五件不曾预见且不曾想到的事情，使他们不能有所感触。即：（一）此等殖民地，因准备相约不输入，曾把英国的适合于他们市场的一切商品，全部买尽。（二）西班牙船队的异常的需要，曾在这一年买尽德意志及北欧的许多商品，尤其是亚麻布。那许多商品，甚至于在英国市场，亦常常和英国制造品竞争。（三）俄罗斯与土耳其媾和，惹起了土耳其市场的异常的需要。因在国难当中，俄罗斯舰队巡逻多岛海上，土耳其市场的供给，曾非常贫乏。（四）过去若干时，北欧对于英国制造品的需要，年有增进。（五）波兰晚近的瓜分及平治，为这大国开放了一个市场，从而，在北欧的追加的需要之外，又在这一年加了这个市场的异常的需要。这五件事情，除了第四项都是暂时的偶然的，设不幸这十二联邦长此继续排斥英国货物，则仍可惹起若干程度的痛苦。这种痛苦，因为来得渐缓，故与突然发生的痛苦比较，更不为人所痛感。同时，一国勤劳与资本，亦得有余裕，去发现新的用途与方向，从而，防止此种痛苦，不致其达到任何显著的高度。

所以，殖民地贸易的独占，既可违反自然所趋，而以过大比例的英国资本流入此种贸易，必致在一切场合，使英国资本由近国的消费品国外贸易改投到远国的消费品国外贸易，而在多数场合，使英国资本由直接的消费品国外贸易改投到迂回的消费品国外贸易，而在某一些场合，又使英国资本由一切消费品国外贸易改投到贩运贸易。总之，在一切场合，都使英国资本，由所雇生产劳动量较大的方向，改投到所雇生产劳动量较少得多的方向。此外，以如此大部分的英国产业与商业，使仅仅适合于一个特殊市场，又会使英国产业与商业的全部情状，更不确定，更不安全。设其生产物能适合于较多数的市场，情状就一定会更确实更安全的。

我们必须细心分别殖民地贸易的影响及殖民地贸易独占的影响。前者，常常是而且必然是有利的；后者，常常是而且必然是有害的。但因前者如此有利，所以，即令殖民地贸易被独占，而独占之害又如此，我们仍觉殖民地贸易就全体说是有利的，而且大大有利。不过，设若没有独占，其有利程度就要更大了。

自然状态、自由状态下的殖民地贸易的结果，是为英国产业超过邻近市场（即欧洲市场与地中海沿岸诸国市场）需要的那一部分生产物，开放一个虽则很远却是很大的市场。自然状态、自由状态下的殖民地贸易，不会把邻近诸市场所能销受的任何部分的生产物，撤除出来，却会继续呈现新等价物来交换英国剩余生产物，从而奖励英国继续增加其剩余生产物。自然状态、自由状态下的殖民地贸易，有增加英国生产劳动量的趋势，却不至于在任何点上，改变其原先的用途。自然状态、自由状态下的殖民地贸易，得由一切其他国家的竞争，不至于在新市场上或新职业上，使利润率高在普通水平线之上。新市场，用不着从旧市场吸取任何东西，就会创造（如果高兴如是说）一个新生产物来供给它自身。而这新生产物，又同样用不着从旧职业吸取一点东西，就会构成一个新资本，来经营新职业。

反之，殖民地贸易的独占，因可排斥其他国家的竞争，而在新市场及新职业上提高利润率，故必致从旧市场吸取生产物，从旧职业吸取资本。增加我国的殖民地贸易，是这种独占的公然的目的。但是，如果没有独占，我们就不能享有那么多份的殖民地贸易，那就无论如何，亦没有设立这种独占的理由。这种贸易的往还，既比较大部分其他贸易的往还为迟缓为遥远，那就无论什么事情，如果会违反自然所趋，强迫任何国的过大比例的资本，流入这种贸易，亦必使那里每年所维持的全生产劳动量，每年所生产的全土地劳动生产物，较少于没有这种事情的时候。这种事情，使这国居民的收入不及自然状态下的收入，从而减少他们的蓄积力。那不仅会在一切时候妨碍其资本，使不能照常雇用那么多量的生产劳动，而且会妨碍其资本，使不能照常增加，从而，妨碍其资本，使不能照常雇用更多量的生产劳动。

但殖民地贸易的自然的良好结果，足可在英国补偿独占的恶劣结果而有余，所以，虽有独占等等，此等贸易，即进行如今日，亦不仅有利，而且大大有利。由殖民地贸易而开放的新市场与新职业，比较由独占而损失的那一部分旧市场旧职业，有遥较为大的范围。由殖民地贸易而创造（如果高兴如是说）的新生产物与新资本，比较由资本改业（由往还更为频繁的贸易，投入其他的贸易部门，致往还更为遥远）而失去职业的生产劳动量，又可在英国维持较大量的生产劳动。不过，殖民地贸易，就连进行如今日，亦尚有利于英国者，并非以独占为媒介，乃虽有独占，亦不足破坏其良好结果。

殖民地贸易所开放的新市场，与其说是欧洲原生产物的新市场，倒毋宁说是欧洲制造品的新市场。农业是一切新殖民地的适当的业务；因其地土地低廉，故与他处相较，农业特有利益。于是，他们是富有土地原生产物的，他们不但不要输入土地原生产物，且通例有大量的剩余输出。新殖民地的农业，每每可以从一切其他职业拉取工人，至少，也可把工人拉住，使不致流入任何其他的职业。留给必要品制造业的工人，已经不多；留给装饰品制造业的工人，就简直没有。所以，对于这两种制造品的大部分，他们就觉得与其亲自制造，不如向他国购买为价廉了。至若，殖民地贸易对于欧洲农业的奖励，却主要是间接的；即奖励欧洲制造业，而间接奖励欧洲农业。殖民地贸易所维持的欧洲制造业，是欧洲土地生产物的一个新市场。我们讲过，最有利的谷物市场、家畜市场、面包市场、屠肉市场，即是国内市场，而这种市场，便在这情况下，赖美洲贸易而大大扩张了。

但若殖民地已是人烟稠密生产旺盛，则其贸易的独占，不足单独在任何国建立制造业，乃至于不足单独在任何国维持制造业。西班牙、葡萄牙的先例，可以为此说的充分的例证。西、葡二国，在未有任何可观的殖民地时，已是制造业国。但自她们占有世界上最富最沃的殖民地以来，便都不成制造业国了。

在西班牙、葡萄牙，独占的恶影响，加以其他诸原因，也许几乎把殖民地贸易的自然的良好影响抵消了。这所谓其他诸原因，即其他各种独占，金银价值较其他大多数国家为低落；以不适当的课税加在输出上，致不能参加外国市场，并以更不适当的课税加在国内各地间货物的运输上，致缩小国内市场；但最重要的是，司法制度的不规则与不公平，那常常保护富有的有势力的债务人，使能避免受害的债权人的追索，并使国内勤劳阶级不敢制造货物来供这班大人先生消费，因为，对于这班大人先生，他们不敢拒绝赊卖，而欠款是否支付，又极不确定。

反之，在英格兰，殖民地贸易的自然的良好影响，加以其他诸原因，就曾在甚大的程度上，克服独占的恶影响。这所谓其他诸原因，即贸易的一般自由，那里虽有若干限制，但与任何他国较，即令不更自由，亦至少有相等的自由；输出的自由，本国产业的生产物，几乎无论什么种类，又几乎无论输出到什么国家，都得无税输出；但更重要的，是本国产业生产物，由本国这地运至那地，不须报告任何官厅，不须受任何盘问检查，换言之，得享受毫无束缚的自由；但最重要的是，平等的公平的司法制度，使最下流英国臣民的权利为最上流英国臣民所尊重，使各个人得保有各自勤劳的结果，而对于各种产业给以最大而又最有效的奖励。

但是，设若英国制造业曾由殖民地贸易而进步（事实也正如此），那亦决非以殖民地贸易的独占为媒介，却是虽有独占，亦不足使其不进步。独占的结果，不是增加英国制造品之量，却仅仅是改变英国制造品一部分的性质与形式，使违反自然所趋，不再适合于往还频繁而又近便的市场，而适合于往还迟缓而又远隔的市场。所以，其结果乃是改变一部分英国资本的用途，大大减少这部分资本所能维持的制造工业之量，从而，不但没有增加英国制造工业的总量，而且把它减少了。

所以，殖民地贸易的独占，像重商主义其他一切卑劣邪恶的方策一样，会压抑其他一切国家的产业，尤其殖民地的产业，却又不能增加母国的产业的毫末。其设立原要使母国的产业得益，但结局，却反而把母国产业减少了。

无论母国在特定时期有多少资本，这种独占总必会妨碍她的资本，违反自然所趋，使它不能维持那样大量的生产劳动，并使它不能提供那样大量的收入于勤劳民众。资本既只能由节省收入而增加，则妨碍资本使不能照常提供那样大量的收入之独占，就必致妨碍资本使不能照常增加起来，从而，不能照常维持更多量的生产劳动，照常提供更多量的收入于国内勤劳民众。一个收入的大原始资源——劳动的工资——遂由这种独占而更不丰饶。这种结果，是随便在什么时候都一定会发生的。

独占因可提高商业利润率，遂改妨碍土地的改良。土地改良的利润，取决于土地现实生产额及加投资本后土地可能生产额之差。如果这差额所能提供的利润，较等量资本可从商业取得的利润为大，则土地改良事业，即可从各种商业吸去资本。设所供较小，商业即可从土地改良事业吸去资本。所以，提高商业利润率的事情，必可减少土地改良事业的利润的优越程度，或增加其微劣程度。在前一场合，将妨碍资本流入土地改良的用途；在后一场合，即将从这用途把资本吸引出来。妨碍土地改良的独占，又必致延迟别一个收入的大原始资源——土地的地租——之自然的增加。此外，提高利润率的独占，又必致违反自然所趋而提高市场利息率。土地的价格与所供地租成比例，其价格往往依若干倍年租而计算，又必随利息率提高而降落，随利息率降落而提高。如是，独占即由如此二种方法而妨害地主的利益了。即：第一，迟延其地租之自然的增加；第二，迟延其土地价格——与所供地租成比例的土地价格——之自然的增加。

独占诚可提高商业利润率，从而，略略增加我国商人的利得。但以其妨碍资本之自然的增加，所以，与其说独占会增加国内居民由资本利润而得的收入的总额，尚不如说独占有减少这个总额的趋势：大资本的小利润，比较小资本的大利润，通例可以提供较大的收入。独占提高利润率，但妨碍利润总额，使不能提高到和没有独占的时候一样。

如是，一切收入的原始资源——劳动的工资、土地的地租、资本的利润——都因有独占，遥不及无独占时那样丰饶了。为了要促进一个国家一个小阶级的利益，遂妨害了这个国家一切其他阶级的利益和一切其他国家一切阶级的利益。

独占，要使任何一阶级得利益或能得利益，就只有提高普通利润率。但高利润率，对于一般国家，除了必致引出上述那诸种恶影响，还必致伴起一种更致命的恶影响。据经验所示，这种恶影响与高利润率常常连带发生，而其弊害则虽合上述诸种恶影响亦恐莫及。即高利润率随便在什么地方，都会破坏商人在其他情况下自然会有的节俭性。在利润高昂时，真挚的德行成了多事，多费的奢侈已更适合于其地位的宽裕。但大商业资本的所有者，又必然是全国实业界的领袖指导。他们的榜样，比较任何其他阶级，都遥有影响于国内全部勤劳民众。若雇主是小心的节俭的，工人亦大都会如此；若主人是放浪的随便的，则按主人所示模样而形成作品的雇仆，亦会按主人所示榜样而形成自己的生活。如是，自然最宜于蓄积的人，都不能在手上有所蓄积了。维持生产劳动的基金，遂不能从这班天然最宜于使这基金增加的人们的收入，受到任何的增益了。国家的资本，不能增加，反而逐渐枯衰。国内所维持的生产劳动量，一天少似一天。加底斯、利斯朋诸商人的异常的利润曾增加西班牙、葡萄牙的资本吗？他们减轻了这两个乞丐般的国家的贫穷吗？促进了这两个乞丐般的国家的产业吗？这两个商业都会的商家的费用，似乎照例是这样，即其高率利润不但没有增加国家的总资本，且不足保持他们原有的资本。我敢说，外国资本是一天一天更闯入加底斯、利斯朋的贸易中去。就为了要从这种贸易——他们自己是一天甚似一天的，没有充足的资本来经营这种贸易——驱外国资本出去，西班牙人、葡萄牙人才一天甚似一天的，要加强这种不合理的独占之束缚。试以加底斯及利斯朋的商家习俗，比于阿姆斯特丹的商家习俗，你就会感到受高利润影响的商人行为与性格与受低利润影响的商人行为与性格，是怎样不相同啊。伦敦的商人，虽不是通例像加底斯、利斯朋的商人那样成为堂堂的贵族，但与阿姆斯特丹的商人比较，却就一般是更不小心更不节俭的。所以，据一般人设想，伦敦商人的大部比较加底斯、利斯朋商人的大部，是更富裕得多；比较阿姆斯特丹商人的大部，却略有逊色。伦敦的利润率，与前者较，是一般更低得多；与后者较，却是一般更高得多。谚云："容易来，容易去。"随便什么地方，用费的普通情调，与其说受支配于真实的消费能力，尚毋宁说受支配于弄钱花费被设想是怎样容易。

由独占而得的唯一阶级的唯一利益，就这样，在许多不同的方面妨害国家的一般利益。

仅仅为了要培育顾客而建立一个大帝国的计划，一看，似乎仅仅适宜于小卖商人的国家。但其实，那种计划，对于小卖商人的国家，亦是全不相宜的；但极宜于政府受小卖商人支配的国家。这样的政治家，亦只有这样的政治家，才会想象，用同胞市民的血与财宝，来建设并维持一个如此的帝国，亦是一种有若干利益的事情。对一个小卖商人说，买我一块地皮罢，我会常常在你铺子里购买衣物，虽然你铺子里的卖价较别家铺子为昂。他不见得会很踊跃的来接受你的提议。但若别一个人买我这一块地皮，仍强制我在这小卖商人铺子里，购买我所需的一切衣物，这小卖商人便会非常感谢我的受主了。英格兰处分殖民地，便有些像这样。其国人民，有些在国内住着觉得不安，英国遂为他们在远地购买一块大地皮。所去价格，实际是甚小的，与今日普通土地价格须三十倍年租比较，那其实不过等于初发现时各种设备费，如窥探海岸费，夺取国土费而已。但土地是良好的、广阔的，耕作者既得有多量土地耕作，有时又得自由随意在任何地方售卖其生产物，所以，不过三十年四十年（一六二〇年至一六六〇年），就变成了一个这样多数这样繁荣的民族了。于是，英格兰的小卖商人及其他各种商人，都愿长此独占他们的照顾。他们不曾引述他们原来拿了一部分货币来购买土地，嗣后又拿了一部分货币来改良土地的理由，便向国会请愿美洲耕作者将来，关于下述二种事情，只许以他们的店铺为媒介。（一）殖民地民所需的一切欧产货物，概须向他们的店铺购买；（二）在殖民地民有产物出售，他们又觉得某一类产物，宜于全数由他们购买，那就只许卖给他们的商店。所以说某一类产物，因为他们觉得不宜于购买一切种类。其中，有若干部分输入英格兰，可以和他们国内经营的某一类商业冲突。这若干部分生产物，他们自然喜欢殖民到处去售卖——愈远愈好；即因此故，遂提议限其市场，使仅能输出到芬尼斯特岬以南诸国。这种真正小卖商人的提议，亦在有名的航海条例的一个条文中定为法律了。

英国统治殖民地的主要目的，或不如说唯一目的，一向即是维持这种独占。此等地方，既不曾提供任何收入，亦不曾提供任何兵力，来维持母国的内政或国防，而据一般设想，其主要利益，就是这种排他的贸易。此种独占，即是此等殖民地隶属我国的主要徽章，亦即是我国从这种隶属所得的唯一结果。英国一向支出来维持这种隶属的费用，其实，都是支出来支持这种独占的。在现今骚扰事件开始之前，殖民地的普通平时建设的费用，为二十联队步兵的给养；炮兵队及军需品的费用，及他们所需异常的粮食品；以及为警戒无限际的北美海岸及西印度海岸，并防范其他诸国秘密出入船舶，而须不断维持的极大海军力的费用。这平时的建设费全部，是英国收入上一个负担，但同时尚不过是殖民地统治所费于母国的极小部分。如果我们要知道费用全数几何，我们必须在这平时每年建设费之外，加入英国为防卫殖民地各次所费的数额之利息。尤其，我们必须加入晚近战争的全部费用，及这次战争以前的那决战争的费用大部分。晚近战争，纯然是殖民地的争执，其全部费用，无论用在何地，（抑为德意志，抑为东印度）都应算在殖民地的账簿上。那在九千万镑以上，内不仅包含新债，且包含每镑附加一先令的地租税，及每年动用的减债基金。一七三九年开始的西班牙战争，主要是殖民地的争执。其主要目的，为阻止搜索与西班牙属地秘密通商的殖民地船舶。这全部费用，其实，等于支持独占的奖励金。其公然目的，为奖励英国制造业，为增大英国商业。但其实际结果，却是提高商业利润率，使我国商人能违反自然趋势，以过大比例的资本，转投到往还遥为迟缓遥远的贸易部门。这两种事件，倘为奖励金所可阻止，那也许真值得颁发这样一种奖励金。

所以，在现今的经营组织下，英国从殖民地统领所得的，除了损失，就没有任何东西了。

建议英国应自动放弃殖民地上一切权威，使其自治，得自行立法，自行对外媾和宣战，实无异建立一个自来不曾为世界上任何国采纳亦永远不会为世界上任何国采纳的议案。没有一个国家会自动放弃任何地方的统治权，无论其如何难于统治，亦无论其地收入与其所费相较是怎样微薄。这种牺牲虽往往合于一国利益，但可损一国威信。而最重要者，即这种牺牲往往反于其国统治阶级的私人利益。这种人对于有信托有利润的那许多地方的处分权，将从此被夺去，他们那许多获取财富与名誉的机会，亦将从此被剥夺。要取得这种处分权与机会，占据最扰乱又与人民大众最不利益的地方,实在是一个百发百中的手段。所以,最幻想的热心家，要建议这个方策，当然不能有被人采纳的十分的希望。但若被采纳了，则英国不仅立即解除了殖民地平时每年建设费的全部，且可与殖民地订立商约，使英国能够有效的确保自由贸易，那与享受独占权的今日比，虽于商人较少利益，但必较有利于人民大众。为晚近纷乱所消灭的殖民地对母国的自然感情，亦许会因良友的别离而很快的恢复。他们不仅会长此尊重和我们别离时所订定的商约，且将在战争上在贸易上赞助我们，不再作骚扰的谋反的人民，却将成为我们最忠实最有情最宽宏的同盟。古希腊殖民地及其所从出的母市，常常在一方面有一种父母之爱，一方面有一种孝敬之心。我想，我们如果这样办，亦会恢复英国及其殖民地间这样的感情吧。

一个地方，要有利于其所属的帝国，则在平时对国家所提供的收入，不仅要足够支偿其平时建设费的全部，且要按比例提供收入以支持帝国的一般政府。每一地方，都必须有所贡献，以多少增加这一般政府的经费。若有任何特殊地方，不按比例支办这种费用，那就必致掷不平等的负担于帝国其他部分。战时各地方所提供的异常收入，对全帝国的异常收入，类推起来，亦应像平时的经常收入一样，保持同一的比例。英国从殖民地取得的经常收入与异常收入，对与英帝国的全部收入，不曾保持这个比例，那是大家都能承认的。据设想，独占因可增加英国人民的私人收入，从而增加他们的纳税力，故可补偿殖民地公共收入的不足。但这种独占，据我们说明了的，虽则是殖民地一项极苛重的赋税，虽则可以增加英国特种人民的收入，但与其说增加了人民大众的收入，尚毋宁说减少了人民大众的收入，结果，与其说增加了人民大众的纳税力，尚毋宁说减少了人民大众的纳税力。收入由独占而增加了的人，是一个特殊阶级，要他们超出其他阶级的比例纳税，既然是绝不可能，亦极不得法。我将在下一篇竭力予以说明。没有一种特殊收入能从这特殊阶级取出。

殖民地得由其自身的议会课税，又得由英国议会课税。

殖民地自身的议会，决不能处置得当，向当地人民，征收足够的公共收入，以维持一切时期的本地民政军政，又按适当比例，支纳英帝国一般政府的经费。甚至英国国会，那是直接受君主监督的，也须经过一个时期，始能支配得当，而允课足够的收入，以支持本国的军民两政。而其所以能有此种得当的支配，亦因为曾以军民两政的官职大部分及支配此官职的权能大部分，位置议会中的特出人员。殖民地议会隔君主之眼甚远，其数众，其地位分散，其组织多样，所以，即令君主有同样的支配手段，亦难于如此支配，而况他并没有这种手段。他绝对不能够以英帝国一般政府的职位大部分或支配此职位的权能大部分，来位置这诸议会的领袖人物，使甘心放弃当地的民心，而征课其选民，以支持这一般政府。这一般政府的薪俸，殆全部分配于此等选民不相识的别人。此外，英国政府又难免误认诸议会各不同议员的相对地位，故在尝试如此予以支配时，断难避免攻击，断难避免错误。这支配制度，如是，就全不能应用于殖民地诸议会了。

而且，殖民地诸议会，对于全帝国的国防经费及必要用度，亦不见得是适当的判断者。此等考虑，没有委托给殖民地诸议会。这不是他们的事务，他们关于这事，亦无由常常得知情报。省议会，像教区委员会一样，关于所属特殊地域的事务，颇能有适当的判断。但关于全帝国的事务，他们却不能有适当的手段来判断。甚至于本省对全国所持的比例如何，他们亦不能有适当的判断。关于本省与他省比较是如何富裕如何重要，他们亦不能有适当的判断。因为这其他诸省，并不受这特省区议会的监督指挥。全帝国的国防经费及其他必要费用如何，每省所应贡纳的比例如何，只有一个议会可以有适当的判断，即监督指挥全帝国事务的议会。

于是，有一建议，谓殖民地课税，须由征发方法（requisition）。各殖民地应纳数额，由英帝国议会决定，省议会则按本省特殊情形，决定最适宜的方法来估价征收。关于全帝国的事务，由监督指挥全国事务的议会决定；各殖民地民当地的事务，仍由其自身的议会决定。在这场合，殖民地虽不派代表出席英国议会，但我们可以根据经验来判断，议会的征发尚不至于不合理。对于不派代表出席议会的帝国所属诸地，英国议会自来不曾表示一点有加以过重负担的意思。贵斯纳及吉萨二岛[①]，虽无任何手段抵抗国会权威，但比别省，却纳更少得多的赋税。议会，在试行其拟设的征课殖民地赋税的权利——无论有无根据——时，自来不曾要求他们过分的东西，不但不过分，即与国内同胞市民相较，恐尚不及正当的比例。如果殖民地纳税，按土地税腾落的比例而腾落，则议会非同时课其选民以赋税，即不能课殖民地以赋税，于是，殖民地就无异有代表出席国会了。

各省纳税不按同一体质——如我可用此语——而由国王节调各省应纳数额，有些省份按照国王意思估价征收，别一些省份则由本省议会决定估价征收法，并不是没有别个帝国的前例。法兰西就有些省份，不仅纳税额一随国王意旨，即估价征收法亦由国王取决。但对于别一些省份，他却又仅仅决定数额，而由各省议会决定估价征收法。按征发课税的计划，则英国议会对于殖民地诸议会，和法兰西国王对于有权组织议会且据说又是统治最良的那诸省议会，就几乎处在同样的地位了。

不过，按照这计划，殖民地虽无正当理由忧惧他们对国家的负担，与本国同胞市民的负担相对而言，会超过适当的比例；但英国却有正当理由忧惧殖民地对国家的负担，不会达到这适当的比例。法国对于有权组织议会诸省，可以建立一种权威，但英国在过去若干时期内，却不能在此等殖民地上建立同样的权威。殖民地诸议会，若对本国不抱好感（而在今日的支配下，倘非改良支配制度，又决难博得他们的好感），就犹有许多理由，来避免或拒绝议院的最合理的征发。比方，假设爆发一次法兰西战争，必须立即征取一千万来保卫帝国的地位。这个数目必须由英国国

① 贵斯纳及吉萨二岛：贵斯纳（Guernsey），今译根西。吉萨（Jersey），今译泽西。二岛同属英国皇家属地（Crown dependency），位于英吉利海峡靠近法国海岸线的海峡群岛之中。——编者注

会议决，以若干基金为支付利息的担保，而以这基金的信用向人民贷借。这基金的一部分，国会提议由英国课税征取，别一部分则对美洲西印度一切殖民地议会征发，殖民地议会既离战地如此遥远，且有时自认与这事件无多大关系。而这个基金却又一部分须取决于这一切议会的好意。那么，人民肯不肯立即根据这个基金的信用，而贷借他们的货币呢？由这样一个基金所贷得的货币，也许不会更多于英国课税被设想可以偿还的数额。如是，战时所借债务的全部负担，就会像往昔的模样，照例落在大不列颠身上，换言之，落在帝国的一部分，不落在帝国的全部。自有世界以来，也许只有英国一国，开疆辟土，仅足增加其出费，没有一次增加了她的资源。其他国家，大都以帝国防卫费极大部分课加于自己的从属地方，从而解除自己的负担。英国却一向是以这费用的全部课加于本国，从而，解除从属地方的负担。要使大不列颠与其殖民地（法律一向假设殖民地是属于大不列颠的）享有平等的地位，似乎必须在国会征发的课税计划上，使国会得有手段，使其征发立即有效，不致为殖民地诸议会所避免所拒绝。至若，什么是这种手段，却不是容易想得出来的，那还未曾予以说明。

倘同时英国国会，又充分确立不得殖民地议会承诺即可课殖民地赋税的权利，则此等议会的重要地位马上就会终结，而英领美洲的指导人物的重要地位，亦必跟着完结。人们所以要办公务，主要是为了办公务可以取得重要地位。自由政府组织是如何安定如何持续，就看这个国家大部分的自然贵族（即一国指导人物），能如何保持并防卫各自的重要地位。此等领袖人物，彼此互相攻击别人的重要地位，又彼此保持各自的重要地位，乃是国内倾轧及野心的全部玩意。美洲的指导人物，像一切其他国家的指导人物一样，亦渴想保持他们自己的地位。他们觉得或者想象，如果他们的议会——他们喜欢把它叫作国会，视其权力与英国国会相等——这样降落，仅仅成为国会的卑贱臣仆及执行吏，他们自己的重要地位，就大部分从此沦亡了。所以，他们拒绝议会征发课税的建议，像蓄有野心的意气昂然的人一样，宁愿抽出剑来防卫他们自己的重要地位。

罗马帝国日趋衰微之顷，负有防御国家扩大帝国之重任的罗马同盟国，请求曾许与罗马市民的一切特权。及其受拒，内战遂予以爆发。在这次战争中，各同盟国相率脱离一般的同盟，罗马遂不得不逐渐以此种特权，赐给其同盟国之大部分。现在，英国的国会主张课殖民地赋税，而殖民地则拒绝这国会的课税，因他们未曾派代议士出席。设若对于要脱离一般同盟的各殖民地，英国均允其按所纳国税的比例，选举代议士，且因其须纳同样的赋税，允其自由贸易，使与本国的同胞市民相等，而其代议士人数，亦与其纳税之增加而为比例的增加，那么，各殖民地指导人物，就有了一种夺取重要地位的新方法，一个新的更迷人的野心对象物了。如是，可称为殖民地朋党的小彩票的小奖，将为他们所不屑；他们有人类自然会有的对于自身才能及幸运的妄想，一定会希图从英国政治界大国家彩票的车轮，取得大奖。这种方法，最能保持美洲指导人物的重要地位，满足他们的野心。除了用这种方法或某其他同样的方法，他们不见得就会自动服从我们的。我们应当知道，若以流血的方法，强迫他们服从我们，那流出的每一点血，都是我们本国同胞市民的血，不然，就是愿为我们本国同胞市民的人的血。有些人，自诩时机一到，即极易以武力征服殖民地，那实在是非常愚钝的。现今主持所谓大陆会议的人，常常自己感到一种为欧洲最大臣民所不会感到的重要地位。他们由小卖商人、商人、律师一变而为政治家立法家。正从事为一广大帝国，造成一个新政体。他们自夸，那将成为世界上自有国家以来最大而又最可怕的一个国家。那也许真会如此。直接在大陆会议各部门下工作的人，也许有五百，听这五百人号令的人，也许有五十万，他们都同样觉得他们自己的地位已按比例提高。美洲政党中几乎每一个人，都想象自己现今充任了一个更优越的位置，不仅比过去的位置更优越，且较他们以前预想中的地位更优越。除非有一种新的野心对象物出现在他们或他们的领袖面前，有人间普通精神的他们，就会死卫他们这个地位。

漠诺主席曾说，我们现今很有兴味的读着“同盟”许多小事件的记录，但当其事发生时，殆不被人认为极重要的新闻。他说，当时各人都幻想他们已有相当重要的地位。那时流传下来的无数日记录，有大部分是由那班高兴记录那件事的人们记下的。他们常常自诩曾为这事件的重要角色。巴黎市曾如何顽强地防卫自己，曾如何为抗拒其最良好后来又是其最亲爱的那位国王而忍受一次这样可怕的饥馑，是世人所熟知的。那里市民的大部分或者说支配这大部分市民的人，因为预先看见了旧政府恢复，他们的重要地位就会立即消灭，所以，竭力为防卫自身的重要地位而战。我国殖民地，若不能引诱之使同意统一，怕亦会像巴黎市顽强抗拒其最良国王之一那样，抵抗一切母国中最良好的一个母国吧。

代表制的观念，为古代所不知。当一国人民在他国取得了市民权的时候，他们除了与他国人民集成一体来投票来讨论，即无法试行这种权利。以罗马市民特权允赐给意大利居民的大部分，遂完全破坏了罗马共和国。谁是谁不是罗马市民，已无辨识可能。没有一个氏族能知道它自身的成员。任何种类的暴民，均可导入人民议会，均可驱逐真实市民，俨然是自己的事务一样，决定共和国的事务。但是，就令美洲派五十或六十个新代表出席国会，众议院的门房亦不会难于辨别谁是谁不是国会议员。所以，罗马组织，虽必致因罗马与意大利诸同盟国统一而破坏，但英国组织却不至于因大不列颠与其殖民地统一而受丝毫损害。反之，其组织且将从而完成；没有它，反会觉得不完全。讨论并决定帝国一切部分事务的议会，因要得到正确的情报，应当有各部分派出的代表。这种统一，能不能容易的实行，执行时能不能避免困难，我不敢妄断。但我没有听见一种困难是不能克服的。大西洋两岸人的偏见与意见是主要困难的出处，那并非由于事物的自然。

住在大洋这一岸的我们，不必忧惧美洲代表的多数将破坏组织的平衡，或过度地增加国王势力，或过度地增加民主势力。若美洲代表的人数，与美洲赋税收入成比例，则受统治的人数，将与统治手段，恰为比例的增加；统治手段，亦将与受统治的人数，恰为比例的增加。统一之后，君主势力与民主势力，仍必恰像统一之前一样，彼此间保持同程度的相对的实力。

住在大洋那一岸的人民，亦不必忧惧他们因离政府所在地遥远而受许多压迫。他们出席国会的代表，自始就该是很多的，他们的代表，必能保护他们，使不致受这一切压迫。距离的远，不至于大减轻代表对于选民的依存性，前者仍必感谢后者的好意，因为他之得出席国会，并从这一席取得一切结果，都是他们好意所赐。前者因利于培植后者的好意，定会以立法院议员的权力，申诉帝国这辽远地带军民官长的暴行为违法。而且，美洲人民，亦似有若干理由，自己奉承自己，以为他们不会长此继续与政府所在地远隔。像那里过去财富上、人口上、农功上的那样急速的进步，也许只要一世纪，美洲的纳税额即将超过大不列颠的纳税额。帝国的首都，自然会迁到帝国内纳税最多的地方。

美洲的发现及绕好望角至东印度的通路的发现，是人类历史上最大而又最重要的两件事。其影响已经很大了；但自有这二发现以来，不过经历了二三百年罢了，在这样短的期间内，其影响必未全部现出。以后，这两大事件，对于人类，将发生利益，亦将引出不幸，人类的智慧，还是不能预见。在相当程度上联合世界上最遥远的部分，使他们能互相救济彼此的缺乏，增加彼此的享乐，奖励彼此的产业，其一般倾向却似乎是有利的。不过，对于西印度及东印度两处的土人，这二事件生出的一切商业上的利益，却在从此引出的可怕的不幸中，完全消沉损失了。这种不幸，与其说出自偶然，毋宁说出自这二事件的自然。当此等发现时，欧洲人方面的优越的势力，太大了，从而，使他们得为所要为，在此等辽远地方，作出各种不合正义的事体。此后，此等地方的土人，亦许曾日渐强盛，欧洲人亦许会日趋衰弱，使世界上各地的居民有同等的勇气与实力。只有这样，可以引起相互的恐惧，从而威压一切独立国的专横，使能彼此尊敬彼此的权利。但最能建立此种同等的实力的，似乎就是相互传递知识及技术了，但这种结果，又自然会，或不如说，必然会伴随全世界各国广汛的商业而起。

同时，此二发现的诸主要结果之一，即是引上重商主义，使发达光辉到非此决不能达到的程度。这个主义的目标，是与其由土地改良及耕作而富国，不如由商业及制造业而富国，与其由农村产业而富国，不如由都市产业而富国。但此二发现的结果，欧洲商业都市，不仅成了世界极小部分的制造家、贩运家（那极小部分，即是大西洋波浸的欧洲诸国，及波罗的海地中海周围诸国），而且成了美洲无数繁荣耕作者的制造家，亚洲、非洲、美洲各地的贩运家，而在若干点上，亦是这各地的制造家了。两个新世界，开放给他们的产业，每一个都较旧世界为大为广，而其中有一个世界的市场，还是一天大过一天。

占有欧洲殖民地及直接与东印度通商的诸国，固然，享受这大商业的外观全部。但其他国家，虽受一切可厌的限制，有意被人排斥，却往往享受这大商业的实际利益较大部分，例如，西班牙及葡萄牙的殖民地，对于其他国家产业所提供的真实奖励，就较大于他们本国产业所受。单就亚麻布一项而言，此等殖民地的消费，据说（不过，我不敢说有证据），每年就在三百万镑以上。但这巨额的消费，几乎全部由法兰西、伏兰德、荷兰、德意志供给。西班牙及葡萄牙，仅仅供给了一小部分。以此巨量亚麻布供给殖民地的资本，即年年配分于这诸国居民，而对这诸国居民提供一个收入。消费在西班牙葡萄牙的，仅仅是这资本的利润，而为加底斯、利斯朋的商人维持最豪侈的浪费。

一国所立以保证其所属殖民地的排他贸易的条例，亦往往更有害于此种条例所要惠益的国家，而更少害于此种条例所要妨害的国家。对他国产业的不正当的压迫，倒过来（如我可如是说）落在压迫者头上，而以更甚的程度破坏他们的产业。例如，由此等条例，汉堡商人决定送到美洲去的亚麻布，必须送往伦敦，而决定送到德国去的烟草，又必须从伦敦取回，因为此等商人不能直接送亚麻布到美洲，亦不能直接从美洲购取烟草。由这极限制，此等商人也许不得以略较为廉的价格售卖亚麻布，而以略较为昂（与无此种制限时相较）的价格购买烟草，而其利润或亦须从此缩减若干。但汉堡与伦敦贸易，商人的资本的往还，也许要较直接与美洲通商，为更迅速得多罢。至若，美洲付款不必能像伦敦付款那样守时，却又不必说了。如是，排斥汉堡商人，使不能直接与美洲通商，反促使汉堡商人的资本，能在德意志，继续雇用遥为大量的勤劳了。这样虽可减少他个人的利润，却不至于减少他的国家的利益。但关于英国，情形就全然两样了。独占自然会吸引（如我可如是说）伦敦商人的资本，使流入于自己更有利润而于国家却不能更有利益的用途，因此用途的往还必遥为迟缓。

欧洲各国，用各种不正当的方法，企图兼并所属殖民地贸易的全部利益之后，却没有一个国家，除了平时为支持这幻想的压迫的权威，战时为防卫这幻想的压迫的权威而大有用费以外，能兼并得任何事物。由占有此等殖民地而起的不便，却为欧洲各国所完全兼并了。由此等殖民地贸易而起的利益，欧洲各国却不得与其他诸国分享。

一看，美洲大贸易的独占，似乎自然是一种有无上价值的获得物。在轻佻的野心家的无辨别力的眼里，那自然会在政略及战争的纷杂的争夺中，表现得像似一种极值得争夺的眩目的对象物。这对象物的眩目的外观，这贸易的巨大，却就是独占此种贸易所以有害的性质。换言之，一种本来较其他大部分用途于国家更少利益的用途，所以能违反自然所趋，吸引过大比例的国家资本的，就是这种贸易的这种性质。

第二篇说过，一国商业资本，自然会寻求（如果你高兴如是说）最有利于国家的用途。倘若投在贩运贸易上，则资本所属的国家，将成为赖这资本而互相贸易的诸国货物的中心市场。这资本的所有者，必愿尽其所能，把这货物的大部分，在国内售脱。他由此免去了输出的麻烦、危险与费用，并因此故，在国内市场，所得价格，虽遥较输出后所可望得的价格为小，而所得利润亦略较输出后所可望得的利润为小，他总必高兴在国内市场售卖。所以，他自然愿意尽其所能，努力使贩运贸易变作消费品外国贸易。再者，如果他的资本投在消费品外国贸易上，他又必为了同一理由，高兴尽其所能，把国内货物的大部分（那是搜集来准备输出到外国市场去的）在国内售脱，从而，尽其所能，努力使消费品国外贸易，变作国内贸易。各国的商业资本，都自然愿意接近近用途，而疏远远用途；接近往还更为频繁的用途，而疏远往还迟远的用途；接近能雇用最大量所属国或所在国的生产劳动的用途，而疏远仅能雇用最小量所属国或所在国的生产劳动的用途。总之，它自然愿意接近在普通场合最有利于国家的用途，而疏远在普通场合于国家最少利益的用途。

此等远用途，在普通场合，虽必于国家较少利益，但若其中有某一用途的利润偶然提高了，除了抵消这种自然疏远之情，似乎还觉更为优越。这种优越的利润，就会从更近的用途吸引资本过来，至各种用途的利润，均归还到适当的标准为止。不过，这种优越的利润，证明了在社会实际情况下，此等远用途，与其他用途比例而言，是有一点资本不足，全社会的资本，不曾以最适当的方法，配分于社会内各不同用途。那证明了有若干物品违反应有的程度，而以较廉的价格买，或较昂的价格卖，市民中有某特殊阶级，多少受了压迫，致违反应有的自然有的一切阶级平等状态，而支付较多或收得较少。同量资本投在远用途上，比投在近用途上，虽决不能雇用等量的生产劳动，但远用途必和近用途一样为社会幸福所必需。有许多由远用途经营的货物，就为许多近用途经营所必需。但若经营此等货物的人的利润，超过了应当的标准，此等货物就将违反应有的程度，而以较昂的价格售卖，即，以自然价格以上的价格售卖。此种高价格，遂可予一切从事近用途者以多少压迫。所以，他们的利害关系，在这场合，要求有若干资本，从此等近用途撤回，而转改在远用途，以降低其利润，使还到适当标准，并降低他们所经营的货物的价格，使还到自然价格。在这异常的场合上，公共的利害关系，必要求有若干资本，从通常较有利于公众的用途撤回，转投到通常于公众较少利益的用途。在这异常的场合上，亦像在一切其他的通常的场合上一样，个人的自然利害关系与倾向，恰好符合于公众的利害关系，从而，使他们从近用途撤回资本，改投入远用途。

个人的私利害关系与情欲，自然会使他们投资于通常最有利于社会的用途。但若由于这种自然的倾向，而致此等用途的资本过多，则其利润必降落，其他各用途的利润必提高，从而，立即使他改变这错误的分配。用不着法律干涉，个人的私利害关系与情欲，已经自然会引导人们把社会的资本，尽可能，按照最适合于全社会利害关系的比例而配分于国内一切不同的用途。

重商主义一切法规，却必致多少紊乱这自然的最有利的资本分配法。但关于美洲贸易及东印度贸易的诸法规，则较其他任何法规，尤有这种结果。因这二大陆的贸易，比任何其他两个贸易部门，都吸收了更大量的资本。但在这两个贸易部门引起紊乱的法规，却又不是全然一致的。二者都以独占为大机关，但独占之种类不同。独占，这一种或者那一种，乃是重商主义的唯一机关。

对于美洲贸易，各国均尽其所能，努力独占其所属殖民地的全部市场，而完全排斥其他各国，使不能与所属殖民地直接通商。十六世纪的大部分，葡萄牙人以同样方法管理东印度的贸易，主张印度诸海的唯一航行权，因彼等有第一次发现此通路之功绩。荷兰人仍继续排斥欧洲一切其他国家，使不能与所属诸香料产岛直接通商。这种独占，显然是用来妨害欧洲一切其他国家，使他们不能经营投资有利的贸易，且使他们不得不以比较能自行直接从生产地输入时,略较为昂的价格,购买这贸易所经营的诸种货物。

但从葡萄牙权力失坠以来，欧洲国家都不再主张印度诸海的排他的航行权了，印度诸海的主要海港，现今，都为一切欧洲国家的船舶而开放了。但除了葡萄牙，及若干年间的法兰西，各欧洲国家的东印度贸易，都受钳制于一个排他的公司。这一种独占，且可妨害独占之国。这国民的部分，将从而失去一种投资有利的贸易，且不得不以比较国人均得自由经营这种贸易时略较为昂的价格，购买这贸易所经营的诸种货物。例如，自从英领东印度公司成立以来，英吉利其他居民，就不但不能从事这种贸易，且须以较高的价格，购买他们所消费的东印度货物。这种独占，必致于使此公司，在售卖此等货物时，取得异常的利润；而且这样一个大公司，其事务经理，又不免会惹起欺骗与滥用，从而惹起异常的浪费。这种异常的利润和异常的浪费，都须由本国购买者支付。所以，第二类独占的不合理，殆遥较第一类独占为明白。

这二种独占都会多少破坏社会资本的自然分配法，但不常常以同样的方法破坏。

第一种独占，常常违反自然趋势，吸引过大比例的社会资本，流入享有独占权的特殊贸易。

第二种独占，有时是吸引资本投入享有独占权的特殊贸易，有时又是排斥资本，使离开这种贸易，依情形不同而不同。在贫国，那自然是违反自然趋势，吸引过多的资本，流入这种贸易；但在富国，那又自然是违反自然趋势，从这种贸易排出许多资本。

例如，像瑞典、丹麦那样的贫国，倘东印度贸易不受钳制于一个排他的公司，也许自来不会送一个船到东印度去。这个排他公司的设立，必致奖励冒险家。他们的独占权，保障他们在国内市场上抵制一切竞争者，而在外国市场上，他们又和他国贸易家有同样的机会。他们的独占权，指示了他们对于一大量货物，有收受大利润的确实性，对于一大量货物，有收受大利润的机会。没有这种异常的奖励，这种贫国的贫困贸易家，也许决不会想冒险投其小资本于如此极辽远极不确实的贸易上去。东印度贸易，在他们看来，自然是极远而又极不确实。

反之，像荷兰那样的富国，也许会在贸易自由的场合，比在现实的场合，送更多得多的船舶到东印度去。荷兰东印度公司的资本是有限的，所以，这种有限，或不免违反自然趋势，从这种贸易排出许多大商业资本。荷兰的商业资本甚大，所以不绝溢出，有时溢作外国公债，有时溢作外国商人与冒险家的私债，有时溢到最迂回的消费品外国贸易上，有时溢到贩运贸易上。一切近的用途充满了，投入近的用途略有利润可图的资本，都全行投下了，荷兰资本必然会流向最远的用途。假使东印度贸易是完全自由的，那也许会吸收这过剩资本的大部分。东印度，比欧洲、美洲合计，尚提供了一个更大更广的市场，来销售欧洲的制造品及美洲的金银和其他美洲产物。

资本自然分配法的扰乱，必致伤害所在的社会；至若，此种扰乱，将违反自然趋势，而从这特殊贸易排斥资本，抑将违反自然趋势，而吸引资本投入这特殊贸易，却又不必问了。设无任何排他的公司，荷兰对东印度的贸易，必较现在为大。使一部分资本，不能投在最有利的用途上，当然是这个国家颇大的损失。同样，设无任何排他的公司，瑞典、丹麦对东印度的贸易，即将较现在为小，也许竟是全不存在。使一部分资本投在不合现今国情的用途上，当然是这两国颇大的损失。按照他们现在的国情，实不如向他国购买东印度货物，就使出价轻昂，亦不情愿在他们小额的资本中，抽出那样大部分来经营这样遥远的贸易，这种贸易的往还是如此迟缓，所能维持的国内生产劳动量如此微小，而在那里，生产劳动又复大感缺少，有许多事未曾进行，有许多事尚待进行呀！

所以，没有排他的公司，虽有特殊国不能对东印度进行直接的贸易，但不能从此便断言这样的公司应在那里设立，却不过能从此断言这样的国家，在这情况下，不应与东印度直接通商。葡萄牙经验，充分证明了这样的公司，并不是经营东印度贸易所一般必要。因为葡萄牙，虽没有任何排他的公司，却几乎享有了这贸易全部一世纪以上。

我们讲过，没有一个个别的商人，有足够的资本来维持东印度诸港的商人及经理人，而以货物供给他们间或开往彼处的船舶。他们既不能如此作，则因难于寻得待运的货物，往往贻误船期，由船期延误所生的失费，不仅会吃尽冒险的利润，且往往会惹起极大的损失。这个议论，如果可以证明任何一件事，所证明的就是：没有一个大贸易部门，能不借排他的公司而经营。那是反于一切国民的经验的。因为对于一个大贸易部门，任何一个人的资本，亦不够经营一切必要的——为经营主要贸易部门而必须经营的——附属贸易部门。但在一国有资格经营某大贸易部门时，就自然有些商人投资经营这主要的部门，有些商人投资经营其附属诸部门。这一切贸易部门虽都有人经营，但全由一个个别商人资本经营的事例，却极不多见。所以，如果有一个国家有资格经营东印度贸易，自然有一定部分的资本，分投在这贸易的一切不同部门。其中，有些商人，为自己的利益，觉得利于住在东印度，投下资本，代住在欧洲的其他商人，以货物供给他们遣出的船舶。欧洲各国在东印度所获得的殖民地，若能从此等排他公司的管属下取出来，使直接受君主保护，那就至少对于殖民地所属国的商人，可以成为安全而又便易的居住地。如果某时候，某国家自然会倾向东印度贸易的那一部分资本，不足经营此贸易的诸不同部门，那就证明了，在那时候，那个国家尚没有经营这种贸易的资格，而宁愿向其他欧洲国家购买所需的东印度货物，不宁愿直接到东印度去输入。就使价格大些，亦宁愿向他国购买。这种货物的高价格，虽会惹起损失，但与其从其他更必要更有用或更适宜的用途抽出一大部分资本，来经营更不必要更少效用或更不适宜的东印度直接贸易，而忍受往往比较更大的损失，却又毋宁忍受这种往往比较更小的损失了。

欧洲人虽在非洲海岸及东印度，占有许多重要殖民地，但在这些地方，他们都没有建设如此多数如此繁荣的殖民地，如美洲诸岛及美洲大陆。非洲及几个被统称为东印度的国家，都是野蛮民族居住的。不过此等民族，并不是像可怜的无助的美洲人那样劣弱而无抵抗。按照比例于他们居地的自然丰度，他们的人烟亦是非常稠密的。非洲或东印度最野蛮的民族，亦是游牧民族；甚至于好望角的土人，亦如是。但美洲各地的土人，除了墨西哥及秘鲁，就只是狩猎民族。同丰度同面积的领地，所能维持的游牧民数与狩猎民数，是相差很大的。所以，在非洲及东印度，就更难于驱逐土人，而推广欧洲殖民地至土人居住地的大部分。此外，排他公司的精神，亦不宜于新殖民地的生长，那也许是东印度诸殖民地不能有多大进步的主要原因。葡萄牙人经营非洲贸易反东印度贸易，未曾有排他的公司；他们在康哥[①]，在安哥拉，在奔给拉[②]（均在非洲海岸），在高亚[③]（在东印度），所建立的殖民地，虽大受抑制于迷信与各种恶政，但总有些像美洲殖民地，葡萄牙人亦有在那里居住至若干代者。荷兰人在好望角，在巴塔维亚的殖民地，现今，算是欧洲人在非洲及东印度建立的最大的殖民地了。这两个殖民地都占有特别有利的地位。好望角的土人，全是野蛮的，像美洲土人一样毫无抵抗力。此外，那里，又是欧洲及东印度间的半路饭店——如果我们可以如是说——欧洲船舶往返，均须在此停留若干时候。此等船舶所需的各种新鲜食品、水果、葡萄酒，须由他们供给。单有这点，已可为殖民地的剩余生产物提供一个极广泛的市场了。好望角如是，巴塔维亚亦如是。好望角是美洲及东印度各地的半路饭店，巴塔维亚却是东印度诸大国间的半路饭店，当印度斯坦到中国、日本的通路之冲要，几乎居于此通路之中点。而航行于欧洲及中国间的一切船舶，亦几乎全会停泊于巴塔维亚。此外，巴塔维亚又是所谓东印度国家贸易的中央主要市场；欧洲人经营的那一部分，不用说了，即印度土人所经营的

① 康哥：Congo，今译刚果。——编者注

② 奔给拉：Benguela，今译本格拉。——编者注

③ 高亚：Goa，今译果阿，今属印度果阿邦，曾为葡萄牙殖民地。——编者注

那一部分，亦如是。中国人、日本人、东京[①]人、麻剌加[②]人、交趾支那人、亚利伯岛[③]人所航驶的船只，往往在此停泊。这种有利的地位，使这两个殖民地能够克服一切障碍，虽有排他公司的压迫精神，亦不能抑止他们的生长。这种有利的地位，又使巴塔维亚能够克服另一种不利情形，即巴塔维亚是世界上气候最不卫生的地方。

英、荷二国的公司，虽则除了上述二殖民地，即不曾建立任何可观的殖民地，但曾在东印度征服了许多重要的地方。在他们统治新属民的方法上，这种排他公司的自然精神，最明白地显示了出来。在香料产岛上，据说，荷兰人对于丰年所产的香料，因恐其过多，不能提供使他们认为满足的利润，往往把过多的部分概行焚毁。在他们未曾占有殖民地的诸岛上，他们对于采集丁香及豆蔻的幼花绿叶（那种植物，天然生长在那里，但现在，据说几乎全由这种野蛮政策而绝种了）者，给予一种补助金。甚至于在他们占有殖民地的诸岛上，他们据说亦大大减少了这类树木的数目。如果他们自领诸岛的生产物超过了他们的市场所需，他们就生怕，土人会把其中若干部分运送到其他国家；于是，他们想，保证独占的最上策，即是使生产物不超过于他们的市场所需。他们曾由许多压迫行为减少麻剌加群岛若干岛上的人口，使其人数仅足以新鲜食品及其他生活必需品，供给他们自己的少数的守备队和他们间或来运香料的船舶。但是，就连在葡萄牙那样的政治下，据说，那诸岛亦还人烟颇为稠密。英吉利的公司，还不曾有充分时间，在孟加拉建立如此完全的破坏制度。但他们政府的计

① 东京：Tonquin。法属印度支那时期，原越南阮朝领土被分为东京、安南及交趾支那（Cochin-China）三个区域。——编者注

② 麻剌加：Malacca，今译马六甲。——编者注

③ 亚利伯岛：the island of Celebes，即西里伯斯岛，今译苏拉威西岛，是印度尼西亚东部最大的岛屿。——编者注

划却恰有同样的趋势。我相信，领袖（即代理店的主席书记）往往命令农民掘发罂粟的良田，以栽种米稻或其他谷物。其借口为防止粮食缺乏；其真实理由，则是给领袖以机会，使能以较好的价格售卖他们手上的大量的鸦片。有时，此命令恰好倒置，而命令农民掘发栽种米稻或其他谷物的良田以栽种罂粟——如果领袖预先看见了售卖鸦片可得异常的利润。公司的职员，亦会在种种场合，为自己的利益，企图在某种最重要的贸易部门上建立一种独占（至若此种贸易为国外贸易抑为国内贸易，又不论了）。如果他们得如此干下去，他们也许有时候，会限制他们夺得了独占权的特殊货品的生产，使其数量，不致超过他们所能购买的数量，且使其数量能在售卖时，供他们以自认为满足的利润。在一世纪或二世纪的行程中，英吉利公司的政策，也许会在这情况下，像荷兰的政策一样，有完全破坏性了。

若视此等公司为被征服国的主权者，那就没有什么；还比这个破坏的计划，更直接地违反此等公司的利益了。几乎一切国家主权者的收入，都出自人民收入。人民的收入愈大，他们土地劳动年产物愈多，他们所能贡纳于主权者的数额亦愈大。所以，为主权者的利益，应尽可能增加此年产物。但是，如果这是一切主权者的利益，则在主权者收入主要出自土地地租如孟加拉主权者时，这就更加是主权者的利益了。土地地租，必与生产物的数量与价值为比例，但生产物的数量与价值都须取决于市场的范围。其数量，常常以多少的准确性，适合于有资力购买生产物者的消费，而彼等所愿支付的价格，又往往与其竞争的熟度为比例。所以，这样的主权者，为自己的利益计，实应为其国生产物开放最广泛的市场，准许最完全的贸易自由，俾得尽可能，以增加购买者的人数及竞争；并因此故，不仅应废除一切独占，且应废除一切限制——无论所限制的是本国生产物由这一部分到那一部分的运输，是本国生产物到外国的输出，抑是能与本国生产物互相交换的任何货品的输入。这个方法最能增加这生产物的数量与价值，从而，最能增加他份前的那一部分生产物，换言之，最能增加他自己的收入。

但商人的公司，似不能自视为主权者，甚至于在他们成了主权者以后，他们亦不会这样看待自己。他们仍自认自己的主要事业是贸易，即购买以再售卖；而十分不合理的，认主权者的性质，仅仅是商人性质的一附属物，且应为商人的性质服役，即使他们能在印度以较廉价格购买而在欧洲以较好利润售卖。他们努力从他们所统治的国家的市场上，尽可能驱逐一切竞争者，结果，至少把所治国家的剩余生产物减少一部分，使仅足供给他们自己的需要，换言之，使他们能够希望以自认为合理的利润在欧洲售卖。他们的商人的习惯，就这样，几乎必致（也许是不知不觉）吸引他们，使他们在一切普通场合，更宁愿独占家的小而暂的利润，不宁愿主权者的大而永的收入，并会逐渐引导他们，像荷兰人处置麻剌加人一样，处置他们所统治的国家。把东印度公司看作主权者，则为其利益计，运至印度境内的欧洲货物，应尽可能以最低价格出售；从印度输出的印度货物，应尽可能以最好价格输至欧洲，或以最高价格在欧洲售卖。但把东印度公司看作商人，则反乎此者，才是他们的利益。作为主权者，他们的利益与所治国家的利益恰相一致。作为商人，他们的利益与所治国家的利益就直接相反。

这样一个政府的精神，如就欧洲的管理部说，已是根本的不可救药的错误，则就印度的行政部说，当更加如此。这个行政部必然由一个商人协会构成。商人的职务，无疑是极可尊敬的，但世界上没有一个国家，会对于这个职务，附加以一种自然会威压人民，不用暴力已足命令人民自愿服从的权威。所以这样一个商人协会，就只能用兵力来命令人民服从了。所以，他们的政府，必然是武力的专横的，但他们的本来职务，是商人的职务。他们的本来职务，是受主人委托，售卖欧洲货物，而为欧洲市场，买回印度货物。即尽可能以昂价售卖前者，以廉价购买后者，结果，遂尽可能从他们开店的特殊市场，排除一切竞业者。所以，与公司的贸易相关而言，行政部的精神和管理部的精神，是一样的。行政部的精神，亦要使政府从属于独占的利益，结果，遂妨抑当地剩余生产物至少若干部分的自然的生长，使仅足供应这个公司的需要。

此外，一切行政人员，都各为自己打算。而经营贸易，虽加以禁止，亦属徒然。此等行政人员，既有经营贸易的手段，又处在一万里外的大商栈内，几乎全然不受主人监视，那要命令他们立即放弃一切为自己打算的营业，永远放弃一切致富的希望，而满足于主人所认可的，区区的，不大能增加的，通例与公司贸易所得真实利润为比例的薪俸，那真是再蠢没有。在这情况下，禁止公司职员为自己打算而贸易，除了使上级职员能借口执行主人命令来压迫不幸的下级职员以外，就再不会有任何其他的结果了。此等职员，又自然会竭力效法公司的公贸易，而设立同样的有利于他们个人贸易的独占。如果任他们为所欲为，他们且将公开的直接建立这种独占，而禁止一切其他人民，使不能经营他所认定的那种货物的贸易。这也许是建立独占的最好而又是最少压迫性的方法。但若欧洲命令来到，禁止他们如此干下去，他们就必秘密的，间接的建立同种的独占。那就于其国遥为有害了。他们以代理人为媒介而秘密认定或不公开认定的贸易部门，如遇有冲突者，他们就会使用政府的全部权威，并颠倒司法的行政，来予以钳制或破坏。但职员的私贸易，又自然会比较公司的公贸易，推广到更多得多的种类的货品。公司的公贸易，仅限于欧洲贸易，仅包含外国贸易的一部分。职员的私贸易，却可推广到一切国内贸易国外贸易。公司的独占，仅足抑阻一部分（在贸易自由时，会输出到欧洲去的那一部分）剩余生产物的自然的生长。职员的独占，却将沮害他们所认定的一切部分（无论指定供本地消费，抑是指定输出）生产物的自然的生长；结果，足损坏全国的耕作事业，减少全国居民的人数。那有减少他们所认定的各种生产物的趋势。哪怕是生活必需品，如为公司职员所认定，亦将如此。举凡一切为此等职员所不能购买，或其售卖价格不能一随己意的生产物部分，均将因此而在生产上受到妨害。

此等职员，按其所处地位的性质，就一定会比较他们的主人，还以更严峻的苛酷，来支持他们自己的利益，而危害他们所治国的利益。国家是主人的，主人当不免相当注意所属国的利益。但国家不属于此等职员。主人的真实利益（如果他们能够了解他们自己的真实利益）与所属国的利益，是恰好一致的，但主要因其不知，并因其重商偏见的卑陋，以致常常压迫他们所属的国。职员的真实利益，并不与这所属国的利益一致，所以，最完全的知识亦不必能终止他们的压迫。从欧洲发出的条例，虽甚脆弱，但在多数场合，都有善意。印度职员所发的条例，虽有时更为聪明，但也许更少善意。这真是一个奇怪的政府，其政府人员都愿速去此国，从而尽其所能，使其政府迅速与之偕去；在彼等离去，其财产亦全部搬出之后，虽有地震绝灭其全国，亦毫无涉于他们的利害关系。

以上所述，并非固要污蔑东印度公司职员的一般品性，更不要污蔑任何特殊人员的品性。我所要责备的是政治组织，是他们所处的地位，不是处此地位的人的品性。他们的行为，按照于他们所处地位自然所示的方向；一般厉声咒骂他们的人，其行为亦不见得更好。玛德拉斯及卡尔各达的协议会，在战争及商议之际，就有许多场合的行动，其果断与明睿，有如罗马共和国最盛时代的罗马元老院。此等协议会的议员的职业与战争及政治，是相差很远的。但他们的地位，似乎可以立即形成他们这种伟大性质——他们的地位所要求的性质——鼓舞他们以能力与德行——那在他们自己，亦许还不知道自己有这种能力与德行——再用不着教育、经验乃至于先例。所以，如果在若干场合，他们的地位会诱发他们那样宽宏高洁的简直出人意料的行为，那在其他场合，会促他们向相反的方面进行，亦是毫不足怪的。

所以，无论就那一点说，这种排他的公司，都是有害物；对于设立此种公司的国家，往往有多少的不便，而对于不幸受此种公司统治的国家，就往往有多少的破灭性。

第八章　结论重商主义

重商主义富国的两大机关，虽则是奖励输出而妨阻输入，但对于某特殊商品，则所采计划又似与此相反；即所奖励的是输入，而所妨阻的是输出。但据称，其最后目标则常常一致，即由有利的贸易差额而致国于富。它妨阻制造原料及职业用具的输出，给我国工人一种利益，使他们能在外国市场上，以较低于其他各国货物价格的价格出售他们的货物。并有时提议限制某几种价值不大的商品输出，以促起其他商品就量言就价值言都更大得多的输出。它又提议奖励制造原料的输入，俾我国人民得以较廉的价格造成此种货品，并从而防止制造品就量言就价值言都较为大的输入。至少，在我国的法律全书中，我不曾见过奖励职业用具输出的事情。且当制造业进至相当巨大程度的时候，职业用具的制作，还会成为许多极重要制造业的目的。给这种工具的输入以任何特殊的奖励，当然于此等制造家的利害关系，大有妨碍。所以，这样的输入，不但不被奖励，且屡屡受禁止。所以，羊毛梳具的输入，除了从爱尔兰来，或以破船货物或捕获货物的资格输来，就依爱德华四世第三年的法律而禁止了。伊利沙白女王第三十九年，更新了这种禁令；此后的法律再把它继续下去，终于改订为永恒的法律。

制造原料的输入，有时得免税的奖励，有时又赐给奖励金。

羊毛从若干国输入；棉花从一切国输入；生麻、大部分染料、大部分生皮，从爱尔兰或英领殖民地输入；海豹皮从英领格林兰渔场输入；铸铁和生铁从英领殖民地输入，以及其他好几种制造原料的输入，若能适当地搬入税关，即可得免除一切课税的奖励。这种免税制度，也许亦像其他各种商业条例一样，是我国商人制造家本其私人利害关系，向立法院无理请求得来的。但这些规定是完全正当的，合理的；倘能不与国家的必要相抵触，而推广这种规定，使适用于一切其他的制造原料，那是一定有利于公众的。

大制造家的贪欲，有时，竟把真可视为工作原料以外的许多物品，免去此种赋税。乔治二世第二十四年第四六号法令，规定外国黄麻织纱每输入一磅，仅纳税一便士。先前，帆布麻织纱输入一磅须纳六便士，法兰西荷兰麻织纱输入一磅须纳一先令，一切斯普鲁斯或莫斯科维亚产的麻织纱输入一百斤量须纳二镑十三先令四便士。现在，这种更重得多的税，都得免除了。但我国制造家仍不能长此以此种缩减为满足。于是，乔治二世第二十九年第十五号法令，规定每码价格不超过一先令六便士的不列颠的和爱尔兰的麻布输出得领奖金，又规定黄麻织纱输入全行免税。每磅一便士的税，遂亦免除了。其实，由亚麻制成麻织纱所必要的诸种作业，比较由麻织纱制成麻布所必要的作业，是需要更多得多的勤劳。不要说亚麻栽培者亚麻梳调者的勤劳了，但要使一织匠有不断工作，就至少须有三个或四个纺工；制造麻布所必要的全劳动量，有五分之四以上是投在麻织纱的制造业上。而我国的纺工都是可怜人，妇女居多数，散居在国内各地，既无援助，亦无保护。但我国大制造家弄取利润的方法，不是售卖纺工的制品，只是售卖职工的完全制品。他们在售卖完全制品时，既愿其价能尽量的腾贵，在购买材料时，遂亦愿其价能尽量的低廉。他们因要使自己的完全制造品得以尽量高昂的价格出售，遂强请立法院，对于他们自己的麻布的输出，发给奖励金，对于一切外国麻布的输入，课以高率关税，对于法国麻布输入供国内消费者，则一律禁止。他们因要使自己，对于贫纺工的制造品，得以尽量低廉的价格购入，遂奖励外国麻织纱输入，使与本国出品竞争。但他们又像热衷于抑下贫纺工所得一样，热衷于抑下他们自己所雇织工的工资。所以，他们提高完全制造品价格或减低原料价格的努力，都非为劳动者利益。重商主义所要奖励的产业，均为富者强者利益而经营。至若，为贫者弱者利益而经营的产业，却是屡屡受它的忽视，它的压抑。

麻布输出奖励金，及外团蔗织纱输入免税，颁令时原以十五年为期，后经二次延期，得延续至今日，但亦将于一七八六年六月二十四日国会议期终结之时，满期无效了。

制造原料得享奖励金而输入者，主要是从我国美洲殖民地输入的原料。

这类奖励金的颁发，始于现世纪初头之顷，乃对美洲船舶用具的输入而发。所谓船舶用具，包括适于建造船桅、帆桁、船头的木材，大麻，松浆，柏油，松香油。但船桅木材输入每吨二十先令的奖励金，大麻输入每吨六镑的奖励金，在由苏格兰输入英格兰时，亦得发给。二者都毫无变动的，以同一程度继续下去，至各自满期之时为止。即大麻输入奖励金，于一七四一年一月一日国会议期终结之时满期无效，船桅木材输入奖励金，于一七八一年六月二十四日国会议期终结之时满期无效。

松浆、柏油、松香油输入奖励金，就在存续有效期间内，经过若干变更。原来，松浆每吨输入得奖励金四镑；柏油相同；松香油每吨输入得奖励金三镑。后来，松浆输入奖励金四镑，仅限于特法制造的松浆。其他的良好纯洁的商用的松浆，减为每吨四十四先令。柏油奖励金减为每吨二十先令；松香油奖励金减为每吨一镑十先令。

制造原料输入奖励金，按照时间的先后，其次，就要数到乔治二世第二十一年第三十号法令所颁发的英国殖民地蓝靛输入奖励金了。在殖民地蓝靛仅值上等法国蓝靛价格的四分之三时，遂由这法令领得了每磅六便士的奖励金。这个奖励金的颁发，亦是有限期的（但曾经几度延期，并减至每磅四便士），将于一七八一年三月二十五日国会议期终结之时满期无效。

在这一类奖励金中，第三，便要数到乔治三世第四年第二十六号法令对英国殖民地大麻或生亚麻输入所颁发的奖励金了（此时，我国已与我国北美殖民地有些嫌隙，有些争执）。这个奖励金，以二十一年为期，从一七六四年六月二十四日至一七八五年六月二十四日。每七年分为一期。第一期每吨奖励金八镑；第二期六镑；第三期四镑。苏格兰气候不宜于种麻，虽亦产麻，但产量甚小，品质较劣，故不得享受此种奖励金。如果苏格兰亚麻输入英格兰，亦可得奖励金，那对于英国联邦南部本地的生产，就未免是太大的妨害了。

第四，我们就要数到乔治三世第五年第四十五号法令对于美洲木材输入的奖励金了。期限为九年，从一七六六年一月一日至一七七五年一月一日。每三年分为一期。第一期，每输入良枞板一百二十条，得奖励金二十先令；其他方板每五十立方尺，得奖励金十二先令。第二期，每输入良枞板一百二十条，得奖励金十五先令，其他方板每五十立方尺，得奖励金八先令。第三期，每输入良枞板一百二十条，得奖励金十先令；其他方板每五十立方尺，得奖励金五先令。

第五，就要数到乔治三世第九年第三十八号法令，对于英国殖民地生丝输入的奖励金了。限期二十一年，从一七七〇年一月一日至一七九一年一月一日，每七年分为一期，第一期，每输入生丝价值一百镑，例奖二十五镑；第二期，例奖二十镑；第三期，例奖十五镑。但养蚕造丝的手足工夫太繁了，而在北美，劳动又如此昂贵，所以，这样大的奖励金，也似乎不能产出任何巨著的效果。

第六，就要数到乔治三世第十一年第五十号法令，对于英国殖民地桶、樽、桶板、桶头板输入的奖励金了。限期九年，从一七七二年一月一日起至一七八一年一月一日，三年一期。第一期，输入各物一定量，得奖励金六镑；第二期，得四镑；第三期，得二镑。

第七，最后，我们就要数到乔治三世十九年第三十七号法令，对于爱尔兰大麻输入的奖励金了。限期为二十一年，即从一七七九年六月二十四日至一八〇〇年六月二十四日。每七年分为一期。这和美洲大麻及生亚麻输入的奖励金，全是一样的。而每一期的奖金标准亦是一样的。但不及于生亚麻。爱尔兰生亚麻输入的奖励金，对于大不列颠这种物品的栽培，是太大的妨害了。在爱尔兰大麻输入奖励金颁发时，不列颠立法院和爱尔兰立法院之间，比较以前不列颠和美洲的情形，并不见有更好的感情。但我们总希望，敕赐此种恩惠给爱尔兰，比较以前敕赐那一切恩惠给美洲，会有更好的吉兆才好。

同时这几种商品，若从美洲输入，我们就给以奖励金，若从任何其他国家输入，我们即课以高率的关税。我国美洲殖民地的利害关系，与祖国的利害关系，在这里，被认为一致。他们的财富，被认为即是我们的财富。输出到他们那里去的货币，据说，会由贸易差额，一齐回到我们这里来，我们无论怎样在他们身上用钱，亦不致使我们减少一个铜板。无论就哪一点说，他们都是我们所有，用钱在他们身上，等于用钱改良我们自己的财产，而于本国人民有利。这样一个主义，其愚妄已为经验所充分暴露了。我相信，我已不必多说一句话来暴露它的愚妄。如果我国美洲殖民地真是大不列颠的一部分，此种奖励金便可认为是生产奖励金，但依然要受这类奖励金所要受的一切非难（其他的非难,却是可以不必）。

制造原料的输出，有时由绝对禁止而受妨碍，有时由高率关税而受妨碍。

我国毛织物制造家，常常对立法院说他们这种业务的成功与推广，乃为国家繁荣所系。他们在这一点上，比任何其他种类的工人，都见得是更成功了。他们不仅由绝对禁止外国羊毛织物输入而取得一种妨害消费者的独占，且因同样禁止生羊及羊毛输出，而取得了一种妨害牧羊农业家及羊毛生产者的独占。我国保证收入的法律，已有许多，常为人所指斥，谓其苛酷，类于以非常的刑罚，处罚那在法律（认其行为有罪的法律）未颁布前常常被认为无罪的行为。但我敢说，就连最苛酷的收入法律，与我国商人制造家，噪着要立法院颁布，以支持他们独占权的某几种法律比较，亦会使人觉得和平宽大。他们这种独占权，其实是荒谬的，压迫的。像德拉苛的法律一样，支持这种独占权的法律，直可说是用血写成的。

伊利沙白第八年第三号法令，规定羊、小羊、牧羊的输出者，初犯没收其全部货物，监禁一年，在某开市日，在市镇上，截断其左手，钉悬于市镇；再犯，即被宣告为重罪犯人，判处死刑。此法律之目的，在于防止我国之羊种不致在外国繁殖。查理二世第十三年及第十四年第十八号法令，又宣言羊毛输出亦犯重罪，输出者须受重犯罪人那样的刑罚，货物亦被没收。

为国家的人道的名誉起见，我们都希望这两种法律，自来未曾实施。第一种，据我所知，虽至今尚未明令撤除，最高辩护士浩金斯，且认此至今尚有效力；但那法律，也许在查理二世第十二年法令第三十二号第三节中，实际取消了。查理二世的法令，虽没有明白取消前法令所规定的刑罚，却规定了一种新刑罚，即凡输出或企图输出羊一头，课罚金二十先令，并没收其羊及所有者份内的船舶。第二种法律，则由威廉三世第七年第八年法令第二十八号第四节，明白撤废了。这法令宣称“查理二世第十三年第十四年颁布的禁止羊毛输出法令，在该法令所述的其他事项中，特视羊毛输出为重罪。因刑罚过于苛重，致犯罪者的控诉不曾实行。该法令关于该罪犯所制定的重罪各节，着即明令撤消，使其无效。”

这较和缓的法令所制定的刑罚，及先前法令所制定但至今仍未撤除的刑罚，都还是十分严酷的。除了没收货物，输出者每输出或企图输出羊毛一磅，须课罚金三先令；这已四倍乃至五倍于其原价。并且，犯此罪的商人或任何人，不得向任何代理商人或他人索取债务或账目。不问其财产如何，不问其能否支付如此重的罚款，法律总想使他完全破产。但人民大众的道德，尚不致堕落到像法律提案人那样，所以，我尚不曾听过，有人利用这种法律。倘若犯此罪者，不能在判决后三月内支付罚款，即处以七年的流刑，倘未满期，即行逃归，即被视为重犯，不得受僧侣的特典。船主知罪不告，船舶及设备品没收。船长水手知罪不告，所有动产货物没收，并处三个月的徒刑。后又改定为六个月的徒刑。

为了要防止输出，境内羊毛贸易，遂亦全部受着极苛重极压迫的限制。那不能装在箱内、桶内、樽内、函内、柜内、包内，只能装在包布及包革之内，外面写着三吋长的大字“羊毛”或“织丝”，设不然，则没收其货物及其盛器，每磅罚三先令，由所有者或包装者支付。那又不能由马或马车装运，除了在日出及日入之间，又不能在海边五里以内的陆地上经过，设不然，则没收其货物及其车马。邻海岸各郡，得于一年内，对于由郡外或郡内经过而输出羊毛者，提出诉讼，如羊毛价不及十镑，则课以罚金二十镑，如在十镑以上，则课以三倍原价及三倍诉讼费的罚金。居民中任何二人所须支付的罚金，好像在劫盗的场合一样，裁判所必须由其他居民的课税而赔偿之。倘有人私通郡官，求减罚金，则处以徒刑五年；任何他人均得告发。这种法规，是全国都通行的。

肯特及苏萨克斯[①]二郡，限制尤属烦琐。距海岸十里以内的羊毛所有者，必须在剪取羊毛后三日内，以所剪之数量及藏所，书面报告最近的海关。在其中任何部分迁移以前，又当以羊毛的捆数重量，买者姓名住址，及迁往地址，作同样的报告。在这二郡内，凡居在距海十五里内的人，在未报告国王，不以如此购得的羊毛任何部分，再售于距海十五里内任何他人以前，不得购买任何的羊毛。倘未如此报告，并得如此保证，即以羊毛向这二郡的海边输去，一经发觉，即没收其羊毛，犯者罚金每磅三先令。倘未如此报告，即以羊毛存放于距海十五里内，即行收押并没收；倘在收押后，有人要求领还，即须对于国库，保证在败诉时，除了其他一切刑罚，还须支付三倍的诉讼费。

在境内贸易受如此限制时，我相信，沿海贸易决不能十分自由。羊毛所有者，若输送或企图输送羊毛到海岸任何港或埠上，冀从彼处由海道运至海岸其他港或埠，那在他运送羊毛距出港五里以内的地方以前，须先到出港报告羊毛包的重量、记号及个数，不然，则没收羊毛，并没收马、马车或其他各种车辆；其他各种禁止羊毛输出的今尚有效的法律，既制定了各种处罚，当然也是不能幸免的。但威廉三世第一年第三十二号法令，却又是那么宽大，内云："若于剪毛十日后，迁移羊毛前，将羊毛捆数及存地，亲笔向最近的税关证明，即可从剪毛地点运羊毛回家，但要再迁至他地，则须在搬运前三日，亲笔向最近的税关证明其意志。"

① 苏萨克斯：Sussex，今译苏塞克斯。——编者注

向沿海输运的羊毛，必须保证定在某港装运出口；倘若没有官吏在前，即行上货，则没收其羊毛，并加课以每磅三先令的常例罚金。

我国毛织物制造家，因要证明他们对立法院的要求——要求颁发如此异常的限制与条例——是全然正当的，竟然说英国羊毛，比任何其他国的羊毛，都有更上一等的品质；说他国的羊毛，不混入若干英国羊毛，则不能造出任何相当的制造品；说精良罗纱，并由英国羊毛不能织成；说英国若能完全防止本国羊毛输出，就几乎能够独占全世界全部毛织业，没有谁能和他竞争，他就可随意以怎样高的价格，售卖毛织物，并在短期间内，依最有利的贸易差额，而取得非常的富。这种学说，像大多数其他的为许多人民所确信的学说一样，为遥为多数人民所盲目信从，且至今仍为他们所信从。至若一般不懂得毛织业或未曾特别研究毛织业的人，却是几乎全体相信。但英国羊毛，其实，不但不是制造精良罗纱所必需，并还是全不相宜。精罗纱，全由西班牙羊毛织成。并且，把英国羊毛搀到西班牙羊毛中去织造，还一定会在相当程度上减低罗纱的成色。

本书曾经说明，此等法规，不仅使羊毛价格减至现时应有价格以下，且减至爱德华三世时代实有价格以下不少。英苏合并，此法规即通行于苏格兰。苏格兰羊毛因之，据说，竟跌价了一半。《羊毛回忆录》的著者约翰·斯密，是一位极正确极聪明的作者，亦说最良英国羊毛在英国，比较阿姆斯特丹市上普通贩卖的极劣羊毛，价格亦往往较低。这些法规的公然的目的，原来是把这商品的价格，减至自然的妥当的价格之下；它们生出了预期的效果，亦是毫无疑义的。

也许有人会想，这种价格的引下，因可沮害羊毛的生产，必致比较在市场公开自由，任其价格腾至自然的妥当的价格，而其他一切又复和现在一样的时候，大大减少这商品的年生产额——

即令不比较以前为少。但我总相信，其年产额虽则多少会受这种法规的影响，但必不致大受影响。羊毛的生产，不是牧羊农业家使用其勤劳及资本的主要目标。说他从羊毛希图利润，不如说他从羊肉希图利润。在多数场合，羊肉的平均普通价格，可以补偿羊毛平均普通价格的不足。本书曾经说过（第一篇第十一章）："不论何种规定，如果会降落羊毛及兽皮价格，使较低于其自然应有的程度，那在改良的耕作的国度，就必然有若干提高屠肉价格的趋势。无论是大家畜抑是小家畜，只要是在改良的耕作的土地上饲养，其价格便须足够支付地主的合理的地租和农业家的合理的利润，所谓合理，即有理由希望从改良的耕作的土地上取得。如果不够，其饲养就必致停止。羊毛兽皮如不足支付这种价格，那就必须从兽肉支付。前者所付愈少，后者所付必愈多。这种价格，究如何由兽的各部分分担，对于地主与农业家，是无所关心的，他们所关心的，只是付足了没有。所以，在改良及耕作的国家，他们以消费者的资格说，虽然因为这种规定可以提高食品价格，不免受若干影响，但以地主及农业家的资格说，他们的利益关系，却不大受影响于这种规定。"照这样推论下去，在改良的耕作的国度，羊毛价格的引下，就不致惹起这商品年产额的减少了。但若因可使羊肉价格腾涨，以致略减这种屠肉的需要，从而略减此种屠肉的生产，那自然例外。但就连在这点上，其影响亦似乎不很重大。

不过，对于年产量，其影响虽不很重大，但对于品质，其影响却也许有人想，是一定非常重大的。英吉利羊毛品质的低下（虽未低到往时以下，但确低在现农耕状态下所应有的程度以下），也许可以设想，几乎与价格的低下成比例。羊毛的品质，既取决于品种、牧场及羊毛生产全过程中羊的管理与清洁，而关于此诸事件，牧羊家是怎样注意，又一定要看羊毛价格对于所需劳费能提供怎样的赔偿，却又是大家可以想象得到的。但羊毛的优劣，又在颇大的程度取决于全羊的健康、发育与体躯；改良羊肉所必要的注意，就某几点说，亦就很够改良羊毛了。所以，英吉利羊毛价格虽是低落，但其品质，据说，就连在现世纪行程中，亦是颇有改良。价格如果好一些，改良也许还会大一些；价格的低贱，虽然阻碍了这种改良，却并没有全然加以防止。

在我想来，此等规定，对于羊毛年产物的影响，在质的方面必较大于在量的方面，但幸而此等规定的强暴，尚不致如人预期那样，在其年产的数额及品质方面，给以如许大的影响；羊毛生产者的利益，虽曾受若干程度的伤害，但就全体说，其伤害究不若一般所想象。但这种考察，决不能证明绝对禁止羊毛输出是正当的，却不过可以充分证明课羊毛输出以重税，不会是不正当的。

一国君主，对于其所属各级人民，必予以公正平等的待遇；仅仅为了促进一阶级的利益，而伤害别一阶级的利益，却明显违反这个原则。但这种禁止，正是仅仅为了促进制造家的利益，而伤害羊毛生产者的利益。

各级人民，都有纳税以支持君主或共同社会的义务。每输出羊毛一吨，即课税金五先令或十先令，已会供君主以颇大的收入。这种课税，比较禁止，因不致那样大减羊毛价格，对于羊毛生产者的利益，所损害的程度，会更少一些吧。但对于制造家，则所提供的利益就很够了，因为，比较在禁止输出的场合，他虽须以较昂的价格购买羊毛，但与外国制造家比较，他就依然能够少付五先令或十先令的价格。而且，外国制造家，尚须支付运费及保险费。这样看，这种赋税，既可供君主以颇大的收入，同时，对于任何人，都不会惹起多大的不便。像这样的赋税，总算是难得的了。

其实，这种禁止，虽附有如此严重的刑罚，但决不会防止羊毛输出。大家都知道，每年输出仍是很大的。外国市场上与本国市场上，羊毛价格就现出了颇大的差额。这种价格上的差违，作了秘密输出的大引诱，虽有严刑为之禁，仍不能加以防止。这种不合法的秘密输出，除了秘密输出者，殆无利于任何人。但合法的、纳税的、提供君主以收入的输出，却因可省免其他更苛重更不便的赋税的征收，尚有利于国内各阶级人民。

漂布土或漂布粘泥，因被假设为羊毛制造品之制造及漂白所必需，故其输出所受之严刑，殆与羊毛输出相类。烟管粘土，显非漂白粘土，但与其类似，且因漂白粘土，有时装做烟管粘土的模样输出，遂亦蒙受同样的禁止与刑罚。

查理二世第十三年十四年法令第七号规定，长靴、短靴、拖鞋除外，一切生皮鞣皮均禁止输出；这法律给我国靴匠鞋匠以一种妨害我国牧畜业者鞣皮业者的独占。此后，法律又规定，鞣皮业者每百斤量鞣皮（即一百十二磅鞣皮）纳税一先令，即可免受此种独占之害。他们即以鞣皮输出，不加制造，亦得于输出时，支还所纳国产税的三分之二。一切皮革制造品，均得免税输出，输出者尚可支还所纳国产税全部。我国牧畜业者，却仍继续受旧时独占权的害。牧畜业者散居国内各地，彼此隔离。要团结起来，以独占之害，加以同胞居民，或对抗他人，以避免独占之害，在他们，都是极其困难的。各种制造家，却都大群集居于大都市上，所以很容易就能做到这样。所以，就连牛角，亦禁止输出；在这点上，角匠栉匠那二种不重要的职业，亦得享受一种妨害牧畜者的独占。

以禁止或课税的方法，限制未完的局部的制造品输出，不仅于皮革制造业为然。在一件物品，尚待制造始合于直接使用与消费时，我们的制造家便以为那应当以禁止或课税的方法，限制其输出。毛织纱丝织纱，便和羊毛一样，禁止输出。甚至于白罗纱输出，亦须纳税；我国染色家，曾在这点上，取得了一种妨害毛织业的独占。我国的毛织业者，虽有力防御他们自身，但大部分大毛织业者，自己就是染色业者，所以，用不着防御了。表壳、钟壳、表字盘、钟字盘，都禁止输出。我国制表业者制钟业者，似不愿这一类制作品的价格，将因外国人的竞购而腾贵。

爱德华三世、亨利八世、爱德华六世的古法令，规定一切金属均禁止输出。铅锡独在例外。或因此二金属甚丰饶，而其输出，复为当时王国贸易的颇大部分。威廉玛利治世第五年第十七号法令，因要奖励开矿，遂许铁、铜、黄铜，从不列颠矿石造出者，其输出均不受禁止。铜块无论出自本国抑出自外国，又由威廉三世第九年十年第二十六号法令，允许输出了。称为枪炮金属，钟铃金属，撒老夫金属（Shroff-metal）的未制黄铜，却仍继续禁止输出。黄铜制造品，却又无论什么种类，均得免税输出。

不全然禁止输出的制造材料，往往在输出时，课以极重的税。

乔治一世第八年法令第十五号，规定英国一切货物，无论是英国的生产品抑是制造品，照以前的法令，须在输出时，课纳何等的税的，都得免税输出。但下述各货物，却仍在例外：即明矾、铅、铅矿石、锡、鞣皮、绿矾、石炭、羊毛梳刷、白罗纱、菱锌矿石、各种兽皮、胶、康内兔的毛发、赫尔兔的毛、各种毛发、马匹、酸化铅矿。这诸种物品，除了马匹，都是制造材料、未完制造品（可视为进一步制造业的材料）或职业用具。这法令依然使这诸种货物，课纳以前所须课纳的各种赋税，即旧补助金（old subsidy）及百分之一税（one percent outward）。

同法令又规定染色用的外国药料，有许多得于输入时免一切税。其输出，虽依后此规定，须纳一定额的赋税，但不能算重。似乎，我国的染业家，既认奖励此等药料输入有利于己，遂亦认略略沮害其输出有利于己。此种令人注目的商业杰作，乃为贪欲所唆使。

但这种贪欲，却似乎在这里大失所望了。它原要使输入者多多注意，不要使输入多于国内市场所需。但结果，国内市场上这类商品的供给常常现出不足的模样；与输入自由输出亦自由的场合比较，常常觉得价格较昂若干。

依照上述的法令，西尼加[①]胶及阿拉伯胶，列在染色药料之内，亦得输入免税。那在再输出时，固然须纳小额的磅税，但每百斤量不过三便士。当时，法兰西独能与产染色药料国（在西尼加附近）通商；英国市场，不易从生产地点得到直接的输入。乔治二世第二十五年，遂规定西尼加胶，得从欧洲各地输入（那与航海法的本旨，大相违背）。但此法令，既不要奖励这种贸易，故竟违反英格兰重商政策的普通原理，于其输入时，每百斤量课税十先令，而在输出时，又不许支还任何部分。一七五五年开始的战争的胜利，大不列颠遂得与曩昔之法兰西同样，对于这诸国，享受同种的排外的贸易，我们的制造家，一俟和议成立，即要乘此良机建立一种有利于他们自己但有害于这商品生产者及输入者的独占。所以，乔治三世第五年第三十七号法令，即规定从英王陛下领土输出西尼加胶，只许输往大不列颠；像对于我国美洲殖民地西印度殖民地各列举商品一样，加上了同样的限制、规律、没收及刑罚。其输入固须每百斤量纳轻税六便士，但其再输出每百斤量却须纳重税三十先令。我国制造家的意旨，本来是把这全产量运到英国来；并且，因要使自己得以自己定的价格，购买这商品，遂又规定其中任何部分不致再行输出。事实上，这样的费用就够沮害它的输出了。他们在这里，像在其他许多场合一样，是受着贪欲的唆使，但一样失望了。这种重税，是秘密输出的引诱。这种商品，有大量由英国或非洲，秘密输往欧洲各制造国，尤其

① 西尼加：Senegal，今译塞内加尔，非洲西部的国家。——编者注

是荷兰。因此，乔治三世第十四年第十号法令，即减此输出税为每百斤量课税五先令。

按旧补助金所依照的关税表，海狸皮一件估价为六先令八便士；一七二二年以前对于海狸皮每件输入的各种特别税关税，约当此五分之一,即一先令四便士。在输出时,除了旧补助金之半额，在这诸种特别税关税中，仅得支还二便士。一种如此重要的制造材料，在输出时，须课纳如此的赋税，遂觉太高了；一七二二年，估价减为二先令六便士，输入税亦减为六便士。但输出时，亦仅得支还此额之半。那次胜利的战争，即使英国占领了产海狸最多的地方，海狸皮又为列举诸商品之一，所以，其输出，就限于从美洲运至英国市场了。我国制造家不久就想到了利用这个机会，遂于一七六四年，减海狸皮输入税为一便士，输出税则提至每件七便士，并不得支还任何输入税。同法令又规定海狸毛或海狸腹部输出，每磅须纳税一先令六便士，但输入税则无所改变，即由英国人，由英国船输入海狸皮者，仍纳税在四先令与五先令之间。

石炭，可视为制造的原料，又可视为职业的用具。故其输出须纳重税，现在（一七八三年）是每吨纳税在五先令以上，或每卡尔德伦（chaldron，纽克萨衡名）纳税在十五先令以上。这种数目，在许多场合，简直高于炭坑所在地的商品原价，甚而高于输出港的商品原价。

但真正的职业用具输出，限制之法一般非高率关税，而是绝对禁止。于是，威廉三世第七年第八年，法令第二十号第八条，遂规定织手套长袜的织机或机械输出，以重刑为禁，不仅把输出的乃至企图输出的织机或机械没收，且须罚金四十镑，半归于国王，半归于告发人。同样，乔治三世第十四年第七十一号法令，规定棉制造业、麻制造业、毛织制造业、丝制造业使用的一切用具禁止对外输出，不然，则货物没收，犯罪人罚金二百镑，知情不报复以船供其运输出船长，亦须罚金二百镑。

在死职业用具输出且受如此重刑时，活职业用具——工匠——自难望任其自由。所以，乔治一世第五年法令第二十七号，即规定凡引诱英国工匠及制造业工人往投外国，俾在那里执行职业或教授职业，而有实证可查者，初犯，罚一百镑以下的罚金，处三个月徒刑，至罚金付清之时为止；再犯，即随法庭意旨课以罚金，处十二个月徒刑，至罚金付清之时为止。乔治二世第二十三年法令第十三号，更加重了这种刑罚。如此引诱每一个工人，初犯罚金五百镑，处十二个月徒刑，至罚金付清之时为止；再犯罚金一千镑，处二年徒刑，至罚金付清之时为止。

按照上述二法令，某一工匠如已证明受人引诱或允为上述诸目的约往外国，则如此之工匠，必须向法庭提出合式的保证，不再出洋。而在未向法庭提出此种保证以前，得监禁之。

若有某一工匠，竟自出洋了，并在外国执行其职业或传授其职业，则在英王陛下的驻外公使或领事的警告下，或在当时阁员的警告下，必须在接警告后六个月内回国，并继续住在本国，否则，即从此时起，被剥夺一切国内财产的承继权，亦不得作国内任何人的遗嘱执行人或财产管理人，更不得承继、承受、购买国内任何土地。他自己的动产及不动产，且全被国王没收，以外国人相待，不受国王保护。

我国常自夸热心于自由；此等规定，却如何与此等夸大的自由精神相反啊。这种自由，在这场合，为了商人制造家的虚浮的利益，而明明白白的，受了牺牲了。

这一切规定的可称扬的动机，是推广我国的制造业。但推广的方法，不是改良自己的制造业，只是抑压我们的邻国的制造业，并尽可能消灭一切讨厌的对抗国之讨厌的竞争。我国制造家，以为他们应当独占本国同胞的技能才干。某些职业，既限制同时所得雇用的人数一切职业，既规定须有长期间的徒弟时期，从而，局限各职业的知识，使仅为少数人所知，而且愈少愈好，现今又不愿在这少数人中有任何部分走到外国去教授外国人。

消费是一切生产的唯一目的与宗旨；生产者的利益，若为促进消费者利益所必需，那自应当注意；但亦只限于如此。这原则是完全自明的，简直用不着证明。但在重商主义下，消费者的利益就几乎常常为生产者的利益而受牺牲；似乎，这种学说，视一切工商业的究竟目的与宗旨，不是消费，只是生产。

对于凡能加入本国而与本国生产物制造品竞争的一切外国商品，在其输入时，加以限制，就显明是牺牲国内消费者的利益，来为生产者的利益。为了后者的利益，前者遂不得不支付此种独占所惹起的追加价格。

对于本国生产物，有些在输出时，有奖励金发给，那亦全然是为生产者的利益。国内消费者，第一，不得不付纳支付奖励金所必要的赋税；第二，商品在国内市场上提高价格所必致惹起的赋税还要更大，那也须由国内消费者付纳。

有名的葡萄牙通商条约，因所课税甚重，致我国消费者不能向邻国购买我们本国气候所不宜生产的商品。虽明知较远的那一个国家，这种商品的品质较差，亦不得不向她购买这种商品。国内消费者，竟然为了要使本国生产者，能在比此较为有利的条件上，输出某几种生产物到那一个远国去，而不得不忍受此种不便。由这几种生产物的强迫的输出，而在国内市场上所惹起的追加价格，亦非由消费者付纳不可。

关于我国美洲殖民地西印度殖民地所立的法律，比较我国任何其他的通商条例，还更加过分的，牺牲国内消费者的利益，以顾全生产者的利益。一大帝国建立起来了，而其建立的唯一目的，便是造成一个顾客之国，使他们只能向我国各生产者的店铺，购买我国所能供给的各种物品。我国生产者，由此种独占所取得的，仅仅是价格的略略的提高，而我国消费者即须负担全部费用以维持这个帝国，卫护这个帝国。为了这个目的，仅仅为了这个目的，我国就在最近二次战争中，用去了二万万镑以上，借债一万七千万镑以上，至若前此诸次战争的用费，却还不曾算在里面。单就这一项借款的利息而言，已不仅较大于由殖民地贸易独占而生的异常的利润全部，且较大于这贸易的价值全部，换言之，较大于每年平均输出到殖民地的货物价值全部。

谁是这重商学说全体的设计者，似不难于断定。我相信，那决不是消费者。消费者的利益是全被忽视了。那一定是生产者。生产者的利益，是如此受着周到的注意。但在后一种人中，我们的商人与制造家，又要算是主要的建筑师。在这一章所讨论的诸商业条例中，我们的制造家的利益，受到了最特别的注意。消费者，或不如说其他各种生产者的利益，就为制造家的利益而受牺牲了。

第九章　重农主义，即政治经济学上视土地生产物为各国收入及财富之唯一资源或主要资源之学说

关于商业学说或重商主义，我觉得有详细说明的必要。但政治经济学上的重农主义，却不需要这样长的说明。

据我所知，视土地生产物为各国收入及财富之唯一资源或主要资源的学说，从来未为任何国所采用；现在，且仅存在于法兰西少数博学多能的人的玄想中。对于一种不会，也许永远不会伤害世界上任何地方的学说的谬误，当然不值得长篇大论去检讨。不过，对于这个极微妙的学说，我将尽我所能，明确地说明它的轮廓。

路易十四有名的大臣科尔伯特，为人实直，而勤勉异常，有条细的知识，对于公共计算表之检查，复富有经验，而极为正确。总之，在各方面，他的能力，都适于使公共收入的征收与支出得其方法与秩序。不幸，这位大臣已经抱有了重商主义一切偏见。这种学说，就其性质与本质说，便是一个制限与规律的学说，所以，对于一个惯于支配各部公务，并设必要的制裁与监督，使各部事务不逾越其适当范围，而又勤勉精励的事务家，鲜有不合脾胃的。他对于一大国的产业及商业，所采用的支配方式，遂与支配各部公务的方式一样；他不让各个人在平等自由与正义的自由计划下，按循各自的路线，追求各自的利益，却给某一定部门的

产业以异常的特权，而给其他一定部门的产业以异常的制限。他不仅像欧洲其他的大臣一样，更奖励都市的产业，而更不奖励农村的产业；而且，因要支持都市的产业，他还愿意压抑农村的产业。因要使都市居民得以廉价购买食物，从而奖励制造业与外国贸易，他简直完全禁止谷物输出，因而，使农村居民，不得以其产业最重要部分的生产物，运到外国市场上去。这种禁止，加以古时诸省法规限制诸省间谷物的运输，再加以各省对农耕者所征课的强制的屈辱的租税，就把这个国家的农业抑压得不能依照自然的趋势，尽其极丰土壤极良气候所应有的情状而发展了。这种消沉沮丧的状态，在全国各地，都多少感觉到了；关于这状态，还有许多探索原因的研究。科尔伯特氏奖励都市产业甚于奖励农村产业的制度，便是此中原因之一。

谚云，矫枉必过其直。提倡重农主义（视农业为各国收入与财富之唯一资源）的法国诸哲学家，似即采用此谚之格言。科尔伯特制度对于都市产业的评价过高了，过于轻视农村产业了；在他们的体系中，都市产业的评价遂致过低。

被想象在某一点上对一国土地劳动年产物有所贡献的各种人民，被他们分为三个阶级。第一，土地所有者的阶级；第二，耕作者、农业家、农村劳动者的阶级，被他们赠以生产的阶级之称号，以示敬意；第三，工匠、制造家、商人的阶级，被他们赠以无生产的或不生产的阶级之称号，以示屈辱。

所有者阶级，所以有助于年产物，是因为他们的费用，有时会投在土地改良上，投在建筑物、排水沟、围墙及其他诸种改良上。对于这些，他们有时是建造，有时是修补，但有了这些，耕作者就能以同一的资本生产较大量的生产物，从而支付较大量的地租。这种追加的地租，可视为地主用费或投资改良其土地应得之利息或利润。这种费用，在这个学说上，被称为土地费用（depenses foncieres)。

耕作者农业家所以有助于年产物，是因为他们用费来耕作土地。这种费用，被他们称为本原费用及年次费用（depenses primitives et depenses annuelles）。本原费用中，包含农业用具、家畜、种子及农业家家族、雇工和家畜，（至少）第一年度耕作大部分期间或在土地有若干收获以前所需的维持费。年次用费中，包含种子，农业用具的磨损，农业家的雇工、家畜及其家族（在家族中某一部分人员，得被视为农业雇工的限内）每年的维持费。付地租后留给他的那一部分土地生产物，应该够他第一在合理的期间内，至少，在他借耕的期间内，补偿他全部的本原费用及资本的普通利润；第二，每年补偿他全部的年次费用及资本的普通利润。这两种费用，是农业家用来耕作的两个资本；倘使这两个资本不常规的回往他手上，并供他以合理的利润，他就不能与其他职业立在同一水平线上，经营他的职业；他为了他自身的利益，必然会尽其可能把这种职业放弃，而寻求其他的职业。必须保留的使农业家能够继续其事业的那一部分土地生产物，应被视为农耕的神圣基金，倘地主加以侵害，就必然会减少他自己的土地的生产物，不要多少年，就会使农业家不但不能支付此种苛酷的地租，且不能支付他本分应有的合理的地租。本分应为地主所有的地租，只是把先前投下来生产总生产物或全生产物所必要的一切费用，完完全全付清之后，留下来的纯生产物。就因为农耕者的劳动，在付清这一切必要费用之后，尚能提供这种纯生产物，所以，在这种学说上，这个阶级才特被尊称为生产的阶级。并为了同一理由，他们的本原费用及年次费用，亦在这种学说上，被称为生产的费用，因为这种费用，除了补偿它们自身的价值，尚能引起这个纯生产物的年年的再生产。

他们所谓土地费用，换言之，地主用来改良土地的费用，在这种学说上，亦被尊称为生产的费用。此等费用的全部及资本的普通利润，未在土地的追加地租上，完完全全偿还给他以前，这追加地租，亦应视为神圣不可侵犯的，教会不应课以什一税，国王亦不应课以赋税。设不然，则因可沮害土地改良，从而沮害教会自身的什一税之未来的增加，及国王自身的赋税之未来的增加。因为，在良好状态下，此等土地费用，除了再生产它自身价值的全部，并能在若干时以后，引起一个纯生产物的再生产，所以，在这种学说上，亦被称为生产的费用。

在这种学说上，被称为生产的费用的，就只有这三种费用，即地主的土地费用，农业家的本原费用及年次费用。其他一切的费用，其他一切阶级的人民，就连一般世人认为最生产的那一种人，亦因为这个缘故，被视为全无生产或全不生产。

特别是工匠与制造家，在一般世人看来，他们的勤劳，是可在这样大程度上增加土地原生产物的价值，但在这种学说上，却被视为全无生产或全不生产的阶级。据说，他们的劳动，只偿还雇用他们的资本及其普通利润。这所谓资本，即雇主垫付给他们的材料、工具与工资，被决定用作雇用他们维持他们的基金。其利润即被决定用作维持雇主的基金。他们的雇主，垫付他们以他们工作所需的材料、工具及工资，亦同样垫付他自身以维持他自身所需的费用。这种维持费，通常，按照比例于他在出品价格上所可希冀的利润。倘若出品价格不足偿还他为自身而垫付的维持费，及为劳动者而垫付的材料、工具与工资，那所偿还的，就显然不是他投下的全部费用。所以，制造业资本的利润，并非像土地的地租一样，是还清全部费用（为求取纯生产物而投下的全部费用）以后留下的纯生产物。农业家的资本，像制造家的资本一样，可供资本所有者以利润，但农业家能供他人以地租，制造家却不能够。所以，用来雇用并维持工匠及制造业工人的费用，不过可以延续——如果可以如此说——它自身价值的存在，并不能生产任何新的价值。所以，那全然是无生产的或不生产的费用。反之，用来雇用农业家或农村劳动者的费用，却除了延续它本身价值的存在，还可以生产一个新的价值，即地主的地租。所以，那就是生产的费用了。

商业资本和制造业资本，是同样无生产或不生产的。它只能延续它自身价值的存在，不能生产任何新价值。其利润，不过是投资人在投资期间内或收得报酬前为自身而垫付的维持费的补偿。换言之，不过是投资所需用费的一部分的偿还而已。

工匠与制造业工人的劳动，对于土地原生产物的全年产额的价值，不能有毫末的增加。对于土地原生产物的某特殊部分的价值，他们的劳动诚能附以不小的加益。但他们劳动同时必致消费其他的部分。他们对于这部分的消费，恰好等于他们对于那部分的加益。所以，无论在那一顷间，全部的价值亦不能因他们劳动而增加毫末。例如，制作一对花边的人，有时会把仅值一便士的亚麻的价值提高到三十镑。一看，他似乎把一部分原生产物的价值增加了约七千二百倍，但其实，他对于原生产物的全年产额的价值，是毫无所增。这种花边的制作，也许要费他二年劳动。花边制成后，他所得的那三十镑，就不过补还这二年间他为自己垫付的生活资料了。他每日的，每月的，每年的劳动，对于亚麻，所加的价值，都不过补偿这一日间、一月间或一年间他自身消费掉了的价值而已。所以，无论在什么时候，他对于土地原生产物全年产额的价值都没有增加一点。他继续消费的那部分原生产物，常常等于他继续生产的价值。被雇在这种多费而又不重要的制造业上的人，大部分都是非常贫穷的。这种现象使我们相信他们制作品的价格，在普通的场合，并没有超过他们生活资料的价值。但就农业家及农村劳动者的工作而言，情形就不相同了。他们的劳动，通常，除了把他们的全部消费，把雇用并维持工人们及其雇主之全部费用付清之外，会继续生产一个价值，作为地主的地租。

工匠、制造业工人、商人，只能由节俭增加社会的收入与财富；或者，用这种学说的叙述方法，只能由不自由（privation），即把自身生活资料的基金自行夺去一部分，以增加社会的收入或财富。所以，倘若他们每年不能节省若干部分，倘若不能每年自行夺去若干部分的享受，则社会的收入与财富，就不能因他们勤劳而增加毫末。反之，农业家及农村劳动者却可享受其自身生活资料的全部基金，仍可同时增加社会的收入与财富。他们的勤劳，除了提供他们自身的生活资料，尚能每年提供一个纯生产物，这纯生产物的增大，必然会增大社会的收入与财富。所以，像法兰西英格兰那样以地主农民占人民多数的国家，就能由勤劳及享乐而致富。反之，像荷兰、汉堡那样以商人工匠制造业工人占人民多数的国家，却只能由节俭与不自由而致富。境遇如此不同的诸国，利害关系亦是极不相同的，所以，普通国民性便亦极不相同了。在前一类国民中，自然会以宽大性、坦白性、友爱性，作为普通国民性的一部分。在后一类国民中，自然会嫌恶一切社会的快乐与享受，而形成褊狭、平庸、自利的倾向。

不生产阶级，即商人工匠制造业工人的阶级，其维持与雇用，殆全然由其他二阶级——土地所有者阶级及耕作者阶级——支费。这一阶级工作的材料由他们供给，这一阶级生活资料的基金由他们供给，这一阶级工作时所消费的谷物家畜，亦是由他们供给。不生产阶级一切工人的工资以及他们一切雇主的利润，结果，都须由地主及耕作者支付。这一般人不过是户外的工仆，他们与家仆的区别，仅为一工作于户外，一工作于户内。这两种人，是赖同一的主人出资来养活。他们的劳动，同样是不生产的，同样不能增加土地原生产物总额的价值。不但不能增加这总额的价值；对于这总额，那还是一个负担与费用，是必须从这总额中支出的。

不过，对于其他二阶级，这个不生产阶级，不仅有用，而且是大大有用。以商人，工匠，制造业工人的劳动为媒介，地主与耕作者，始得以比较遥为小量（比较不得不在拙笨而不熟练的情状下，亲自输入或制作的场合）的自身劳动的生产物，购得他们所需的外国货品及本国制造品。以不生产阶级为媒介，耕作者得专心耕作土地，不致为其他事务分心。专心的结果，耕作者所得而生产的物品，更为优越了。这种优越可以充分赔偿他们自己和地主雇用并维持这个生产阶级所费的全部费用。商人、工匠、制造业工人的勤劳，就其本身性质说，虽全然是不生产的，但可如此间接有助于土地生产物的增进。他们的勤劳，因可使生产的劳动专心于其适当的职业，即耕作土地，从而，增进生产劳动的生产力。耕耘的业务，每每藉助于非以耕耘为业的人的劳动，而臻于更简易更优良的地位。

在任何一点上，限制或沮害商人、工匠及制造业工人的产业，都不是地主及耕作者的利益。这不生产阶级越是自由，则他们间各种职业的竞争越是激烈，其他二阶级所需的外国货品及本国制造品，就将以越是低廉的价格得到供给。

压迫其他二阶级，亦决不能成为不生产阶级的利益。维持并雇用不生产阶级的，只是先维持耕作者再维持地主后剩留下来的剩余土地生产物。这剩余额愈大，则这阶级的生计与享乐，必越改进。完全正义、完全自由、完全平等的确立，是最简单而对于这三阶级全体皆臻于最高度繁荣之保证又最有效的秘诀。

像荷兰、汉堡那样主要由商人、工匠、制造业工人那一个不生产阶级构成的商业国内，这一类的人亦是这样由地主及土地耕作者出费来维持并雇用。但其中有一区别，亦只有一区别，即此等地主与耕作者，大部分均离此等商人工匠制造业工人极其极其的远，换言之，供他们以工作材料、生活资料基金的，乃是其他国家的居民，其他政府的属下。

但这样的商业国，不仅于其他各国的居民有用，而且大大有用。其他诸国的居民，本应在国内寻得商人工匠及制造业工人，但因其国政策某种缺点，又不能在国内寻得他们。这种极其重要的缺陷，乃得在某种程度上，赖这种国家而得填补。

以高率赋税，课加在此等商业国的贸易或所供商品上，从而，沮害抑制此等商业国的产业，决不是农业国——如果我可以如此呼——的利益。这种赋税，因可提高此等商品的价格，其结果，不过减落他们自己的剩余土地生产物——用以购买商业国商品的，就是这种物品或这种物品的价格——的真实价值。这种赋税的作用，不过是妨害此等剩余生产物的增加，从而，妨害他们自己的土地改良与耕作。反之，准许一切此等商业国的贸易享有最完全的自由，乃是提高这剩余生产物价值，奖励这剩余生产物增加，并从而奖励其国土地改良及耕作的最有效的方策。

这种完全的贸易自由，就以下那一点说，亦是最有效的方策。即在适当期间，供他们以国内所缺少的工匠、制造业工人及商人，使他们在国内感到的那个最重要的缺陷，得在最适当最有利的情状上，得到补充。

土地剩余生产物的继续的增加，到了相当时期，所能创造的资本必有剩余部分，不能以普通利润率用来改良土地或耕作土地。剩余部分自然会自行转过来，在国内，雇用工匠与制造业工人。国内的工匠与制造业工人，因可在国内寻得他们工作的材料和他们生活资料的基金，所以，就使技术与熟练遥为逊劣，亦得立即与此等商业国同类的工匠及制造业工人，以同样低廉的价格，作成他们的出品，因此等商业国的同类的工匠与制造业工人，必须从很远很远的地方运来他们所需的材料与生活资料。在本国工匠及制造业工人毫无技术与熟练的时候，他们固然会有些时候，不能和此等商业国同类的工匠及制造业工人，以同样低廉的价格，做成他们的出品，但也许能够在国内市场上，以同样低廉的价格出售他们的出品，因为此等商业国的同类的工匠及制造业工人，须以其货物由很远很远的地方运来。并且，待他们的技术与熟练都改良了的时候，他们不久就能以更为低廉的价格出售他们的出品。于是，不久，此等商业国的工匠与制造业工人，即将在农业国的市场上遇着竞争的人，再不久，就不得不贱卖，而被逐于这市场之外了。技术与熟练的逐渐改良的结果，此等农业国的制造品的低廉，将在适当时期，推广其售卖至国内市场之外，即推销于许多国外市场；并照同样的方法，再在那里，逐渐把此等商业国的制造品排挤出去不少。

农业国原生产物及制造品的继续的增加，到了相当时期，所能创造的资本必有剩余部分，不能以普通利润率投在农业或制造业上。这种剩余资本，自然会自行转过来，投在外国贸易上，把国内市场上不需要的过剩部分的原生产物及制造品，输出到外国去。在输出本国生产物时，农业国的商人，亦会像农业国的工匠及制造业工人，比商业国的工匠及制造业工人，占得一层优越的便利一样，与商业国的商人比，占得一层优越的便利。在他人必须在远地寻求货物、贮藏品、食料品的时候，他们却可在国内寻得这些。所以，既使他们航海的技术与熟练都较为低劣，他们亦能和商业国的商人，以同样低廉的价格，在外国市场上出售他们的货物。如果有同等的技术与熟练，就能以更低廉的价格出售了。所以，在这部门外国贸易上，他们不久就能和商业国竞争，并在适当期间全然把此等人驱逐。

总之，按照这个自由的宽宏的学说，则农业国要培育本国的工匠、制造业工人与商人，最有利的方法就是给一切其他国的工匠、制造业工人与商人，以最完全的贸易自由了。那可以提高本国剩余土地生产物的价值；这个价值的继续的增加，又可逐渐设立一个基金，那在适当期间，必然会把他们所需的各种工匠、制造业工人及商人培育成功的。

反之，设农业国以高率关税或禁令，压迫诸外国民的贸易，就必然会妨害它本身的利益，而妨害之途有二。其一，因可提高一切外国货品及各种制造品的价格，必致减落本国剩余土地生产物——用以购买外国货品及制造品的，就是这种物品或这种物品的价格——的真实价值。其二，因将给本国商人、工匠、制造业工人以国内市场的独占，会提高工商业的利润率，使较高于农业利润率，从而，把原已投在农业上的资本，吸引出一部分，或者，对于原要投在农业上的资本，拦阻其一部分，使不能投到农业上来。所以，这个政策，乃在二不同方法下，沮害农业：其一，减落农产物的真实价值，从而减低农业利润率；其二，提高其他一切职业的利润率。农业将因此而成为更少利益的用途，商业制造业将因此而成为更多利益的用途。各个人都将为了自身的利益，尽其所能，尝试以其资本及其勤劳，从前一类用途改投到后一类用途。

农业国由这种压制政策，比较由贸易自由，也许能以较大的速率（这事尚颇有疑问）培育本国的工匠、制造业工人及商人，但以早熟的方法，（如果可以如此说），在未十分成熟以前，把他们培育成功。对于一种产业的培育过于贪图急速了，结果，会抑压别一种更有价值的产业。对于仅能补偿所投资本及其普通利润的产业，以过于急速的方法培育起来，结果，会抑压别一种除了补偿资本及其利润，尚能提供一个纯生产物，作为地主的自由地租的产业。对于全无生产全不生产的劳动，其奖励过于急迫了，必致抑压生产的劳动。

至若按照这个学说，土地年产物全部是如何分配于上述那三个阶级，不生产阶级的劳动如何只能补还它所消费的价值，不能增加这全额的价值，却由这学说的最聪明、最深奥的创设者魁奈氏，在若干数学的公式上表明了。在这些公式中，第一个公式特为他所重视，标名曰"经济表"。这一个公式把他所想象的，在最完全的自由状态下，在最繁荣的状态下，在年产物是如此可以尽可能提供最大量纯生产物，各阶级得在全年产物中享受其适当部分的状态下，这种分配是如何进行的事情表明了。以下几个公式又把他所想象的，在各种制限及规律的状态下，在地主阶级或不生产阶级所受恩惠多于耕作者阶级所受的状态下，在这二阶级侵蚀这生产阶级应的部分的状态下，这种分配是如何进行的事情表明了。按照这个学说，对于最完全自由状态所确立的自然分配，每一次侵蚀，每一次侵害，都必然会一年甚似一年的多少把年产物的价值与总和减损，从而，陷社会收入与财富于逐渐凋落的地步。这种凋落的程度，必按照这侵蚀程度，必按照最完全自由状态所确立的自然分配所受之侵害程度，而以较速的或较缓的步调日益加甚。以下诸公式，就把这学说所认为必须与这自然分配所受侵害程度相呼应的各种凋落程度表明了。

有些有思想的医生，以为人体的健康只能由食物及运动的正确养生法保持，稍有侵害，即将按侵害程度的比例而引起相等程度的疾病。但据经验所示，那就至少从表面上看，人类身体常常得在许多样式的养生法下保持最完全的状态；甚而，在一般认为并不十分卫生的情状下，保有身体的健康。其实，人体的健康状态本身就含有一种不知名的保持力，能在许多点上预防并纠正极不良养生法的不良结果。自己就是一个医生并且是一个极有思想的医生的魁奈氏，似乎关于政治体亦抱有同一种类的概念，以为只有在完全自由与完全正义的正确养生法下，政治体始能繁荣发达起来。但他似乎没有知道，在政治体内，各个人改善自身境遇的继续的自然的努力就是一种保持力，能在许多点上，预防并纠正颇不公平颇为抑压的政治经济之不良结果。这种政治经济，虽无疑会多少阻碍一国趋于财富繁荣之自然的进步，但不能完全把它停止，更不能使一国后退。如果一国没有享受完全自由及完全正义，即无繁荣可能，那世界上就没有一国能够繁荣了。幸在政治体内，自然之智慧对于人间迂愚及不公正的许多恶影响，已有丰足的准备，来予以纠正。那好像在自然身体内，自有自然之智慧，为之充分准备，纠正了人间懒惰及无节制的不良结果不少。

这种学说最大的谬误，在于认工匠、制造业工人、商人的阶级，为全无生产、全不生产的阶级。这种看法的不当可由下述数种议论说明。

第一，这种学说亦承认这一阶级会每年再生产他们自身每年消费的价值，至少，可以延续雇用他们维持他们的那个资财或资本的存在。单就这一层说，把无生产或不生产的名称加在他们头上，就已经很不妥当了。生一男一女只足换还父母，延续人类现状，不能增加人类数目的婚姻，不得称为无生产或不生产的婚姻。诚然，农业家与农村劳动者，得于维持他们雇用他们的资财以外，每年再生产一个纯生产物，作为地主的自由地租。但是，生育儿女三个的婚姻，比较仅生育两个的婚姻为更生产；农业家与农村劳动者的劳动，亦不过比商人、制造业工人、工匠的劳动为更生产而已。一阶级的优越的生产，决不能使其他阶级成为无生产的或不生产的。

第二，根据这点，就把工匠、制造业工人、商人和家仆一样看待，是全然不妥当的。家仆的劳动，不能延续雇用他们维持他们的基金的存在。他们的维持与雇用，全然由主人出费用；他们的作业没有偿还这费用的性质。他们的作业，大都是随生随灭的事务，不能固着亦不能实现在任何可卖品上，以补偿他们工资及维持费的价值。反之，工匠、制造业工人、商人的劳动，却自然会固着而实现在如此的可卖品上。因此，在讨论生产的和不生产的劳动那一章上，我把工匠、制造业工人及商人，归类到生产的劳动者内，把家仆归类到无生产、不生产的劳动者内。

第三，无论根据何种假定，说工匠、制造业工人、商人的劳动不增加社会的真实收入，都似乎是不妥当的。例如，就令我们假定（像这种学说所假定的一样），这一阶级逐日逐月逐年所消费的价值，恰好等于他们逐日逐月逐年所生产的价值，亦不能因此便断言，他们的劳动无所增于社会的真实收入，无所增于社会上土地劳动年产物的真实价值。例如，某一工匠，在收获后六个月间，做成了值十镑的作业，那就令他同时消费了值十镑的谷物及其他必需品，他亦实际上，对于社会的土地劳动年产物，追加了十镑的价值。在他消费半年收入即价值十镑的谷物及其他必需品时，他又生产了一个等价值的作品，使他自己或别人，得购买相等的半年收入。所以，这六个月间所消费的及所生产的价值非等于十镑，乃等于二十镑。固然，在这期间内，也许任何一瞬间，都没有十镑以上的价值的存在，但若这价值十镑的谷物及其他必需品，不为工匠所消费，却为一兵士或一家仆所消费，则在六个月之终，尚犹存在的那一部分年产物的价值，比较工匠劳动的场合，要更少十镑的价值了吧。所以，就使工匠所生产的价值，无论在那一瞬间，都没有超过他所消费的价值，但无论在那一瞬间，市场上货物的实际存在的价值，都赖有他生产，得较大于没有他生产的场合。

此种学说的拥护者，往往说工匠、制造业工人、商人的消费等于他们所生产的价值。在他们这样说时，他们也许仅仅主张，他们的收入他们的消费基金等于他所生产的价值。如果他们的叙述正确一些，换言之，如果他们只说这一阶级的收入等于他所生产的价值，读者们，也许更容易想到，他自然会从这个收入节省下来的，必然会多少增加社会的真实财富。但为了要说出一种像议论一样的东西，他们遂不得不照他们本来的说法说话了。然而，就连假设事情真如他们所假设，那种议论亦是非常不得要领的。

第四，农业家及农村劳动者，非由节俭，即不能增加社会的真实收入及其土地劳动年产物，那和工匠、制造业工人及商人是一样的。任何社会的土地劳动年产物，都只能由两种方法增加；第一，实际雇用在本社会内的有用劳动的生产力改良；第二，实际雇用在本社会内的有用劳动的量增加。

有用劳动的生产力的改良，取决于：(一）劳动者能力的改良；(二）他工作所用的机械的改良。工匠及制造业工人的劳动，因为比较农业家农村劳动者的劳动，能实行更细密的分工，使每个工人的作业更为单纯，所以，在工匠及制造业方面，这两种改良都能达到更高得多的程度。所以，在这一点上，耕作者阶级并不较工匠及制造业者阶级为优。

实际雇用在任何社会内的有用劳动的量的增加，则完全取决于雇用有用劳动的资本的增加；这种资本的增加，又必恰好等于收入（资本管理人指挥人的收入或资本出借人的收入）的节省额。如果商人、工匠、制造业工人，真如这一学说所设想，自然比地主及耕作者更有节俭储蓄的倾向，那么，如此，他们亦就更能够增加本社会所雇有用劳动的量了，从而，更能够增加本社会的真实收入及其土地劳动年产物了。

第五，即令一国居民的收入真如这一学说所设想，全然是其国居民勤劳所能获取的生活资料量，但在其他一切条件相等的场合，工商业国的收入亦必遥大于无工商业国的收入。一国以商业及制造业为媒介，得比较其国土地在现耕作状态下所能提供的数量，每年从外国输入较大量的生活资料。都市居民，虽往往毫无土地，亦得赖自身之勤劳，吸取如此多量的他人土地原生产物。工作的原料不讲了，他们的生活资料基金亦可从此取得。都市与其邻近诸农村之关系，往往即是一独立国与其他诸独立国之关系。荷兰就是这样从其他诸国吸取他们生活资料的大部分。活家畜从浩尔斯坦[1]及鸠特兰[2]取得；谷物，几乎从欧洲各国取得。小量的制造品，得购买大量的原生产物。所以，工商国，自然会以小部分本国制造品交换大部分外国原生产物；反之，无工商业的国家，就大都不得不费去大部分本国原生产物，来购买极小部分的外国制造品，前者所输出，仅能维持极少数人供极少数人享用，但所输入却为多数人的生活资料及享乐品。后者所输出是多数人的享乐品及生活资料，但所输入却仅能供养便利少数人。前一类国家的居民，常能比较其国土地在现耕作状态下所能提供的数量，享受遥为大量的生活资料。后一类国家的居民却必致常常只能享受遥为小量的生活资料。

这学说虽有许多缺点，但在政治经济学这个题目下发表的那许多学说中，又要以这学说最近于真理了。即因此故，凡愿细心检讨此种极重要的科学的原理的，都得十分对它留意。视投在土地上的劳动为唯一生产的劳动，所指固未免失之太狭；但这学说，视国民之富，非由不可消费的货币的富构成，却仅由社会劳动每年所再生产的可消费的货物构成；视完全的自由，为尽可能以最大程度增进这常年再生产的唯一有效方策，却就任何一点说，都是公正而又宽大自由的。其信徒极众，人们大都爱好奇说，总想自己的见解超乎平常人的理解。所以，这学说与众不同，倡言制

① 浩尔斯坦：Holstein，今译荷尔斯泰因。——编者注

② 鸠特兰：Jutland，今译日德兰。——编者注

造业劳动是不生产的，也许亦是它博得许多人赏赞的一个不小的原因。在过去数年间，他们居然组成了一个颇为重要的学说，在法兰西出版界上，取得了经济学家的标名。他们的作品，把许多向来不会有人好好研究过的题目，提到大众面前讨论，并在相当程度上使国家行政赞助农业，所以，对于他们的国家，他们的贡献亦是不小的。就因为他们这种说法，法兰西农业一向所受的压迫就有好几种得了解脱。任何未来的土地购买者所有者均不得侵犯的租期，已由九年延长到二十七年了。往昔同国各省间谷物运输所受的各省的限制，完全废除了；输出谷物到各外国的自由，在一切普通场合亦在王国的普通法中确立了。这个学派有无数的著作，不仅讨论真正所谓政治经济学，即讨论国民之富的性质与原因，且讨论国内行政组织其他各部门。这无数著作都默从地，无何等大修正地，追随魁奈氏的主义。因此，他们著作中，有大部分几乎是内容一致。关于这学说，曾作最明白最连贯的解释的，乃是曾任马亭尼科[①]知事的麦西尔·德·拉·里浮尔氏所著的题名为《为政治社会之自然的本质的秩序》的那一个小册。这整个学派，对于他们的主师的称扬，殆不下于古代任何哲学学派，对于各自学派建立者的称扬。不过这学派的主师，自己倒是非常谦虚、非常朴素的。有一位勤勉而可尊敬的作者马古斯·德·米拉波就说：“从有世界以来，只有三个大发明与其他许多仅足为政治社会装饰润泽的发明无关，单独地，给政治社会以安定性。第一，是文字的发明，只有它可给人类本性，以传达（毫无更动地传达）其法律、其契约、其历史及其发现之能力。第二，是货币的发明，那使诸文明社会间的全部关系，得互相联结。第三，是《经济表》，那是其他二种发明的结果，但可完成它们二者的目标，从而使它

① 马亭尼科：Martinico，今译马提尼克。——编者注

们二者完成；那是我们这个时代的大发现，但我们的子孙将永收获其利益。”

近代欧洲诸国的政治经济学，比较更有利于制造业及国外贸易——都市的产业，而更不利于农业——农村的产业；其他诸国的政治经济学，则采用不同的计划，更有利于农业，而更不利于制造业及国外贸易。

中国之政策，就在一切职业中，特别更爱护农业。在欧洲，大部分地方的工匠境遇较优于劳动者[①]，而在中国，据说，劳动者的境遇，即遥较工匠的境遇为优。在中国，每个人都以占有（所有或租有）若干土地为大野心。但系租有，则据说租借条件极为简妥，而对于租借人又有充分保证。中国人不大尊重外国贸易。当俄罗斯公使德·兰格氏来北京请求通商时，北京的官吏便常常对他说：“你们乞食般的贸易！”[②]除了对日本，中国人很少由自己或自己的船舶，经营外国贸易，甚或全然不会。允许外国船出入的海港，亦不过一两个。所以，在中国，外国贸易就被局限在更狭得多的范围中了，设稍为自由，则由本国船外国船经营的外国贸易，必然会更大得多。

制造品因在小容积中常常包含大价值，得比较大部分原生产物，以较小的费用由一国运至他国，所以，几乎在任何国家，都是国外贸易的主要支持物。而且，在国内贸易不能像中国那样广阔而有利的场合，制造品亦常常需要国外贸易来支持。设无广阔的国外市场，那在仅能提供狭小国内市场的幅员不大的国家，或在国内某地生产物不能畅销于国内各地或国内各省间交通极不方

---

① 此处，劳动者一词，指无技术的劳动者。以下尚有数处，与此同一用法。

② 参看《北尔诸游记》中德·兰格氏的日记。（第二卷二五八、二七六、二九三页。）

便的国家，就没有好好发展的可能。须记着，制造业的完善，全然依赖分工。制造业所能实行的分工程度，又必然受支配于市场的范围。这是我们曾经说过的。中国有如此大的幅员，有如此多的居民，有如此多样的气候，各地方有如此多样的生产物，各省间的水运交通，又是大部分极其便利，所以，单有这个大国的国内市场，就已足支持极大的制造业，而容许极可观的分工程度。就面积言，中国的国内市场，比较全欧洲各国的市场，并不会觉得大劣。设能在国内市场之外，再给中国以全世界其余各地的国外市场，则更阔大的国外贸易，必能大增中国制造品，大改进其制造业的生产力。如果这国外贸易尚有大部分由中国船经营，则尤有这种结果。而且，航海业推广的结果，又自然会使中国人学得外国所用各种机械的使用术与建造术，以及世界其他各国技术上产业上其他各种改良。但在今日中国现计划下，他们却几乎没有机会，模仿外国的前例，来改良他们自身（除了模仿他们的邻国日本）。

古埃及和印度政府的政策，似亦常常较有利于农业，而较不利于其他一切职业。

古埃及和印度，都把人民全体分成若干姓阶或民族，由父至子，只许世袭特定的职业或特类的职业。僧侣的儿子，必然是僧侣；兵士的儿子，必然是兵士；劳动者的儿子，必然是劳动者；织匠的儿子，必然是织匠；缝匠的儿子，必然是缝匠。余可类推。在这两国，僧侣的姓阶占最高位。兵士的姓阶次之。而在这两国，农民及劳动者的姓阶，均较高于商人及制造家的姓阶。

这两国的政府，都特别注意农业的利益。埃及国王疏通尼罗河使其灌溉得适当分配之工程，在古代，是很有名的；其遗迹，至今，亦尚为旅行人所惊赏。印度古代诸王疏通恒河使其灌溉得适当分配之同种工程，虽不若前者有名，但是一样伟大。所以，这两国，虽亦间有粮食不足的情形，但总以丰饶性甚大而闻名于世。那里虽都是人烟极其稠密，但就连在中平的丰年，他们亦都能输出大量的谷粒到邻国去。

古埃及有畏海的迷信；印度教不许教徒在水上点火，从而不许教徒在水上烹调任何食物，所以，实际上，亦就等于禁止教徒作远海的航行。埃及、印度都几乎全然依赖外国航业，来输出他们的剩余生产物。这种依赖性，因可限制市场，故必致沮害这剩余生产物的增加。但对于制造品增加的沮害，又必甚于对于原生产物增加的沮害。与最重要部分的土地原生产物比较，制造品所需之市场遥为广大。一个鞋匠，一年可制造三百双以上的鞋；但其家族，或不能穿着六双。所以，他至少也要有五十家像他那样的家族来照顾他的生意，不然，他自身劳动全部生产物，即无法售脱。在任何一大国，就连人数最多的那一类工匠，在国内家族全部中，所占比例，恐亦罕在五十分之一或百分之一以上。但在英格尔法兰西那样的大国，据某一些著作家所计算，则以农业为职业的人数占全国居民二分之一，某一些著作家所计算，则为三分之一，但据我所知，殆无一人谓在全国居民五分之一以下。英法二国的农产物，既大部分在国内消费，那照此等计算，每一家农民，只须一家、二家，至多四家像他那样的家族来照顾，已可售脱他劳动的全部生产物。所以，农业比较制造业，是更能在市场有限的沮害上支持住的。在古埃及及印度，外国贸易的局限，固能在某程度上，由内地航运纷繁的便利（那在最有利的情状上，对于本国各地各种生产物，开放了全范围的国内市场）而得补偿。且以印度幅员甚广，故所提供的国内市场亦极大，足支持许多种类的制造业。但在古埃及，则幅员甚小，不能与英格兰等，所以，在任何时节，所提供的国内市场均甚小，不足支持许多种类的制造业。所以，孟加拉（输出谷粒最多的印度的一省）所以使人注意，与其说因为它输出了许多谷粒，毋宁说因为它输出许多种类的制造品。反之，古埃及虽亦输出若干制造品，尤其是精麻布及其他某几种货物，但终以输出大量谷粒而闻名于世。它有一个长时期是罗马帝国的谷仓。

中国、古埃及、印度斯坦各时代割据诸王国的君王，其收入全部或最大部分，是常常得自某种地税或地租。这种地税或地租像欧洲的什一税一样，包含一定比例的土地生产物，据说是五分之一，那或由现物交付，或估价由货币交付，依收获丰歉之变化，一年不同于一年。如是，则此等国家的君王，特别注意农业的利益，就是当然的了，因为他们年收入的增减，即直接取决于农业的盛衰。

古希腊诸共和国之政策及罗马之政策，虽与制造业外国贸易较，亦是更尊重农业，但实际上，与其说他们曾给后者以直接的意识的奖励，毋宁说曾给前一类职业以沮害。希腊古代诸邦，有些便完全禁止外国贸易；有些，却视工匠及制造业工人的职业，为有害于人体的强力与活泼，使他们不能养成他们军事训练体育训练所要养成的习惯，并使他们不能耐战争的劳苦，克服战争的危险。他们视这种职业只宜于奴隶；国家的自由市民不许从事经营。就连像罗马雅典那样的国家，虽说没有这种禁止，但事实上，人民大众还是不许经营今日为下层都市居民所惯常经营的各种职业。这一类职业，在雅典罗马，全由富人之奴隶占领。此等奴隶，为其主人之利益，而经营此等职业。这班富人，既有财富权力，又得保护，故一贫穷的自由民，要与此等富人的奴隶竞争，那就几乎不能为其作品寻得一个市场。不幸，奴隶是极少有发明的；一切最重要的缩减劳动、便易劳动的改良，无论是机械上的抑是工作配分法上的，都是自由人的发现。如果有一个奴隶提议这一类的改良，其主人将视此等提议为懒惰的表示，不过表示他想以主人为牺牲而节省自身的劳动。如是，可怜的奴隶，不但不能从此得酬报，也许还要从此受冤枉，甚至于受处罚。所以，与自由人经营的制造业比较，奴隶经营的制造业，通例须由多量的劳动，遂行同量的作业。是故，后者作品必通例较前者作品为昂。孟德斯鸠曾言，与邻近的土耳其矿山比较，匈牙利的矿山虽不更为丰饶，但常能以较小的费用采出，故能获取较大的利润。土耳其矿山由奴隶开掘；土耳其人所知使用的机械，又只是奴隶的臂。匈牙利矿山由自由人开掘，并采用许多缩减自身劳动便易自身劳动的机械。至若，关于希腊罗马时代制造品的价格，我们所知的极少，但从这一点点知识，我们已觉得精制造品非常昂贵。丝与金，得以等重量相交换。当时，丝非欧洲制造品，均从东印度运来，运输费大，或可在相当程度上，说明其价格的昂贵。但据说，当时贵妇人，亦每每以同样过大的价格，购买极精致的麻布，而麻布则大都是欧洲的制造品，至远，亦不过是埃及的制造品。所以，此种高价的原因，就只是生产麻布的劳动所费甚大了，而此种劳动所费甚大的原因，又只是所用机械粗笨。并且，精毛织物的价格，虽不见得有这样昂贵，但亦远过于今日。据蒲林纳氏所说，这种毛织物，若曾精染，则一磅可值一百德纳尔（denarii），即三镑六先令八便士。染色若更精良，则一磅可值一千德纳尔，即三十三镑六先令八便士。须记着，罗马磅仅含今日常衡十二翁斯。这高价诚主要发因于染料。但若毛织物本身非较今日远为昂贵，则如此昂贵的染料，也许不会如此用。附从物与主要物价值间之不平衡，将过形巨大。再据同一作者所说，某种屈利克林纳利亚——一种毛织的枕垫放在桌子前面的椅子上——的价格，亦几难以置信。有些费三万镑以上，有些费三十万镑以上。这种高价格，总不能说由于染料罢。再据亚普斯诺博士所说，古时时髦男女的服装，都较今日为更少花样。我们在古代诸雕像中，只能看出极少样式的服装，那正可以证实他的议论罢。但他就从此推论他们的服装，就全体说，必较今日为廉。这个结论却似乎不甚妥当。在时装衣服所费甚大时，花样必定甚少。但在制造技术及制造工业的生产力已改良，致任何服装所费均不甚大时，花样就自然会多起来的。富人们在不能由服装所费以炫耀自身时，就自然竭力以服装满伙花样翻新，来炫耀他们自己了。

任何一国的贸易，都以城乡间的通商为最大而最重要的部门。都市居民的工作材料及生活资料基金，仰给于农村的原生产物；而以一定部分制成了的适于目前使用的物品，送还农村，作为原生产物的代价。这两种人的贸易，究诘地说，乃是以一定量原生产物与一定量制造品交换。前者愈昂贵，后者必愈低廉；在任何一国，可提高制造品价格的事情，都有低减土地原生产物价格的趋势，从而，有沮害农业的趋势。一定量原生产物或其价格所能购买的制造品量愈小，这一定量原生产物的交换价值亦必愈小，地主由改良土地，农业家由耕作土地而增加其产量之奖励，遂亦愈小。此外，在任何一国，可减少工匠及制造业工人的事情，都有缩小国内市场——在原生产物各种市场中，那是最重要的——的趋势，从而，有更进一步沮害农业的趋势。

所以，因要增进农业而特重视农业，且加制造业及国外贸易以限制的那诸种学说，其作用都适反于其所拟议的目的，而间接沮害他们所要促进的那一种产业。在这点上，其矛盾尚恐较重商主义为尤甚。重商主义因更奖励制造业及国外贸易，更不奖励农业，固可使社会资本离去较有利益的产业，而支持较少利益的产业，但实际上，到底总算奖励了他所要促进的产业。反之，诸农业学说，却是实际上到底是沮害他们自己所要爱护的产业。

这样看来，凡是一种学说，如要对于特定产业，予以异常的奖励，违反自然所趋，以社会上过大部分的资本，拉入这种产业，又或要对于特定产业加以异常的限制，违反自然所趋，强迫一部分原来要投在这产业上的资本，离去这种产业，那实际上，都足颠倒他所要促进的大目的。那只能阻碍社会富强之进步，不能使它加速，只能减少其土地劳动年产物的真实价值，不能把它增加。

一切特惠的或限制的制度，一经完全废除，最明白最单纯的自然的自由制度，将自然而然地自己树立起来。每一个人，在他不违犯正义的法律时，都愿任其完全自由，在自己的方法下追求他自己的利益，而以其勤劳及资本，加入对任何其他人或其他阶级的竞争。监督私人产业，指导私人产业使最合宜于社会利益的义务，君主们应当完全解除。这称义务的履行，极易陷于迷妄；要行之得当，恐尚非人间智慧或知识所能作到。按照自然的自由制度，则君王应尽之义务仅三。第一，保护社会，使不受其他独立社会的扰害侵犯。第二，尽其所能，保护社会上各个人，使不受社会上任何其他个人的虐待压迫，即设立严正的司法机关。第三，建设并维持一定的公共土木事业及一定的公共设施。这种事业与设施的利润，在由大社会经营时，虽常足补偿所费而大有余，但若由个人或少数个人经营，就决不能补偿所费，故其建设与维持，决非任何个人或任何少数个人所利于为。

君王这诸种义务的适当的履行，必须有一定的费用；而这一定的费用，又必须有一定的收入来支持。所以，下一篇我将努力说明以下诸事。第一，君主或共同社会的必要费用为何呢，其中，什么部分应由全社会的一般课税支办，什么部分应由社会内特殊部分或特殊人员的课税支办呢。第二，应由全社会支办的费用，将由如何的种种方法而为全社会所贡纳呢，并且，这各种方法主要的利弊又何在呢。第三，近代各国政府，几乎都会用一部分的这种收入，来作抵押，而商借债务，其理由及原因何在呢，此称债务及于社会真宝财富及社会土地劳动年产物的影响又如何呢。所以，下一篇就自然要分作三章。

第五篇　论君主或国家之收入

第一章　君主或国家之费用

第一节　论国防费

君主的义务，首在策本国社会之安全，使不受其他独立社会之暴行与侵略。而此种义务之完成，又惟有借助于兵力。至若平时准备兵力，战时使用兵力的费用，则因各社会状态不同，换言之，因各社会进化程度不同，而非常相异。

在最低级、最粗野之狩猎民族间，人人都为狩猎者，人人亦都为战士。今之美土人[①]，就是如此。他们在家庭中生活，是各由自己的劳动维持；他们为保护社会，或为社会复仇而趋赴战场，也同样是由各人自己的劳动维持。在这种状态下，本无所谓君主或国家，各个人也无须为准备战争，为进行战争而负担何等费用。

较进步之游牧民族的社会状态，即如鞑靼人和阿拉伯人的社会状态，也大抵相同。在那个社会中，各个人是游牧者，同时也是战士。他们通常在篷幕中，或在一种容易移动的盖车中生活，没有一定的住所。每年因季节不同，或因其他偶发事故，举族同时迁徙。他们的家畜群，把一个地方某部分的牧草吃尽了，便移向他一部分，他一部分吃尽了，更移向其他的部分。他们在干燥

① 美土人：the native tribes of North America。——编者注

季节，迁往河岸；在阴湿季节，又退回丘陇。当他们临着战争时，并不是把家畜委之于老者妇女儿童看护，也不是把老者妇女儿童抛在后边，不予以保护供养。他们全民族在平时就是过惯了放漫生活的，所以一当着战争，个个皆容易变为战士。而且，他们在军队式的进军场合，在畜牧式的移动场合，其目的尽管不同，而生活样式却大抵一样。战争起来，他们是一同战争。他们每个都尽其所能来动作。鞑靼妇女参加战争的事，那是我们时常听到的。他们如果战胜了，敌方全种族所有的一切，都成了他们的胜利报酬；一旦战败了，自己的家畜乃至妇女儿童，也全都成了战胜者的胜利品。就是战场上残下的大部分强有力的战士，亦不能不为得到当前的生活资料而服从征服者。而其余的一部分人，通例皆驱逐四散，投往荒地。

鞑靼人或阿拉伯人之日常生活，日常操习，在在可为其战斗的准备。他们普通的户外游戏，如竞走、角力、耍棒、投枪、拉弓等等，俨然就在从事战争；所以他们在实际作战时，也如平日一样，由自己所领带的家畜维持生活。他们是有酋长或君主的，但酋长或君主不会为了准备战争，而加他们以负担。掠夺的机会，那就是他们在战场上期待的唯一报酬。

狩猎者的队伍，通例不过二三百人。因为各地提供他们的生活资料的机会，既不确定，许多人如长久住在一块，必无法维持。游牧者不同，他们的队伍有时会达到二三十万人。只要他们的进行不受沮害，他们能够由牧草消尽了的甲地域，迁到牧草完全没有损耗的乙地域；他们连属一起的人数，就似乎可以尽量增加。因之，狩猎民族对于其邻近的文明国民，虽没有什么可怕；游牧民族就非同小可了。所以，最令人揶揄轻视的，是印第安人在美洲的战争；

最令人谈虎色变的，是鞑靼人在亚洲屡次的侵略。特希狄德[①]说："无论是欧洲还是亚洲，都不能抵抗团结起来的西徐亚人。"他这个断言，实在已经是由一切时代的经验证明过了的。西徐亚或鞑靼的旷野，广漠无垠，没有天然的屏障。那里的居民，往往在一个征服者群或酋长的统治下结合起来。亚洲许多地方遍被蹂躏，变为荒地，即可显示他们结合的力量。幸而另一个大游牧民族，即阿拉伯不毛沙漠的居民，不大能够团结。在历史上，他们仅仅于穆罕默德及其直接后继者的统治下，结合过一次。他们那次的结合，与其说是征服的结果，倒毋宁说是宗教热情的结果；但他们那次结合的表现，也同样可观。假若美洲的狩猎民族都成了牧羊者群，那么，邻近他们的欧洲诸殖民地居民，就一定不能像现在这样平平稳稳地生活下去。

现在，再就比较更进步的农民社会状态说吧。在地道的农业民族间，全没有对外贸易，除了各人为自己使用，而在各自家中调制的粗劣用品外，更没有何等制造品。他们每个人是农业者，也同样是战士，或者说，都容易成为战士。农家的工作，夏天要不避烈日，冬天要不避风寒。这种困苦的日常生活，正可锻炼他们，使他们能熬受战争的苦难。实在说，农业上有若干工作，就与战时的一部分困难工作非常类似。比如，农家在农场上，是非掘凿沟渠不可的，但有了这套本领，他们便可从容在战场上构筑战壕与围墙。前面讲过，游牧人民的游戏，俨然是从事战争，农民虽不像游牧者那样闲暇，不像游牧者那样耽于游戏，从而，他们充当兵卒，也没有学得游牧者那班武艺。可是，他们一旦执干戈以卫社稷，却也不必要君主或国家多大的破费。

---

① 特希狄德：Thucydides，今译修昔底德（公元前460年至公元前455年间—约公元前400年），古希腊历史学家，有记述公元前5世纪斯巴达和雅典之间战争的作品《伯罗奔尼撒战争史》传世。——编者注

不过，农业是有固定性的。哪怕开化最浅、耕作最幼稚的农民，也必须有一个固定住所。这固定住所一旦放弃，势必要蒙受大损失。所以农耕民族的作战，就不能像狩猎民族、游牧民族那样，全体出动。他们至少要把老者妇人儿童留在后方，照料住所。可是，其他兵役年龄内的男子，则当全赴战场，而在弱小民族间更是如此。各国兵役年龄内的男子，就一般推算，约占全人口四分之一或五分之一。假若战争在播种期后开始，收获期前终了，农民及其主要劳动者即令离开农场，亦不会蒙到大的损失。在这个期间，农场上虽有必须进行的作业，但他相信，有老人妇人儿童就很可以把这事情做好。所以，短期从事战役，他尽可不要报酬，他成为战士，既无须要君主或国家的费用训练；他实际作战，也无须要君主或国家的费用维持。在第二次波斯战争发生以前，古代希腊各邦市民，似即依这种方式从事兵役。在伯罗奔尼撒战争发生以前，伯罗奔尼撒人，也还是依这种方式从事兵役。据特希狄德观察：伯罗奔尼撒人大概在夏期离开战场，回去办理收获。罗马在诸国王分立期乃至共和国初期，亦是采取这种办法。直到斐伊之围[①]以后，它才开始把维持征服者的费用加担在那些留在家乡的人身上。迨后罗马帝国没落了，它的废墟上又建立了欧洲诸王国。这些王国，在真正的封建法（feudal law）树立以前，及既经树立了以后若干期间，许多扈从满前的大领主，往往是以自己的费用服事国王。如在家庭中一样，他们在战场上，也是以自己的收入支持自己；他们从未由国王那里领到何等俸金或报酬。

在比较远更进步的社会中，征服者以自己的费用维持自己的事，就全不可能了。这其中有两种原因：一是制造业的进步，一是战争技术的改良。

---

① 斐伊之围：the siege of Veii。——编者注

就农民从事远征而论，只要那远征是播种期后开始，收获期前终了，他在作业上的这种中绝，就不致大大影响其收获。因为，即令不加入任何劳动，自然尚可以替他成就一大部分残下的工作。然而征役对于一般技术工人，那就非同小可了。比如说，铁匠、工匠、织匠吧，他们一离去作业的场所，其唯一收入源泉马上就要涸竭。他们的一切工作都要仰仗自己，自然没有一点帮助。所以，他们这种人如为国家服务军役，就无法自己维持，也就不能不由国家给养。这样看来，一国大部分居民如为技术工人及制造业者，则大部分服务军役的人，就不能不由他们中间征集，从而，他们在军事服务期间，也就不能不由国家的费用维持。

加之，战争的技术已渐渐发展成了一种错综复杂的科学。战争的行为已不是初期社会那种简单随便的小格斗、小争夺；而战争的期间，更没有一定，往往连续争战几次，每次说不定要继续大半年。这时，从事征役的人民，至少在战斗继续期间，是有仰赖国家维持之必要的。一个人平时不论所执何业，如果要他长期服务军役，长期自费支持，那就未免是一个过重的负担。所以，第二次波斯战后，雅典的军队就似乎大体上已采了佣兵制度。当时雅典军队，虽由市民及外国人编成，但他们一样是以国家费用支给薪饷。罗马自斐伊之围以来，其军队在战役期内，亦受有相当报酬。以后在封建诸政府统治下，大领主及其扈从之军事勤务，一般都是在一定期间后，用货币作为抵偿；这货币就是用以维持那班顶替他们服役的人。

文明社会服务军役的人类，与人民总数比例而言，必然要比未开化社会少得多。文明社会维持兵士的费用，统由那些非兵士的劳力者负担。这般劳力者，不但要维持兵士，且要在适合身份的范围内，维持他们自身乃至他们的行政司法官吏。因之，兵士的数目，就不能超过那般劳力者——除了维持他们自身及其官吏外——所能维持的限度。在古代希腊小农业国家中，人民全体有四分之一或五分之一，自认为兵士，而往往从役战场。然而，近代文明各国使用的兵士，通例推算，不过全体居民百分之一，过此，即不免因负担太重，危及国家的财政收入。

战场上军队概由君主或国家供养以后好久，为作战而练兵的费用，才成为国家的一个大的支出，在此以前，似乎不见得怎样繁重。古代希腊诸共和国的军事训练，为国家课加于各自由市民之教育的必要部分。各都市皆备有一公共广场，就在这广场里面，诸教师于国家官员监督下，对于青年施以种种军事教练。所以，希腊诸共和国虽说要负担市民准备作战的费用，但这费用的全部，不过限于这极简单的设施。古代罗马也有所谓运动场（Campus Martius）的教练，那与希腊式的竞技场（Gymnasium）的教练，具有同一目的。后来封建诸政府，虽曾企图达成这种目的，训练各区市民，演习弓术及其他军事训练，但卒因委任官吏缺乏责任心及其他原因，这种训令，竟成了一纸具文。存那些政府的更迭消长中，军事训练亦渐在人民大众中放弃了。

在希腊罗马诸共和国存立的全期间，在封建政府成立以后许久岁月间，兵士的职业，都尚未成为某市民阶级之唯一的主要职业，未成为一种独立的判然区划的职业。一切人民，不论其平日依何种职业或业务谋生，在普通的场合，他总觉得他宜于为一个军人，而在非常的场合，又觉得有成为一个军人的义务。

然而在一切技术中，战争的技术确是最高尚的；所以，改良进步的结果，这种技术也就必然成为一切技术中最复杂的了。战争技术在某特定时期能完成的程度，固然是由机械技术及其他必然与战争技术相关联的若干技术状态，予以决定，但是，要使其发展至如此程度，那还有成为特种市民的主要的或唯一的职业之必要；并且，和其他的技术改良一样，这种技术的改良，也有分工之必要。不过，他种技术的分工，是个人智巧之必然的结果，因为他发觉了，要增进自己的利益，与其从事几种职业，倒不如专精一种特定职业。至若兵士职业与其他职业分开，使成为一种独立的专门的职业，却非出于个人的打算，而是由于国家的智慧。在太平无事时，一个不待国家特别奖励，而把自己大部分时间费在军事训练上的市民，无疑的，他在这种训练上必比较更有进步，更有乐趣，但对于他自身的利益，那却没有一点增进。只有国家的智慧，能使国家为他的利益，叫他费大部分时间来就这种特殊职业。不过有许多国家，就连当着非有这种智慧即难于继续存立的时候，往往仍然没有这种智慧。

游牧民多闲暇，幼稚农业状态下的农民有一些闲暇，手艺工人或制造业者则全无闲暇。在武艺的训练上，第一种人就是把大部分时间花费了；第二种人把小部分时间花费了，都不会蒙到大的损失；第三者的情况却大不同。他费去一小时，即有一小时的损失。而且，为他自身的利益计，他自然而然地会漠视这全部的教练。又，技术进步、制造业进步、农耕上必然会引起种种的改良，结果遂使农民和城市的工人一样没有闲暇，农民也不期然而然的和市民一样轻视军事训练，以致大多数人都养成了不好战的习性了。然而在另一方面由农业制造业改良生出的财富，即由这诸种改良蓄积下来的财物，却又不免诱起邻国的觊觎和侵略。事实上，勤勉而富裕的国家，往往是最易被其四邻攻击的国家。所以，国家假使对于国防不采取何等新的手段，人民自然的习性，是会使他们全然失去自卫能力的。

在这种情形下，国家对于国防军备的设施，似只能采取两种方策。

第一，它可用一种极严厉的法令，不要管国民的利益怎样，资质怎样，倾向怎样，一律强迫施以军事教练；凡在兵役年龄内之一切市民，或其中的一定人数，不管他们从事何项职业，总得使其在某种限度，与兵士的职业结合起来。

第二，它可以维持并使用一部分市民，不断施以军事训练，使兵士的职业脱离其他职业，而确然成为一独立的特殊的职业。

假若国家采取前一方策，那么，这个国家的兵力就是所谓民兵；如其采取后一方策，那么，这个国家的兵力，就是所谓常备军。操演军事教练，为常备兵士之唯一的主要的职业。国家给予他们的生活费或饷金，即是他们日常生活之主要资源。可是，在民兵方面，就当别论。这种兵士的军事教练，原不过是临时的职业，他们日常生活的主要资源，还得由其他职业赢得。在民兵，劳动者、手艺匠、买卖人的性质多于兵士的性质；在常备军，军人的性质又多于一切其他职业的性质。这两种兵力，在本质上，就有这样的区别。

单就民兵说，亦分有若干种类。有的国家，对于捍卫国防的市民，只施以军事教练，却不曾编为队伍——如其可以这样说——当他们操练时，既没有分割为独立各别的部队，也没有长久固定的士官。在昔希腊罗马诸共和国，各市民留在家乡时的军事教练，多半是单独的，分开的，或者邀聚各人所好的伴侣，一同操演，不到实际作战期间，则不属于任何特定部队。若在其他国家，则又不同。它们的民兵，不但要操演，且编为队伍。在英国，在瑞典，乃至在近代欧洲设有这种不完全兵备的一切国家，每个民兵都有其所从属的特定部队，都有其恒久固定的教练士官。在战时固不待言，在平时亦是如此。

火器未发明以前，一个军队的优越程度，是要看其中各个兵士使用武器的熟练同技巧如何。肉体的筋力和敏捷的活动，所关至巨，通例且以此决定战斗的命运。使用武器的熟练和技巧，与今日之剑术同，那不是夹在大众之中能够学成的。学习那种武艺，只有各人单独进特定的学校，从特定的教师，或访拜特别有本领的朋友。火器发明以来，体力和敏捷，使用武器的技巧和熟练，虽然不是全无用处，但比较以前，就更不重要得多了。新式火器的性质，虽然在使用上，不致使笨拙者和熟练者立于同一水准，但比较以前，却使他们更能够近于同一水准。而同时使用这新式火器所必要的一切技巧和熟练，已可夹在大部队中学习，而不必要私人教练了。

决定近代军队战斗命运的，与其说是兵士使用武器的技巧和熟练，远不如说是规律、秩序和对于命令的迅速服从。近代的火器是有声响的，是有烟气的，是随时——往往在正式交战以前好久——会使人在炮弹降临之时成为不可见的死人，惟其如此，往往战斗一经开始，这规律、秩序和服从性，就颇不易保持。若古代的战斗情形就不是如此了。除人的叫吼声外，没有声响，没有烟气，也没有看不见的负伤和致死的原因。在致死的武器实际未接近自己以前，各人都分明没有别的顾虑。在这种情形下，只要是对于使用武器的熟练和技巧，有了相当把握，那种军队的规律和秩序，就不但在战斗开始时可以保持，即在战斗全过程上，或者直到两军胜负判然时为止，尚不致怎样混乱。总之，对于规律和秩序的保持，在这一场合是比前一场合容易多了。不过，规律、秩序和对于命令的迅速服从，那是要在大队伍的操练中才能获得的。

可是，民兵不论用什么方法教练或训练，训练好了的民兵往往总远不及训练好了的常备军。

在使用武器的练达上，一周或一月训练一回的兵士，决不及每日或隔日训练一回的兵士。也许说，军队的练达，在近代没有往昔那样重要，但举世公认的普鲁士军队的优越——据说，这优越很得力于他们训练的练达——却证明了就连在今日，士卒练达亦还是极其重要。

一种兵士，每周每月仅仅听长官一次指挥，其余一切时间都可自由处理自己的事务，不必过问长官。另一种兵士，其全部生活及行为，皆在长官指挥之下，他每日的起居进退——至少在营舍中——悉照长官的命令行事。就这两种兵士比较起来，对于长官的敬畏程度，对于服从命令的迅速程度，前者是决不如后者的。所取，就所谓操枪教练而言，换言之，就操纵和使用武器而言，民兵固较劣于常备军。就训练而言，换言之，就迅速服从命命的习惯而言，民兵更较常备军为劣。可是在近代战争上，操纵武器的本事虽再好，究不若立即服从命令之习惯的重要。

民兵能像鞑靼及阿拉伯的民兵那样，那就算最好的了。他们平时就是服从酋长，若跟随同一酋长作战，自然很能服从。他们敬尊长官和立即服从命令的习惯，颇与常备军接近。苏格兰高地地方的民兵，当其在自己酋长指挥下活动时，也是可以尊敬长官，并相当的迅速实行命令的。不过，他们不是放浪的牧羊者群，而是定住的牧羊者群，他们都有一定的住所。在平时，他们既没有追随酋长由一个地方转移到其他地方的习惯，所以，和鞑靼人、阿拉伯人比较，他们到战时是不大愿意同酋长驰赴远方的，也是不大愿意长久留在战争场所的。他们一获有战利品，马上就渴望回家，酋长的权威也不一定能够制止。这就是说，讲到服从，他们是远不及鞑靼人、阿拉伯人的。加之，此等高地居民，一向过惯了静止生活；与鞑靼人、阿拉伯人比较，他们在野外的时候少，所以就军事教练之习惯言，就使用武器之熟练言，他们亦更不如鞑靼人和阿拉伯人了。

不过，我们要注意一点，无论何种民兵，只要它作过几回战，就可以成为一个十足的常备军。因为他们每日操练武器，不绝在长官的指挥之下，所以不久就获得了常备军那样迅速服从命令的习惯。未赴战场以前，不问他们是怎样，只要作过几次战，他们就必然会获得常备军的一切优点。所以美洲的战争，如果再延长一点，美洲的民兵，无论就哪点说，都可以和常备军对抗，因为在前次战争中他们所显示的武勇，一定不比法兰西和西班牙的最顽强的老兵更差。

知道了这个区别，我们就可依历史的事实，来证明有规律的常备军对于民兵，有不可抵抗的优越处。

据可靠历史的记载，最初出现的常备军之一，就是马其顿王腓力率领的军队。他屡与则拉生人战，与里依利人战，与底沙里亚人战，乃至与马其顿邻近的希腊诸都市战。历次战争的结果，他渐渐把他的军队——最初也许是民兵——化成了一个受有严格调练的常备军。就在和平时候——这种时候比较少，就算有，也决不长久——他也还是小心地把军队保留下来，不予解散。后来，经过长久激烈战争之后，希腊诸共和国之勇敢而精练的民兵，被他打败了，征服了，接着，稍一接触，大波斯帝国羸弱而缺乏训练的民兵，又被他征服了。希腊诸共和国和波斯帝国的没落，就是常备军对于民兵持有不可抵抗的优越性之结果。而同时这也算是人类史事中保有相当明确详细记录之最初的大革命。

迦太基的没落，和代之而起的罗马的兴隆，那是人类史事中之第二大革命。这两个有名共和国的消长变动，也可由同一原因说明。

由第一迦太基战争终了，至第二迦太基战争开始，迦太基的军队在不断从事战争，相继由三个大将（汉米尔迦尔、其婿亚斯朵尔拔及其子汉尼拔）率领；他们最初惩创了自国叛变的奴隶，接着镇定了非洲叛乱的诸民族，最后又征服了西班牙大王国。迨汉尼拔率领军队，由西班牙向意大利攻略时，他的军队，已必然由这历次战争受到了常备军的严格训练。当时罗马人虽不是完全过的和平生活，但他们那时没有经历像样的战争，他们的军事训练自然不免大大地弛缓了。所以罗马军队在特利比亚，在则拉斯姆以及在侃奴地方，与汉尼拔的军队会战，那是以一种民兵对抗常备军。单就这点说，战争之命运，决定十分之八九了。

汉尼拔残留在西班牙的常备军，对于罗马派去抵御的民兵，也持有同样的优越性，所以这常备军在他的弟弟小亚斯朵尔拔指挥下，不到几年，就把罗马的民兵通通逐出西班牙了。

迨后，汉尼拔没有受到本国充分的供给。同时，久役战场的罗马民兵，又渐渐在战争的进程中成了训练有素操练纯熟的常备军了。在对抗上，汉尼拔所持的优越益形减少了。小亚斯朵尔拔后来判定有赴意大利援助他兄长之必要，乃统率全部（几乎是全部）常备军，由西班牙出发，在进军中，据说，被向导者指错了路。他踯躅在生疏的国土里面，同时又受到了其他同样精练，或更精练的常备军的袭击，结果，全军乃归于瓦解。

当亚斯朵尔拔由西班牙退去时，罗马大将西比阿知道抵抗他的不过是一些劣于自己军队的民兵。他一气把那些民兵打败了，克服了，并且在战争进行中，他自身的民兵都成了训练有素、操练纯熟的常备军。后来，这种军队派往非洲，非洲抵抗它的，不过一些民兵。这时，为防御迦太基计，汉尼拔的常备军有被召回之必要了。汉尼拔回到非洲，把那些屡战屡败的流散民兵收集起来，作为后此扎玛战争的主要部队，于是这相互对敌的两大共和国的命运，就由此决定了。

由第二次迦太基战争告终起，至罗马共和国没落止，罗马的军队已成了十足的常备军了。当时马其顿的常备军，是很不可侮的。以战争声威达于顶点时的罗马军队，尚须经过五六次的大小战争，方能克服这小小王国。假若最后的马其顿王不肯示弱，恐怕征服这小国还要加倍困难呢。在昔世界各文明国家，如希腊，如叙利亚，如埃及的民兵，对于罗马军队的来侵，只略示抵抗罢了，而其他野蛮民族的民兵，却很可以巩卫自己。密司立对提由黑海里海以北诸国率领来的西徐亚及鞑靼民兵，是罗马在第二迦太基战争后碰到的最可怕的劲敌。帕提亚及日耳曼的民兵，亦很可钦佩。他们曾与罗马军队见过几次高低，而且得了胜利。可是就大体而论，罗马军队如果好好指挥，这般民兵究不是它的敌手。罗马人对于征服帕提亚、日耳曼不肯彻底做去的，那恐怕是因为帝国已经够大了，无须乎再加上两个野蛮国家。古代帕提亚人，似为西徐亚或鞑靼系属的国民，他们很保有祖先一些风习。和西徐亚人或鞑靼人一样，古代日耳曼人也是一种放浪的游牧民族。他们平时由酋长率领着，在各地迁流；战时依旧由同一酋长率领着进行争斗。他们的民兵，正与西徐亚或鞑靼的民兵，同其种类。说不定，他们还是前两者的后裔。

罗马军队规律弛缓的原因，不一而足。而规律的过于严峻，恐怕也是原因之一吧。在他们非常强盛时，既已打得天下无敌，那坚重盔甲，就当作不必要的重荷抛开了，那烦难教练就视为不必要的劳作疏忽了。加之，罗马诸皇帝治下的那些常备军，特别是戍守边疆，防备日耳曼人及班诺尼亚人的常备军，它们简直是诸皇帝的危害势力；它们屡屡反对皇帝，拥立自己的将军。为要减弱这些常备军的危害程度，据某著者说：戴克里先大帝（其他著者，又说是君士坦丁大帝）首先把国境屯驻的常备军——各由两三军团合成的大部队——召回内地，然后再化分为小部队，散处诸州都会，非有用武逐敌必要，即不许其移动。军队常川驻在商业及制造业都市，兵士们自身就渐渐变成了商人、手艺工人或制造业者。市民的性质渐渐较多于军士的性质。这一来，罗马的常备军遂渐次颓废了，遂成为腐败、疏忽、无训练的民兵了，后来日耳曼西徐亚民兵侵犯西罗马帝国，遂致抵当不住了。那时，诸皇帝没有办法，乃开始雇佣那些民族某部分的民兵，抵抗其他部分的民兵，结果，不过是多维持了几天罢了。西罗马帝国的没落，算是人类史事中比较保有明确详细记录的第三大革命。这革命的原因，就是野蛮国民兵优于文明国民兵，也就是游牧者的民兵优于手艺工人制造业者的民兵。这里，民兵所战败的，大都不是常备军，只是比较他们自身缺乏训练与规律之民兵。希腊民兵战败波斯民兵是如此，后来瑞士民兵战败奥地利及勃艮第民兵亦是如此。

西罗马帝国没落了，在它废墟上建立起来的，是日耳曼民族和西徐亚民族的国家。这些民族移来新住所后，他们的兵力，依然能在若干期间内保持其祖国的精神。那种兵力就是由牧羊者及农夫组成的民兵。这民兵，在平时已惯于服从酋长，战时更由同一酋长带往战场，所以，他们是经过了相当操习和受过相当训练的。但是，随着技术及产业的进步，酋长的权威逐渐衰微了，大多数人民受军事训练的时间也比较减少了。封建式的民兵训练与操习，渐次趋于荒废，同时，为纠正这缺陷，就渐次着手建立起了常备军。并且，编制常备军的方策，一经为某文明国采用了，其他文明国就有立即仿行之必要。因为他们知道，他们自己的民兵，全非这样编成的常备军的敌手，要想国防安固，只有采用这种方策。

一个从未经过战火的常备兵，往往显得有老练兵那样的勇气。而且，在开始作战的瞬间，他更不妨与最顽强、最有经验的老兵见个高低。一七五六年，俄罗斯军队攻打波兰，俄罗斯军队所表现的武勇，简直可以与欧洲当时最顽强、最老练的普鲁士兵士相颉颃。然而，俄罗斯帝国前此二十年是国泰民安的。她这时军队中经过战火的兵士，实在不多。一七三九年，西班牙战争勃发，当时英格兰正是在太平了二十八年之后。她的常备兵士却并不为这长期和平所腐化，他们在这次不幸战争中最初获有不幸的功绩时，即他们攻打迦太基时所表现的武勇，尤为特出。和平日子过久了，将官们说不定有时会忘却他们的技能，但规整而精练的常备兵士，却决不会忘却其武勇的。

一个文明国的国防，如果仰仗民兵巩卫，它将随时有被近邻野蛮民族征服的危险。亚洲各文明国往往被鞑靼人征服的事实，那已充分表示了野蛮国民兵对于文明国民兵之自然优越性。但有纪律、有训练的常备军，实较任何民兵为优。唯有富裕的文明国，才能好好维持这种军队；亦唯有这种军队，才能防御贫困野蛮邻国的侵掠。所以，一国要保存其文明，甚或要相当长久保存其文明，只有一个方法，那就是编制常备军。

有了好纪律的常备军，一个文明国乃能抵御外侮；同样，有了好纪律的常备军，一个野蛮国乃能突然而且相当的文明化。常备军凭其威力，可以把君主的法令推行到帝国僻远地方，可以使无政治可言的国家维持相当程度的正规统治。凡属小心考察过俄彼得大帝变法图强的诸种设施的人，他一定会发觉那诸种设施中的枢纽，就是正规常备军的建设。这常备军是大帝实施其他一切规制的工具。俄罗斯帝国此后得以享有相当的秩序与和平，那不能不说是这种常备军之赐了。

有共和主义精神的人，往往担心常备军会危及自由。不消说，拥兵大员的利益，与国家宪法的维持，不必有何等关联，那是十分确实的。恺撒的常备军破坏了罗马共和国；克林威尔[①]的常备军解散了英国成立已久的议会。不过，一国的军权如拿在君主手里，各军队的主要将官如果是这国的贵介与华族，换言之，全国兵力，如果都是由那些因切身利害关系，必须支持文明权力的人指挥，则常备军对于自由决无危险。而在某种场合，说不定，反

① 克林威尔：Cromwell，今译克伦威尔。——编者注

有利于自由。君主有了常备军护持，他就自以为安全了，无须乎要像近代各共和国所行的那样，监视各市民的细微行动，时时疑忌市民扰乱和平。一国行政长官的安全，单由其主要人民支持是不行的。这般主要人民即令愿意予以支持，一般人民的不满，亦不免使其时时感到威胁。哪怕是一个小的纷扰，往往不到几小时，就会卷起大的革命来。为防微杜渐起见，政府就动不动要使用权力，惩罚暴乱，镇压一切对于自己表示的不平不满。然而已够烦劳了。反之，一国君主如果感到支持自己的，不但有可靠的贵族，且有精练正规的常备军，那他就是对于最粗暴、最无稽、最放肆的抗议，也不会有什么疑虑。他可以平心静气的恕宽这抗议，或竟抛置一边；并且，他既意识到了他自己的稳固地位，他就自然而然地能够宽宏大度了。所以，像这种抗议，这种像近于放肆的自由，惟有在君主有常备军保障的国家，才可见到；亦惟有在这种国家，才无须为公共安全而赋予君主以压抑任何自由的绝对权力。

总之，君主的第一义务，就在策本国社会之安全，不令受其他独立社会之横暴与侵侮。这种义务之实行，势必随社会文明进步而益益加多费用。原来在平时在战时，都无须君主支出何等费用的社会兵力，到了进步社会里面，就不仅战时要君主维持，即在平时，亦非君主维持不可。

火器发明，战争技术上起了大的变化。由是，平时训练一定兵额，战时使用一定兵额，所需的费用皆因而大增。武器及军需品的费用同时加大了。与矛及弓箭比较，短枪该是如何多费的机械；与弩炮或石炮比较，大炮或臼炮又该是如何多费的机械。近代观兵式中所消费的火药放射出去，就没有回复的可能，这更非巨额的费用不可。若在往时，观兵式中所投的矛，所放的箭，均很容易收回，故所费有限。况且，与弩炮、石炮比较，大炮、臼炮并不仅为高价的机械，且为非常笨重的机械。这笨重机械，制造起来，固然要多额的费用，制成后运往战场，更不能不要多额的费用。加之，近代大炮的作战效力，既非往昔石弩可比，而一个都市为防御这大炮攻击所构造的保垒工事，哪怕防御几个星期，亦就遥为困难，因而，其所需费用，就遥为浩大了。不过，这所说的，还是就防御大炮攻击一端而言，其实，近代社会防御的军器还多，而所需增加的费用，更不一而足哩。要之，社会进步，国防费一定增加。事物自然推移之不可避免的结果，在这点上，被战争技术上的大革命（似为偶然发明火药惹起的）促进不少了。

近代战争上的火药费用，无疑是太浩大了。但这对于能够担负此浩大费用的国民却明明提供了一种利益。不过，文明国民的利益却正是野蛮国民的不利益。在古代，富裕文明国民很难防御贫穷野蛮国民的侵略；真正近代，贫穷野蛮国民，却很难防御富裕文明国民的宰割。火器发明了，乍见起来，似于文明的继续和扩大颇有妨害。但实际上，在这两方面，那都是确有利益的。

第二节　论司法费

君主的第二义务，就在保护人民，不令社会中任何人受其他人的欺侮或压迫，换言之，就是要确立一个严正的司法行政。这种义务之实行，也因社会各时期不同而有费用多少的差异。

在狩猎民族社会中，几乎谈不到有什么财产，即令说有，也不过值两三日劳动的物品罢了。那种社会，当然用不着何等确立的裁判官，或者何等正规的司法行政。一个人既没有财产，他人顶多不过是能够毁伤他的名誉或身体。而且，被人杀害、被人殴辱、被人诽谤的人，虽然感到痛苦，而杀人者、殴辱人者、诽谤人者，却得不到什么利益。可是对于财产的损害，情形就不同了。即加害于人者的利益，往往与蒙受伤害者的损失等。而财产关系上引起的嫉妒恶意或怨恨，每至成为毁伤他人身体或名誉的有力冲动作用。不过，就大多数人而论，这种冲动作用是没有多大力量的。哪怕最恶的人，也不过有时蒙其影响。况且，人类的本性是追求利益的，冲动的满足纵令可取快一时，但因为没有实际的持久的利益，他总会以慎重的思虑加以检束。即使社会上没有纠正轨外行为的司法官存在吧，人类依着他的本性也还能在相当安定状态下共同生活。然而，富者的贪欲与野望，贫者嫌忌劳动，贪图眼前安乐的情好，却在在足以激起侵害财产的冲动。这冲动在作用上是遥为牢固，在影响上是遥为普遍。有大财产的所在，就是有大不平等的所在。一个巨富的旁边至少有五百个穷人。少数人的富裕是以多数人的贫乏为前提的。富裕会激怒贫者，匮乏会驱迫贫者，羡望更会煽惑贪者，使他们侵害富者的所有物。由多年劳动或累世劳动蓄积起来的财产的所有者，没有司法官保障庇护，他哪能高枕而卧哩。富者随时都有不可测知的敌人在包围他，他纵没有激怒敌人，他却无法缓和敌人。他想避免这不正义的侵袭，那只好依赖强有力的司法官的保护，司法官是可以不断惩治一切非法行为的。因此，大宗价值财产的获得，必然会唤起治民政府（civil government）的树立。若在没有财产可言，或顶多只有值两三日劳动的物品的社会，那当然不会这样急于设立这种政府。

一个治民政府必先取得人民的服从。治民政府的必要程度，随财产价值的增大而增大。使人民服从的自然的主要原因，也同样随财产价值的增大而增大。人民何以会形成这种服从性，详言之，何以若干人对于其同胞保有相当优越性。那是一切治民制度设立的前提。其自然原因或情形约有四端。

这四种原因中之第一原因，就是他们本身备有的诸种优越，例如，肉体上的力、美及活泼和精神上的智慧、公正、坚忍及中庸等等。肉体上的诸品格，必须有精神上的诸品格来支持，否则它所取得的权威，就颇不足观了。一个非常有力的人，单凭体力，不过能使两个弱者服从他。同时一个有智慧有道德的人，却能取得非常大的权威。可是，精神上的诸品格，我们不能用眼睛看出来，有争议之余地，且往往成为争议之的。一个社会，不管它是野蛮也好，文明也好，当它规定身份及服从之法则时，为方便起见，都不如抛开这目不可见的抽象品格，而取证于那些明显的具象时事物。

形成服从的第二原因，就是年龄的优越。老年者如果没有老迈到衰朽不堪，那比较有同等身份，同等财产及同等能力的年轻者，他是到处会博得人尊敬的。在北美土人那种狩猎民族间，年龄且为身份及地位的唯一基础。他们所谓父，是优者的称呼；所谓兄弟，是同等者的称呼；所谓子，是劣者的称呼。在文明富庶的国家，如果一切方面平等，舍年龄外，再没有其他可以规定身份的标准，则通以年龄规定身份。在兄弟姊妹间，年长者占第一位。当承继父产时，例如名誉称呼一类无可分割而必须全部归一人占有的东西，大抵是付于年长者。年龄这种优越的性质，是具象的，分明的，毫无争议之余地。

形成服从的第三原因，就是财产的优越。财富在一切社会，虽都有大的声势，但在财产最不平等的野蛮的社会，则有最大的声势。鞑靼一个酋长保有的家畜，增殖起来，足可养活一千人，可是他除了用以养活一千人外，再也没有其他的用途了。因为，在他那种未开化的社会状态中，他不能把自己消费不少的原生产物换得何等制造品、小装饰品或玩具。由他维持的一千人，既然要靠他生活，所以，在战时，不能不服从他的命令，在平时，亦不能不服从他的司法权。他由是就必然成了他们的统帅，兼且成了他们的裁判官。他的酋长地位，不外是他的财产优越的必然结果。在文明富庶的社会中，和他人比较，一个人尽管保有非常大的财产，但他不能仗着这大的财产支配十多个人。他的财产增殖起来，也许能够维持一千人，也许实实在在地维持了一千人，但是这些人，由他取得的一切都支付了应支的代价，没有换得等价物，他亦不会给予他们一点什么，所以，想完全靠他生活的人，既然没有，他的权威亦就不过能及于若干家仆。不过，就在文明富裕社会里面，财产的权威依旧非常之大。和年龄的权威比较，和个人资质的权威比较，财产的权威往往是大得多的。这种事实，早成了一切财产不平等社会令人不断诉苦的标的。狩猎民族社会属于社会第一个时期，这时没有何等财产上的不平等。一般的贫乏造成了一般平等的局面。年龄的优越，个人资质的优越，就是权威和服从之薄弱的唯一的基础。游牧民族社会，属于社会第二时期。这时期财产上异常不平等，由财产造成的权威，以这时为最大，从而权威与服从的程度，到这时也算达于极限。阿拉伯酋长的权威已经够大，而鞑靼可汗的权威就全然是专制独裁的了。

形成服从的第四原因，就是门第的优越。这种优越是以先代财产上的优越为前提的。任何家族都是旧时传衍下来的。王家的祖先，虽说更为人所知道，但与乞丐的祖先比较，却不见得更多。世泽渊源，可以说是建立在富上面，或是随伴富而起的渊源。暴发的势力，到处总不若旧来势力之被人尊敬。人人对于篡夺者的憎恶，对于旧日王家的爱敬，大体上，究不外人人自然而然地轻蔑前者，敬慕后者的习性使然。武官是甘心服从素日指挥他的上官的，一旦下级官升到他上位去了，他就简直忍受不了；同样，人人都情愿服从他们自己或他们祖先所服从过的家门，若一向不比他们优越的家门，陡然要起来做他们的支配者，他们就不免要激起愤愤不平的怒火。

门第的显贵，既是生于财产上的不平等，那么，在财产平等家世也差不多平等的狩猎民族间，就根本没有这种显贵存在。固然，在那种社会中，贤明勇敢者的儿子与愚昧懦怯者的儿子比较起来，即使本领相等，也要多少更受人尊敬些。但这种差别毕竟是颇有限的。一个全靠智慧德行保存其家世荣誉的大家门，我相信，世上一定少有。

门第的显贵，在游牧民族间，是有发生之可能的，而且那种民族实际上也往往有门第关系存在。他们通常既不知道奢侈物品，由滥费耗去大财产的事，当然没有。所以，由同一家族长久保存财富，要算这种民族第一；依着祖先的权势荣誉而受人尊敬的家门的繁多，也要算这种民族第一。

门第与财产，分明为一个人立于他人上位的两大要件，同时，也就是个人显贵的两大成因。依着这两者，人类社会中，就自然而然的有了权威，有了服从。在游牧民族间，这两者的作用可说是发挥尽致了。保有多数羊群的大牧羊者大畜牧者，即因有富厚的动产，且有许多人靠他生活，而受人尊敬；因有高贵的门第，且有荣誉的先世而受人崇拜。结果，对于同集团或同氏族中其他牧羊者或畜牧者，他遂有一种自然的权威。与其他任何人比较，他都能团结更多的人，归他支配，而他的兵力也就更大。在战时，宁愿结集于他的旗帜之下的人，也比较结集于他人旗帜下的为多。他就这样凭着门第和财产，自然获得了一种行政权力。不但此也，因为与旁人比较，他更能团结并支配大多数人，于是，对于那些人中间的危害他人的分子，他就很能够责其赔偿罪过。凡属自己没有防御能力的人，自然要求他保障。任何人，如果感到自己被他人迫害了，也自然会向他陈诉。他的处断，他的干涉，比较最有效力，比较更容易使被告者服从。于是，他又凭着门第和财产，自然获得一种司法权力了。

财产上的不平等乃发生于游牧时代，即社会发达的第二期。

接着，人与人之间就导出了从来不会存在的某种程度的权力和服从。接着，又导出了保持权力和服从所必要的某种程度的治民行政组织。这种趋势是自然行乎其所不得不行的；我们是否考虑过这种必要，无何等关系。不过，对于这种必要的考虑，于此后权力和服从的维持与保护上，有极大的贡献，那是无疑的。特别是富者，他们因要保持自己占有的利益，当然愿意维系这种制度，因为只有这种制度能保持他们既得的利益。小富人联合起来，为大富人保障财产，因为他们以为，要这样，大富人才会联合起来，保障他们的财产。一切小牧羊者小畜牧者感到：他们小家畜群的安全，全靠大牧羊者大畜牧者的大家畜群的安全；他们的小权力的保持，全靠较大的权力的保持。并且，要使较劣者服从他自己，他自己就得好好服从较优者。这样，他们就算构成了一种小贵族。这些小贵族感觉到：要他们的小君主保障自己的财产，支持自己的权力，他们自己就得保障小君主的财产，支持小君主的权力。就保障财产之安全而言，治民行政组织的设施，就确是富者对于贫者的一种防御，或者说，有产者对于无产者的一种防御。

可是，这君主司法上的权力，不但对于他毫无所费，且有长时期为一种收入的源泉。要求他裁判的人，常乐于送他以报酬；赠物常随请求而来。君权确立以后，犯罪者于赔偿原告损失以外，还得对于君主付纳罚金。因为被告麻烦了君主，搅扰了君主，且破坏了君主的和平，科以罚金，乃罪所应得。在亚洲的鞑靼政府下，在颠覆罗马帝国的日耳曼民族和西徐亚民族所建设的欧洲诸政府下，无论就君主说，抑就君主以下，在特定部落民族或领地行使特定裁判权的酋长或诸侯说，司法行政通是一大收入的源泉。这司法裁判的职权原先常由君主酋长等自己行使。此后因为感到不便，才委任代理人、执事或裁判官。不过代理人关于裁判上的利益，仍有支给被代理者或委任代理者的义务。我们试一读亨利二世给予其巡回裁判者的训令[①]，就明白，那些巡回裁判者巡行全国的任务，不过是要替国王征集一项收入。当时的司法行政，不但会对君主提供一定的收入，而且获得这种收入，还是他希望由司法行政取得的主要利益之一。

司法行政像这样成了一种敛财的组织，结果，自不免生出许多弊害。比如，以大赠物请求裁判的人，每每可以得到正当判决以上的便利；以小赠物请求裁判的人，就只能得到正当判决以下的便利，而且，为要使赠物频频送来，他往往多方迁延，不予判决；为要勒取被告的罚金，他往往把实在无罪者判为有罪。这司法上的诸般弊害，我们一翻阅欧洲各国古代史，就知道那是司空见惯毫不稀奇的。

司法上的职权，如系君主或酋长自己行使，虽再滥用，亦无法矫正；因为他是最有权势的，任何人都不够资格责问他。可是，这职权如由代理者行使，那却有矫正之余地。代理者如犯了某种不正当行为，而且所行不正，又单是为了他自己的利益，君主一定会不客气的惩罚他，强制他赔偿过误。不过，代理者的所行不正，如系为了君主的利益，换言之，如系为了献媚于任命他重用他的人，那在大多数的场合，就俨如君主自身犯罪一样，依旧无法矫正。所以，一切野蛮国的司法行政，特别是往昔建立于罗马帝国废墟上之欧洲诸国的司法行政，皆长期陷于极度的腐败状态。国王即令很贤明，也谈不到什么公正，什么平等，而在最坏的国王治下，那就全然是一塌糊涂了。

在昔牧羊民族间，所谓君主或酋长，不过是他们集团中或民族中最大的牧羊者或畜牧者。他同他治下的小牧羊者或臣民，同是靠着自己的家畜群生活。在刚脱牧羊民族状态，而尚未显然进

① 参照梯烈尔所著《英国史》。

步的农耕民族（如特洛伊战争当时的希腊诸部族，以及初移居罗马帝国废墟上的日耳曼人和西徐亚人的祖先）间，所谓君主或酋长也不过是国中最大的地主；他的生活完全是一种普通的地主生活，完全是仰赖自己私有地的收入，换言之，就是仰赖近代欧洲所谓王领地的收入。除了要请求他运用权力，制裁强豪的压迫，他的臣民都无需贡献他一点什么。他在这种场合领取的赠物，就算是他的全部经常收入，或者说，除了异常紧急的场合外，这就是对于他的支配权的全部报酬。荷马告诉我们：阿格曼伦[①]因友谊关系，以希腊七都市主权赠予阿齐勒斯[②]，并说，那七都市会收得的唯一利益，就是人民所奉敬的赠物。这种赠物，这裁判的报酬，或者说，裁判所的手续费，既然构成君主由其主权获得的全部经常收入，那么，希望他把这全部收入放弃，他怎能做到呢！也许说，提议请他把这赠物确实规定一下，那是可以的，而实际上，也曾这样提议过。但是，君权无限，纵令好好规定了，确定了，要防止他不越出规定范围，就令可能，亦是极其困难的。所以，一任这种状态继续下去，由任意的不确定的赠物所招致司法裁判上的腐败，就简直无法救济了。

但是，后来毕竟有许多原因叫这种状态根本改过来了。其中比较主要的原因，就是当国防费不断增加，致君主私有土地收入不够开支行政各费时，当人民为自己安全计，必得完纳各种赋税以填补国家度支时，司法行政上的赠物惯例，才一般有了约制；即不问何等理由，不问是君主，抑是君主的代理者，裁判官均不得领取任何赠物。这样看来，要予以有效的规定和确定，是比较困难的，全然废除，倒似乎还要容易些。裁判官定有薪俸，这薪俸可抵偿其先前在裁判报酬中领有的份额；同时，君主征有赋税，

① 阿格曼伦：Agamemnon，今译阿伽门农。——编者注

② 阿齐勒斯：Achilles，今译阿喀琉斯。——编者注

这赋税更可补偿其前此的经常收入而有余。从此，裁判上算不取报酬了。

然而认真说来，无论哪个国家，都不能说对于裁判没有报偿。至少，诉讼当事者总不能不报酬律师和辩护士。否则，他们就不会尽其所能来履行义务。每年支给律师辩护士的手续费，就各法庭总计起来，恐怕要比裁判官的薪俸多得多。裁判官的薪俸，虽然由国王支给了，到处诉讼事件的必要费用，却并没有大减。不过，禁止裁判官向诉讼当事者领取赠物，那与其说是为了减少费用，倒毋宁说是为了防止腐败。

裁判官是一个有名誉的官职，报酬虽再少，想干的人依旧多。治安判事以下的那些小员司，论工作是异常麻烦的，论报酬大抵毫无所得，然而大多数的乡绅，却唯恐弄不到手。司法官吏员司的薪俸，及司法行政上执行的一切费用，即令处理再不经济，亦不过占有全政费之一极小部分。这不限于那一国，各文明国都是如此。

加之，裁判的全费用，有了裁判所的手续费，就够开销。这在司法行政上，不会招致何等实际的腐败危险，而国家收入项下，却可省去一笔——虽然是小小的——开支。可是，裁判所的手续费如有一部分要划归权力极大的君主，且为其相当重要收入，则这种手续费的规定就很难发生效力。但享有这手续费的主要人物，如不是君主，而为裁判官，那可容易办了。法律虽不能常常叫君主尊重某种规定，但对于裁判官，却能课以尊重规定的义务。裁判所的手续费，如正确规定了，并在诉讼的一定期间，全部缴入会计处或收支课，待诉讼决定后——非决定之前——再按照一定比例，分配于各裁判官，那么，和废止这种手续费比较，征收这种手续费也就同样不会有何等腐败的危险。这种手续费，在不惹起诉讼费用显著增加的限内，很够开销裁判的全费用。不到一个案件判决终了，裁判官不得支取这手续费，那在案件的审理和决定上，就是督促全裁判所勤励的一个刺激。又，裁判所的裁判官是非常之多的，各裁判官享有这手续费的份额，若按照他们各人在裁判所或裁判委员会审理案件的时间及日数为标准，这手续费又算是对于特别精勤裁判官的一种奖励。对于一个人的公务，顶好是报酬其履行公务的结果，也顶好是按照履行公务之精勤的比例加以报酬。法国诸高等裁判所，也征收裁判所手续费。这手续费（称为 épicéc and vacations）就是裁判官最大的报酬。就等级与权限说，土鲁斯[①]高等裁判所是法国第二等的裁判所，其中评议员或裁判官每年由国会领到的纯薪俸，不过一百五十个里维尔，约合英币六镑十一先令。这个金额，正是同地七年前一个普通脚夫每年普通的工资。他们这般裁判官分取的手续费，是按照他们的精勤程度为标准。精勤的裁判官，虽所得犹属有限，但已可观，至若怠惰的裁判官，那就只能享有几个光薪俸，此外一无所得。就种种方面观察，这些高等裁判所也许不是顶方便的裁判所，但却从未受过世间的非难，也好像从未有人疑其腐败。

英格兰诸裁判所之主要费用，原本是由裁判所的手续费支持。各裁判所尽可能的向自己方面吸引诉讼事件；因为这样，哪怕是不一定要由某所裁判负责的案件，它也乐得受理。比如，单为审理刑事案件而设的高等法院（The Court of King's Bench），居然可以接受民事裁判。这就因为原告对于被告的不义行为，本来是可以进行民事诉讼的，但因他探得刑事裁判比较迅速公平，所以他就主张被告犯了某种重罪或轻罪，而请求刑事裁判。又，王室特别裁判所（The Court of Exchequer）的设立，本来单是为了审理国王收入，并迫令对于国王偿清债务的。但后来居然

① 土鲁斯：Toulouse，今译图卢兹，法国西南部大城市。——编者注

受理一切其他契约上的债务诉讼。这就因为原告陈诉：被告不偿还对于他的债务，所以他才不能偿还对于国王的债务。一个诉讼事件，究委托哪种裁判所审理，即全由诉讼当事者选择，那么，各裁判所要想为自己方面多多招徕诉讼事件，那就只好在审理案件上力求迅速，力求公平。英格兰今日的裁判所制度，是值得赞赏的，但一探其究竟，恐怕大部分是往昔各关系裁判官间相互竞争的结果。他们竞争愈烈，对于一切不正当行为，就愈能依法施以最迅速最有效的救济。普通裁判所（The Court of Law）对于破弃契约，原不过责其赔偿损害；平衡高等裁判所（The Court of Chancery）——有如一种感化院——却强制协约之特殊履行。一个人破坏契约，不肯偿付货币，那唯一有效的方法就是责其偿还。在这种场合，普通裁判所当然是很可救济的；但是一个租地人，如果控诉地主非法夺回其租地，那他受到的损害赔偿，就决不能和夺去的土地占有权相等，所以，对于这类案件，就必须强制协约之特殊履行，换言之，就是有时不得不引渡到平衡高等裁判所去审理。这一来，普通裁判所蒙到的损失就不小了。为要把这类案件拉到自己方面审理起见，据说普通裁判所发明了一种人为的拟制的放逐令状（Writ of Ejectment），这令状对于不正当剥夺土地侵占土地的事件，是最有效的救济方法。

裁判所手续费而外，还有一种法律手续上的印花税。这印花税，由各特定裁判所征收；其用途在维持各裁判所之裁判官及其他员司。这项税收很够开销司法上的行政费，而与前项手续费同样可以减轻一般社会的负担。不过，裁判官在这一场合，往往会为了要尽量增加印花税收入，而在各案件上，增加一些不必要的手续。近代欧洲的习惯，大都是以公文用纸的页数决定辩护士及裁判所书记的报酬，而每页的行数，每行的字数，又皆有规定。所以，辩护士及裁判所书记，为增加其报酬，遂故意增加许多不必要的语句。其结果，欧洲一切裁判所的法律用语，就陈腐不堪了。而且，同样的诱惑，说不定在法律手续形式上也会惹起同样的腐化。

但是，司法行政费用，无论是否由司法方面自行设法维持，司法人员的薪俸，是否由其他财源开支，对于这财源处理的责任，对于这薪俸支给的责任，总无须委之于行政当局。这财源，有的是出于地产的地租，裁判所既须由这地租维持，那地产的处理责任，就不妨令各特定裁判所负担。这财源也有的是自出于一定额的货币利息，裁判所既须由这利息维持，那货币贷借的责任，也就不妨让各裁判所负担。苏格兰有一种巡回裁判所。这裁判所的裁判官薪俸，就有一部分——虽不过一小部分——是出自一定额货币的利息。但是，像这样一种财源，是必然缺乏安定性的。以不安定的财源，充当永应继续维持的施设费，却不大妥当。

司法权和行政权分离，那原是社会进步，社会事务增加的结果。社会事务日益加多，司法行政成了一种麻烦复杂的任务，而担当这任务的人，就不能再分心注意到其他方面了。同时，担当行政职责的人，因为无暇决定个人的诉讼事件，所以，就任命代理者代为决定。当罗马帝国隆盛时，执政官政务繁忙，万难分身过问司法行政，于是，有代行这种职务的普理托（praetor）的任命。往后，罗马帝国没落了，它的废墟上遂建立有欧洲诸王国。这些王国的君主及大领主们，都视自己执行司法行政，为一种过于烦难且有失身份的任务。为要从这任务解脱自己，所以，他们通通委任代理者或裁判官去执行。

司法权如不脱离行政权独立，要想裁判不为世俗所谓政治势力所牺牲，那就千难万难了。肩有国家重任的人，纵令无何等腐败观念，他总以为为了国家的重大利害关系，有时就牺牲个人权利，也是势在必行的。但是，各个人的自由——对于一己所抱的安全意识——端赖有公平的司法行政。为要使各个人感到自己一切占有权利卓有保障，司法权不但有与行政权分离之必要，且有完全脱离行政权而独立之必要。裁判官不应由行政当局任意罢免，裁判官的额定报酬，也不应随行政当局的意向或经济状况而变更。

第三节　论公共设施及土木工事之费用

君主或国家的第三种义务，就是创建并维持公共设施及土木工事。对于一个大社会，这类工事和设施当然是有颇大利益的。但就其性质而言，设由个人或少数人办理，那所得利润就决不能偿其所费。所以这种事业到底不能期望个人或少数人维持创建。随着社会发达时期不同，成就这种义务所需的费用，也非常相异。

对于前述国防设备及司法行政两方面，都非建立土木工事及公共设施不可。此外，言其著者，如便利社会的商业，促进人民的教育，亦不能不有这种公共设施，这种土木工事。教育上的设施，可大致别为两种：一是关于青年教育的设施，一是关于各种年龄人民的教育设施。凡此种种设施，种种工事所需费用的支出，皆应采取最妥善的方法，这方法可以分作以下三项研究。

第一项　便利社会商业之土木工事及公共设施

甲、便利一般商业者

一国商业的发达，端赖有良好的道路、桥梁、运河、港湾等等交通工事。这类工事的创建和维持，显明的，因社会各发达时期不同，而所需费用非常相异。一国公路的建设费维持费必随其国土地及劳动年产物而增加，换言之，必随公路上搬运货物之数量及重量而增加。桥梁的支持力，一定要适合通过其上的车辆辆数和重量。运河的深度及水量，一定要按照比例于浮载其上的货船只数及吨数。而港湾的广阔也不能不按照比例于其中停泊船舶的只数。

这类土木工事的费用，似乎不必要由通例所谓国家收入中支出，或者由行政费中支出（在许多国家，这种费用的征收和应用都委之于行政当局）。只要处理得法，其中一大部分，由它自身提供的特别收入，就很容易开支，更无须要增大社会一般的负担。

例如，公路、桥梁、运河的建筑费维持费，在大多数的场合就可出在车辆船舶的小额通行税上；港湾的建筑费维持费，也可出在货船进出港口的小额港口税上。此外，如为便利商业而铸造货币的设施，在许多国家不但不要君主支出，且可对于君主贡献一项小额的收入。又，为同目的而设施的邮政局，那在一切国家，几乎都能除却其本身开支，而提供君主一项极大的收入。

车辆通过公路或桥梁，船舶通过运河或港口，都按照比例于其重量或吨数，支给通行税；这通行税，乃按照比例于各该土木工事所受损耗的程度而支给的维持费。所以，要维持这诸般土木工事，舍征收通行税外，似无其他更公平的方法。况且，贩运者付出的通行税，不过暂时垫支罢了，结果仍是转嫁在货物价格上，由消费者负担。而同时，因为有了这类土木工事，货物的运输费大大减少了，消费者虽然担负了这通行税，比较在没有这类土木工事，从而，没有通行税的场合，他还能购得更廉价的货物哩。货物价格由通行税抬高的程度，究不若其由低廉运费减低的程度。因此，对于最后支出这税额者，在支出上是损失了，在应用上是利得了。而其所得的还比所失的为多。他的支出是正确的按照比例于其和得。所以，他支出的部分，实际上，不过是那利得中之一部分罢了。他必须舍弃这一部分，以保留其余部分。征税的方法，我看再不能更公平了。

就车辆而论，有为摆阔用的四轮马车、驿传马车，有供需要用的二轮马车、四轮马车；假若在重量比例上，对于前者课加的通行税，较之课加于后者的为高，那么，笨重货物送往四乡的输送费，就要因富者的懒惰与虚荣心，减低许多了。这样，贫者一定会由此受到利益不浅。

公道、桥梁、运河等等，如可由利用它们的商业来建设支持，那么，这种工事，就只能在商业要求的地方建设，从而，在宜于建设的地方建设。建设的费用，建设的壮大与华丽，则须看商业能否担负得了；就是说，在在须看那适不适于建设。宏壮的大道，断不能建造于无商业可言的荒凉国境。不论人民怎样取好于州长，州长怎样献媚于大领主，单是为了要通达州长或某大领主的乡村别墅，决不会建筑宏壮的大道；同理，单为了一个人通过的便利，或者，单为了附近宫殿凭窗眺望的陪饰，也决不会在河津上架设大桥。不过，土木建设费不由其本身提供的收入支办而由其他的收入开支的国家，亦有时有这类事情发生。

欧洲许多地方的运河通行税或水闸税，全为个人私有的财产，为保持这利益，他就不得不竭力维持这运河。运河不加以相当的整饬修理，航行固然全不可能，而他个人由通行税收得的全部利益，也跟着消失了。所以，运河的通行税，如完全让那些利不干己的委员们支配，他们对于生出这通行税的工事维持，必不能像个人那样注意。伦格朵克[①]运河，是由法国国王及伦格朵克州拿出一千三百万里维尔建造的；一千三百万里维尔（依前世纪末叶，法国货币价值每马克值二十八里维尔计算）约合英币九十万镑。这个大工程完成时，即想出了一个最妥善的维持方法，那就是把这运河的全部通行税赠给设计并监督这工事的技师利魁君，叫他

① 伦格多克：Languedoc，今译朗格多克。——编者注

不断加以修理。这项通行税现已成了利魁君后代子孙的一大宗收入。而他们对于这运河的修理，也自不得不特别小心。假若当时没有想出这妥善的方法，径把通行税交给一般利不干己的委员们处理，那通行税全部，恐怕都要消费在装饰的和不必要的支销上，而这工事最重要的部分，说不定早就塌毁了。

可是，公路维持的通行税，却不能随便赠与个人，作为他个人的收入。因为，运河不加修理，虽然全无通航的可能，但公路不加修理，决不会全无通行之可能。因此，公路通行税收取者，尽管全不修理这道路，这道路却依然可以提供他以一样多的通行税。所以，维持这一类工事的通行税，又应当由委员或管理者经营处理。

英国对于这种通行税的处理，特别派有管理委员。这般委员在处理上惹起的许多弊端，世间时有责言，在大抵场合，那些责言，都是非常允当的。据说，有许多有税道路往往是用极潦草的方法完成的，还有许多税道简直没有全然完工。但所征的货币，却比较好好完成了所必要的额数，还要加倍。不过，我们应注意一件事：以通行税充当修路费用的制度并未成立很久；所以，即使没有做到尽善尽美的地步，也毫无足怪。卑污而不适当的人物，为什么要被任为管理者；对于他们的行为，对于他们的滥征通行税，为什么不设监督处会计处去制止，这一切缺陷都可由一件事实说明、辩解，即以通行税修理公路的制度尚在草创时期，多假以时日，议会当不难逐渐依贤明措置，予以矫正。

英国各种有税道路征收的货币，实大大超过了修补道路所需的额数。据几位大臣考察，那漫额如妥为节存，很可充为国家他日紧急费用之一大财源。有人说，有税道路由政府经营，较之由管理者经营，所费少而收效大。对于修补道路，政府有兵士可用，兵士是有正规饷金的，只须略增少额货币报酬就行。若管理者所能雇用的工人要不外一些工资劳动者，他们的生活资料都仰给于此。所以有人主张，政府不必增加人民的新负担，马上便可由经营有税道路陡添五十万镑[①]的大收入；税道也会和现在的邮政一样，办理得法，很可提供国家一般的费用。

即令说，政府经营税道所得赢余额数，虽不必能如计划创拟者预期之巨，但可由此获得一大宗收入，那是无疑的。不过，这计划的本身，却也不免有若干极重大的反对理由存在。

第一，国家如将取自税道的通行税作为供应急需的一个财源，那么，这种通行税也就要随着想象上急需所需的程度而增大，英国果实施此种政策，英国税道的通行税，势必非常迅速的增加。一个大收入能够这样不费力的取得，那就无异时时督促政府来着意这个财源。现在的通行税经营得手，是否能撙节五十万镑，虽尚是疑问，但这通行税能增加两倍，必可得百万镑，能增加三倍，必可得二百万镑，那是毫无疑问的。[②]而且，这样一大宗收入的征收，并无需任命一个新的征税官吏。但是，税道之设，原所以便利国内一般商业，设通行税像这样不断增加起来，那向之利商者，却正所取病商。国内由一地运往他地之笨重货物运输费，既迅速增加，其结果，这类货物之生产就要大受妨害，而国内最重要的产业部门说不定要全归消灭。

第二，按照重量比例而征收的车辆通行税，如其唯一目的在修理道路，这种税就非常公平；若抽税不单是为了这种目的，且为了供应国家普通的急需，那么，这种税就非常不公平。道路通行税用以修理道路，各车辆就可正确按照比例于其损耗道路的程

---

① 自本书第一版和第二版刊行以来。我发现了以下可资信赖的理由，即，英国征收的税道通行税全部，并未生出五十万镑的纯收入；把这个金额置诸政府管理之下，实不够修理王国的五条主要道路。

② 我现在有种种理由相信，所有这些推算的金额，实未免过大。

度支给税金。今通行税既要移作其他用途，即应国家其他急需，那对于各车辆加的税额，就不免要超过其损耗道路的程度以上。况税道通行税之征收，不是以货物的价值为准，而是以货物的重量为准，所以主要负担这种课税的人，不是价值高而重量轻的商品的消费者，倒是粗恶而笨重的商品的消费者。因此，不论国家以这税收应何等急需，结果，供应这急需的人，不是富者而是贫者，不是最能担当这负担的人，大体上，倒是最没有能力担当这负担的人。

第三，设政府对于损坏之公道，漫不修理，我们要强制其划出通行税之一部分，充当此适当用途，那就会比现今还更觉困难。以修缮道路为唯一目的，而取自人民的一大收入，结果，竟会不划分任何部分来修缮道路。如果对于今日的卑贱贫困的税道管理者，尚不易强制他们矫正过误，那么，换一般富裕者有权势者来管理税道，那要强制他们矫正过误，怕会比我们现在所假设的场合，还要困难十倍吧。

法国修理公道之基金，例置于国家行政权直接指导之下。特这基金，不全是货币，一部分系地方人民每年为修理公道所应提供的一定日数的劳役，此外，则系国王在国家一般收入中，应当前修道需要，由其他开支项下节约下来的部分。

法国旧法与欧洲大多数国家之旧法同，地方人民的劳役，向由地方长官指挥监督；地方长官对于王之枢密院，无何等直接从属关系。但依据现行法令，地方人民提供的劳役，以及国王为某特定地域或特定税区修理道路，而由其他费用撙节的资金，却全归州知事管理；知事由枢密院黜陟任免，接受枢密院之命令，并不断与枢密院保持联络。专制之局日进，一国政权皆集中于行政当局，国家其他权力渐被侵夺；充公共用途的一切收入部门，全都归行政者自己管理；修路事务和修路经费，亦统归其管辖。但法国之大驿路，乃至联络各国内主要都市之道路，大体上亦整饬可观；在若干州境内，较之英格兰之大部分税道，且尤宏壮得多。可是，我们英国呼为十字路（cross road），而在地方道路中，占有大部分的道路，那里却全未进行修理。有许多场所，载重车辆已不能通行了，有许多地方，乘马旅行已觉危险了。在那样的境地，看看只有骡是唯一信赖得过的运载者。朝廷赫然骄矜的大吏，往往于王公贵人时常经过的大道，力求其壮丽堂皇，以邀赞赏。一日得到了赞赏，那不但使他感到光荣，甚或使他崇其利禄。至若偏在乡村的那许许多多的小工事，那既不足以壮观瞻，又不足以邀声誉，除了实际上有极大的效用以外，实在无利可图，无名可说。这样无论就哪点说都似乎过于卑微，过于琐细的事务，怎能叫堂哉皇哉的大吏注意呢；所以，在这样一种政治下，关于一切十字路的工事，往往是全没有人留意的。

在中国，在亚洲其他若干国政府，对于修建公路及维持运河两大任务，例由行政者自行担当。据说，朝廷颁给各省疆吏训示，曾不断勉以努力治河修路；官吏奉行这一部分训示的勤惰如何，就是朝廷决定其黜陟进退的一大标准。所以，在这一切国家中，对于河路工事，皆非常注意。特别是在中国，那里的公路，尤其是运河，有人说，那都比欧洲著名的运河公路要好得多。不过，关于那里的河路工事报告，大都得自少见多怪的旅行者和无知好谎的宣教师。假若那种报告经过较有识者的考察，经过较忠实目击者的实证，恐怕那里的河路工事，就不值得我们如此惊异。柏尔尼关于印度这类工事的报告，就远不及其他大惊小怪的旅行者的记述，因为他没有他们那样夸张。法国对于朝廷及首都人士瞩目之大道路大交通机关，例皆惨淡经营，而其余一切支道横道，则没不经意。亚洲各国的情形，说不定竟是这样吧。加之，中印诸邦君主之收入，几皆以土地赋税为唯一源泉；赋税征收额的大小，一决于土地年产物的多寡。所以，君主的利益与收入，与国境内土地之垦治状况，以及土地生产物之丰盈与高价，必然直接地持有至大的关系。要尽可能的使这种生产物,又丰盈,又有价值，势须努力尽可能确保这种生产物之广泛市场，从而，在国内各地方就有树立最自由、最容易兼且运费最廉的交通之必要。树立这种交通，计惟兴筑最良的运河与最良的道路。然在欧洲的情形，殊不如此。欧洲各国君主之主要收入，并非取给于土地赋税。固然，那里一切大王国，结果，都不免是仰赖土地生产物支持，但那种关系不是直接的，且不像亚洲诸国那样显然。唯其如此，欧洲各国君主就不像亚洲君主那样急于增进土地生产物之数量和价值，换言之，急于维持良好的运河道路，以开拓土地生产物之广泛市场了。因此，亚洲诸国，由行政者管理之浚河修路庶政，竟如传闻者所云,成效卓著（据我所知,至少含有若干疑问）。那么，在欧洲现状下，要想由行政者把那件事情弄好，那就全然没有希望了。

一种土木工事，如其不能由自身的收入维持，而其利便，又只限于某特定场所或特定地域，那与其置于国家行政管理之下，由国家一般收入维持，往往总不若置于地方行政管理之下，由地方收入维持，来得妥当。比如，伦敦市上的街道电灯费用，如由国库开支，那街上所点的灯，所铺的石，能做到现在这样完善，其费用能像现在这样撙节么？况且，这费用如非取给于伦敦各特定街坊各教区居民所提供的地方税，那势必要从国家一般收入项下支销，其结果，王国不能受到这街灯利益的大部分居民，也就要无端分摊这负担了。

土木工事由地方或州区统制，使各自敛财修理固然有时不免发生弊害，但是，这种弊害虽再大，比之于受统制于一大帝国行政系统，由国家一般收入维持所发生的弊害，亦实在算不了什么。

况且，与后者所生的弊害比较，前者的弊害，是容易矫正多了。英国土木工事，例由地方或州区之保安长老处理，地方人民每年为修葺公路，提供六日劳役，此种举措虽不必尽当，但从没有发生惨酷压制的情事。法国关于此等事务，例归州知事管理，其措施既不比英国适当，而强征勒索举动，往往极惨酷暴戾之能事。法国人所谓强迫赋役制（Corvées），竟成了悍吏鱼肉人民之主要工具；设某教区或某乡团不幸为悍吏所嫉恶，悍吏将恃此以施其惩罚。

乙、便利特殊商业者

上述之公共设施及土木工事，其目的在便利一般商业。若求若干特殊商业之便利，则有待于特别的设施，且须有一项特别的额外的费用。

与未开化之人通商，常须有一种特别保护。普通堆栈或行店的设备，决不能保障非洲西部海岸贸易商人的货物。为避免地方土人的劫夺，对于积货场所，是不得不加以相当防备的。印度人本来是温和驯谨不过的，徒以印度政府漫无秩序，所以，欧洲人贸易其间，亦觉有同样警戒之必要。最初在印度取得建筑堡垒特权的，是英法两国的东印度公司，它们那时要求的口实，也不过是说防备暴力，保护生命财产。一国有了强固的政府，自不容外人在本国领土内占有堡垒，在这种场合，遂有互派大使、公使或领事之必要。自国居留民间发生争讼，公使或领事可依从本国习惯予以处决；居留民与住在外国人间发生争讼，他亦得凭其公务人资格，要求适当处置，这样，自国居留民由此等公务人得到的保护，一定要比他们期待于任何私人者，有力得多。公使的设置，在先并非为了战争或同盟的目的，而是为了商业上的利益。土耳其公司的商业，使英国有常在君士坦丁堡常驻大使之必要。对俄的贸易关系，亦使英国有在俄京常驻大使之必要。欧洲诸国人民由商业利益上不断惹起的冲突；恐怕就是使他们在一切邻国永久派驻公使制度的由来。这个未之前闻的制度，迹其发生，不过在十五世纪终末或十六世纪初头。是时商业开始扩展于欧洲大部分国民间，诸国民亦至是始注意到商业上的利益。

国家为保护特殊商业，而有特别费用之开支。此种费用，如就该商业抽征适当税金,以资弥补,其事当不失为公允。征税之法，于商人开始营业时，征以少额之营业税，固无不可；而比较公平的办法，则莫如视其对特定国输出输入货物之多寡，而按比例征收其特定税。据说，关税制度之设，在先不过为了防避海贼流寇，保护一般贸易。果其如此，为保护一般贸易用去的用费，既以取给于一般贸易税为合理，则为保护特定贸易用去的费用，取给于特定贸易税，就同样合理。

保护一般贸易，常视为国家防御上之重大事件，因而也就成了从政者一部分必尽的义务。结果，一般关税的征收及应用，就往往是委之于行政当局。可是，特殊贸易的保护，乃一般贸易保护的一部分，故又为行政当局必尽义务的一部分。如其国家行政系统明白，则为保护特殊贸易而征收的特殊关税，也当同样委诸行政当局管辖。然而，事实上，殊不如此。无论就这方面，抑就其他方面说，各国国民的行动常是矛盾的。欧洲大部分商业国家，商人最有势力，他们能向立法部进言，使国家把行政者这方面的一部分义务，以及必然与这义务相关联的一切权力，统统委之于他们的特殊商务公司。

当一地初辟，国家对于商业进行诸多顾虑时，此等公司自集资本，以图尝试，那于某特殊商业部门之创建上，容或有所益助，但行之已久，则将成为无用的赘物了。其经营既多失当，而所经营的范围，又或过于窄狭。

这种公司有两个部类，其一为：商人相互订结联约，议立行规，凡具有相当资格的人，皆得缴纳若干资金，加入组织。但各自的贸易资本由各自经理，贸易危险，亦由各自负担。对于公司的义务，不过是遵守规约罢了。这种公司，称为规约公司（regulated company)。又其一为：以合股资本，进行贸易，各股员对于贸易上普通的利润或损失，均按其股份分摊。这种公司，称为合股公司(joint stork company)。但不拘是规约公司，抑是合股公司，都是有时持有排他的特权，有时又不持有这种特权。

所谓规约公司，在一切方面，都与欧洲各都市普遍通行之同业组合相类，且与同业组合，同为一种扩大的独占国体。一个都市的任何居民，如果他不先在同业组合方面获有自由营业权，他就不能从事同业组合化了的一切职业。同样，一国任何人民，有时候，如不先成为这公司的一员，那么，凡属规约公司那一部门的外国贸易，他就莫想有合法的经营。这种独占权的强弱，正与公司入伙条件的难易，及公司主事者权力之大小——即彼等有多大权力，将大部分贸易规定只有他们自己和他们的亲故可以经营——相应。在先前，规约公司中徒弟资格所享的特权，殆与同业组合中徒弟资格所享的特权一样。凡在公司服务过相当年限的学徒，不用给何等入伙金，即可取得公司人员的资格。所以，法律不加制止，则普通组合精神，将横溢于一切规约公司中。公司主事者将努力巧立规约，尽可能的把竞争限制于最少数人之间。可是，一经法律拘束，他们就无能为力了，而这种组织本身，也就要成一种全无作用全无意义的东西。

对外贸易的规约公司，现今还残有五个，即汉堡公司（在昔称为商人冒险公司)、俄罗斯公司、东方公司、土耳其公司及阿非利加公司。

汉堡公司的入伙条件，在今日已算十分容易了。公司主事者没有使贸易遵从任何过重的拘束或规定的权能。至少他们是没有使用这种权能的。不过，这还是最近的事，以前殊不如此。当前世纪中叶，该公司的入伙金，有时需五十镑，有时需百镑。据说，公司的行为还非常专横。一六四三年、一六四五年、一六六一年，英格兰西部毛织物业者及自由贸易者，且因该公司以独占者的地位，阻制贸易，压迫国内制造业者，而诉之于议会。在当时，这种呈诉虽不会产出何等议会法案，但同公司却因此大吓一跳，把它向来的行动改正不少了。自后，至少是没有人呈诉不平。俄罗斯公司的入伙金，由威廉三世第十年及第十一年第六号法令，缩减为五镑；东方公司的入伙金，由查理二世第二十五年第七号法令，缩减为四十先令，同时，该公司在瑞典丹麦挪威乃至波罗的海北岸一切国家之排他的特许状，统予取消。议会这两条法令，不外由该两公司的行动所激成。在议会未颁布此等法令以前，约希亚·蔡尔德氏，曾指称此两公司及汉堡公司为极端的苛索者，他并主张，当时此等公司持有特许状之所在国与本国间之贸易状态所以不振，正是此等公司经营失当之恶结果。现在，他们也许没有采取苛索的行动了，但是，一离开压迫，它们就简直没有用处。“没有用处”实在是规约公司当得的最好赞词，就上述三公司之现状言，它们满可承受这赞词而无愧哩。

土耳其公司之入伙费，在前，年二十六岁以下者二十五镑，二十六岁以上者五十镑。凡非纯粹商人，注有商籍者，不得加入。此种限制，盖在排斥一切小僧行贾。又据公司约章，凡属英国运往土耳其之制造品，非经该公司共有船舶装载，不许输出。该公司船舶，例由伦敦一港启碇，因此，英国对土耳其贸易，就局限于这个港口了。贸易业者也局限于伦敦附近居民了。该公司约章又规定，凡定居伦敦市二十英里以外，没有取得同市市民权者，不得加入该公司。这种限制必然与前一限制相关联，一切没有取得伦敦市民权者，皆在排斥之列。该公司公共船舶之载重及启碇日期，通由主事者决定。主事者很容易以自己及有特殊关系友人之货物，装满船舶，至若他人的货物，一声言其到迟，就完事了。在这一切规定上，公司总算尽量发挥了它严酷苛刻的独占精神。这种种弊害，至乔治二世二十六年，卒有第十八号法令之制定。依此法令，不论年龄大小，不论是否纯粹商人，也不论是否取得伦敦市民权，凡属情愿入伙者，一律缴纳入伙费二十镑，即可取得公司人员之资格。并且，除禁止输出的货物外，人人皆得自由从英国任何港口，输送任何英国货往土耳其任何地方；又，除禁止输入的货物外，人人皆得自由输入一切土耳其货物（不过，货物输入须得支给一般的关税和公司方面例征的特定税，同时，并须依从英国驻在土耳其大使领事的合法训示及公司方面的正当规定）。为防范此等规定，万一流于苛暴起见，同法令更有以下的明文，即，此法令通过后，凡公司所订诸约章，使该公司中任何七感到不便者，得向贸易殖民局（此种权能，现在掌于枢密院所组织之委员会）呈请修改。特此种呈请，须在该约章制定后一年内提出；若对于此法令通过以前的何种约章，感到不便，则其呈请，当于法令实施后一年内提出。然而在一大公司中，各伙员凭其一年经验，未必就能发现各种特定约章的弊害。如若某种弊害，是他们在限定期间以后才发现的，那么，就连贸易局、枢密委员会也就无法挽救了。况且，如一切同业组合的规定一样，一切规约公司大部分约章的目的，原非压迫已经加入的伙员，而是要妨害其他人人的加入。高额入伙费以及其他许多方策，都无非为的这个目的。他们不断求自己的利润增高，愈高愈好，因而，不断要求市上对于他们输出输入的存货感到不足，愈不足愈好，要做到这层，就只有限制竞争，妨阻新冒险者从事同一的贸易。就说二十镑的入伙费吧。对于一个永久想继续从事土耳其贸易的人，二十镑也许不够妨阻他的意向；但是对于一个想暂时尝试土耳其贸易的投机商人，二十镑就够使他裹足了。不论何种职业，久于其业者，纵未缔结何等组合，但结局他们总会形成一个抬高利润的自然团体。欲杜绝垄断，使商业利润低至相当水准，那唯一的方法，就是让一般投机冒险者不时起而竞争。英国对土耳其贸易，在某种限度上，虽由这议会法案开放了。但在许多人看来，那实在距离自由竞争局面还远。土耳其公司开支了一名大使两三名领事的维持费，便以为功莫大焉，应当垄断对土贸易。其实，公使领事同为国家官吏，应由国家收入维持，而对土贸易，亦当对于国王治下一切臣民开放。况该公司应此目的及其他目的，而征收的诸项杂税若提归国有，当必不止维持这几个驻外官吏。

依约希亚·蔡尔德氏的考察，驻外官吏的经常费，虽往往能由规约公司维持，但对于贸易所在国设置之堡垒或守备队，一向并非规约公司所能维持。可是，规约公司所不能维持的，合股公司却常能维持。在比较上，前者也实在更不宜于承当这个负担呢！第一，规约公司主事者，对于该公司一般贸易的繁荣，即堡垒守备队所以要维持的缘故，并无何等特别利害关系，反之，一般贸易的衰退，那倒于他们私人的贸易有不少利益。因为他们的利益就是要减少竞争，使自己能贱买贵卖。然在合股公司的主事者，却正相反对。他们个人的利得统包含在他们管理的共同资本所生的共同利润中，离开公司一般贸易，就无所谓私人贸易。他们私人的利害关系，与一般贸易的繁荣，和保障这繁荣之堡垒或守备队的维持，紧相结合。维持堡垒或守备队所必要的，继续的，小心的注意，他们似更常常秉有。第二，合股公司的主事者，手中常掌管有一大宗资本，即公司方面的股本。堡垒守备队如有设置、增补、维持之必要，他们当然随时可以划出一部分资本，拿来应用。然而，规约公司的主事者，却没有掌管何等共同资本；除了一点临时收入，如公司入伙金，及课加于公司贸易上的组合税以外，更无其他资金可以动用。所以，对于堡垒守备队的维持，规约公司尽管与合股公司持有同样的利害关系，同样注意到了，但他们苦于没有同等资力，使其注意成为有效。至若驻外官吏的维持，那简直无须多费周折，费用亦轻而易举，就规约公司的性质和能力说，都更为相称。

然在蔡尔德氏以后许久，即一七五〇年间，一个规约公司设立了，是即现时之非洲贸易商人公司。英政府最初曾令该公司负担非洲沿岸，由布朗角至好望角间一切英国堡垒守备队的维持费；最后，又令该公司只负担落几角好望角间一切堡垒守备队的维持费。政府关于设立这公司的法案（乔治二世第二十三年第三十一号法令）分明有两个目标。第一，对于规约公司主事者自然会有的压迫精神和独占精神加以抑制；第二，极力强制他们，使他们注意维持堡垒与守备队。

对于第一个目标，该法案限定入伙费为四十先令，并限定该公司不得改作合股经营，不得以公印贷借资本；对于一切缴纳入伙费的英国人民，皆当任其在各地自由贸易，公司方面不得巧立限制。公司的统制权，皆操于集驻伦敦，由委员九人组成之委员会。委员每年由伦敦布利斯托利物浦三市之公司伙员中，各选三名，任何委员皆不得连任至三年以上。委员有不当行为，贸易殖民局（即今之枢密院委员会）得免其职。又，同委员会不得由非洲输出黑奴，更不得运非洲货入英国。但因他们须负责维持驻在非洲的堡戍，故由英国向非洲输出的各种货物及军需品，不在禁止之列。他们由公司领取之八百镑以内的货币，如开销伦敦布利斯托利物浦三市留守者及代理者之薪俸，伦敦事务所之房租以及其他一切杂费后，还有余，则用以报酬他们自己的辛劳，至如何分配，那听他们自行决定。一切规定如此严密，照理，该可以切实限制独占行为，而充分达成第一项目标吧。然揆之实际，独占依然如故。依乔治三世第四年第二十号法令，举凡塞内加尔之堡垒及其属地，统由非洲贸易商人公司管理。但至翌年（乔治三世第五年第四十四号法令），公司方面不但要把塞内加尔及其属地，就连由南巴巴利之舍勒港至落几角全海岸的管理权，亦须统统移归国王支配。该法令并宣言：凡属国王的臣民，皆得自由进行非洲贸易。这个法令的宣布，当然是因为该公司有限制贸易，树立某种不当独占之嫌疑。不过，在乔治二世第二十三年的那种严密规定之下，我们要探究他们做了怎样不当的事体，那殊非容易。加之，下院的议事录往往又是记载失实的。但据我观察，委员会的九位委员都是些驵商巨贾。各堡戍及殖民地的大小官员，莫不仰承他们的鼻息，他们在商务上及事务上有所嘱托，那些官员雇役等必特别注意。这一来，实际上就无形树立了一个独占的场面。

对于第二个目标，该法令规定：堡戍维持费，每年由国会付与公司一万三千镑。委员会对此金额的使用，每年须向国库主计提出报告，国库主计再向议会报告。但，议会对于国家之岁用，虽数百万镑，亦漫不加察；这区区一万三千镑的使用，当然不会使它注意。况且，就国库主计的职务和教育而论，堡戍费用的当与不当，他又何能悉其底蕴。不错，王国海军舰长或海军部委派之将官，可以亲自调查堡戍实情，归报海军部；但海军部对与该委员会既未持有何等直接裁判权，又无权力纠正被调查者之行动，加之，舰长一类人物，对于筑垒之学，并不见得常常有深的造诣。况委员等如非侵吞公款，意欲加罚，顶多不过罢免官职；我们知道，委员这官职的任期，再长不过三年，而其报酬又极有限，要使罢免的顾虑，成为一种强制他们的原动力，使他们时常想到那利不干己之缮防守戍事务，哪能做到呢？为修缮几尼亚海岸之柯斯提角的堡垒，议会曾支出了几度临时金额，该委员会由英格兰运去砖石，已颇有人非难；砖石经过长途航行，其质大壤，据说，用那碑石修筑的堡垒，简直还有根本再建之必要。落几角以北之堡戍，不但维持费出于国家，即管辖权亦直隶于行政当局之下。但该角以南之堡戍费用，虽大半出自公家，而其管辖权，却别有所属，此真令人百思不得其解。直布罗陀及米诺卡[①]守戍之设备，其本来目的或口实，亦在保护地中海贸易。然此等守备队之维持及管理，并未责成土耳其公司，而是统辖于行政当局。支配领域之广大，乃行政者声威所系，从而，领域防御上之必要设置，他们当然不能不问，实际上，直布罗陀及米诺卡守戍之管理一向并未疏忽。虽米诺卡二度被夺，现在永无恢复希望，但其咎不在行政当局管辖上之怠慢。不过，英国一再取直布罗陀，而戍之以多费之守备，其事究非必要。若谓此事有何等意义，恐怕极其限，不过使英国见弃于其自然的同盟者西班牙，并使波尔邦王家[②]之两大支流，于血缘关系结合以外，作更紧密更永久的同盟罢了。但著者此言，恐未必能见谅于国人吧。

合股公司之立，非经国王饬许，即当由议会通过。故其性质，不独与规约公司异，既与私人合伙公司（private partnership），亦有许多点不同。

第一，在私人合伙公司中，非经全公司许可，旧伙员不得竟行让渡其股本，使新伙员任意搀入。伙员如欲脱退，须于相当期间声明，然后始听其取出股本。合股公司不然。合股公司不许股东要求取出股本，但转卖其股票，却无须公司同意。股票价值上市后，时有涨落，因此，股票所有者的实际股金，就与股票上注明的金额，常有出入。

第二，私人合伙公司在营业上如有亏空，各伙员之全财产皆

① 米诺卡：Minorca，今译梅诺卡。——编者注

② 波尔邦王家：the house of Bourbon，今译波旁王朝。——编者注

负有责任。反之，合股公司在营业上的亏空，各伙员不过就其股分限内，负其责任罢了。

合股公司的经营，例由董事会处理。董事曾在执行任务上，固不免受股东大会议决案之支配。但股东对于公司业务，多无所知，如其分派色彩，不见浓厚，他们就情愿每年或每半年安然接受董事会配分给他们红利，不欲劳神。像这样省事而又无大危险的事业，无怪许多人都不肯投资合伙，赌其全部财产，而把资本投向这方面了。因为，合伙公司虽再夸称资本雄厚，就普通而谕，究不若合股公司吸收股本之多。南海公司的营业资本，在某一个时期，曾达到三千三百八十万镑以上。英格兰银行的分红股本，现在，计达一千零七十八万镑。不过，在钱财的处理上，合股公司的董事，总像是为他人尽力，若私人合伙公司的伙员，则纯是为自己打算。所以，要想合股公司董事们监视钱财用途，像私人合伙公司伙员那样用意周到，那是难得做到的。有如富家管事一样，着意小节，殊非主人光荣，从而，一切小的计算就抛置不顾了。疏忽和浪费，常为合股公司业务经营上多少难免的弊卖。唯其如此，凡属从事外国贸易的合股公司，总是竞争不过私人的冒险者。所以，合股公司没有取得排他的特权，成功者固少，即令取得了排他特权，成功者亦不见多。没有特权，他们业务上的经营往往错误；有了特权，那就不但会经营不良，且使营业范围缩小。

现在非洲公司的前身，即敕立的非洲公司。该公司取得之特许状，系由王命敕赐，未经议会通过。故革命后不久，非洲贸易遂开放于全国人民。赫德生湾公司[①]之法律根据，与敕立的非洲公司同，其特许状，亦未经议会通过。南海公司始终持有一种经

① 赫德生湾公司：Hudson's Bay Company，今译哈德逊湾公司。该公司成立于1670年，是北美最早成立的商业股份公司，也是全世界最早成立的公司之一。——编者注

议会确认过的特许状，此又与现之东印度公司同。

非洲贸易开放后不久，敕立的非洲公司，即自知非私人冒险者之竞争敌手，于是不顾权利宣言，竟呼此私人冒险者为奸商，而出以迫害。一六九八年，该公司借维持堡戍名义，课各私人冒险者以百分之十的重税。但在营业上，仍不能和私人竞争。由是公司之资本及信用，着着减退。至一七一二年，公司负债甚钜，议会为谋同公司及债权者之安全，乃制定以下的法案，即公司债务之偿付日期及关于债务偿付所成立之协定，只须公司债权者（就人数言，就价值言）三分之二以上的决议，决议过了，其余的人皆不得违拗。

一七三〇年，公司的业务，乃陷于极度混乱。原公司之设，其唯一目的或口实，就在维持当地堡戍。现在连堡戍亦不能维持了。议会见此情形，遂决定每年支出一万镑作为弥补。此项金额，自当年度起，一直弥补至该公司解散之年度止。一七三二年，同公司因历年对西印度黑奴贸易颇有损失，遂决定从此中止，而把已经由非洲海岸买得之黑奴转卖于美洲私人贸易者。至公司中之雇役，则用以从事非洲内地之金沙、象牙、染料的贸易。然而贸易范围缩小了，经营上并不比先前更为得手。公司的业务，依然日形衰退，无论就哪点说，已完全濒于破产状况了。议会知无可挽救，遂下令解散。而其堡垒及守戍，则责成现今非洲贸易商人之规约公司管理。但合股公司经营失败的，并不仅敕立的非洲公司，在前，为进行非洲贸易，还设立了三个合股公司。它们都持有特许状——虽未经议会确认，但实际上似持有排他的特权——然而它们都没有成功。

在最近战争中，赫德生湾公司是受了不少打击的。可是在此以前，它却还较敕立非洲公司幸运。它的岁费极少。其所维持诸殖民地及居留地——要说得好听一点，该公司称此为堡垒——之人民总数，据说，不过一百二十名。顾人数虽少，在该公司货船未到以前，已可从容把必需的毛皮及其他货物收积妥当。当地海口结冰期长，船舶不得停泊至七八周以上；因此，预先积货，就成为必要了。赫德生湾贸易，不做到这层，就无法经营。私人冒险者想做到这层，又非十数年莫办。所以，该公司凭着不到十一万镑的资本，就把特许状所许可的那广阔而贫弱地带的全贸易、全剩余生产物——或将近全部——都垄断无余了。私人贸易者既不会企图到那种地方与公司竞争，所以，该公司在法律上，虽不一定持有排他的特权，而在实际上，却已享受了排他贸易的利益。加之，该公司所有的少额资本，据说，是由极少数股东集成的。在名义上虽为合股公司，其性质已与私人合伙公司相近，从而在经营上，就几乎能和合伙公司同样谨慎、同样注意。有这许多利益，赫德生湾公司前此贸易上的相当成功，就毫无足怪了。不过，同公司获得的利润似乎没有达到多布斯君想象的那个程度。商业上之历史的编年的推论之著者安得生君，是一个比较多布斯君遥为率直而公平的著作家，他检讨多布斯君关于该公司数年中输出输入的全部报告，并参酌该公司之格外危险和开支以后，他以为，该公司的利润虽值得羡慕，或者说，虽超过了普通的贸易利润，但实在没有超过好多。他这种观察是颇为得当的。

南海公司从没有维持何等堡垒或守戍，从而，外国贸易公司照例要负担的一大费用，它全然免除了。不过，该公司股本额过大，股东数极多，在全部业务经营上，自不免失之迂愚、疏忽和浪费。至若招股计划之欺骗与全无节制，那非现在讨论的主题，不说了。就它的商业计划说吧。与招股计划比较，也好不了许多。该公司经营的主要贸易，就是把黑奴输往西领西印度。它对于这项贸易（由乌特列赤条约附带承认了所谓阿西托契约的结果）取得了一种排他的特权。但是，特权虽然取得了，贸易仍没有多大的好处。

在该公司以前，经营同一贸易，持有同一特权的葡法公司，早经倒塌了。该公司有鉴于此，遂要求逐年以一定吨数的船舶，直接与西领西印度通商，以图弥补。无奈该公司所派船舶，航行十次当中，只有一次（印一七三一年罗耶·加洛林号之航行）获了巨利，其余九次几乎多少都有损失。营业的不成功，该公司之代理店及代理人，都归罪于西班牙政府之强夺与压迫。但大部分恐怕是由于代理店及代理人之浪费与掠夺吧。我还听说，他们有一位服务一年就发了大财。一七三四年，该公司以营业利润微薄的理由，请求国王许其变卖贸易权与船只，而由西班牙国王取得相当代价。

一七二四年，该公司开始经营捕鲸业。对于这项业务，它虽未持有独占权，但在它经营的期间，并无其他任何英国人搀入。该公司的船舶曾航行格林兰八次。其中仅有一次得利，其余均遭损失。在最后第八次航行终了时，即该公司拍卖其船只、渔具、铺店时，才发现了这一部门包括资本及利息之全损失，计达二十三万七千镑以上。

一七二二年，该公司请求议会把该公司三千三百八十万镑的大资本——全部皆贷与政府——划分作两等分：一半（即一千六百九十万镑以上）作为政府的国债，与其他国债同，不得用以偿还填补该公司商业经营上之债务或损失；其他一半，依旧作为贸易资本，得用以偿还填补债务或损失。它这种请愿，议会认为合理，采纳了。一七三三年，同公司再向议会陈请，把贸易资本四分之三作为国债，仅留其余四分之一，充当营业失败的补偿资本。到这时为止，该公司所保有的国债及贸易资本两者，因政府几度的偿还，已各各减少了二百万镑以上，从而，这所谓四分之一，就不过三百六十六万二千七百八十四镑八先令六便士了。该公司前此依阿西托契约，对于西班牙国王取得之一切请求权，至一七八四年，卒由阿·拉·切帕尔条约换得相当等价，而放弃了。这一来，该公司与西领西印度之间的贸易，遂告终结。而其残下的贸易资本，统行转化为国债，由是该公司再也不是一个贸易公司了。

可是，我们应注意一件事：南海公司期望多多获利的唯一贸易，就是以本公司每年派遣船为媒介，而对于西领西印度进行的贸易。但当它经营这种贸易时，无论在外国市场，抑在内国市场，都不是没有竞争者。在加尔替吉那，在波托·柏娄，在拿·斐列·克路兹，该公司碰着了西班牙商人的竞争，他们把该公司船舶装出的同一欧洲货物，由克底兹连往那些地方；在英格兰，该公司又碰着了英国商人的竞争，举凡该公司由克底兹输入的西领西印度货物，他们也同样由当地输入。不错，对于西班牙及英国商人的货物，其税率不免要高一些，但该公司雇役的疏忽，浪费蒙混，哪怕是一种更高的重税吧。至若说，如果私人贸易者能够公开的正当的和合股公司竞争。合股公司还能经营某种贸易得利，那就反乎我们一切的经验了。

旧东印度公司于一六〇〇年，依女王伊利沙伯之特许状设立。当它最初向印度航行十二次的那时候，单只船舶为共有，贸易资本还是各个人的，仿佛是一种规约公司的形式。在一六一二年，这个别的资本才合并而为股分资本。该公司持有一种排他的特许状。这特许状虽未经议会确认，但在当时，却已推想为一种真正的排他特权了。所以经过许多年，它从未受其他商人的侵扰。该公司的股本，每分股为五十镑，总额仅及七十四万四千镑。这个数目尚不致惹起经营上怎样的疏忽、浪费或者蒙混。虽然荷兰东印度公司的陷害和其他的意外事变，使它蒙受了多大损失，但在许多年间，依旧能有利的进展。不过，历时较久，一般人对于自由的原理，也渐有理解，于是，这未经议会确认的特许状，究能算得怎样一种排他特权呢！这件事一天一天的成了疑问。对于这个问题，裁判所的决定既不一定；政府的权力和意，又时有变动。迁延复迁延，私人贸易者遂侵入公司特权范围了。由查理士二世晚年，经詹姆士二世，至威廉三世初年，该公司已陷入了大困境。一六九八年，国债应募者向议会提案，原以年息八厘贷政府二百万镑，其条件为设立一有排他特权之新东印度公司；旧东印度公司亦向议会提示同一性质之提案，但其贷款为七十万镑（约与该公司之资本额相当），年息四厘。就国家当时维持信用上打算，与其贷入轻利的七十万镑，倒不如贷入利息较重的二百万镑，来得便利。新国债应募者的提案被容纳了，结果，就出现了一个新东印度公司。不过旧东印度公司的贸易权利，尚得继续至一七〇一年。同时该公司并以会计的名义，极巧妙地，在新公司股本中加入了三十一万五千镑。对于二百万镑借款，予应募者以东印度贸易特权的议会法案，在说明上，殊失之疏忽。应募者的资本，究应为合股资本与否，全不明白。由是，应慕仅及七千二百镑之少数私人贸易者，遂主张私人自用资本，自担危险责任的各别的贸易特权。至一七〇一年止，旧东印度公司亦有使用其旧资本，经营独立贸易的权利。并且，在这个时期前后，该公司亦遂与其他私人贸易业者同，竟用其前此投入新公司中之三十一万五千镑，从事独营贸易。新旧二公司与私人贸易者间的竞争，两公司彼此间之竞争，相持下去，殆不免两败俱伤。逮一七三〇年，有人向议会提议，主张印度贸易置于一规约公司经营之下，使其相当开放。这个提案颇为新旧公司所反对；它们大放危词，谓如此做去，其竞争将演成可悲结果。它们以为，竞争者多，印度土货价格势必高至无物可购，而在英国市场上，因为存货过多，其价格又必跌至无利可获。可是，供给过丰，入英印货将大跌特跌，使一般大众获得廉价购物之利，那本无疑；若必谓求购者多，印度市上土货即将大涨特涨，却不尽然。由竞争促起的非常需要，比之印度贸易大洋，不过涓涓一滴而已。况且，需要增加，在当初容或有提高价格倾向，行之已久，又势必促起价格跌落。因为购买竞争，会奖励生产，增大生产者间之竞争。各生产者为要使自己的出品，较他人的出品低廉，必迫着采用新的分工，和技术上新的改良。两公司诉说的悲惨结果，即消费的低廉和生产的奖励，又恰好是政治经济学所要促进的结果。然而，使他们不胜垂泣而道的竞争，毕竟没有继续好久。一七〇二年，这两公司连同女王，作成三方面合同契约，在某种限度合并起来。一七〇八年，依据议会法案，完全合为一体，而成为今之所谓东印度贸易商人合同公司。同法案又限定：私人贸易业者，只许继续贸易至一七一一年秋节为止。同时，对于公司内之独立经营贸易者，则发布豫告，至三年后，买收其七千二百镑的小资本。这一来，就无异插入了一项转全资本为股份资本的条文。此外，同法案又规定：该公司的资本，因对政府有新借款之故，又由二百万镑增大至三百万镑。一七四三年，该公司更贷与政府一百万镑。不过，这项借款，非由招股得来，而是由公司出卖国债，转结债务关系得来，故未增大股东得要求分红之资本。然这一百万镑，在公司营业失利及契约债务关系上，与其他三百万镑，担有同等责任，所以，结果总算是增大了该公司的贸易资本。自一七〇八年，或者至少自一七一一年以来，该公司即免掉了一切竞争者，完全树立了英国在东印度的独占贸易。贸易经营得手，股东逐年皆由利润分有适度的红利。一七四一年，法兰西战争爆发，朋狄切利地方之法国总督杜不勒克斯氏别具野心，致东印度公司转入战涡及印度酋王之政争中。经过无数次显著成功及无数次显著失败后，该公司竟在那时把它在印度的主要殖民地马托拉斯失掉了。嗣后，阿恢·拿·切帕尔条约成立，马托拉斯复归于该公司。这时，该公司充满了战斗及征服气氛，久而未释。所以，在一七七五年勃发的法兰西战争中，英国在欧洲迭获胜利，而该公司在印度亦大交好运。捍御马托拉斯，占领朋狄切利，恢复加尔各答，并获有一个富裕而广大领土的收入。这收入在当时，据说，每年有三百万镑以上。但该公司安然享有这收入，不过几年罢了。一七六七年，政府以该公司占领之领土及其收人为属于国王的权利，应当缴纳赋税。公司乃承认此后每年出赋四十万镑。公司之红利，前为百分之六，以后渐增至百分之十。就全资本三百二十万镑计算，红利计增加十二万八千镑，换言之，每年红利额，已由十九万二千镑增加至三十二万镑。但至现在，公司方面企图红利更迅速的增至百分之十二点五。而其额数，相当于每年提供政府之四十万镑。可是，当政府与公司实施协定那两年中，议会相续制定法案，不许红利再有增加。这法案的目的，在使公司方面加速偿还其所负债务。该公司当时的债务，已达六七百万镑了。一七六九年，公司与政府改订协约，限期五年；在这五年中，红利虽得渐次增加至百分之十二点五，但一年内，至多只许增加百分之一。这所增加的红利额达到极限时，亦不过较其最近拓境以前，年加多六十万八千镑。前面讲过，最近占领地之总收入，每年计有三百余万镑。依一七六八年东印度贸易船克路腾登号提出之报告，除去军事维持费及其他费用，纯收入亦达二百零四万八千七百四十七镑。此外，公司方面据说还有其他收入，那收入一部分出自土地，而大部分则出自殖民地所设之税关，其总额亦不下四十三万九千镑。至若当时贸易利润，据公司董事长在下院的证言，年额至少为四十万镑；据公司会计课的证言，年额至少有五十万镑；不论怎样，再少也会等于每年分给股东之最高红利额吧。有这莫大的收入，确够开支该公司每年增付的六十万八千镑，同时，并提供一项减债基金，备急速偿还债务。然至一七七三年，其债务不独未见减少，却反形增大。国赋未完者达四十万镑；关税未缴者，由英格兰银行借入者，还有业由印度发出，而无力兑付之汇票债额，共达一百二十余万镑。该公司债务日积，应付维艰，不得已，乃一举低减股息至百分之六；更乞怜政府，请其：第一，豁免年纳赋四十万镑的成约；第二，贷款百四十万镑，以救当前危急。拓殖领地呐，增加岁入呐，该公司的财产是增大了，但财产愈大，对于雇役等，就似乎愈成为浪费增大的口实，并且，愈好从中舞弊了。议会欲探知其真相，乃着手调查雇役等花印度之行动，以及欧印两方面之一般业务状况。调查的结果，对于公司统制的组织上，颇有几种极关重要的变革。在印度方面，该公司的主要殖民地，如马托拉斯，如孟买，如加尔各答，以前相互独立，今则置于同一总督统率之下，辅佐总督的有四名顾问组成的评议会。第一任总督及顾问，通由议会指派；又因加尔各答为英国在印之最重要殖民地，与以前之马托拉斯同，故总督即驻节于此。加尔各答之裁判所，原为审理商业上之案件而设立，后因帝国版图扩大，其司法管辖权亦随之扩大。然至此次改革，东印度公司之统制组织，又复缩小该裁判所之权限，使还其本来面目。此外，更增设一新的最高法院，由国王任命主判官一人及判事三人组成。在印度所改革者如此。其在欧洲，以前出股五百镑，即可取得股东总会之投票权。现在限定，须出股一千镑，才有这资格；以前出股取得这资格，如非由承继，而由承买，就须在承买后六月，才能行使投票权。但现在这个期限延长至一年了。又，以前公司的二十四名董事，每年改选一次，现在亦改变了，每个董事四年改选一次，但在二十四董事中，每年有六个旧董事出去，有六个新董事进来，经任董事者，不能再选为新董事。有了这诸般改革，股东总会及董事会双方，该可以郑重其事，打定主意做去，不再像从前那样疏忽随便。然而，无论怎样变革，要使他们这般人好好注意促进印度之繁荣，那能做到吗？他们大多数人的利益与印度的利益，简直漠不相关。在一切方面，他们不独不宜于这种统治，且不宜于参加这种统治呢。有大财产的人，不待说，就连小有产的人，也往往乐于购买一千镑的东印度公司股票。他们欲得而甘心的，单是由此取得股东大会的投票权。有了这投票权，自己纵不能成为印度的掠夺者，尚可任命印度的掠夺者。当然呐，行使这命令之权，乃操于董事会，但董事会本身就不免多少要为股东势力所左右：股东不但选举董事，有时公司任用雇役，也归他们支配。假若一个股东能享有这权力几年，因而，可在公司方面位置若干故旧，那他就慢说对于股息不大注意，即对于一千镑的股本，也是满不在乎的。至若他曾选举人去参加统治的印度的繁荣，他哪里会放在心上。不论怎样的君主，对于被统治者之幸福或悲惨，其领土之改进或荒废，其统治之名誉或耻辱，总不会像他们这样漠不关心吧。然而揣情度理，按照事物的本性，他们这般商业公司的人员，又无怪其如此，他们原是不得不如此的。议会依据调查结果，制定种种新规，但对于这漠不关心的程度，与其说是减少了，倒毋宁说是增大了。例如，下院决议案宣称：公司要把所欠政府债额一百四十万镑偿还，所欠民债减至一百五十万镑，到那时，只有到那时，才得对于股本摊给百分之八的股息。又，该公司残在本国之收入及纯利，当分作四部分，就中三部分移归国库，充当国家用途，其余一部分则留作偿还债务及供应公司不时急需的基金。但是，未经此规定以前，公司奄有印度之商利地赋，犹于事务财政上，弊实丛生，瞒盱不治；今分去其四分之三的纯收入纯利润，更把保留的一部分置于他人监督之下，须得其承认，方准动用，那欲公司事务财政较前改进，怎能做到呢。

就公司方面看来，配分百分之八的股息后，如其依下院决议案规定，把一切余剩部分委之于声气不相投的一群人手中，倒不若让公司雇员杂役随便滥用了，任意侵吞了，还比较痛快。况公司使用人员的利益往往大为股东们所拥护，即发现其蒙混侵吞，有干全体股东利益，亦常以不了了之。他们有时甚且把拥护自己权益这件事看得更轻，把拥护侵犯这权益的人的事体，看得更重。

因此，一七七三年的规定，终无以救东印度公司统治之混乱局面。有一次，公司因措施得当，也曾陡然在加尔各答金库中积存了三百多万镑。往后，它的支配或掠夺范围，更加扩大了，而所扩大的土地，又备极富饶，备极肥沃。但它由这所获得的一切，还不是照旧滥费了，葬送了完事。迨至海德·阿里侵入，该公司始恍然悟判藩篱未固，竟竟无以自保。混乱至于今日（一七七四年），公司已陷于前此未有的困境了。为救济当前破产危难，又迫而向政府恳求援助。议会中各党派关于改善该公司业务经营，颇多提案。而种种提案中一致之点，则为公司不宜于统治占有的领地——这实在是一向就非常明了的事实。就运公司自身，也认为无统治能力，因而想把领地让渡于政府。

在僻远而野蛮的国境里面领有堡戍的权利，必然与当地宣战媾和的权利结在一块。合股公司既持有前一权利，就分明会动辄行使后一权利。依最近的经验，我们就知道该公司行使这种权利，该是怎样不得当，怎样随便，怎样惨酷啊！

一队商人自出资本，在野蛮异域树立新的贸易，政府一方面使其组成合股公司，并于经营得手时，许以若干年的独占，那是没有什么不合理的。实在说，政府要报酬这冒险费财，异日将福利大众的尝试，也只有这才是最容易最自然的方法。像这样一种暂时的独占，和允许发明者新机械的独占，允许著述者新著述的独占，可依同一原理解释。不过，限定的时期既满，独占是应当取消的。如若堡戍仍有维持必要，自应移归政府，由政府偿以相当代价，而当地贸易，则让全国人民自由经营。设公司长久独占，其结果将无异加担全国其他人民以不合理的赋税。这赋税的课加约有二途。第一，听民自由贸易，物价必廉，行使独占，则物价高昂；第二，于大多数人民方便而有利的事业，因独占而全被排除。人民无故分担这无价值的负担，在公司方面，却不过徒供一般雇用人员的怠慢、浪费乃至侵吞罢了。股东的股息，并未因此而超过其他自由事业的普通利润率，且往往因此而在普通利润率以下。吾人就往事推断，合股公司如未取得独占，势将无法长久经营任何外国贸易。受经商之事，不外购买一地货物，在有利条件下，运往他地出售。买则务求其廉，售则务求其贵，双方竞争，其需要供给关系，乃至为繁颐，至多变动。在此繁颐变动情形下，对于各种货物的品质数量，又必运用技巧判断，以期适合。当着这样一种俨如不断变化的战争，只有私人商家才能随时注意警戒，希望胜利，若以合股公司执事先生当之，哪能持久呢！所以，东印度公司，当公款既已偿却，排他特权亦经取消时，议会虽制定法案，许其仍以合股公司资格，在东印度与其他商人共同竞争，但在这种情形下，私人冒险者之警戒与注意，不旋踵间就使公司倦于贸易了。

阿柏·摩列拿为法国有名著述家，于经济学颇有研究。他曾列举一六〇〇年以后，在欧洲各地设立之外国贸易合股公司，一共有五十五家；据他说，这些公司都取得有排他的特权，但都因经营上的失当而全归失败了。他举出的这五十五家，就中也有两三家不是合股公司，且未遭失败，被他弄错了。可是还有几个失败了的合股公司，他没有列出，通体看来，欧洲合股公司失败了的，实在不少于五十五家。

不过，一个合股公司，即使未取得排他特权，也并不是全无成功之望，须看经营之事业如何耳。凡在作业上，有一定成规可寻，而其运用方法又不容多少变动的事业，即不妨由合股公司经营。这类事业计有四种。第一，银行业；第二，水火兵灾保险业；第三，建修通航河道或运河；第四，贮引清水，以供城市。

银行业之原理，虽不免几分深奥。而其实务，却可一一定为成规，以资遵守。设贪图眼前厚利，大胆投机，置成规于不顾，其事殆极危险，且往往陷银行于无可挽救之境地。但是，以合股公司与私人合伙公司比较，前者实比后者更能拘守成规。因之，合股公司，就似乎很适于银行的营业，无怪欧洲主要银行业公司，都是合股经营的了。在这些公司当中，有许多并未取得排他的特权，而其经营却非常兴旺。英格兰银行，亦全无特权可言，有之，唯议会限定其他银行之组成，不得过六人以上。今之爱丁堡两银行，全为合股公司，更绝无任何独享的权利。

由火灾水灾乃至战祸生的危险，其价值虽不能很正确的计算出来，但在某种程度上，却不难依严密规则和一定方法，得其概数。所以，没有特权的保险业，当可由合股公司进行得利。如伦敦保险公司，如敕立贸易保险公司，都是没有取得何等特权的。

通航河道或运河一度修造成功了，其管理即非常简单容易，而且，都可定出严密的规则与方法。就说进行修造河道吧，长几里，闸几个，也能按照一定规款与承修者计立契约。他若引注清水以供给城市的运河、水槽或大水管，其事与一般运河业无何等差异。由合股公司经营之，即未取得特权，亦当大获其利，而实际也往往如此。

但是，合股公司之设，如仅因其能经营成功；让一群特定商人享受其邻人享受不到的权利，如仅因要使他们繁昌，那还说得通吗？要使合股公司设立完全合理化，必其经营事业，可以定出严密规则及方法，同时尚当伴有其他两个条件：第一，那种营业，必显然较普通营业有更大的更一般的效用；第二，其所需资本，必显然非私人合伙公司所能筹集之钜额。凡以相当额数资本，不难举办之事业，纵令其效用特大，亦不能成为设立合股公司之充分理由。因为，在这场合，对于那种企业的产出物的需要，很容易就可以由私人企业者供给。上述四种事业要皆伴有这两个条件。

银行业管理妥当，其效用既大且周，本书第二篇已详细说明了。特公共银行之设，如意在维持国家信用，即当国家有数百万镑之特别急需，而供应此急需之全部赋税，又须一两年后始得收入，只好由银行暂垫时，则所需资本当不是私人合伙公司所筹集得来的。

保险业能予个人财产以大的保障。一种损失本来会使个人趋于没落的，但有了保险业，他这损失就可分配给许多人，叫全社会分担起来，毫不费力。不过，保险业者要想与他人以保障，他自己就需有好大的一宗资本。伦敦两保险合股公司设立以前，据说，不到几年，就有失败了的一百五十个私人保险业者的表册，存在检事总长那里。

为供水城市而设备的通航水道、运河及谷种必要工事，很明显的，不独有大而普遍的效用，同时，其所需多额费用，亦常非个人财力所及。

总之，合理的合股公司之设立，要必具有上述三个条件。具有这三个条件的事业，我除上述四者外，再也不能想出其他的来。就说伦敦的英国制铜公司，熔铅公司以及玻璃公司吧，言其效用，并不见得怎样大，怎样特别；言其费用，也并不是许多个人的财力难于举办；至若此等公司经营上是否能定为严密法则及方法，使其适于为合股公司，此等公司是否有它们自己所夸称的可获厚利的理由，那在我，却不敢佯言知道。矿山企业公司早就破产了。爱丁堡英国麻布公司的股票，近来虽没有从前低落得厉害，但较其额面价格，却是相差太远。我们更说其他基于公共理想，为促进国家某特殊制造业而设立之合股公司吧；这种公司，往往因为经营失当，致减少社会总资本；而在其他诸点上，同样是利少害多。用意虽再真挚，无奈主事者对某特定制造业之不可避免的偏向，将为其余各种制造业之妨害。况适当产业舆利润间之自然比例，乃一国一般产业之最大而最有效的奖励。今而出此，此自然比例就不免多少要受到破坏了。

第二项　论青年教育之设施费

由本身收入，开支本身费用的事业，并不限于前述道路运河等等；对于青年教育之设施，亦是如此。生徒支给教师之学金或谢礼，自然成了这一类的收入。

即令教师之报酬，全不取自这自然收入，那也不一定就要由社会一般的收入——在许多国家，这收入的征集和运用，权在行政当局——开支。就欧洲而论，一大部分普通学校及专门大学，通由捐赠之财产维持，间或有仰给一般收入的，极其有限罢了。教育经费仰给于地方收入或学租，几乎各地皆然。此外，把由君主自身或由私人慈善者捐助之学款，妥为保管，积存生息，亦大可供应此项用途。

这诸般捐赠财产，曾于教育设施之促进上，有所贡献么？那曾奖励教师的勤勉，增进教师的能力么？那曾改变教育之自然行程，使其转向于个人社会双方都较有用的目标么？对于这种种问题，至少，要予以盖然的答复，我想，是不会怎样困难的。

不论在哪种职业上，总有大部分人的努力是按照比例于其努力之必要。这种必要程度因人的境况而不同。一个人的职业报酬，如果是他蓄积财产，甚至获得普通收入及生活资料之唯一源泉，这必要对于他就最大。他为蓄积，甚至为谋生，一年间既不能不成就一定价值的一定量工作，于是在自由竞争的场面下，各人相互排挤，相互竞励的竞争心便会强制他，使他把自己的工作弄得相当正确。当然呐，由某种职业成功可获得的目标的伟大，有时或不免诱起少数非常之士和野心家的努力，但最大的努力，却明明用不着大目的来敦促。哪怕是卑卑不足道的职业吧，竞争心和对抗心亦可使优越性成为野心的目标，而引起最大的努力。反之，单有大目的，却无何等迫其实现此目的之必要，那就不大能够激发起任何可观的努力。在英国，精通于法律者，原有取得高官厚禄之可能。从而，精通法律，就成了许多极大的野心的目标，但他们在这种职业上露其头角的，究有几个呢?

一个普通学校或专门学校如果有了一宗捐助的基金，教师勉励的必要，就必然要减少若干，教师的生计，如能按月由一定的学俸维持，他们教授的成功与名望，就明明与其生活资源两不相关了。

有些大学，教师的薪俸仅占其报酬的一部分——往往为最小的一部分——其余大部分则出自学生的谢礼或学金。在这场合，教师孜孜教诲的必要，虽不免减少一些，但却不会完全除去。因为从事这种职业，名声还是重要的，他还得开心受教者对于他的爱敬、感谢及好评。而这种种好感的博得，除了依自己的能力和勤勉而履行各项任务外，再也不会有其他的方法。

在其他诸大学，教师禁止领受学生的谢礼或学金，他的薪俸就是他由这种职务取得的全部收入。由是，义务与其利益，立于反对的地位了，愈不尽义务，便愈有利益。就一个人本身说，他的利益就是看他能够怎样过安易的生活。如果他对于某种非常吃力的义务，无论履行了或者没有履行，其报酬确为一样，那他的利益——至少是流俗意义上的利益——就是全然不要履行义务；设或这时有某种权力，督促他不许放弃职务，那在那种权力许可的限内，他就会随便敷衍了事。又，如果他生性活泼，喜欢劳动，则他与其把活动力使用在全无出息的义务履行上，就不如找点有益的事做。

教师应当服从的权力，如掌握在团体、专门学校或大学之手，而他自己又为这学校团体中之一员，其他成员大部分亦同为教师或可为教师者，那么，这些教师们，彼此间，就会宽大为怀；各个人以容许自己疏忽义务为条件，而宽宥同辈疏忽其义务。这样做才是共须的利益。最近许多年来，牛津大学一大部分教授，简直连表面上教授这件事，也全然放弃了。

如果教师们服从的权力不掌握在他们自己团体之手，而掌握在外部的人物如主教治下的僧正、州知事或某国务大臣之手，那么，他们想全然忽略其义务，就实在不大做得通。不过，这些大老们能够强制教师尽其义务的，也只是使他们上一定时间的课，或者在一周或一年内，讲解一定的回数。至若讲义的内容如何，那依然要看教师的勤勉，而教师的勤勉，又是按照比例于其所以要努力的动机。况且，这种外部来的监督，动辄流于无知和反复无常，其性质是强制的专断的。行使监督者，既未亲自登堂听讲，又不一定理解教师所教的学科，求其有正确的判断，那是难得的。加之，由这种职务上生出的傲慢，往往使他们不留意怎样行使其职权，就是没有正当理由，也一味使气任性的谴责教师或革除教师。这一来，必然要低减教师的品格，教师原来是社会最尊敬的人，现在却成了最卑贱、最可轻侮的人了。为要避免这随时可以发作的不好待遇，他就非仰仗有力的保护不为功，而获得这保护的最妥方法，并不是他在职务上的能力或勤勉，而是曲承监督者意志的阿谀，不论何时，准备为这种意志而牺牲他所在团体的权利、利益及名誉。试在一个相当长的期间注意法国大学的统治吧，你定有机会看到，像这种强制的外加的监督，自然会生出什么结果。

如若有什么事情，强制一定人数的学生，必须入某专门学校或大学，而不论教师的真价如何，名望如何，那么，教师的真价或名望的必要，就不免要因而减少一些。

技术上、法律上、医学上、神学上，毕业生的特权，如果只要在某个大学住满一定的年限，就能获得，那就必然会强迫一定数的学生去住这个大学。至若教师的真价或名望，就漠无关系了。毕业生的特权。也算是一种徒弟制度。其他徒弟制度，对于技术及制造业的改良，究有如何贡献，我们讲过了。这种徒弟制度，对于教育的改良，究有如何的贡献，正可一并而论。

研究费、奖金、贫学津贴那一类的慈善基金，必然会使一定数的学生，不问那保有这基金之专门学校的真价如何，而贸然入学。设仰赖这慈善基金的学生能自由选择其最喜欢的专门学校，这种自由说不定会惹起诸专门学校间或种的竞争。反之，各特定专门学校的规定，如果连自费生不得学校许可，也禁止转入他校，各学校间的竞争，就十分之八九要消灭了。

假若在一个专门学校教授各学生以科学技术的导师或教师，不由学生随意决择，而由校长指派，并且，教授者怠慢、愚钝或不良，学生未经申请许可，即不得由甲教师改换乙教师，照这样规定下来，同一学校内诸导师诸教师间的竞争，固然不免要消灭非常之多，而彼等全体勉励之必要，和对于各自学生注意之必要，也必定要消灭非常之多。像这类的教师，纵令其领受了学生非常优厚的报酬，但比之那些全未受学生报酬的，或除学俸以外，即毫无其他报酬的，将会同样怠于职守，荒误学生。

如果教师是一个有良心的人，当他自己意识到他向学生讲的、读的都是一些无意义或近似无意义的话，他一定会感到不快。并且，学生大部分如对于他的教课不肯到堂，或到堂而当面显然表示疏忽、轻蔑，乃至嘲弄，他也一定会感到不快。于是，他对于额定次数所教的讲义，纵无其他利益，亦必因了这动机，而苦苦耐耐的，求其相当的完善。然而督励教师的一切刺激的尖端，动不动又为几种不相干的手段钝减了。他有时对于教授学生的学术，不自加说明，而把关于那种学术的书籍，拿来讲读；如果那种书籍是用死的外国语写成的，他就用本国语向毕生译述；而更不费力的方法，就是叫学生解释，自己倾听，间或加插几句话进去，这样，便夫子自道也的，说是在讲授。这种轻而易举的事，只要极有限的知识和勤勉就够了，既不致当面蒙到轻蔑或嘲弄，也可避免讲出真正迂愚、无意义乃至可笑的话。同时，学校的规则又使教师强制学生全部规规矩矩地到堂，并且在他讲授的全时间中，维持一种最有礼貌的、最虔敬的态度。

专门学校及大学的校规，大体上，不是为了学生的利益，而是为了教师的利益，更妥当地说，那是特为教师的安易而设计出来的。在一切场合，校规的目的总在维持教师的权威；不论教师是疏忽其义务，仰是履行其义务，学生总得承认教师在履行义务上是用了最大的勤勉和能力，所以不能不随时保持其对于教师的虔敬态度。教师有完全的智慧和德行，学生则是大愚，且有最大的弱点。校规之设，似乎就是根据这个前提。但我相信，教师果真履行了他们的义务，大多数学生是决不会疏忽他们自己的义务的。讲授果真值得学生到堂倾听，学生自会上堂，用不着校规强制。对于小儿，对于极年的孩童，为要使他们习得这幼年时代必须学习的教育，在某种程度，确有强制干涉之必要。但学生一到了十二三岁以后，只要教师履行其义务，无论哪门功课，就都不必要加以强制干涉。大多数青年人，都是非常宽大的。如若教师向他们表示自己当竭力使他们得点益处，那就慢说疏忽轻蔑教师的教训，就连教师在履行义务上有颇大的过误，他们也会原谅，有时，甚至会当着大众隐蔽教师的怠慢。

未有公家设施的那一部分教育，大抵是教授得最好的部分：这是值得注意的。青年当进击剑学校或舞蹈学校时，对于击剑舞蹈大都没有好好学习过，但学习起来，却不见有多少人失败。马术学校的好结果，通常没有如此显著，这就因为马术学校费用浩繁，大多数地方都成了公家的设施。文科教育中最重要的有三部分，即诵读、书写和算术。迄今学习这三者，进私立举校的犹比进公立学校的普遍。但学习者却都能够学得他所必要学习的程度，学习失败了的，殆没有一个。

就英格兰说，公共学校（Public School）固不免腐败，但比之于大学，却要好多了。在公共学校，青年有希腊语、拉丁语课程，至少，他总可学习希腊语和拉丁语。即是说，教师声明要教或应该教的功课，实际都会教给青年。但青年在以教授科学为业务的大学这种组合团体内，往往既不受科学教育，亦找不到教授科学的适当手段。公共学校教师的报酬，在许多场合，有一大部分，而在某种特殊场合，几乎全部是出自学生的谢礼或学金。这种学校，是没有何等排他的特权的。要一个人取得毕业学位，无须乎缴纳在公共学校学过一定年限的证书。临着试验，他如果能表示他已经了解一些什么东西，他究竟住的什么学校，就没有谁会过问的。

我们可以说，普通归大学教授的那部分功课，都没有教得很好。但是没有这种设施，全然不教，那就个人说，就社会说，又不免要痛感到教育上缺乏了这个重要的部分。

现在欧洲诸大学，一大部分原是为教育僧侣而设立的宗教团体。创始者为罗马教皇。在创建之初，学校中所有的教师和学生，皆完全置于教皇直接保护之下，而持有当时所谓僧侣的特权。有了这特权，他们就只服从宗教裁判所，而不受大学所在国之司法权的拘束。在这种学校里面所教的，当然要适合于其设施的目的，所以一大部课程，如不是神学，就是单为学习神学而预备的学问。

当某督教初由法律认为国教时，转化的拉丁语简直成了西欧全部的普通语。从而，教堂中举行礼拜及诵读的《圣经》译文，通是这转化的拉丁语，亦即教堂所在国的普通语。自颠覆罗马帝国之野蛮民族侵入后，拉丁语便渐次在欧洲各地不大通行了。但是最初导入拉丁文并使其合理化的环境，虽早经改变，而人民虔敬之念，却自自然然要把这宗教上确立了的形式和仪节保存下来。因此，拉丁语纵然在各地没有多少人了解，教会举行礼拜，却依旧是使用这种语言。有如在古代埃及一样，在欧洲，强行使着两种相异的语言，即僧侣的语言和人民的语言，圣者的语言和俗人的语言，学者的语言和不学者的语言。僧侣在执行祭务当中，既必须知道几分圣者学者之语言，所以拉丁语自始就成了大学教育的一个重要部分。

至若关于希腊语和希伯来语的情形，却不是这样。所谓绝无错误的教会布告，曾宣称拉丁语之《圣经》翻译（普通呼为Latin Vulgate）与希腊语及希伯来语的原书，同为神之灵感所口授，从而，有同等的权威。这一来，希腊语和希伯来语的知识，对于僧侣就非必不可少的了，而这两种语言的研究，亦未成为大学普通课程之必要部分。我敢断定：如像西班牙的若干大学，就从未把研究希腊语作为普通课程。最初的宗教改革者们，因见拉丁语之《圣经》译文，逐渐成了支持加特力教[1]教理的东西，所以发现了与拉丁语之圣经译文比较，《新约全书》的希腊语原书固不待言，就是《旧约全书》的希伯来语原书，也更有利于他们的教理。他们由是开始暴露拉丁译文的许多谬误，而罗马加特力教的僧侣们，亦遂有出以防御或说明之必要。但是防御也好，说明也好，对于希腊和希伯来原语没有若干知识，定做不通。所以

① 加特力教：catholic，即天主教，又译为公教、罗马正教，为基督教三大派别（天主教、东正教、基督新教）之一。——编者注

关于这两者的研究，逐渐为拥护宗教改革教理，和反对宗教改革数理的多数大学，列入学校课程中了。希腊语的研究与各种古典的研究，是有密切关系的。古典研究虽然主要的是开始于加特力教徒及意大利人，但其成为时尚，则差不多是恰当宗教改革教理创立的那个时候。因此，在多数大学中，学生一学习了若干拉丁语接着就教希腊语，而哲学的研究，则在希腊语有了相当把握以后。至若希伯来语，则因与古典研究无何等关系，除圣经外，再也没有一部用希伯来文写成的有价值的书籍。所以，这种文字的研究，总是于哲学研究了之后，当学生进行研究神学时，才开始教授。

在先，各大学的课程中，只有希腊语、拉丁语初步。迄今有的大学犹是如此。而在其他诸大学，则认定学生于这两种国语——至少两者之一——已有初步知识，所期在继续研究。关于这进一步的研究，目下已成了各地大学教育中极重要的一部分。

古代希腊哲学分有三个部门，即物理学（或自然哲学）、伦理学（或道德哲学）及论理学。一般像这样的区分，似乎完全与事物的性质一致。

自然的大现象，天体的运行、日蚀月蚀、慧星、雷、电及其他异常的天文现象，植物动物之生成、生活、生长及死灭等等，必然会刺激人类的惊异心，自然会唤起人类的好奇心，使人类把它们作为对象，而探究其原因。最初，迷信企图把这一切惊异的现象归因于诸神的直接动作，藉以满足其好奇心。往后，哲学乃努力根据比较神之动作更为习见，更为人类所易知的诸原因去说明。这些大现象，因其为人类好奇心最初的对象，所以要说明此大现象的科学，就自然会在哲学中成为最初开拓的部门。而历史上还残有若干记录的最初哲学者，也就似乎是一些自然哲学者。

人类不论在哪个时代，哪个社会，总会相互注意他人的性格、意向及行动，总会由一般的同意，关于人类生活行动，规定并公认许多可尊重的规律及准则。迨写文达意的事体一经通行，许多聪明人或自作聪明的人，就自然要努力来增加这些既经确立了的准则；并且，为要表现他们自己对于某种行为正当，某种行为不正当的意见，他们有时采用比较技巧的暗语的形式，如像所谓《伊索寓言》；有时又采用比较单纯的箴言的形式，如像《梭罗门金言》[①] (Proverbs of Solomon)、提奥格尼斯[②] (Theognis) 及福希里提斯[③] (Phocylides) 的韵语，以及希西阿[④] (Hesiod) 某一部作品。他们在一个长期内，一味是这样增加智慧及道德之准则，而从未企图在一种极明确的，有方法的秩序中，去整理这诸般准则；至若要由一种或多种可以推论的——有如由自然的原因推出其结果一样——一般的原理，去联结综合这诸般准则，那就更谈不到。把各种不同的观察由若干共通原理联结起来，成为一个体系的整列的美，最初乃出现于往时自然哲学家之素朴的论文中。往后，与此相类的事情，才渐见于道德方面。日常生活的诸准则，才在某种有方法的秩序中整理起来，并且，如像在自然现象的研究上一样，生活上的准则也由少数共同原理联结综合起来了。研究并说明这些联结起来的原理的科学，才配称为道德哲学。

各不同著者，给予了自然哲学及道德哲学以各种不同的体系。但是，支持他们那种体系的议论往往全无根据，至多不过是极其无力的盖然论罢了。有时，他们的议论，又单是以日常不正确的暧昧的用语为基础而形成的诡辩。不论在何时代，思辨体系被采用的理由都不是那琐细的理由，认它在极微细的金钱事务上，决

① 《梭罗门金言》：今译《所罗门箴言》。——编者注

② 提奥格尼斯：今译特奥格尼斯（约公元前585—前540），古希腊诗人，有诗集传世。——编者注

③ 福希里提斯：古希腊诗人，有诗歌传世。——编者注

④ 希西阿：今译赫西俄德，古希腊诗人，有长诗《工作与时日》传世。——编者注

定了任何只有常识的人的判断。多数的诡辩对于人类意见，殆没有何等影响，可是在哲学及思辨范围内，那种影响却往往最大。自然哲学及道德哲学上各体系的拥护者，自然要努力暴露异己者之议论的弱点。在他们相互检讨异己者之议论当中，必然会想到盖然的议论和论证的议论之差异，似是而非的议论和决定的议论之差异；由这精审严核引起的种种观察，遂必然地产出了一种科学，讨论正误推理的一般原理，这科学就是论理学。就其起源而论，论理学是较迟于物理学及伦理学的，但在古代大部分——虽非全部——哲学学校中，论理学通常总是先于其他二者教授。因为要使学生关于物理伦理这种非常重要的主题，从事推理，当然不能不预先教他们如何理解正确推理和谬误推理之差异。

古代哲学分作三部分；而在欧洲大部分大学中，则改变过来，分作五部分。

在古代哲学中，关于人类精神及神之性质，所教授的通通是物理学体系的一部分。至若这精神及神之本质，究由何而构成，就是属于宇宙大体系的部分，这些部分产出了许多最重要的结果。人类理性关于这两部分，所能论断所能推测出来的一切，似乎是要说明宇宙大体系如何起源如何运行的科学的两章——无疑是极关重要的两章。但是在欧洲诸大学中，教授哲学，仅因其附属神学之故，所以对于科学的这两章，自然要比科学的其他部分教得详细些。这两章渐次一层一层地扩张起来，更细分为许多的章节，结果，在哲学体系中，为我们知得极少的精神学说，遂与我们知得极多的物体学说占有同等的地位。由是这两项学说，乃被视为判然各别的两种科学。所谓形而上学或精神学，与物理学正立于相反的地位，它在这两种科学之中，不但为比较崇高的科学，而且为特定职业的目的，终成为比较有用的科学。在这种情形下，实验及观察两者本来的主题，即在那上面小心注意，便可引出极多有用发现的主题，几乎全没有人留意了。反之，与这正相反对的主题，即，假若把若干单纯的，几乎是一见明白的真理除外，任凭怎么注意，也只能发现暧昧的不正确的东西，从而只能产出狡智和诡辩的那种主题，却在大大的被人攻修着。

当上述两种科学这样相互对立时，两者间的比较对照，自然要生出第三种科学，即所谓本体学。其主旨，在讨论其他二种科学对象之共通性质及属性。但是，假若各学派的形而上学或精神学，有大部分是狡智与诡辩，这种无聊的科学本体学——有时亦呼为形而上学——就全部是狡智与诡辩。

不仅被视为独立个人，且为家族、国家，乃至人类大社会之一员的人，其幸福与至善，究存在何所呢？古代道德哲学的目的就在企图研究这个。站在这种哲学观点上，人生的诸般义务就都被视为是为了人生的幸福与至善了。但是，当着教授道德哲学及自然哲学，单是为了神学的时候，人生的诸义务乃不是为了人生的幸福和至善，而主要是为了他未来的幸福。在古代哲学上，德行之完成被认为必然会给有德者以现世的最完全的幸福。而这时代的哲学的观点却不然。那以为，要完成德行，往往或者几乎常常，须与现世生活上某种程度的幸福发生矛盾。天国只有由忏悔、禁欲或者修道僧的苦行和卑贱，才可以得到；一个人单凭了自由、宽纵而活泼的行动，是莫想进天国的。良心学及禁欲道德，简直占了诸学校道德哲学的大部分。哲学一切部门中最重要的部分，就这样成了其中最堕落的部分了。

因此，欧洲有一大部分大学的普通哲学课程，是依着这个程序：第一，教理论学；第二，教本体学；第三，教那讨论人类灵魂和神之性质的精神学；第四，教一种卑污的道德哲学，即与精神学说、人类灵魂不减说以及由上帝裁判而在未来生活上予以赏罚之说直接发生关联的学问；最后，通例教以简单粗浅之物理学，以结束全部课程。

欧洲诸大学在古代哲学课程中导入的变更，通通是以僧侣教育为目的。并且，使哲学成为神学研究比较适当的入门。但是附加在哲学上的狡智与诡辩，和由这变更导入的良心学与禁欲道德，确没有使哲学更适宜于绅士或一般世人的教育，或者说，对于他们悟性的发达或感情的改善，并不见得更有能力。

在今日欧洲一大部分大学中，这种哲学课程，依然在以相当的勤勉教授。这就因为各大学的组织，使教师有用相当勤勉的必要。至若那些最富裕，有最多捐赠基金的大学，情形就比较两样。那里的导师们，往往以教授这腐败课程中的零篇小断片为满足，而且，就连对于这小小断片，通例还是教得非常怠慢非常浅薄的。

近代关于哲学若干部门的改善，虽无疑有若干部分行于大学之中，但还有一大部分未曾实行。大多数大学即令改进了，却又不肯赶快地采用。那些破坏了的体系，变成了陈腐的偏见，既为世界各地所不容，于是在这若干学术团体中，找到了隐家或保护，而此等学术团体也就甘愿长久作它们的避难所了。大概最富裕，有最多捐赠基金的大学，最不愿意既经确立的教育方案，有任何显著的变动，从而，它们对于这等改进的采用，就最为迟缓。而在比较贫困的诸大学中，教师们大部分的生活资料，皆依存于自己的名声，他们不得不更加注意世界时代的思潮，因之，对于课程的改善，就更加容易实行了。

但是，欧洲公立学校及大学，原初设立，虽仅是为了某种特定职业的教育，即僧侣职业的教育，无奈它们对于这种职业认为必要的科举，也并没有十分勤勉的教授学生；学生的学业荒疏了，而它们却在逐渐把一切人民的，特别是绅士及有钱人家子女的教育引向它们这边来。人在幼年时期及老老实实着手世务的那个时期之间，存有一个长的期间。这期间之有利的消费，在正当时似乎总没有比这还好的方法。然而诸公立学校诸大学所教授的大部分东西，对于学生后来经营的世务，却并不是最适当的准备。

在英国，青年人刚在学校卒业，不令其入大学，却把他送往外国游学。这件事已经一天一天成了流行的风尚。据说，青年人游学归来，其智能大概有大的增进，一个由十七八岁出国至二十一岁归来的青年人，归国时仅较出国时大三四岁。在这年龄出去，要在三四年内，便其大大发达，当然很是困难。他在游学中，大概只能获得一两种外国语知识。可是这种知识，怕还不够使他毫无错误地说话或写文。就其他诸点说，他如其在这个短期内，不到外国，留在家中，他也许不会变得那样骄傲，那样随便，那样放荡，而且对于研究或作业，那样不肯一心一意地努力吧。这样年轻时的漫游，远离两亲及亲戚之督责管理，而极放荡无聊的把一生最宝贵的韶光消费了。以前的教育在他内心形成的一切有用习惯，现在不独不能因而坚固确立，却几乎必然会因而减弱，乃至全行打消。像这样全无意义的早期漫游习尚的流行，究其实，只说明了一件事，即社会对于诸大学之不信任。为人父亲者，不忍见到他的儿子在自己眼面前，无所事事地，漫不经意地堕落下去，所以不得已，暂时间把他们送往外国。

近代教育上若干设施的结果，就正是这样。

在其他诸时代及诸国民间，似乎行有各种各样的教育方法和教育设施。

就古代希腊诸共和国说吧，当时各自由市民，通在国家官吏指导之下，学习体操及音乐。体操的用意，在强健肉体，尖锐勇气，并养成堪耐战时疲劳和危险的实力。据一切记录，希腊的民兵，乃世界过去最良民兵之一；从而，这一部分公家教育，无疑是完全达成了它企图的目的。至若他一部分教育，即音乐教育的用意，那却在使人心人情化，使人的性情柔和，并使人有履行国家生活及个人生活上一切社会的道德的义务之倾向。

古代罗马有称为坎帕·马希阿斯（Campus Martius）的体操教练，那与希腊称为几姆纳西阿姆（Gymnasium）的体操教练，具有同一目的，并且也似同样收到了好的效果。在罗马人间，虽没有与希腊音乐相类的东西，但罗马人的道德，无论在个人生活上，抑在社会生活上，都不得比希腊人差，而就全体立论，且远较希腊人为优。罗马人在个人生活上优于希腊人的地方，曾由最通晓两国国情之著者坡里比阿[①]及黑里加拉沙之狄奥尼素[②]两氏予以证明。而罗马人社会道德之优越，又可由希腊及罗马全史内容得到实证。党派间争执，尚能出以雅量和稳健，那是自由民社会道德上最关重要的事情。希腊人的诸党派，动不动就流为横暴，表演流血惨剧，反之，在罗马人，他们至格拉奇时代[③]为止，却从未因党争而攘起不祥事故。格拉奇时代以后，罗马共和国实际已算解体了。因之，不论柏拉图、亚里士多德及坡里比阿有怎样值得尊重的典据，也不论孟德斯鸠君支持此典据有怎样聪明的理由，罗马人没有音乐教育，其道德且较希腊人为优，则希腊人以音乐陶冶道德的效果，就可想而知了。往时这些哲人对于其祖先所定制度的尊敬，说不定曾引导他们使他们在古代习俗——这习俗是由太古社会一直继续到显著开化时期，未曾中辍的——中，找到了不少政治的智慧。音乐及舞蹈二者，殆为一切野蛮民族的大娱乐，同时也是使他们各人适于社会生活的大艺能。在今日非洲海岸的

① 坡里比阿：Polybius，今译波利比奥斯（公元前203年—前120年），古希腊政治家和历史学家，以《历史》一书传世。——编者注

② 黑里加拉沙之狄奥尼素：Dionysius of Halicarnassus，今译哈利卡纳苏斯的狄奥尼修斯，古希腊历史学家、修辞学教师。——编者注

③ 格拉奇时代：time of the Gracchi。——编者注

黑人间是如此，在古代克勒特人①及斯堪底拉维亚人②间是如此。依荷马所示，在特洛伊战争以前的古代希腊人间，亦是如此。当希腊诸民族组织诸小共和国的时候，此等艺能的研究，有一个长时期是当时人民公共教育普通教育之一部，那并不是偶然的。

以音乐体操教授学生的教师们，在罗马，甚至在那法律习俗为我们熟知的希腊共和国雅典，都像不是由国家供给薪俸，甚且不是由国家任命。为战时捍卫国家计，国家要求各自由市民，学习军事教练。但是学习的教师，则让市民自己去寻求，国家除了备置一公共广场，作为市民教练操演的运动场所而外，再也没有为此目的做一点什么。

在希腊、罗马诸共和国初期，除上述种种科目外，教育上其他的部分，就是读、写及当时算术上的计算。对于这诸种技能，富人往往是在家庭内，请家庭教师——大抵为奴隶，或由奴隶解放了的自由人——学习，而贫穷市民则是往学校学习，因为那里雇有以教授为职业的教师。但是，不论在家庭学习，仰往学校学习，教育的这一部分都是由各个人的两亲或保护者处置，国家不曾加以何等监督或指导。但实在说来，为亲者如忽视其义务，不使子女习得有用的职业或业务，则子女亦得免除其为亲养老的义务，这是由梭伦法律规定了的。

当文化进步，致哲学修辞学成为流行品的时候，社会上比较上流的人物，遂常为了学习这流行学术，而把子弟送往哲学者及修辞学者的学校。可是这等学校，并没有由国家支持，在一个长期内，国家只予以默许而已。在前，哲学及修辞学的需要过小，专以此两者之一为常务的教师，决难在任一都市不断找到职

① 克勒特人：Celt，今译凯尔特人。——编者注

② 斯堪底拉维亚人：Scandinavian，今译斯堪的纳维亚人。——编者注

业，所以他不得不由一个场所跑到另一场所。埃利亚之齐诺[①]、普罗泰哥拉斯[②]、高吉雅斯[③]、希皮阿斯[④]以及其他许多学者，都是过的这种生活。这后需要增加，关于哲学及修辞学的学校，遂由流动的变为常设的。雅典首开其端，接着其他若干城市，亦有同类学校之设立。可是，国家对于这种学校，除了有的给予一可资教授的特定场所——这场所有时由私人捐赠，再也不曾作进一步的奖励。柏拉图的学园（Academy）、亚里士多德的讲学地（Lyceum），以及斯多亚派创建者希塔之齐诺[⑤]的学府（Portico），想都是国家所赐与。至若伊壁鸠鲁的学校，却由他自己的花园改作的。至马卡斯·安东尼[⑥]时代为止，无论何等教师，都不曾从国家领得薪俸，或者说，教师除由学生奉送谢礼或学金以外，再无其他任何报酬。卢西安告诉我们：这个嗜好哲学的皇帝曾以奖励金，给予一位哲学讲师，但这种奖励金，似乎在他死后，就停发了。总之，在这等学校中，既不能取得今日毕业的特权；想就某项特定职业或事业者，亦没有在此修学的必要。假若倡言学校效用在于学校本身的舆论，不能吸引学生使入学校，那学生就不会来了，因为法律既不强制任何人进这等学校，而进这等学校，也不能与人以何等好处。学校的教师对于学生，是没有持着何等

① 埃利亚之齐诺：Zeno of Elea，今译埃利亚的芝诺（约公元前490年—前430年），苏格拉底以前的古希腊哲学家，埃利亚学派代表人物。——编者注

② 普罗泰哥拉斯：Protagoras（约公元前490年—前420年），古希腊哲学家，被柏拉图认为是诡辩学派的一员。——编者注

③ 高吉雅斯：Gorgias（约公元前487年—前376年），希腊诡辩学者、前苏格拉底时期的哲学家及修辞学家。——编者注

④ 希皮阿斯：Hippias。——编者注

⑤ 希塔之齐诺：Zeno of Citta。——编者注

⑥ 马卡斯·安东尼：Marcus Antoninus（约公元前83年—前30年），古罗马政治家和军事家，为恺撒最重要的军队指挥官之一。——编者注

裁判权的，除了凭其教授上之美德与才能，不难博得对学生之自然权威以外，再也没有其他权威可言了。

罗马关于民法之研究，原非大部分市民的教育，而为少数特定家族的教育。所以，想求得法律知识的青年，并无一个可入的公家学校；他们除了时常与亲戚故旧过从，藉以了解法律外，再也没有其他的研究手段。十二铜表的法律，有许多虽然是由古代某希腊共和国的法律模写而成，但法律并不曾在那个共和国发展而成为一种科学，这也许是值得注意的。在罗马，法律老早就形成一种科学了。凡属有通晓法律名声的市民，都会博得显著的荣誉。而在古代希腊诸共和国，特别在雅典，普通的裁判所，皆为多数人民组成的无秩序的集团。这种集团之裁判，几乎常是任意的、喧闹的、党同伐异的随便决定。可是他们这种不正当裁判的坏名誉，每须由五百人、一千人或一千五百人（希腊有的裁判所，包括有这多的人数）分担，而落到任何一个人身上的，并不见得怎么厉害。反之，罗马就不是如此。罗马主要的裁判所，例由一个裁判官或少数裁判官构成，所以裁判官的人格——特别是当众公审的场合——就不免要因草率的不正当的裁决案情，而大受损害。当着有疑的案件，裁判所为要苦心孤诣的避免世人非难，自然会努力搜求本裁判所及其他裁判所各前任裁判官的惯例或裁判实例，来庇护自己。罗马法就因为这样对于惯例或裁判实例的留意，而成为这样规则整秩的体系而留传至于今日。其实，任何他国的法律，如能有同样的留意，亦必然会产生同样的结果。就性格上讲，罗马人是比较希腊人为优越的，坡里比阿及黑里加拉沙狄奥尼素，曾极力主张此说；但是，罗马人所以有这优越，与其说由于这两位著者提出的种种情形，倒毋宁说由于这较好的裁判所制度。据说，罗马人特别著名的，是他们对于誓约的尊重，当然呐，惯在精励通达的裁判所前发誓的人，比那惯在群众的无秩序的集会前发誓的人，定会更尊重自己的誓言。

与现代任何国民比较，希腊人罗马人关于行政上及军事上的能力，至少，总该可以说是不相上下的吧。我们的偏见，也许不免把他们那种能力估价过高了。但是，除了关于军事的训练，国家对于这大能力的形式，亦似乎不曾费多少周折（希腊音乐教育，对于这大才能的形式，我不相信其有如此重大的效果。）。不过，它们比较上流的人民，如要学习当时社会状态视为必要而且便利的一切技术及科学，并不难找到教师。对于教育的这种需要，常会生出满足此需要的才能。无拘束的竞争所激起的竞争心，更会使此才能达到极高的完成的程度。古代哲学者，似乎比近代的教师，更能够诱发听讲者的注意，控制听讲者的意见和心机，并对于听讲者之行动、言论与以一定的格调和风格。近代公家教师所处的环境，使他们不大关心自己在特定业务上是否有名望，是否已成功。从而，他们的勤勉，便不免多少因此受到沮害。加之，他们所得的薪俸，恰好把那些想与他们竞争的私人教师，放在如下那种境地上了。即好比一个未得到任何奖励金的商人，想与那得到了很多奖励金的商人竞争。假若前者以将近同一的价格出卖其货物，他就不能得到同一的利润；纵不破产、没落，至少，贫穷乞丐的命运是避免不了的。假若他把货物过于高价出售，顾客就必极其有限，因而，他的境遇也不会改善好多。况且，在许多国中毕业的特权，对于多数从事学问的职业的人，即想进一步研究学问的人，非要不可，至少，有了这特权，就非常便利。但是，这特权之获得，又只有去听公家教师的讲授。私人教师虽最有教授能力，学生虽然最小心的听讲，但终于不能由此取得任何资格。因为这种种原因，讲授普通大学列为课程的学科的私人教师，在近代一般人都将视之为学者中最卑卑不足道者。真有本领的人，殆不能找到比这更屈辱，更无利益的职业。普通学校及专门大学的捐赠基金，不但是这样把公家教师的勤勉精神堕落了，并且使优良的私人教师也不容易找着。

假若公家的教育设施全然没有，那么，没有相当需要的体系或科学，或者说，按当时情形，为非必要的，非便利的，或非流行的体系或科学，便全然不会有人教授。一种科学，或体系如已经破坏了，陈腐了，或一般信其为无用，为衒学的诡辩，为胡说，那由私人教师教授，就一定不会有什么好处。像这种体系，这种科学，只能存续于教育上的组合团体中。在那里，教师的繁荣与收入，大部分与其名声无关，且全然与其勤勉无关。如果全然没有这类公家教育团体的施设，一个绅士又若能奋其勤勉与能力，而经历当时所提供的最完全的教育课程，那跑进世间来，与世人谈论普通问题，我敢断言是决不会一无所知的。

对于女子教育的公共设施，是全然没有的，因之，女子教育的普通课程中，便全没有无用的，无意味的或者空想的东西。女子所学的，都是她的两亲或保护者制定她必需学习，或者学了于她有用的课程。如增进她肉体上自然的丰姿啊，形成其内心的谨慎、谦逊、贞洁及俭约啊，教以妇道，使其将来不愧为家庭主妇啊。凡其所学，分明皆是向着有用的目的。在她的全生涯中，她总会感到：她所受教育的各部分，殆莫不于她有某种方便或利益。若在男子则不然，他们所受的是极辛苦极麻烦的教育。可是一生由这种教育得到了何等方便或利益的人，却不多见。

因此，我们可以反问：国家对于人民的教育，不应加以注意么？如果有注意之必要，那么，在人民各等级中，国家所应注意的，是教育的哪些部分呢？而且，它应该怎样注意呢？

在某种场合，政府尽管不注意，社会的状态已必然会把大多数人安排于一种境地，使他们自然形成那为当时环境所需要所容许的几乎一切的能力和德行，在其他场合，因为社会状态，不能把大多数人安排在那种境地，所以为防止这些人民几乎完全堕落或退化起见，政府就有加以若干注意之必要。

分工进步，依劳动为生者的大部分——即人民大多数中的最大部分——的职业，遂局限于少数极单纯的作业上，往往其作业单纯到只有一两项。可是人类大部分的悟性，其形成必由于其日常职业。一个人如把他的全生涯消磨于少数单纯的作业——其结果，亦怕是同一的，或者极近于同一的——上，他就永不会在作业上遇到困难，不会要求解除困难的方法，从而，他没有锐其悟性，振其发明心之必要。这一来，他自然要失掉其努力的习惯，使其人性变得那样的愚钝和无知。他精神上这种无感觉的状态，不但使他无领会或参加一切合理谈话的能力，且使他无怀抱一切宽宏的、高尚的、温顺的情操的能力，其结果，对于私人日常生活应尽义务上的许多事情，他也没有能力出以适当的判断。至偌大的、广泛的国家利益，他更是全然辨认不了的。他的无知无能，如非费一番非常特殊的周折，要他当战时捍卫国家，那也同样不能办到。他的停滞生活之划一单调，自然把他精神上的勇气消毁了，他看不惯兵士们不规则、不确实和冒险的生活。就是他肉体上的活动力，也因那种划一生活毁坏了，除了他既经习惯了的职业外，对于无论什么职业，他都不能以活力和忍耐去进行。这样看来，他自身特定职业上的技巧熟练，就是由牺牲其智的、社会的及尚武的诸种德性而获得的。但是，在一切改良的、文明化了的社会中，政府如不费点周折加以防止，劳动贫民即人民大多数就必然会陷入这种状态。

在普通所谓野蛮社会，即狩猎民社会、游牧民社会甚或制造业未发达及外国贸易未扩大之幼稚农业状态下的农耕民社会中，情形就不是这样。在那种社会中，各个人杂多的作业，使他不得不奋其能力，并不得不随时想些方法去对付那不断发生的困难。

他们的发明心是生生活跃的，他们的精神，也不会陷于文明社会下级人民悟性莫不受其麻痹的昏睡愚钝状态中。我们在前面讲过，这所谓野蛮社会中的每个人都是一个战士，并且，在某种程度，都是政治家。关于社会的利益，和这利益支配者的行动，他们都能下相当的判断。酋长在平时是怎样好的裁判官，在战时是怎样好的指挥者，几乎人人都是明白的。不过，有一点，比较进步的文明状态下，往往有少数人具有改良的精练的悟性，这却不是未开化社会中人所能做到的。在未开化社会中，各个人的职业，虽非常多样，但社会全体的职业却并没有好多。每个人几乎都在做或能做其他人人所做或能做的一切。他们各个人也具有相当程度的知识机巧和发明心，但那种程度毕竟不大。不过，以他们既经有了的那种程度，去对付其单纯业务的全部，大概是够了的。反之，在文明社会中，个人的职业虽然大部分几乎没有何等变化，而社会全体的职业，则极其繁多。这多种多样的职业，对于那些自己未从事何等特定职业，有闲暇有意志研讨他人职业的人，殆提供了无限的研究对象。像这样杂多的对象之观察，必然使他内心行着无限的比较、组合，使他的领悟异常敏锐，异常广包。可是，他们这少数人如不是偶然立于非常特殊的地位，他们这大的能力，纵然于自身值得光荣，而于社会的善政和幸福，却很少贡献。这少数人虽有大能力，但人类一切高尚性格，在大多数人民间，依然可以有大大的抹杀与梏亡。

在文明的商业社会中，普通人民的教育，恐怕比较有身份有财产者的教育，更需要国家的注意吧。有身份财产的人，他们大概都是到十八九岁以后，才从事他们入世扬名的特定事业、职业或艺业。而在此以前，他们是有充分时间，获取那博得世人尊敬，或值得世人尊敬的一切知能的；至少，亦使他们将来有获取这一切知能的准备。他们的两亲或保护者，大概都十分切望他们能这样完成，而对于必需费用的支出，那是毫不踌躇的。如其他们常常受不好教育，那由于费用不足者少，普通都是由于费用的不当；由于教师不足者少，普通都是由于教师的怠慢与无力，或在当前不易找到良好教师，或者说是不可能吧。加之有身份财产者消磨其大部分生涯的职业，并不像普通人民的职业那样单纯，那样划一。他们的职业几乎全都是极其复杂的；用手的时候少，用脑的时候多。从事这种职业者的理解力，是不大会因为不用脑子而流于迟钝的。况且，他们这种人所从事的职业，又不大会使他们终日烦心。他们对于他们在早年期中已打有相当基础，或已获得有若干嗜好的各种知识（有用的或装饰的智识），又有不少余暇来予以完成。

若在普通人民，则与此两样。他们几乎没有受教育的时间。就是在幼年期间，他们的两亲也几乎支持不了。所以一到他们能够工作，马上就须就职谋生。他们所就的职业，大概都极单纯，极划一，对于其理解力，简直没有多少活动的余地。同时，他们的劳动又是那样没有间断，那样松懈不得，他们那有闲暇想做旁的什么，想旁的什么呢？

不过，无论在哪种文明社会，普通人民虽不能受到有身份有财产者那样好的教育，但教育中最重要的几部分如诵读、书写及算术，他们却是能够在早年习得的；即是说，在这个期间，就是预备从事最低贱职业的人，亦大部分有时间在从事职业以前，习得这几门教课。因此，国家只要以极少的费用，就几乎能够便利全体人民鼓励全体人民，强制全体人民使获得这最基本的教育。

国家在各教区各地方设立教育儿童的小学校，取费之廉务使一个普通劳动者也能负担得来，这样，人民就容易获得那基本教育了。这种学校教师的报酬，不能全由国家负担，国家只宜担负一部分；因为全部甚或大部分由国家负担了，教师马上便会习为怠惰。在苏格兰，这种教区学校的设施，几乎叫全体人民都会诵读，叫一大部分人民都会写算。在英格兰，慈善学校的设施，亦曾收得同一效果。不过，因为这种设施，没有苏格兰教区学校那么普遍，其效果亦没有那么普遍。假若这些小学校所教的儿童读物，比现在普通所用的，更有教育意义一点；假若普通人民儿童有时在学校学习的，但于他们全无用处的一知半解的拉丁语，取消不教，而代以几何学及机械学的初步，那么，这一阶级人民的文化教育就恐怕达到了最完全的限度了。没有一种普通职业，不应用几何学及机械学的原理的；从而，没有一种普通职业，不渐次使普通人民能了解这些原理——最高尚最有用的科学之必要入门。

普通人民的儿童中，有些在课业上较为优良。国家对于这种儿童，设能给以小奖赏或小荣誉奖章，必能奖励这最基本部分教育之获得。

在取得某种同业组合的师傅权以前，或在有资格在自治村落或自治都市中经营某种职业以前，如限定一切人均须受国家的试验或检定，那么，国家就几乎能够对于全体人民，强迫他们习得这最基本部分的教育。

希腊、罗马诸共和国，维持各自市民的尚武精神，就是依着这个方法，便利人民、奖励人民、强制人民受军事上及体操上之教练。但为便利人民，使人民容易习得这教练计，诸共和国备有一定的学习和实练的场所，并对于一定的教师，付与在这场所教授的特权。不过，这等教师既没有由国家领取薪俸，又不会取得何等排他的独占权。他们的报酬完全出自学生。在公立吉姆拉希亚（Public Gymnasia）习得这教练的市民，对于由私人习得这教练的市民——如其学力相等——并没有持何等法律上的特权。学习者在这等教练上特示优异，则由国家给与小奖赏小荣誉奖章，以资鼓励。在奥林匹克（Olympic）或伊兹米安（Isthmian）或纳麦安（Nemaean）之竞技上的获赏者，不但获赏者本人，其家族及亲戚全体，皆与有光荣。又，凡属共和国的市民，只要召集，皆须在共和国军队中服务一定年限。这义务就很够强制一切市民学习军事教练及体操教练了，因为不学习这些教练，军队服务的工作是定干不了的。

治化改进，军事教练实施，便须由政府费相当气力予以支持，否则不免日渐衰退，而同时大多数人民的尚武精神，亦将随之衰退；近代欧洲的实例，已十分显示这种趋势了。各社会的安全，常须多少依赖人民大多数的尚武精神。固然在近代，没有精练的常备军，单靠尚武精神，也许是不够防御社会、保障社会的。但是各个市民如都具有军人精神，那所需的常备军，就确要减去不少。况且，普通因拥有常备军，在实际上或想象上，对于自由所加的危害，也必然要因为市民具有军人精神，而减少许多。这尚武精神、军人精神，一方面对外敌侵攻，可以大大加速常备军行动；而在另一方面，假若不幸常备军有违反国宪的事故发生，它又可以大大地加以阻止。

就维持人民大多数的尚武精神而论，希腊及罗马往时的制度，似乎比较近代所谓民兵的体制，要有效多了。那种制度比较颇为单纯。制度一经确立，即可自行其是，而以最完全的活力维持下去，政府的注意几乎是全然用不着的。然而要在相当程度上，实施近代民兵的复杂规定就须政府不断的烦难的注意；政府不注意，这规定就不免要常被闲却，或者完全失其效用。加之，古代制度的影响力遥为普遍。在那种制度下，人民全体都会使用武器。若在近代则不然。近代恐怕除瑞士外，各国由民兵规定施教的范围，皆不过及于国民中之最小部分。但是，一个不能防御自己，或为自己复仇的怯懦者，分明缺乏了人类资性中最切要的一部分。有如最切要的某肢体拆毁了、失用了的人，是肉体上的残废与畸形一样，这样的人，便是精神上的残废、精神上的畸形。而且，显然的与前者比较，他还更是不幸，还更是可怜；因为，全寄托于精神上的幸福与悲惨，其受影响与肉体之残废或完全者少，而受影响于精神之健全不健全残废或完全者多。哪怕说，在社会的防御上，已用不着人民的尚武精神吧，为要防止这——为怯懦心所必具之——精神上的残废、畸形及丑怪，传播于人民大多数之间，政府犹应加以最切实的注意。这恰好比癞病及其他讨厌的、不快的疾病，虽不会致死，或没有危险，但为要防止其传播于人民大多数之间，政府犹应加以最切实的注意。这注意，纵令除了防止社会的毒害，却不能有何等其他的公共利益，亦势在必行。

文明社会一切下级人民的理解力，往往为其粗野的无知和愚钝所麻痹了；这种无知和愚钝，亦可说是精神上的残废。一个人不能适当使用其生而为人的智能，假如说可耻，那就比怯懦者还要可耻了。那是人类资性中更切要部分的残废和畸形。国家即使由下级人民的教育得不到何等利益，犹当加以注意，不令其全然陷于教育的状态。何况这般人民有了教育，国家亦受益不浅呢。在无智的国民间，热狂和迷信，往往惹起最可怕的扰乱。一般下级人民所受教育愈多，其由熟狂迷信形成的妄想就愈少。加之，有教育、有知识的人，常比无知而愚笨者更有礼节，更守秩序。他们各个人都觉得自己更受人尊敬，更有资格得到法律上居上位者的尊敬，从而，他们就更加尊敬那些居上位者。对于党争及煽动的利己的不平鸣，他们是更能根究其原委，更能看透其底细；因之，反对政府政策之放态的或不必要的论调，就愈加不能欺惑他们了。在自由国家中，政府的安全大大地依存于人民对政府行动所抱的好意判断。人民不轻率的，随意的判断政府之行动，确是一件非常重要的事。

第三项　论各种年龄人民之教育设施费

对各种年龄人民的教育设施，主要是宗教的教育设施。这样一种教育，其目的与其说是使人民成为今世的优良公民，倒毋宁说是为人民作来世（更好的世界）生活的准备。讲授这种教义的教师的生活资料，也同其他普通教师一样，有的专靠听讲者自由奉纳，有的则由国家法律，许其在其他财源，如寺禄、什一税地租薪金、僧俸内领受，但他们的努力，他们的热心和勤勉，在前一场合，似乎比在后一场合要大得多。就在这点上，新宗教的教师们，要攻击旧来国教的体系，往往占有不少的便宜；因为，旧来僧侣，赖有寺禄，遂不大注意去维持人民大多数之信仰和归依的热情；他们懒惰惯了，甚至不能奋发起来，保护他们自身的教会。况且，一种宗教，既认为国教且有许多捐赠财产，它的僧侣们就往往具有绅士的品质，其学识，其风度，皆足以博得绅士的尊敬；可是正因其如此，他们对于下级人民的权威和感化力，换言之，他们的宗教，成功成为国教的本来原因（不论其性质是善的，抑是恶的），便不免渐渐都要失去了。这种僧侣，如其一旦遇着一群勇敢而孚众望——虽或愚而无知——的狂信者的攻击，就如同亚洲南部之懒惰的、无为的、饱食的国民，碰着了活泼坚忍而苦饥的北方鞑靼人的侵攻一样，会全然无以自卫。在这种紧急场合，这些僧侣通例所执的唯一手段，就是申诉于行政长官，称其反对者扰乱公安，而加以迫害、扑灭或驱逐。罗马加特力教僧侣，迫害新教徒，是假手于行政长官；英格兰教会迫害非国教派，亦是假手于行政长官；此外，就一般而论，一个宗派，既经被认为国教，而安全度过了一两世纪时，若有某种新宗教对于其教义教律加以攻击，它要果敢地防御是做不到的，计惟有请政府出面阻止。就学问文章说，国教派方面虽常占优势，但新起的反对派方面，却往往长于博得众望和牢拢新信徒的一切技术。在英格兰，宗教上的这些技术，早为那些持有多额捐赠财产之国教教会的僧侣们抛在一边了，到现在，主要才由非国教派及美以美派[①]教徒（Methodists）培植起来。不过，在许多地方，非国教派教师，如已由自由寄赠、信托及其他脱法行为，得有了独立的生活资料，他们的热情和活动力就会大大的减少。他们大部分，虽然是非常有学问、非常贤明而值得尊敬的人，但大体上，他们却不是非常孚众望的说教者。今日，比较非国教派还更得人心的，已是那些学问远不如非国教派的美以美派教徒。

在罗马教会中，下级僧侣的勤勉和热心，比较国教教会的僧侣，要活跃多了，这就因为其中有一种有力的利己动机。许多教区僧侣的生活资料，最大部分是得自人民的自由奉纳物。这奉纳物是他们的一个收入源泉，并且，忏悔又会给予他们许多机会来增加收入。托钵教团的生活资料，全皆出自这奉纳物。他们颇似那些轻骑快步的军队，不行掠夺，就没有给养。教区僧侣，有类那些一部分以薪俸，一部分以学金为报酬的教师，回之，这报酬的获得，就常须多少依赖其勤勉和名声。若托钵教团，则有类那些专靠勤勉以换得全生活资料的教师，因之，他们就不得不使用那煽动普通民众皈依的技术。据马奇雅斐尔观察，在十三世纪及十四世纪，圣多米尼克（St.Dominic）及圣佛兰西斯（St. Francis）二大托钵教团，曾把加特力教教会日益衰微的信仰和皈依复活了。在罗马加特力教诸国，这皈依精神全由修道僧及贫苦的教区僧侣所支持。至若那些大僧侣们，他们持有绅士及世人一切的艺能，有时且具有学者的知识，对于维持下级僧侣所必要的

① 美以美派：属于基督教新教之一卫理宗的教派。——编者注

教化，他们虽亦十分注意，但关于人民的教育，却没有几个肯费神去干的。

有一位现代最著名的哲学者兼历史家说："一国有许多技术及职业，都具有这样一种性质，即一方面促进社会的利益，同时并于个人有用或适合于个人。国家在这场合，所应定立的规则——某种技术最初导入时情形或可除外——不外任职业自由，而以各自职业上的成功作为奖励。职工知道要顾客爱顾，才得增加其利润，所以他会尽可能地增加其熟练与勤劳。事物之推移，如未经有害的干涉所扰乱，那无论何时，商品都会与其需要保有相当的比例。

"不过，也还有些职业，对国家虽属有用，甚至必要，但在个人，却无何等利益或快乐。关于这类职业的从事者，最高权力自不得不予以不同的待遇，为维持其生活计，它须得予以公家的奖励；为防止其自然流于怠慢计，它须得在那种职业上附以特别名誉，或严定阶级以为升降，或采取其他敦劝方策。从事财政、海军及政治的人，就都是这一类人的实例。

"以下的事，是我们骤然一看就自然会想到的。即僧侣的职业是属于第一部类；如同对法律家及医师的奖励一样，对他们的奖励，即是安然任其自由信仰其教义，而由精神的服务及助力，找到他们的利益或安慰。他们的勤勉，他们的注意，无疑都会依着这附加的动机而增加。他们职业的技巧，支配人民精神的机智，亦必由这不断增加的实践、研究和注意，而日有进益。

"但是，我们如把这事体仔细考察一下，就知道：僧侣们这种利己的勉励，就是一切贤明的立法者所要防止的。因为，把真的宗教除外，其余一切宗教，都有极大的害处；且都有一种自然倾向：把那迷信、愚昧及虚妄的强烈混合物灌输于真的宗教里面，而使其陷于邪道。各宗教上的从业者，为要使他自己在信者眼中更其高贵而神圣，他就向信者宣说其他一切宗派如何横暴可厌，并不断努力造作新奇，以刺激其听众弛懈了的信心。至若他们教义中所含的真理、道德或仪节，却无人注意。而最适合于人类好乱心的教理，却全被采取了。为要利用俗众之激情和轻信，各非国教派教会乃不惜以新的勤勉新的技巧招引顾客。结果，政府发现了：不为僧侣设定定俸，表面像是节省，而所付代价却是昂贵的；并且，实际上，政府要与心灵指导者结成最适宜的最有利的关系，就是为其设定定俸，以贿得其怠惰，使他们感到除了防止畜群，误寻新的牧场而外，其他进一步的任何活动皆为多事。就这样，宗教上的定俸制度成立了。这种制度，通例在最初虽是生于宗教的见地，但结果却证明那是有利于社会政治利害关系的一种设施。”①

但是，僧侣之给养独立，不论利弊如何，定立此制者，却恐怕很少顾及其将来的利弊。从来宗教上争论激烈的时代，大概都是政治上斗争激烈的时代。在那种场合，各政治党派都发觉，或者都想象：与相争诸宗派的某一宗派同盟，必于它有利益。不过，要做到这层，又只有采纳或赞成那特定宗派的教理。某特定宗派若幸而站在胜利的政党那一边了，它就必然要参加其同盟者的胜利，藉着同盟者的赞助和保护，马上使一切对敌教派沉默而屈服。这些对敌教派，大概都是与胜利党的政敌结为同盟，从而它们也就成了胜利党的敌人。如是，这特定宗派的僧侣，就完全成了战场上的支配者；他们对于大多数人民的势力与权威，达到了最高顶点，他们的权力已够威压自党的领袖及指导者，且强制政府，使其尊重他们的见解和意向。他们对于政府的第一个要求，是为他们镇压并屈服一切对敌的宗派。第二个要求，是给予他们以独

① 见大卫·休谟著《英国史》第四卷第二十九章。

立的给养。他们既然大有造于政治方面的胜利，要求分享若干胜利品，那于理似无不合。加之，人心反复无常，要他们一味迎合其心理，以取得生活资料，在他们，已经觉得可厌了。所以，当这个要求提出时，他们纯是为自己的安易和快乐打算，至若那将如何影响及于他们阶级之势力和权威，他们却没有多费考虑。在政府方面，要容许这个要求，就只有把那些宁愿由自己取得自己保留的东西，给予他们。所以对于这种要求，政府决不愿立即批准。不过，往往几经延搁、回避并辩解之后，终似有某种必要，而不得不屈服下来。

但是，假若当时政略不会要求宗教的援助；胜利的党派博得胜利时，又不会特别采用任一宗派的教理，那么，这个政党，对于一切不同的宗派，就会平等看待，一视同仁，让各人去择选自己认为适当的僧侣和宗派。在这种场合，无疑会有许许多多的宗派出现。各种不同的会众（Congregation）几乎都会自成一个小宗派，或者抱有它自己的若干特殊教理。这时，充当教师的人，要保持现有生徒，并增加生徒数目，他定会感到有大卖气力，并使用一切技术之必要。可是这种必要是其他一切教师具有同感的，人人大卖气力，人人使用一切技术，故任何一个教师，或任何一派教师的成功，皆不能过大。宗教教师之利己的能动的热心，只在社会默认独一宗派的场合，或一个大社会全体，只区划为两三个宗派势力范围，而各宗派的教师，又能共同动作于一定纪律一定服从关系之下的场合，才会发生危险与困难。如若一个社会分为二三百乃至数千小宗派的势力范围，那其中就不会有一个宗派的势力，够搅扰社会，而他们教师的热心也就全然无害于事了。在这种场合，各宗派教师见到围绕他们四周的不是朋友，而是敌人，从而，常为大宗派——这种大宗派的教理，有政府为其支援，几乎，博有广大王国帝国一切居民的尊敬，从而它们的周围就布满了阿随者信徒，及低首下心的崇拜者，全没有一个反对的人——教师们所忽略的诚笃与中正，在他们，却是不得不注意。他们因为觉察到自己几乎是独而无友的，所以不得不尊敬其他宗派的教师；他们彼此相互感到便利而且适意的这种允让，结果，就恐怕会使他们大部分的教义脱去一切荒谬、欺骗或迷妄的夹杂物，而还原为一纯粹的合理的宗教。这样的宗教，是世界各时代贤智之士，所欲认为国教的，然而国家法律恐从未认此为国教，而且将来怕亦没有国家会认此为国教。这就因为关于宗教的法律一向就不免多少受了世俗之迷信及狂热的影响，而今后也恐怕还要常常受此影响。这种教会统治方案，更适当地说，这个教会无统治方案，乃当时所谓独立教派（Independent）——无疑是一个极粗野的热烈信徒的宗派——于市民战争终结时，在英国提议的。就其起源说，这提案虽是极其非哲学的，但如已经实施了，恐怕到今日已产出最哲学的和平气质和中正精神，来对付各种宗教原理吧！本雪文尼亚是实施了这个方案的地方。虽然那里朋友教派(Quakers)占最多数，但其法律对于各教派，实是一视同仁，没有轩轾。据说，那里，就产出了这种哲学的和平气质和中正精神。

但是，在某特殊国家中，对于各宗派虽平等待遇，不加轩轾，但仍不能使各宗派全体，甚至于一大部分，产出这和平气质和中正精神。不过，宗派的数目如其十分繁多，从而每个宗派的势力都小到不够搅扰社会治安，那么，各派对于各自教理的过度热心，就不会产出极有害的结果，反之，却会产出若干好的结果。政府方面，如若断然决定，让一切宗派自由并不许任何宗派干涉其他宗派，那就用不着担心它们不会迅速自行分裂，而形成十分多数。

在各文明社会中，即在阶级区别已完全确立了的社会中，往往有两种相异的道德上的主义或体系同时并行着。其一称为刻苦的严肃的体系，又其一称为自由的或者不妨说放漫的体系。前者为普通人民所赞赏尊敬；后者则比较为上流社会中人所尊敬采用。不过，依我想，对于轻浮这种恶德——容易由大繁荣，由过度的欢情乐意生出的恶德——所加非难的程度如何，实构成了这两个相反主义或体系间的主要区别。如像奢侈、放荡甚至于昏乱的欢乐，不大谨慎的享乐追求，两性任一方面破坏贞操等，只要不伴以鄙野的非礼，且流于虚伪或不正，自由的、放漫的体系大概就会非常宽大地予以看待，而且容易予以宽恕或完全的原谅。若在严肃的体系则不然，这所有的放荡行为皆将临以极度的憎恶与嫌厌。轻浮的恶德，对于普通人，常是倾家荡产的。哪怕一个星期的胡行与滥费，往往就足令一个贫穷的劳动者永远沦落，并驱使他陷于绝望深渊，以致犯大逆。因此，普通人中比较贤明而良善点的，就经验到这放荡行为，立即会予他们这种境地的人以致命打击，所以，他们对之，常不免极度的憎恶与嫌厌。可是在另一方面，数年间的放荡及浪费却不一定会使一个上流人没落。他们很容易视某种程度的放荡为他们财产上的一种利益；以放荡而不受谴责非难的自由，为属于他们地位上的一种特权。因之，与他们同一阶级的人，就不大非难这放荡，认为极轻微的过误罢了，或者全然不算是过误。

一切宗派殆皆起于普通人民间，由普通人民招致其最初的、最多数的新信徒。从而，道德上严肃的体系就不断为这些宗派所采用，其中虽不无例外，极少数罢了。这个体系，就是诸宗派最易博得普通人民——它们改革旧教理的方案即最先属意于这种人民——欢心的体系。为要博取信用，许多宗派或者大多数宗派都不惜努力精练这严肃体系，甚且把这体系弄得几分愚劣，几分过度。而此过度的严格，却往往比较任何其他事情都更能博得普通人民的尊敬和崇拜。

有身份有财产的人，就其地位说，是大社会中显赫的人物。

他的一举一动，社会都在注意，从而他就不得不注意他自身的一切行动。社会对于他的尊敬，颇与他的权威和名望有关。凡在社会上污名失信的事，他都不敢妄为；并且，社会对于他这种有身份财产的人，一致要求的是那种道德：自由的，抑是严肃的，他都得小心注意。若在一个处境微贱的人，那就不同了。他说不上是什么大社会的显赫人物。在乡村中，他的行为，也许有人注意，从而他自已也许非当心自身的行为不可。但是，当他一走进大的社会，他马上就沉于卑贱和黑暗中了。他的行为再也没有人观察注意了，由是他就任情而动，不加检点，以致委身于一切卑劣的游荡和罪恶，这是往往而有的事。一个人想从其微贱的境地脱出，想惹起一个体面的社会来注意他的行为，那顶有效果的方法，莫如作一个小宗派的信徒。一做了某宗派的信徒，他马上就会获得从来不违有过的几分名望。为了宗派的信用，一切教友都要留心观察他的行为；如其他做出了寡廉鲜耻的事，或者他所做的，大大违反了同门教友常须相互遵守的严肃道德律，即使说没有何等民法上的议处，他究须当心那极严峻的刑罚，即宗教上放逐或破门的惩罚。因此，在小宗派上，普通人民的道德就几乎常是特别有规则、有秩序的，比之于国教，那更不可同日语了。实在说，这些小宗派的道德，往往却也未免太反乎人类的社会性，太严格得没有意味。

可是，国家对于国内一切小宗派道德上的这些缺陷，要矫正，不待使用暴力，只须依两种极容易而有效的救济方法共同作用就得了。

第一种救济方法，是由国家强制国内有中等乃至中等以上之身份及财产者，几乎全都从事科学及哲学的研究。在这种场合，它并不是为教师设定薪俸，以养成其怠惰，而是对于较高深较困难的科学，设定一种检定试验制度，不论何人，他在就某种自由职业以前，或在接受某种名誉的或有俸的候补官职以前，都须经过这检定试验。国家如对这一阶级的人强迫其研究学问，并不要费神供给他们以适当的师资供给。因为他们自己马上会找到教师，由他们自己找到的教师，比国家为他们供给的教师，还要好。科学是对于狂妄及迷信之毒的大消毒剂。一国上流社会人士，都能明白物理，脱去迷信，则一般下级人民，也就不致大为迷信所惑了。

第二种救济方法，是增进民众的娱乐。俗众之迷信及狂妄，常起于其忧郁的、阴沉的气氛，一大部分人民的这种气氛，殆不难由绘画、诗歌、音乐、舞蹈乃至一切戏剧表演消除。故为自己利益在不流于伤风败俗限内，专以引人发噱，叫人解闷，而从事这诸般技艺者流，国家当予以奖励，或者完全听其自由。煽动俗众的狂信者，常常恐惧公众娱乐，厌恶公众娱乐。由娱乐引起的快适与乐意，那与他们所要求的，最便于煽动的精神状态是全然相反的。加之，戏剧表演常会暴露其法术，使成为公众嘲笑的，有时甚至使成为情恶的；因此，戏剧一项，就比较其他任何娱乐，更为他们所嫌忌。

一国法律，如对于国内一切宗教之教师，一视同仁，不分畛域，则这些教师与君主或行政当局，就不必要持有何等特定的或直接的从属关系，而同时君主或行政当局，也不必要在他们职务的任免上有所处置。在这种情境下，君主或行政当局之对待他们，亦如其对待其他人民一样，唯一任务就是维持他们彼此之间的和平，即阻止他们相互的迫害、侵侮或压迫，此外，便无其他关注之必要了。但是，一国如有国教或统治的宗教存在，那情形就完全两样。在那种场合，君主如对于该宗教的大部分教师，没有持着一种有力的控制手段，他就永无安全之日。

一切国教教会的僧侣，皆组织有一个大的组合团体。他们协同动作；有如在一个人指导下一样，他们往往在全体指导下，以一种计划，一贯精神，追求他们的利益。他们那个组合团体的利益与君主的利益，是决不相同的，有时却直接正相反。他们的大利益，就在维持他们对于人民的权威。这权威基于两种推想：第一，推想他们所谆谆教谕的全部教义，乃是确实而又重要的；第二，推想要由永远的悲惨解脱，则有以绝对信仰，采用这全般教义之必要。假若君主不自谨慎，敢对于他们教义之细微部分表示嘲笑或怀疑；或是对于其他嘲笑怀疑教义者，居然以人道精神曲加保护，则这般同君主没有何等从属关系的僧侣的名誉心，马上便会激发起来，宣定君主的不信之罪，同时并使用一切宗教上的恐怖手段，使人民忠于那比较属于正统教的比较驯服的君主。又，假若君主对于他们的某种要求或某种侵夺行为表示反对，亦不免有同样大的危险。一个君主敢于像这样反对教会，他的反逆之罪是坐定了，此外，姑无论他如何严肃宣明他的信仰，以及他对于一切教义——教会认为君主应当恪遵的教义——的谦抑服从，大概还不免要加以异端外道的罪名。宗放的权威，胜过其他一切权威。宗教暗示的恐怖可以克服其他一切恐怖。所以，国教教会的教师如要宣传颠覆君权的教义，那君主就只有凭借暴力，即凭借常备军的武力，才得维持其权威。不，有时就连这常备军，也不能予以多久的完全保障；因为，如果兵士们不是外国人——外国人充当兵士的很少——而是由本国大多数人民间募集来的，大概常是如此。那么，他们这些兵士不久也不免为那种教义所腐化。我们知道：在东罗马帝国存续的期间，希腊僧侣曾在君士坦丁堡惹起了多少次革命；往后几百年间，罗马僧侣也曾在欧洲各地惹起了多少次动乱，这些事实，已十分证明了，一国君主如没有控制国教（统治的宗教）教师之适当手段，他的地位就该是如何危险，如何的不得安定。

宗教信条以及一切其他精神事件，很显明的，都非现世君主所得管辖；君主纵或有资格好好保护人民，却很难相信他能好好教导人民。所以关于这些精神事件，他的权威往往抵不过国教教会僧侣们结合起来的权威。社会的治安和君主自己的安全，常依存于僧侣们关于这些事件认为应当宣布的教义。君主既不能以适当的压力和权威，直接反抗僧侣们的决议，故非有力控制他们这决议不可。制控之法，惟有使僧侣阶级大多数人有所恐惧而又有所希求。褫职或其他处罚是他们所恐惧的，升迁禄位是他们所希求的。

在一切基督教会中，僧侣的寺禄是他们终身享受的一种不动产。其享有，非因授予者一时的高兴；其善行未改，他人亦不得任意褫夺。他们财产的保有，如其不是这么稳固，稍稍开咎于君主达官，即有褫夺的顾虑，那么，他们对于人民的权威就不能维持了。人民会视他们为宫廷金钱上的从属者，对于他们教导的真诚，早已没有何等信心。但是，假若君主滥用暴力，借口于他们热心散布朋党的或煽动的教义，竟行褫夺他们终身享有的不动产，那么，他这种迫害，不过使被迫害的僧侣及其教义陡增十倍的声誉，从而，对于君主自身，陡增十倍的烦难与危险而已。在大抵的场合，恐怖手段终是统治上的一种坏工具；若用这工具去对付那些对于独立权要求最小的人，就尤其不应该了。企图恐吓这种人，实足以刺激其恶感，强固其反抗；若处置宽大一点，他们那反抗也许是容易和缓下来的，或者完全放置的。法国政府常用暴力强制议会或最高裁判所公布不孚众望的布告，然这种暴力成功者极稀。有人说，对于一切顽强不服者，通予禁锢，乃是十分有力的手段。斯图亚特王家诸君主，就尝用于此相类的手段，来控制英国议会的若干议员，但那些议员还是同样的顽强不屈。因此，他们不得不改弦更张了。英国议员今日是在另一种方法上被操纵着。约在十二年前，刷则尔公爵曾对于巴黎最高裁判所进行一个极小的实验，由那个实验充分指示了一件事，即采用英国今日使用的方法，法国一切最高裁判所将要更容易收得操纵之效。不过，这位公爵是不曾继续他的实验的。因为，强制与暴力，虽是最坏的、最危险的工具，操纵与劝说，虽是最容易、最安全的工具，但人类似乎生来就是傲慢的，除非他不能或不敢使用坏的工具，他总是不屑于用好的工具。法国政府很能够而且敢于用暴力，所以不屑于操纵与劝说。不过，根据一切时代的经验，我相信，以强制和暴力，加诸国教教会之可敬的僧侣，比较加诸任何其他阶级的人民，还要危险，不，宁可说还更有破灭的可能。僧侣有他们的权利，有他们的特权，有他们个人的自由，他们只要与其本阶级中人结有良好关系，哪怕是最专横的政府，都得当心当心；与其他约有同等身份及财产者比较，僧侣们的权利和自由，是要更受尊重的。在巴黎宽大温和之专制政府是如此，在君士坦丁堡猛烈狂暴之专制政府，亦是如此，而在此两极间各种程度的专制政府，殆莫不如此。但是，僧侣阶级虽难得以暴力强制，却与其他阶级同样容易操纵。君主的安全，社会的治安，颇有赖于君主自己操纵他们的手段，这手段就似乎全在他们禄位上的提升。

旧时基督教教会的制度，各主教领区的主教，通由主教所辖都市之僧侣及人民共同投票选举。人民这种选举权并不曾保留几久；而且就在保留期内，他们也多半是唯僧侣的马首是瞻；僧侣在这类精神的事件上，已俨然是生成的指导者了。不过，为选举操纵人民，那也不免是一种麻烦事，僧侣不久就厌倦了，他们觉得，主教由他们自己选举，比较容易得多。僧院长亦同样，由僧院长领区大部分僧院之修道僧选举。主教领区内的一切下级僧职，则通由主教任命，主教认为适当者，即给以职务。这样，一切教会僧侣的升迁权就全掌握在教会手中了。在这种场合，君主对于他们的选举事项，说不定也持有某种间接势力；教会有时关于选举乃至选举的结果，说不定也请求君主的同意，但是君主毕竟没有直接操纵他们的充分手段。因此，各僧侣的野心，就自然会叫他不要阿谀君主，而宁可去阿谀本阶级的人，因为只有他们能满足其升迁期望。

罗马教皇最先就渐渐地几乎把欧洲大部分主教职、僧院长职（即所谓主教公会僧职）的任命权，拿到手中了；其次，又以种种奸策及口实，把各主教领区内大部分下级僧职的任命权，拿到手中了。这一来，主教除了对属下僧侣尚有相当权利以外，再也没有残下什么了。同时，君主的境况，却反而因教权上这种配列，弄得比先前更坏。欧洲各国的僧侣，简直由此编组成了一种僧侣军。这种军队虽散处各国，但它的一切活动、一切动作，都能受一个首领指挥，而在一种划一的计划下进行着。每个特定国的僧侣，即可视为这全僧侣军的一个支队；各支队的动作，又容易得到四周其他支队的支持和援助。每个支队，不仅对于各自驻在国仰给国的君主，是独立的，且还隶属于一个外国君主。这个外国君主一有必要，随时可叫它们反戈转向其特定国的君主，同时其他一切支队亦将为其声援。

这种武力之可怕，就我们想象得到的，总算无以复加了。往时，当欧洲技术及制造业未发达之前，对于其家臣、佃户及家仆的势力，是由其富有所赐。同样，僧侣对于普通人民的势力，亦是由其富有所赐。诸侯在其领地上，保有一种司法权；依同一理由，僧侣在他们——由诸侯及个人之错误的虔敬而捐赠教会的——大所有地上，亦确立了一种类似的司法权。在此等大所有地范围内，僧侣或其执事，不待仰仗君主或其他任何人的支持和援助，就能够维持和平；但是，没有僧侣的支持及援助，哪怕是君主或其他任何人，也决计维持不了和平。因此，有如俗世诸侯，在其特定领地及庄园保有的司法权一样，僧侣的司法权，就与国王的裁判所独立，而划在国家司法管理范围以外了。僧侣的佃户与诸侯的佃户相同，几乎全都是无契约的，随时可以更换的；他们全靠其地主生活，所以，僧侣一旦有了争斗，要他们参加，他们就必得应召前往。僧侣的收入，计有两种：其一是这些所有地的地租，又其一是以什一税的名义，征收通国其他一切土地地租的大部分。这两种地租，强半皆为物纳，如谷物、葡萄酒及家畜等。他们这收入量，是大大超过其所能消费的限度了。当时既无技术品或制造品可资交换，他们对于这大量的剩余，就除了像诸侯处置其收入之剩余一样，大宴宾客大行慈善以外，再也没有其他有利的使用方法。因此，僧侣之宴享和慈善的规模，就据说是非常大了。他们不但维持了几乎通国全贫民的生活，并且，许多无以为生的骑士绅士们也往来于各僧院，假皈依之名，收僧侣款待之实。若干特殊僧院长之仆从，往往与最大领主之仆从，同样多数。把一切僧侣的仆从合计起来，也许比一切领主共有的仆从还多。各僧侣间的结合力，是远非领主们所及的。前者是在一种正规的纪律和隶属关系下，服从罗马教皇的权威，后者不然，他们彼此间几乎常在相互猜忌，并且又同在嫉视国王。所以，把佃人和仆从合计起来，僧侣所有的，虽比大领主少；单就佃人而言，僧侣所有的，虽比大领主更少，但他们的结合力，却使他们更为人所恐惧。况且，僧侣的款待和慈善，不但给与了他们一大现世势力的支配权，同时并大大增加了他们精神武器的重力。他们已由这博施济众之举，协得了一般下级人民——许多是不断由他们赡养的，但几乎全体都间或要由他们赡养——最高的尊敬和崇拜。一切属于或有关于这一阶级的事物，它的所有物，它的特权，它的教义，必然在普通民众眼中成为神圣的了；而对于这些神圣物的侵犯，不论真伪，这是罪大恶极。准此，如果君主抵抗其治下少数大贵族的同盟，已常常感到困难，那就无怪其抵抗治下的僧侣结合势力，更感到困难；何况这种结合势力，尚有各邻国的同一势力为其声援呢！在此种情况下，君主有时必得降服，倒不奇怪；君主常能抵抗，才是怪事。

古代僧侣完全不受世俗司法权支配的特权（在我们今日看来，是最不合理的），例如，英格兰所谓僧侣的特惠(benefit of clergy)，正是这种事势推移之自然的，或宁说是必然的结果。一个僧侣不论所犯何罪，如其僧侣阶级有保护他的意向，并表明犯罪证据不够处罚神圣人物；或所加于神圣人物的惩罚过严，那么，君主这时想执法惩治那位僧侣，那该是多么危险呢？在这种情形下，他顶好是让那位犯罪者由教会裁判所审判；为他们全阶级的名誉计，裁判所必尽可能地抑制各个僧侣，犯大罪固所不许；即惹起世人恶感的丑行，亦在所必禁。

第十世纪、十一世纪、十二世纪、十三世纪以及这前后若干时期，欧洲大部分全为基督教的势力，对于政府之权力和安全，对于人类之自由，理性和幸福——这种种，只有在受到政府保护的地方才得发扬——罗马教会的制度，殆可视为一旷古未有的可怕的团结。在这种制度下，极粗野之迷信的妄想，竟为如此多数人私利心所支持，致人类理性的攻击，亦不能予以动摇；理性虽不难揭穿迷信的妄想，叫普通人也能明白，但它究不能解散那基于私利心的结合。教会制度如不碰到其他对头，单为无力的人类理性所攻击，它是一定会永远存在的。然而，这广大牢固的建筑，这为一切人类智慧德性所不能动摇，尤其不能颠覆的建筑，却在事物自然的行程上，最先萎弱了，往后，部分的倾颓了，照现在的倾向，不到几百年，恐怕还要全归荒废。

技术、制造业及商业的渐次发达，是大领主权力破坏的原因，也同样是僧侣在欧洲大部分的俗世权力全归破坏的原因。如同大领主一样，僧侣在技术、制造业及商业的生产物中，找到了可用以交换自己所有的原生产物的东西，并且由此发现了一己可以消费其全收入的方法。自己既能完叠消费自己的所有物，不必分许多给旁人；所以他们的慈善也渐次缩小了范围；他们的款待也不像先前那样宽宏，那样丰盛了。其结果，他们先前那多的仆从，亦由渐渐缩减以至全行取消。为要过大领主那样的生活，为要求其虚荣及淫荡之行为的满足，这些僧侣也想由他们的所有地获取较多的地租。但是要增加地租，只好承认与租地人缔结佃租契约，这一来，租地人大体上就算脱离他们独立了。从此，下级人民附属于僧侣的利害关系，遂一天天的破坏，一天天的分解；与大领主及其下级人民间关系的破坏与分解比较，前者的破坏与分解，还要来得迅速；这就因为大部分的教会寺领田产，远不若大领主领地之多，从而，每个寺产的所有者，要自己消费其收入全部亦就比较容易。当十四世纪、十五世纪之顷，封建诸侯的势力，在欧洲大部分，达于极点。但僧侣的世俗势力，即他们会一度威凌于大多数人民的绝对支配权，却在这时，就甚形衰退了。教会这时，在欧洲大部分的势力，几乎就只剩下了心灵上的权威；甚且连这心灵上的权威，也因僧侣的慈善不行，款待中辍，而甚形削弱了。下级人民对于这一阶级，再也不视为是他们悲惨的安慰者和贫穷的救济者了。在又一方面，富有僧侣们的虚荣、奢侈与耗费，尚不免惹起这般下级人民的愤激和嫌恶，因为一向被视为贫民世袭财产的东西，现在竟为他们自己寻乐而浪费了。

在这种情形下，欧洲各国君主乃力图挽回他们曾一度享有的管理教会重要僧职的势力：改弦更张，使各主教领区之副主教及僧会恢复其主教选举权，一方面又使各僧院长领区之修道僧恢复其僧院长选举权。这种旧秩序的再建，就是十四世纪英格兰制定的若干法令，特别是所谓俸给条例（Statute of provisors）的目的，也是十五世纪法国颁发的基本敕令（Pragmatic Sanction）的目的。

依据这条例或敕令：要他选举发生效力，进行选举，须先得君主的同意；被选的人物，亦须得君主的同意。这样，选举虽仍设想是自由的，但君主的地位，必然会使他持有一切间接手段来支配其属下僧侣。在欧洲其他地方，原亦设有与这同一倾向的规定。不过，罗马教皇任命教会重要僧职的权力，在宗教改革前，是只有在英法两国被限制得最厉害而且最普遍的。往后当十六世纪时，罗马教皇与法国国王间成立了一种协定；赖有这协定，国王对于旧哥尔教教会一切重要僧职（即所谓主教大会僧职），遂有了绝对推荐权。

自基本敕令及上述协定成立以来，一般法国僧侣对于教皇厅布告的尊敬，就不及其他加特力教国了。每当君主与教皇有所争议，他们几乎常是站在君主一边。这样看，法国僧侣对于罗马教皇厅的独立，主要就是由于这基本敕令和协定了。在比较前些时代，法国僧侣极忠心于教皇，与他国僧侣，原非两样。当克培王家第二君主洛柏特被教皇厅逐出教会时，敬皇厅的处置虽极不正当，但王之从臣，据说就把王食桌上之食物，投掷于狗：他们拒绝尝味罪王所触秽了的一切东西。王之左右居然这样做，那很可推想是由当时国内僧侣指使。

对于教会重要僧职任命权的要求——罗马教皇厅为了拥讲这种要求，常使基督教国若干最有力君主之王位发生动摇甚至于倾覆——就是这样的。在欧洲各国，甚至于在宗教改革以前，被抑制了，被变更了，或者全被放弃了。随着僧侣对人民的势力的减少，国家对僧侣的势力遂益益加大。因此，僧侣搅扰国家治安的势力和意向，就大非昔比了。

罗马教会权威既在这种倾颓状态下，所以宗教改革论争一发生于德国，不旋踵间就传播于欧洲各地了。这新教义到处大受欢迎。当新教攻击既成权威时，例以普通会煽动党派精神之狂热精神，宣传其教义。就其他方面说，新教诸教师，也许不比许多拥护旧教者更有学识，但大体上，他们似乎比较熟于宗教的掌故些，比较多知道一点旧救权威所由树立之见解体系之起源与沿革，所以在一切论争上，他们总占优势。他们的风态是严肃的，普通人民把他们极规律的行动和自己大多数僧侣们的浪漫生活对照起来，就分外觉得他们可敬了。加之，博得名望及吸收信徒的种种技术，这般新教教师，通比其反对者高明得多；反对者为教会的骄子，自视不凡，这些于他们几无所用的技术，是早就抛在脑后了的。新教义由理性吸收的信徒少，由新奇吸收的信徒多，由对旧教僧侣的憎恶轻侮，吸收的信徒更多；不过，他们博得最大多数人民欢心的手段，还是他们到处谆谆宣教的雄辩，那有时虽不免流于粗野下流，然而是热心的、激情的、狂信的雄辩。

新教义的成功几乎到处都是极大的。当时，与罗马教皇厅发生龃龉的君主，一凭了这教义，就不难把自己领域内的教会颠覆下来。教会是失了下级人民的尊敬和崇拜的，大抵都不能有所反抗。德意志北部有若干小君主，因一向受罗马教皇厅轻视，曾有些对不起他们的地方，因此，他们就在自己领土内进行宗教改革。克立斯替尔二世及大主教特诺尔的暴虐无道，加斯塔伐 · 发沙是有力量把他们逐出瑞典的；教皇这时反要袒护这暴君及主教，所以加斯塔伐 · 发沙在瑞典进行宗教改革，就易如反掌了。往后，克立斯替尔二世君临丹麦，仍不改其在瑞典的讨厌行为，他被逐出丹麦了，但教皇老是袒护他；继登王位的裴特烈要报复教皇，遂仿加斯塔伐·发沙的前例,而实行宗教改革。柏思与沮利克政府，原是和教皇无特别争执的，但因少数僧侣一时的越轨行为，以致这两联邦人民情恶轻视其全阶级；在这种事故发生不久，宗教改革就极容易的在这两个联邦中成就了。

在这种危机四伏的状态下，教皇厅遂不得不苦心孤诣的求好于法兰西及西班牙的有力君主，后者在当时为德国的皇帝。仗着他们的援助，教皇厅始得在大的困难与大的流血惨剧之下，把他们领土内的宗教改革运动全然镇压住，或者大大地予以妨阻。对于英格兰国王，教皇厅也分明是有意拉拢的，但在当时的情形下，因为怕得罪了更有力的西班牙国王兼德国皇帝查理士五世，这友好终未结成。英王亨利八世原不尽信革新的教养，但因这教义已在国内一般流行了，所以他就乐得顺水推舟，竟行废止领土内一切寺院，消除一切罗马教会权威。他虽做到这里终止了，没有更进一步，但那些宗教改革的拥护者却已有几分满意了。往后英王嗣子继位，政权皆操于这般宗教改革论者之手，亨利八世未竟之功，遂由他们毫不费力地完成了。

有的国家，其政府是薄弱的，不得民心的，且未十分稳固的。像苏格兰就是如此。那里的宗教改革运动，不但有力推翻教会，并且同样有力推翻那企图支持教会的国家。

宗教改革的信奉者散布在欧洲各国了。但他们之间，迄未有一个最高法庭，像罗马教皇厅或罗马全体教会会议那样，能够解决一切信奉者间的争议，并以不可抗的权威，命全体遵循真正的正教教理。所以，一国宗教改革信徒，如同另一国宗教改革信徒的意见发生龃龉，因无可以申诉的共通裁判官之故，那争论终无由得到解决；况且他们彼此之间，又多的是这类争论！关于教会统治及教会惜职授受权的争论，也许最有关于市民社会之和平与福利。在一切信奉者之间，竟产出了两个主要党派或宗派，即路德派和加尔文派。新教原亦分有不少的宗派，但其教理与宗律，曾在欧洲某地，由法律定为国教的，却只有这两个宗派。

路德的信奉者与所谓英格兰教会，都多少保存了监督统治的形式，僧侣之间，树立有一定的服从关系，一国领土内一切主教职及其他主教公会僧职的任免权，通给予君主，这一来，君主就成为教会的真正主脑了。至若主教领区内之下级僧职任免权，虽仍操自主教，但君主及其他新教拥护者，不但仍许有推荐权，这种推荐权且还受着袒护。这种教会统治组织，最初对于和平及良好秩序是有利的，对于君主的服从关系也是有利的。所以，不论何国，这种教会统治组织一经确立，就决不会惹起何等骚扰或内讧。特别是英格兰教会，它对于所奉教理之忠心恪守，尝自夸未有间断，那并不是没有理由的。在那种教会统治下，僧侣们自会努力博取君主、宫廷及一国绅贵巨族的欢心，因为他们所期待的升迁，就为那般人的意向所左右。为要巴结那般人，无疑地，有时会流于下流的曲谀和阿附，但他们通常都很考究那最值得尊敬，从而最易博得有身份有财产者尊敬的技术；如各种有用的及装饰的学识啊，风度容态的端详自在啊，社交谈吐的温恭旷逸啊，公然轻蔑一般狂信者之非理矫情的苦行啊，不一而足；他们所以要公然轻蔑那些狂信者，就因为那般人一方面主张实行刻苦，以博取普通人民的尊敬，同时并使普通人民，对于大部分昌言不能刻苦的有身份地位者，怀抱憎恶。僧侣们既这样献媚于上流阶级，遂不免全然忽略了维持对人民之势力与权威的手段。不错，他们是在受上等人物的注意、称赞和尊敬，但当他们在下级人民之前，受到那些最无智的狂信者之攻击时，想有效地使听众信服防御他们的真挚而中正的教义，就常常不可能了。

资因格里[①]的信奉者，或者比较妥当地说，加尔文的信奉者是和路德的信奉者不同的。他们把各教会牧师职的选举权，赋予各教区人民了，牧师随时出缺，人民随时可以选举；又，他们在各僧侣之间，树立了最完全的平等关系。就这制度的前一部分说，在它好好存续的期内，也只产出了无秩序和混杂，并使僧侣及人

① 资因格里：Zuinglius，今译慈温利，瑞士宗教改革运动的领袖。——编者注

民双方的道德堕落罢了；就后一部分说，平等的目的是完全达到了的，但是没有何等结果。

各教区人民在保有牧师选举权的期内，几乎常是照着僧侣的意旨行事，而这些僧侣，又多半是最富于党派精神和最为狂热的。为要保持他们在这民众选举上的势力，他们多数人自己成了狂信者，或者装成了狂信者，他们奖励民众间的狂信主义，而常把优良位置授予那些最狂信的候补者。一个教区牧师的任命，原是一件小事，但结果不但在本教区内，并且动不动在一切邻近教区内，酿起了猛烈的斗争。教区如在大城市中，这斗争便会把全区居民，分成两个党派；设那个城市自身就构成了一个小共和国家，或者如瑞士荷兰许多大城市那样，本身就是小共和国的首都，那么，这无聊的斗争，除了激成其他一切党派的憎恶情感以外，更会在教会内留下新宗派分离，在国家内留下新党派树立的隐忧。因此，在那些小共和国中，政府为了维持社会治安起见，马上就觉得，把僧职推荐权掌握在自己手中，乃是紧急要图。苏格兰是曾树立长老管理教会制度的最大国家。威廉第三柄政之初，乃由长老管辖法令之制度，实行撤废了僧职推荐权。政府之推荐权既废，于是各教区某数阶级中人，乃得以少许价格，购买本区牧师的选举权。基于那项法令形成的制度，大约存续了二十年，卒因这民众选举，到处惹起无秩序和混乱，遂由女王安第十年第十二号法令废除了。不过，苏格兰是一个幅员辽阔的国家，僻远教区发生纷扰，究不会像前述诸小国那样容易惊动朝廷，所以女王安同年的法令，竟把那僧职推荐权恢复起来了。根据这个法令，凡有推荐权者推荐的人物，法律虽一律予以僧职，全无例外，可是教会（教会关于这方面的决定，并不一样）在授予被推荐者以宗教上职务（cure of souls）或教区之教会司法权以前，往往有得到人民赞同之必要。至少，它有时佯言为教区治安计，一直延宕到这赞同能够得到时，方始授予。邻近若干僧侣个人的干涉——有时为得到这赞同，但更寻常是为要阻止这赞同——以及为要使这干涉更有效力而被考究的通俗技术，恐怕是苏格兰人民间或僧侣间，尚存有旧时狂信遗风之主要原因。

长老管理教会制度，在诸僧侣间树立的平等，计有两种，第一是权力或教会司法权的平等，第二是僧禄的平等。在一切长老的教会中，权力的平等算做到了，僧禄的平等却没有。不过僧禄之间的差等，现在还没有大到那种程度，致使一般僧徒，为要获取较优禄位，乃不惜对于推荐者出以下流的曲谀阿附。在僧职推荐权完全确立了的长老教会中，僧侣要取得其上位者的爱顾，大概都是凭着学问啊，生活的严整规律啊，履行职务的忠实勤勉啊，这 类比较高尚比较冠冕的技术。所以，其提拔者往往不能见谅，以僧侣们的独立不阿为忘恩负义，其实，把那说得顶坏，也不过因无进一步之希求，遂不觉情趣流于恬淡罢了。因此，欧洲各地比较有学问有礼节，且能独立而可敬的人，就恐怕要算荷兰、日内瓦、瑞士及苏格兰长老教会内的大部分僧侣了。

教会寺禄将近同等，其间断无巨富发生；在实行上，那虽或有时不免操之太过，但于教会本身，却有若干极良好的结果。一个小有产者想保持威严，唯一的方法就是具有很可为人模范的德行。如其浮薄虚华，品行乖戾，势必惹人嘲笑；且因财产不多，殆不免与普通人之浮浪者，同样陷于颓败。因此，他们这种人在自己行为上，就不得不遵循普通人所最尊敬的道德体系。他博得普遍人之尊敬和情爱的生活方式，就是他自己的利益和地位引导他遵循的生活方式。一个人的境遇，如多少同我们自己的境遇接近，而在我们看来，其地位实在应该较高于我们，那我们对于这个人，就自然而然会发生亲切之情；普通人对于僧侣亲切，僧侣也自然会对于普通人亲切。他小心教导他们，注意帮助并救济他们。

他们对于他既这样亲切，所以他决不愿轻视他们，决不会像富裕教会之傲慢僧侣那样，动辄以轻侮的骄蹇的态度对待他们。因此，就对于普通人民精神的支配力而言，恐怕长老教会的僧侣，要胜过其他任何国教教会的僧侣。正惟其如此，普通人民不加迫害，即相率全都改归国教教会这事实，只有在实行长老教会制的国家，才能见到。

一国教会大部分的寺禄，如极平庸，则其大学教职所得报酬，大抵皆较僧职优厚。在这场合，大学的教授人员，便会由全国所有僧侣——任在何国，僧侣是包括有最多数学者的阶级——中抽取选拔。反之，一国教会大部分的寺禄，如很是可观，那教会自然会把大学中大部分知名的学者吸去；因为这些学者要升就僧职，有权推荐他们的人，又常以推荐他们为荣耀。在前一种情形下，全国最知名的学者，将丛集于诸大学；在后一种情形下，诸大学残下的知名学者，将限于少数，而就中最年轻的教师辈，在他们获有充分教授的经验与学识以前，说不定早被教会网罗去了。据伏尔泰（M.De Voltaire）的观察：耶稣教徒波列氏，原不算学者中怎样大得了不得的人物，但在法国诸大学的教授当中，还只有他的著作值得一读。一国既然培植出了许多知名学者，而这些知名学者中，殆没有一个人充当大学教授，看起来，一定该有几分奇怪吧。有名的伽桑狄[①]，在他青年时代，原是亚斯大学的教授。后来正当他天才发泄的黎明期，有人劝他进教会去，说那里容易得到比较静谧、比较愉快的生活，并且容易得到比较宜于研究的环境。他听信了，立即舍去大学教职，而投身于教会中了。我相信，伏尔泰的观察，并不但是可以适用于法国，一切其他罗马加特力教国家，殆莫不如此。除了教会不大属意的法律和医学这两方面的人材外，你要想在这些国家的大学教授中，找出知名的学者，那就真

① 伽桑狄：Pierre Gassendi（1592—1655），法国科学家、数学家和哲学家。——编者注

是凤毛麟角了。把罗马教会除外，在一切基督教国中，英格兰教会要算最富裕，最有捐产的了。从而，英格兰各大学的一切最优良最有能力的学者，就不断被这教会吸收去了。其结果，英格兰诸大学知名教授之缺乏，遂与一切罗马加特力教国的大学同，想在那里找到一个见知于欧洲的老练而著名的大学导师，在几乎是不易做到的。反之，在日内瓦，在瑞士新教诸区域，在德意志新教诸邦，在荷兰，在瑞士，在瑞典，在丹麦，一切国家培植出来的最著名的学者，虽非全部，但至少有最大一部分是在充当大学教授；而它们教会中一切最有名的学者，却被那些大学不断吸收去了。

在希腊罗马古代，除了诗人、少数雄辩家及历史家外，其余最大部分知名的学者，大概都是充当哲学或修辞学的公私教师。这件事也许值得我们注意一下。且不独古代为然，从里栖阿斯[①]、苏格拉底、柏拉图及亚里士多德时代，降至波虑塔克[②]、埃披克提忒[③]、斯韦托尼阿[④]及昆体伦[⑤]时代，亦是如此。把某一特定部门的学科，逐年专责成某一个人教授，那实在是使他对于那门学科专精深造的最有效方法。因为，他今年教那一门，明年后年还得教那一门，如若他有所作为，在数年之内，他一定能通达那一门学问的各部分；并且，如果他在今年对于某点的见解，缺欠斟酌，到明年讲到这同一个主题时，还很容易把它改正。科学的教师，确是单想成为学者的人的自然职业，而同时这职业，又是使他具

① 里栖阿斯：Lysias，今译吕西阿斯，古希腊演说家。——编者注

② 波虑塔克：Plutarch，今译普鲁塔克（约46—125），罗马时代的希腊作家，以《希腊罗马名人传》一书传世。——编者注

③ 埃披克提忒：Epictetus，今译爱比克泰德（55—135），古罗马新斯多噶学派（Stoicism）哲学家、教师。——编者注

④ 斯韦托尼阿：Suetonius，今译苏埃托尼乌斯（约69或75—130之后），罗马帝国历史学家，以《罗马十二帝王传》传世。——编者注

⑤ 昆体伦：Quintilianus，今译昆体良（约35—约95），古罗马时期的著名律师、教育家。——编者注

备坚实学问和知识的最适当的教育。一国教会的寺禄，果属平庸，则学者大部分，自然会从事这最有用于国家社会的职业，同时并由此尽可能地获得其最良好的教育。这一来，他们的学问，便会成为最坚实而最有用的了。

各国国教教会的收入——就中如特定土地或庄园的收入部分除外——虽为国家一般收入的一部分，但这一部分没有用在国防上，而转用到与国防非常相异的目的上了。例如，什一税实在是一种土地税；教会如不把这部分税收分去了，土地所有者对于国防的贡献是要大得多的。国家紧急支出的资源，在某一些王国，结局是专靠土地地租，在别一些王国，则是主要依靠土地地租。教会由这资源取去的部分愈多，国家能由这资源分得的部分就愈少，这是明明白白的。在一切其他情形同一的限内，教会愈富有，君主和人民就必然愈贫乏，而国家防御外侮的能力，也就愈要薄弱，这很可说是一个一定不变的原则。在若干新教国，特别是在一切瑞士新教区域中，往时属于罗马加特力教会的收入，即什一税和教会所有地两者，已被发现为一种资源，这资源不但可用以提供国教僧侣充分的薪俸，且略加弥补，或全不弥补，亦够开销国家其他一切费用。尤其是强大的柏恩地方政府。它把以前供给宗教之费节贮起来，约有数百万镑的一大金额，其中一部分存贮国库，另一部贷出生息，作为欧洲各债务国——主要如法兰西及大不列颠——的所谓国债。柏恩或瑞士其他新教区域各教会，仰给于国家的全费用究有多少，我不敢冒以为知。特根据一非常正确的计算，一七五五年苏格兰教会僧侣的全收入——内含教会所有地及住宅的房租——合理估计起来，不过六万八千五百十四镑一先令五便士又十二分之一。这样极平常的收入，每年要供给九百四十四名牧师的相当生活资料费，再加上教堂及牧师住宅不时修葺或建筑的支出，总合计算，每年亦不会超过八万镑乃至八万五千镑。苏格兰教会的给养太俭，那是不待言的。但就维持大多数人民间之信仰的统一，皈依的热忱，乃至秩序、规律及严肃的道德精神而言，殆没有一个基督教国的最富裕的教会能够赶得上苏格兰的教会。国教教会能在社会上及宗教上产出的一切良好结果，其他教会能产出，苏格兰教会也同样能产出。而且，大体上，比苏格兰教会给养并不见佳的大部分瑞士新教教会，对于这诸种结果，还能更高度的产出。在瑞士大部分的新教区域中，殆不能找出一个人，公认他不是新教教会的信徒。实在的，有人如倡言他是其他教会的信徒，法律会强迫他离开这个区域。但是，假如不是僧侣勤勉，预先诱导人民全体——或许有少数例外——改入国教教会，像这样严峻或者宁说是压迫的法律，是决难在这种自由国家实行的。因此，在瑞士某地方，因了新教国与罗马加特力教国偶然的结合，改宗者不若其他地方之通行，这两宗教遂不独同为法律所默认，且同被认为国教。

不论何种职务，在适当履行上所取得的报酬或薪俸，总须在可能的正确范围内，与该职务的性质，保有相当比例。报酬过少，将因奉职者大部分的卑劣无能而蒙到损害；报酬过多，又不免因他们的疏忽怠惰，而更蒙到损害。一个有大宗收入的人，无论他所执何业，他总会觉得，他应当与其他有大收入者，过同一的生活，并且在欢乐、虚荣及放荡上面，消费其大部分时间。但是，对于一个僧侣，这样的生活方法是不行的，照此下去，他不但会把他应该用在供职上的时间消费掉，他并且会把他存在普通人民视线中的人格上的庄严——这是使他能以适当的势力与权威，履行其义务之唯一凭借——完全破坏掉。

第四节　论国君养尊之费

一国君主，除了履行种种义务所必要的费用以外，为维持其尊严计，亦须有一定的费用。这费用随社会改进的时期而不同，随政府的种种形态而不同。

在富裕而发达的社会中，各阶级人民之房屋、家具、食品、服装以及游观玩好之具，皆由朴质而流于奢华，此时而欲君主独逆时尚，绝难做到。他的一切服用物品，所费必日益加多。盖非如此，不足以维持他的尊严。

就尊严一点而言，一国君主君临于其臣庶，比之共和国元首对于其同胞市民，更要高不可攀、望尘莫及；所以，为要维持这较高的尊严，势必要较大的费用。总督或市长的官邸，自然是不能与国王宫廷比肩华丽的。

结　论

防御社会的费用，维持一国主权者的费用，通是为全社会一般利益而支出的。因之，照正当道理，这两者应当由全社会一般出资开支，而全社会各个人的资助，又须尽可能的与他们各自的能力为比例。

司法行政的费用，亦无疑是为全社会一般利益而支出的。这种费用，由全社会一般的出资开支，当无不当。不过，国家之所以有支出此项费用之必要，乃因社会强黠者多行不义，势非设置裁判所救济保护不可；而最直接受到裁判所利益的，又是那些由裁判所恢复其权利或维持其权利的人。因此，司法行政费用，如按照特殊情形，由他们两造或任一方面开支，即由裁判手续费开支，乃最为妥当。除非罪人自身无财产资金够支出此手续费，这项费用是无须由社会全体负担的。

凡利在一地一州的地方费或州区费（例如为特定都会特定地区支出的警察费），即当由地方收入或州区收入开支，而不应由社会一般收入开支。为了社会局部的利益，而增加社会全体的负担，那是颇不正当的。

维持良好道路及交通机关，既无疑有利于社会个体，其费用就不妨由全社会一般的收入开支。不过，有的道路，有的交通机关，对于往来搬运货物的商贾，乃至购用那种货物的消费者，有最初近最直接的利益，所以英格兰之税道通行税，欧洲其他各国所谓皮几税（peages），通由这两种人民担当；这一来，社会一般人的负担就要减轻许多了。

一国教育的设施及宗教的设施，分明是于全社会有利益的，其设施费由一般收入开支，当无不当。可是，这费用，如由那直接受到教育及教化的利益的人，或者自以为有受教必要的人，自发的出资开支，恐怕同样妥当，说不定还伴有若干利益。

凡有利于全社会的诸种设施或土木工事，如不能全由那些最直接受到利益的人维持，或者不曾全由他们维持，则不足之数，大抵不能不由全社会一般的出资填补。因此，社会一般的收入，除开支了国防费及君主养尊费以外，更须补充许多特别收入部门的不足。至若这一般收入或公家收入的源泉，我将在下一章详细说明。

第二章　论一般收入或公家收入之源泉

一国每年支出的费用，不但有国防费、国君养尊费，且有国家宪法未规定何等特定收入的其他必要政费。这些费用的开支有两个来源：第一，特别属于君主或国家，而与人民收入无何等关系的资源；第二，人民的收入。

第一节　特别属于君主或国家之收入源泉

特别属于君主或国家的资源或收入源泉，由资财及土地构成。

君主由其资财取得收入，与其他资财所有者同，计有两种方式一是亲自使用获取利润，一是贷与他人获取利息。

鞑靼或阿拉伯酋长的收入，全为利润。他们自身是本集群本部族中的主要牧畜者，他们监督饲养家畜，由其家畜群的乳汁及增殖，获取收入。不过，以利润为君国收入之主要部分，究只是政治最初期最未开化状态下的事。

小共和国家的收入，往往很有一部分是得自商业经营上的利润。据说，汉堡小共和国，由国营葡萄酒库及国营药店，获利颇多[1]。国君有从事酒药买卖的暇闲，那个国家当然是不会很大的。公立银行的利润，常为更多数国家的收入源泉。不但汉堡是如此，威尼斯及阿姆斯特登亦是如此。据许多人观察，就是偌大的大英帝国，也并未忽视这种收入。英格兰银行的股息为百分之五点五，就总资本一千零七十八万计算，每年除去经营费剩下的纯利润，实不下五十九万二千九百镑。有人主张政府能以百分之三的利息，把这项资本借过手来，自行经营，则每年可得二十六万九千五百镑的纯利润。照经验所示，经营这种事业，像威尼斯及阿姆斯特丹那种贵族政治下之秩序的、谨慎的、节约的政府，才最为适宜；若委之英格兰这样的政府（不论其性质如何，它总不是以善于理财著名的。在平时，它大抵行着君主国自然不免的怠惰和疏忽的浪费，在战时，它又常常行着一切民主国易犯的无打算的法外滥费），它是否能胜任愉快，至少是一个大大的疑问。

邮政局本来就是一种商营的企业。政府事先垫款设置种种邮局，并购买或租赁必要的车辆马匹，这种垫款，不久即由邮费偿还了，且伴有大的利润。我相信，各种政府经营商业成功了的，怕只有这种企业。这上面投下的资本额不甚多，而其业务又未含有何等秘密。资本的收回，不但确定，且极迅速。

但各国君主，往往从事其他许多商营的企业；也同普通私人一样，他们为改善其财产状态，至不惜成为普通商业部门的投机者，可是他们究没有几个成功的。一种业务，让君主经营，每不免流于浪费，浪费就使他们的成功为不可能了。君主的代理人，

---

① 见《欧洲法律及赋税的记录》（Memoires Concernant les Droites & Impositions en Europe：tome i. page 73）。法兰西为改革财政，前数年曾设有一委员会，这部著述，就是宫廷命令编纂出来，供该委员会参改的。关于法兰西赋税的记录（三卷），皆可说信而有证。若欧洲其他各国的赋税记录，因系由法国公使驻在国宫廷之报告编纂而成，故比较简单，且恐难十分置信。

以为主人有无尽藏的财富；货物以何种价格买来，以何种价格售去，由一地运往他地，须得多少费用，他们通是草率从事，没有盘算。他们往往与君主过着一样的浪费生活；并且，就是浪费了，他们犹能以适当的计账方法，获有君主那样的财产。据马基雅弗利[①]说麦第奇之洛伦佐[②]，也不算怎样无能的君主，他的代理人替他经营商业，就是如此。由代理人滥费所负的债务，佛罗伦斯共和国逼着为他偿还了好多次数。由是，他发觉了，放弃这商人的业务——他原来是由这种业务起家的——在后半生，把自己残下的财产及由自己处分的国家收入，使用在更适于自己地位的事业及用度上，于他便利。

商人性格与君主性格之两不相容的程度，那是无以复加的了。假若东印度公司的商人精神，使它成极坏的君主，则君主的精神，也同样会使其成为极坏的商人。当该公司专以商人资格经商时，它是成功了，且能在赢得的利润中，支给各股东相当的红利。但自它统治当地以来，虽说原有三百万镑以上的收入，却仍因要避免当前破产计，不得不请求政府临时的援助。在先前的地位，该公司在印度的使用人，都视自己为商人的伙计；在现在的地位，他们却视自身为君主的钦差。

一国公家收入的若干部分，往往是得自货币的利息和资本的利润。假若国家积蓄有财宝，它就会把这财宝的一部分，贷借于外国或自国的臣民。

柏恩联邦即以一部财宝借给外国，成为欧洲诸债务国（主要

① 马基雅弗利：Machiavel，即马基雅维利（Niccolò Machiavelli，1469—1527），意大利政治哲学家、音乐家、诗人和浪漫喜剧作家，是意大利文艺复兴时期的重要人物，他所写的《君主论》一书对后世影响深远。——编者注

② 麦第奇之洛伦佐：the agents of Lorenzo of Medicis，今译美第奇家族的洛伦佐，推动意大利文艺复兴的重要人物。——编者注

如英国法国）的公债主，从而，获得了颇大的收入。这收入的安全性，第一要看那种公债的安定性如何，管理此公债的政府的信用如何；其次要看与债务国能在如何程度上继续保持和平。在战争勃发的场合，债务国方面最初采取的对敌行为，就恐怕是没收债权国的公债。以货币贷借于外国，据我所知，那是柏恩联邦特有的政策。

汉堡市设立有一种公家当铺，人民以质物交与当铺，当铺即贷款于人民，取利息百分之六。由这当铺，或即所谓洛姆巴德(Lombard)提供国家的收入，计有十五万克朗，以每克朗四先令六便士计，约当英币三万三千七百五十镑。

本雪文尼亚政府是不会蓄积何等财宝的，它发明了一种对于人民的贷款方法，不交货币，只交那与货币为等价的信用证券。此证券规定十五年偿还，在偿还以前，得如银行钞票一样，在市面流通授受；且由议会法律宣言为本州一切人民间之法币；特人民领受此证券，须以两倍价值的土地，作为担保，并须纳入若干利息。本雪文尼亚政府是节俭而有秩序的，它每年的全经常费，不过四千五百镑；由这种贷款方法提供的相当收入，当于它大有帮助。不过，实行这种方策的功效如何，那须视下面的三种情形而定：第一，看对于金钱货币以外的其他商业媒介物，有如何的需要，换言之，看对于那须以金钱由外国购回之消费品，有如何的需要；第二，看利用这方策之政府，有如何的信用；第三，信用证券的全价值，决不能超过这证券未发行时，流通界所需金币银币的全价值，所以这种方策运用上的调适与否，亦与其成功大有关系。在美洲其他几处殖民地，亦曾几度施行过这同一方策，但因缺乏这种调适，结局多半是利少害多。

能够维持政府之安全与尊严的，只有确实的、不动的、恒久的收入，至若持有不确实性和可灭性的资本及信用，决不宜于充政府之主要收入资源。所以，较游牧国为进步的一切大国政府，从来都不由这种源泉取得其大部分的公家收入。

土地是一种比较有确实性和恒久性的资源。所以，比较游牧国进步的一切大国的收入，都是以国有地地租为主要源泉。古代希腊及意大利诸共和国就是如此。它们国家大部分必要费用的开支，有许久许久是取给于国有地的出产或地租。而往时欧洲各国君主大部分的收入，亦有许久许久是取给于王领地的地租。

在近代，战争及准备战争，这两件事体，占有一切大国必要费用的大部分。但是，在希腊及意大利古代诸共和国，每个市民都是兵士，无论从战也好，备战也好，费用通由他们自备，国家无须支出很多的费用。所以，一项相当额数的所有地地租，就够开支政府一切必要费用而有余。

在欧洲古代君主国中，大多数人民因当时风俗及习尚所趋，对于战争，皆有充分准备；一旦参加战争，例依封建的借地条件，或以他们自身的费用维持，或以直属领主的费用维持，君主无须增加新的负担。政府其他费用，大率非常有限。即于司法行政一项，不独毫无所费，且为收入源泉，这是我们前面讲过的。地方人民于每年收获前及收获后，各提供三日劳动；一国商业上认为必要的一切桥梁、大道及其他土木工事，有这项劳动，就够营造维持了。当时，主权者的主要费用，就是他自身家族及宫廷的维持费。他宫廷的官吏，即国家的大官。户部卿是为君主收地租的，宫内卿及内务卿是为君主家族掌出纳费用的。君主的厩舍，则委任警卫卿部署卿分别料理。君主所居之宫室，通以城廓形式建筑，无异他所有之主要要塞。这要塞的守护者，则有类卫戍总督。君主平时必须出费维持的武官，就只限于这总督。在这种种情形下，通常有一大所有地的地租，就很可开支政府一切必要的费用了。

在欧洲现状下，多数文明国君主，即使自身领有全国所有的土地，而获有一切土地的地租，恐亦不及其国平时由人民征收的普通收入。例如，英国通常收入，如开支必要经常费，支付公债利息及清偿一部分公债，每年须一千万镑。然所收土地税，以每镑征四先令[①]计，尚不及二百万镑。况这所谓土地税，尚不仅包括由一切土地地租征取的五分之一；即由一切房租，一切资本——其中，贷于国家的及用作农业资本的部分除外——利息而征取的五分之一，亦包括在内。名为土地税，其实有最大部分是取自房租及资本利息。例如，以每镑征四先令计，伦敦市的土地税，计十三万三千三百九十九镑六先令七便士；韦斯敏尼斯德市[②]，六万三千零九十二镑一先令六便士；槐特和尔及圣杰姆士两宫殿[③]，三万零七百五十四镑六先令三便士。按一定比例，同样推之于王国各都会各市镇，则知这种税收，几乎全都出自房租及商业资本和利贷资本之利息，而取之于地租者实有限。总之，英国值五抽一的土地税，既然不到二百万镑，则全地租、全房租、全资本利息之收入总额，当然不及一千万镑，从而，对于英国平时一千万镑的支出，就只有不够，而决不会超过。英国制定土地税之评价，就全王国平均起来，无疑是去其真实价值太远；间有税当其实的，亦不过一二特别州区罢了。因此，有许多人估计，土地地租一项，除开房租及资本利息不计，每年总额当有二千万镑。他们这种评价，是非常随便的，我以为不符事实。现在，姑退一

---

① 每镑二十先令，即五分之一取税。——译者

② 韦斯敏尼斯德市：Westminster，今译威斯敏斯特市，即西敏市，市内的威斯敏斯特修道院（Westminster Abbey，意译为“西敏寺”）一直是英国君主（从英格兰、不列颠到英联邦时期）安葬或加冕登基的地点。——编者注

③ 槐特和尔及圣杰姆士两宫殿：palaces of Whitehall and St. James's，即伦敦白宫（Whitehall Palace）和圣詹姆斯宫（St. James's Palace）。1698年，伦敦白宫（Whitehall Palace）毁于大火，英王敕令建造了圣詹姆斯宫，并从此成为了英国君主和王室的主要王宫。——编者注

步，一假定这是确实的吧，假若在目前耕作状态下，英国全土地所提供的地租，没有超过二千万镑，那么，这全土地如统由国王一人领有，且置于承办人代理人之怠慢的浪费的压制的经营之下，那全地租额，就莫说二千万镑的二分之一，恐怕连四分之一也提供不来。英国今日王领地的情形，就是如此。设王领地更加扩大，则其经营方法，必更形恶劣，而所提供的地租，就更要减少了。

大多数人民由土地获取的收入，不是与土地地租为比例，而是与土地生产物为比例。除土地上播种的种子而外，一国全土地年生产物，皆是供大多数人民逐年消费，或者用以交换他们所消费的其他物品。土地生产物原应增加的，今不使其增加，无论这妨碍的原因为何，其所损于地主收入者少，而所损于大多数人民收入者多。英国土地地租，即生产物中属于地主的部分，殆没有一个地方超过全生产物三分之一以上的。假若在某种耕作状态下，年只提供一千万镑地租的土地，在他种耕作状态下，年可提供二千万镑(两种场合的地租，通假定是全生产物的三分之一)。那么，土地被阻滞在前一耕作状态下，所受的损失，在地主虽为一千万镑，在大多数人民，却有三千万镑；未计入者，不过播种的种子罢了。一国土地生产物减少三千万镑，而其人口，也要按照这三千万镑，按照所养阶级之生活方式费用方式所能维持的数目减少下来。

在欧洲现代文明国家中，以土地为国家私产，以地租为公家大部分收入者，已不复存在；但有许多大领地为王所有，却是一切大君主国同有的现象。王领地大抵皆为林囿，可是有时你行经这林囿三数英里，也不一定能找到一棵树木。这种土地的保留，徒为国家养民生产两方面之浪费与损失罢了。假使各国君主尽发卖其私有领地，则所入货币，必很可观；若更以之清偿国债，收回担保品，那由此所得的收入，较之一向领地提供的收入，就不可同日而语了。土地改良土地耕植最好的国家，地租丰厚，其售价既例以三十倍年租为准；王领地，未经改良耕植，地租轻微，其售价当可望以四十倍年租，五十倍年租或者六十倍年租为准。君主以此大价格，赎回国债担保品，就立即可以享受此担保品所提供的收入。而在数年之内，还会享有其他收入。因为，王领地一变为个人财产，不到几年，即会好好的改良，好好的耕植。生产物由此增加了，人民的收入消费增大，人口亦随之增加。这一来，君主之关税及国产税的收入，势必随人民之收入及消费而俱增。

文明国君主，由其私领地获取的收入，看来似于人民个人无损，其实，这所损于全社会者，较之他所享有的其他任何同等收入为尤多。所以为社会全体计利益，莫若拍卖王领地，使配分于人民之间，而君主一向由其领地享有之收入，则由人民提供其他同等收入代替之。

土地之用作公园、林囿及散步场所者，其目的在供游乐与观赏，此不独非收入源泉，且须时常出费葺治。我看，只有这种土地应该属于文明大国君主。

因此，一个文明大国的必要费用，如端赖君主或国家特有之资财与土地两项收入开支，那不独于理有未安，且于事亦无济；而残下的方法，就是国家的必要费用，大部分须取给于他项税收，换言之，人民须拿出自己一部分私的收入，以补充国家公的收入。

第二节　论赋税

本书第一篇讲过，个人一己的收入，结局是出于三个不同的源泉，即地租、利润与工资。每种赋税，归根结底，又定是由这三者之一、三者之二或三者全部支出。因此，我将竭尽所能论述以下各点：第一，论税之要加于地租者；第二，论税之要加于利润者；第三，论税之要加于工资者；第四，论税之不分彼此加于这三项收入者。此四种赋税之各别特殊的考察，须分本章第二节为四项，其中有三项还得细分为若干小目。如我们在后面所论到的，这各种赋税，其始虽要加在某项资源或收入上面，结局却不是由那项收入支出，所以非得详细讨论不可。

在进行检讨各特殊赋税之前，须得列举关于一般赋税的四种原则，作为前提。这四种原则如下：

一、一国国民，各须在可能范围内，按照比例于各自的资力，即按照比例于各自在国家保护下享得的收入，提供国赋，维持政府。一大国各个人须捐纳政府的费用，正如大地产的共同借地者，须按照各自在地产上所受利益的比例，提供那种经营的费用。所谓赋税的平等不平等，就看对于这种原则的尊重或轻忽。凡百赋税，结局仅由地租、利润、工资三者之一负担了，其他二者不受影响，那必然是不平等的。关于这种不平等，说止如此，以下殊少论及。以后，我们只要讨论特种赋税，如何不平等的落在所课的特种的私人收入上。

二、各国民应当完纳的赋税，须是确定的，不得随意变更。完纳的日期，完纳的方法，完纳的额数，皆当让一切纳税者及其他的人，一一清楚明白。非然者，每个纳税人就多少不免为税吏的权力所左右，税吏会借端加重赋税，或者利用加重赋税的恐吓，勒索赠物或赏金。赋税一不确定，哪怕是不傲慢不腐败的人，也会由此变成傲慢与腐败，因为他们这类人，自然就是不爱名誉的。据一切国民的经验，我相信，赋税虽再不平等，其病民尚小，赋税稍不确定，其病民实大。国家对于人民应纳赋税之确定，该是如何重要啊。

三、各种赋税完纳的日期及完纳的方法，须予纳税者以最大便利。房租税和地租税，当在普通缴纳房租地租的同一个时期征收，因为这时于纳税者最为便利，或者说，他在这时最容易拿出钱来。至若对于奢侈品一类消费物品的赋税，结局是要出在消费者身上的，所以征取的方法，大概于他极其便利。即当他购物时，附征少许。每购一次，附征一次。购与不购，是他的自由；如因课税感到何等大的不便，那只有责备自己。

四、一切赋税的征收，须设法使民之所出，尽可能的等于国之所入。若民之所出，大过于国之所入，那是由于以下四种弊端。第一，征收赋税，使用大批官吏；这些官吏，不但要耗去大部分税收，且曾于正税以外，苛索人民。第二，赋税之设，民之举办产业者，将裹足不前，社会许多人之生计职业，因而受其妨害。又若强制人民付纳赋税所从而出的基金，即可减缩乃至于破坏这种基金。第三，对于不幸逃税未遂者，所加之充公及其他惩罚，往往会倾其家产，而国家由这部分资本使用所获的利益，亦因以告终。况胡乱课税，实为偷运之大的诱惑。而偷运之惩罚，又势必比例于此诱惑而加重。始而设重税以诱惑偷运，继复制严刑以惩偷运，依诱惑之大小，而定刑罚之重轻，设阱陷民，全反乎法律正义原则。第四，税吏之频繁访问及无味稽查，常使纳税者横受极不必要之烦劳、困恼与压迫。这困恼，严格的讲，虽不是什么金钱上的破费，但无异是一种破费，因为人人都愿用这种破费来避脱这种困难。总之，诸赋税之所以徒困人民而无补国家收入的，盖不出这四种原因。

上述四原则，于理既明，其效复著，有国家者于制定赋税之顷，多少总是留意到了的。他们凭其计虑之周，尝设法使赋税尽可能的保持公平；赋税之额，一求确实；纳税之期输纳之法，务求于纳税者便利；人民于输纳正税外，不再受其他苛索。下面这对于各时代各国家之主要赋税的短短评论，将表示各国在这方面的努力，并未同样得到成功。

第一项　地租税

加在土地地租上的赋税

加在土地地租上的赋税有两种征收方法：其一，按照某种规准，对各地区评定一定额地租，此评价既定，以后不复变更；又其一，随土地实际地租之变动而变动，耕作屡进屡退，地租税即时高时低。

像英国，就是采用前一方法。英国各地区的土地税，乃根据一定不变的规准所评定。这种固定的税法，在设立之初，虽说平等，但因各地方耕作上勤惰不齐之故，久而久之，亦必然会流于不平等。英格兰由威廉及玛利第四年法令规定的各州区各教区的土地税，甚且在设定之初，就是极不公平的。因此，这种赋税，就反乎上述四原则之第一原则了，所幸对于其他三原则，却完全一致。这种税制是十分明确的。征税与纳租为同一时期，于纳税者亦很便利。在一切场合，地主都是真正纳税者。那通例虽由佃农垫支出来，但地主在收取地租时，不得不予以相当的斟酌。与其他同额税收比较，这种税征收上使用的官吏，是很少很少的。各地区的税额，既不随地租增加而增加，地主由改良土地生出的利润，君主遂无从分享。在同一地区内，一地主对于土地的改良，有时会减轻其他地主的负担，那是无疑的。有时，在某种特殊土地上，纵或加重赋税，但因所加极其有限，终不致沮害土地的改良，及其正常的生产。减少土地产量的倾向没有了，抬高生产物价格的倾向亦没有，从而对于人民的勤劳，是决不会有何等妨害的。地主除了要支纳赋税，就不会有其他不便，但纳税乃是一种无可避免的不便。

英国地主，无疑是由这土地税之不变的恒久性，得到了利益的，但这利益的发生，无关于赋税本身性质，而主要是由于若干外部的情形。

英国土地税评价最初确定取来，各地繁荣大增，一切土地地租，殆莫不继续增加，而鲜有跌落，因此，按现时地租应付的税额，和按旧时评价实付的税额之间，就生出了一个差额，所有的地主，几乎都按这差额而得了利益。假若在与此相异的情形下，地租因耕作衰退而逐渐低落，那一切地主就几乎都要按这差额而受损失了。英国革命以后的情势，使土地税之恒久性，常有利于地主而损于时君；设时变势异，说不定又要利于时君，而损于地主了。

且国税以货币征收，土地的评价自以货币表现。自此评价设定以来，银价十分划一；在重量上、品质上，皆未变更铸币之法定标准。假若银价显有腾贵，如在美矿发现之前两世纪，则此评价的恒久性，将使地主大吃其亏；假如银价显有跌落，如在美矿发现之后一世纪，则君主的收入，又会因此评价的恒久性而大大减少。此外，如货币法定标准变动，同一银量，或被抑为较少的名目价格，或被提为轻多的名目价格，例如，银一翁斯，原可铸五先令二便士，现在不照这办法，或用以铸二先令七便士，或用以铸十先令四便士，那么，在后一场合吃亏的是收税的国君，在前一场合，吃亏的是纳税的地主。

因此，在与当时实际情状多少相异的情形下，这种评价的恒久性，就不免要使纳税者或国家感到极大的不便。然而，只要多经过些时，那种情形却就有发生的一天。诸帝国虽与一切其他人为的事物同，其命运有时而尽，但它们却总图谋永生。帝国之凡百制度，都是认为应与帝国本身同样永久的，所以制度之设，不但要求其宜于或一情形，且须宜于一切情形；换言之，制度不隐求合于过渡的、一时的或偶然的情形，却应求合于那些必然的、不变的情形。

征收土地税，随地租的变动为转移，或依耕作状况的进退为高下。那曾被法国自命为经济学家的一派学者，推为最公平的税则。他们主张，一切赋税，结局皆不外加在土地地租上。土地地租是最后支出赋税的源泉。所以，赋税从这最后源泉公平的支出，才合乎道理。但是，他们这种极微妙的学说，无非立足于形而上学的议论上，我不欲多所置辩。我们只要看以下的评论，就可十分明了：何种赋税，结局出自地租；何种赋税，结局出自其他资源。

在威尼斯境内，一切以租约贷与农家的可耕土地，概征税等于地租十分之一。[①]租约登录于公簿，而公簿则由各地区之税吏保管。设土地所有者自耕其地，其地地租即由官吏公平估定，然后减去税额五分之一。因之，这种土地支出的赋税，就不是推定的地租的百分之十，而是百分之八了。

与英国的土地税比较，这种土地税，确是公平得多；但它没有那样确定，在征收上，不但常常会使地主感到更大得多的烦累，且会耗去更大得多的费用。

然而，这样一种行政制度，要设法妨止其不确定性，并减轻其费用，那也许是大可做到的吧。

比如，责令地主及佃农两方，须同在公簿上登记租约。设一方有隐匿伪记情弊，即课以相当罚金，并将罚金一部分给予告发及证实此情弊之他方，如此，主佃伙同骗取公家收入的弊卖，庶可得到有效的防止。而一切租约的条件，就不难由这公簿征知了。

有些地主，对于租约的更新，不增地租，只求若干续租金。为贪这现金而舍去其价值更大得多的将来的收入，那是浪费者惯用的手段。不待说，这手段大抵是有损于地主自己的，但时常损

① 见《欧洲法律及赋税的记录》，二四〇——二四一页。

害佃人，而在一切场合皆损害国家。因为，佃农常会因此费去其极大部分的资本，从而大减杀其耕作土地的能力，致使他感到：提供续租金而付少额地租，反比增租付多额地租，更加困难。况土地税为国家最重要的一部分收入，土地上的耕作能力减杀了，国家自不免因此蒙到损害。总之，要求续租金，是一种有害的行为。设对于这种续租金，课以比较普通地租税更重得多的赋税，而予以阻止，则一切与有关系者，如地主、佃农、君主乃至全社会，均将受益不浅。

有的租约，注明佃农在全租期内，应采何种耕作方法，应轮种何种谷物。这个条件，大抵由地主自傲其知识优越使然。佃农受此拘束，无异提供了一份附加的地租，所不同的，以劳务不以货币罢了。欲阻止此愚而无知的办法，唯有对于此种地租，予以高的评价，从而，课以较普通货币地租为高的税率。

有些地主不取货币地租，而取谷物、家畜、酒、油一类物纳地租；其他地主又要求劳务地租。不论物纳地租或劳务地租，通常都是利于地主者少，而损于佃农者多。佃农腰包的所出，往往多于地主财囊的所入。所以，实行这些地租的国家，佃农通是贫乏不堪的，实行愈严格，贫乏即愈厉害。这种贻害全社会的勾当，设使用同一方法，即高其地租评价，从而课以较普通货币地租为高的税率，那也许是制止得了的吧。

当地主自愿耕其所有地一部分时，其地租例由邻近农人及地主公平估定，此估定之地租，如未超过某一定额，即照威尼斯境内所行办法，许其减税若干。退办法，对于奖励地主自耕，是颇关重要的。地主的资本，大抵较佃农为多，所以，耕作虽较不熟练，收获却常较丰盈。在农场上，他是能够而且大概有意试行某种实验的。实验不成功，所损于他者有限，实验一成功，所利于全国耕作改良者无穷。可是，借减税鼓励地主自耕，万不能不限制其自耕地的范围。如其减税无限制，一大部分地主将尽耕其所有土地，那一国真挚而勤勉的佃农（他们为自己的利益，不得不在资本及熟练许可的限内，努力从事耕作），将全被驱逐，而代以懒惰放荡之代耕人。他们这种人滥费的经营，不久，便会使耕作荒废，使土地年产物缩减。这一来，蒙其影响的，固不仅地主的收入，而全社会最重要收入之一部分，亦将因而递减。

像这样一种行政制度，一方面也许可以免除税额不确定，所加于纳税者的压制与不便，同时，在一国普通土地经营上，也许可由此而导入一种于全国一般改良及耕作进步，有大大贡献的计划或政策。

土地税随地租变动而变动，其征收费用，无疑较额定不变者，所费为多。因为，随地设置登记处，随时估量地主自耕地之评价，皆不能不支出若干附加费用。不过，这一切费用大抵都甚轻微，比之其他在征收上所费不赀，然所入极其有限的课税，那就更其不算一回事了。

可变土地税将沮害耕地改良，似为反对此税者引为最重要的口实。因为，君主不分摊改良的费用，乃分享改良所得的利润，为地主者，就比较不愿从事土地改良了。然而，就是这种障害，也许亦有法可以免除。在地主进行改良土地之前，即许其会同收税官吏，依邻近地主及农夫各若干人（双方同样选择）之公平裁定，而确定土地之实际价值，然后使其在一定年限内，依此评价完纳赋税，务令其改良所费，能完全得到赔偿。这一来，他就没有什么不愿改良土地了。这种赋税之主要利益之一，就在使君主因注意自身收入之增加，而留心土地的改良。所以，为赔偿地主而规定的期间，只求达到赔偿的目的就够了，不应定得太长；如若地主享受这利益的时期太远，那又不免大大沮害他这种注意。可是，在这种场合，与其把那期间定得太短，却倒无妨定得略长一些。因为，促起君主留意农事的刺激虽再大，若稍有沮害地主注意改良土地的地方，那就全然无济于事了。君主的注意，至多只能在极一般的、极广泛的考虑上，看怎样才有所贡献于全国大部分土地的改良。若地主的注意，则是于特殊的细密的计较上，看怎样才能最有利地利用他每寸的土地。总之，君主应在其权力所及范围内,以种种手段鼓励地主及农夫注意农事。即是说,使他们两者，能依自己的判断，自己的方法，追寻自己的利益；让他们能最安全的享有其勤劳报酬；并且，在领土内设置最便利最安全的水陆交通机关，使他们所有的生产物有最广泛的市场，同时并得自由无阻的输往其他各国。凡是种种，才是君主应当好好注意的地方。

假若依这种行政制度，使田赋不独无碍于土地改良，反之，却于土地改良有所促进，那么，田赋这项收入就不会叫地主感到何等不便，要说有，那就是无可避免的纳税义务了。

社会状态无论怎样变动，农业无论怎样进步或退步，银价无论怎样变动，铸币公定标准无论怎样变动，这样一种赋税即无政府的注意，亦自会不期然而然的，与事物之实际状态相适应，且会同样因时制宜的趋于正当公平。所以，与其他常照确定评价征收的赋税比较，就远不如这样树立一定不变的定规，或所谓国家的基本法。

有的国家，不采用简单明了的土地租约登记法，而不惜多劳多费，实行全国土地测量。它们这样做，也许因为怕贷地人和借地几，会伙同隐蔽租约的实际条件，以骗取公家收入。所谓土地测量簿（doomsday book），就仿佛是这种确实测量的结果。

在旧日普鲁士国王领土内，征收田赋，一以实际测量及评价为准，随时测量，随时变更[①]。普通土地所有者，依当时变更的评价，纳其收入百分之二十至二十五，僧侣则纳其收入百分之四十至四十五。希勒希亚[②]土地之测量及评价，乃依现国王之命令施行，据说非常精确。凡属于布勒斯洛主教的土地，即按此评价，征其地租百分之二十五；对于新旧两教僧侣之其他收入，则取其百分之五十。条顿骑士团采邑及马尔达骑士团采邑，通输纳百分之四十。贵族保有地为百分之三十八又三分之一，平民保有地则为百分之三十五又三分之一。

波希米亚土地之测量及评价，据说是百年以上的工程，直至一七四一年媾和后，始由现在女王[③]之命完成。由查理六世时代着手之米兰公领地的测量，延至一七六〇年以后，还没有完全竣工。据一般评论，那种测量的精确是从来所未有的。如萨福伊及皮德芒特的测量，至故王沙尔底尼亚，始以命令督其完成。[④]

在普鲁士王国中，教会收入的课税，比普通土地所有者收入的课税，要高得多。教会收入的大部分，皆出自土地地租，但用这收入改良土地，或在其他方面增进大多数人收入的事，那是不常见到的。也许因为这个缘故吧，普鲁士国王觉得国家急需的负担，理应在教会收入方面加重一些。然而有些国家，教会土地却全然免税；在其他国家，即有所税，亦较之一般赋税为轻。一五七七年以前，米兰公领土内一切教会土地，仅征实际价值三分之一。

希勒希亚领土内贵族保有地所课之税，较之平民保有地，要高百分之三。这种差异，恐系普鲁士国王想到：前者既享有种种

① 《欧洲法律及赋税的记录》，第一卷，一一四——一一六页。

② 希勒希亚：Silesia，今译西里西亚。——编者注

③ 《欧洲法律及赋税的记录》，第一卷，八三——八四页。

④ 《欧洲法律及赋税的记录》，第一卷，二八七——三一六页。

荣誉，种种特权，那就很够抵偿他略高的课税负担；同时，后者的卑贱式微，则不妨轻减赋税，使其得到几分弥补。然在其他国家不然，它们的赋税制度，不但不轻减平民的负担，却反把平民的负担加重了。如在沙尔底尼亚国王领地内，及实行泰理税(predial taille)之法兰西诸州，其赋税悉田平民保有地负担，而贵族之保有地，则概予豁免了。

按照一般测量及评价而估定的田赋，其开始虽再公平，但实行不到几久，就必定会流为不公平的。为防止这流弊，政府乃不断有耐烦注意国中务农场状态及生产物之一切变动的必要。普鲁士政府、波希米亚政府、沙尔底尼亚政府，以及米兰公领地政府，都曾实际注意及此。不过，这种注意，颇不适于政府之性质，所以难得持久；即或长久注意下去，久而久之，不独于纳税者无所益助，且会惹起更多得多的烦难。

据说，在一六六六年，孟托本课税区所征收之泰理税，系以极精确之测量及评价为准。[①]迨至一七二七年，这赋税就变为全不公平了。为求救济此种不便，政府除了在全课税区内追加一万二千里维尔税额外，再也找不出其他较好的方策。这项追加税额，乃依照旧税比率，加诸一切泰理税区。不过，分担此追加税额的，又只限于那些按实情纳税过少的地方；按实情纳税过多的地方，则为此方策所要救济的地方。比如，现在有两个地区，其一，按实情应税九百里维尔，其他应税一千里维尔。而前此所税，两者通为一千里维尔。两者都负担追加税，则各为一千一百里维尔。但现在分担追加税额的，只限于前此分担过少的地区；前此分担过多的地区，则系由此追加税额所要救济的地区。所以结局它所输纳的，就不过九百里维尔罢了。追加税既完全用以救济旧

① 《欧洲法律及赋税的记录》，第二卷，一三九页以下。

税率上所生的不公平，故于政府毫无得失可言。不过，这种救济方法之运用，大抵是受调节于税区行政长官的处理，所以，实行起来，不免大大流于任意。

不与地租为比例，而与土地生产物为比例之赋税

加在土地生产物上的赋税，实际就是加在土地地租上的赋税。这赋税，起先虽由农人垫支，结果仍由地主付出。当生产物之一定部分作为赋税支出时，农人必精密算计这一部分逐年的平均价值，究有多少，并按此比例；由他既经同意付给地主的租额中，扣除下来。教会之什一税，就是这一类赋税。农人支出这赋税，而不预先算其逐年之中均额，那是没有的事。

什一税及其他一切这类土地税，表面看似十分公平，其实极不公平。在不同情形下，一定部分的生产物，实等于极不相同部分之地租。极肥沃的土地，往往产有极丰盈的生产物；那生产物有一半，就够偿还农耕资本及其普通利润，其他一半，或者其他一半的价值，在无什一税的场合，那是很可用以提供地主之地租的，但是，租地者如把生产物之十分之一付了什一税，他就必须要求减少地租五分之一，否则，他的资本及利润，就有一部分没有着落。在这种情形下，地主的地租就不会是全生产物之一半或十分之五，而只有十分之四了。至若贫瘠土地上之生产物，产量既少，所费又极多，农家资本及其普通利润之偿还，常须占全生产物的五分之四。在此种情形下，即无什一税，地主所得地租，亦不能超过全生产物的五分之一或十分之二。如其农夫把生产物付了十分之一的什一税，他就会减除十分之一的地租，从而，地主所得就唯有减到全生产物的十分之一了。在肥沃土地上，什一税往往不过全地租的四分之一，或每镑四先令；而在较贫瘠土地上，什一税就为全地租的二分之一，或每镑十先令了。

什一税既常为加在地租上的极不公平的赋税，故对于地主改良及农夫耕作，常为一大妨碍。教会不支出任何费用，而大大享受利润；在地主，就不肯进行那重要的，而往往需要最多费用的诸种改良；在农夫，亦不肯成就那最有价值的，大抵也是最多费的收获。欧洲自什一税实施以来，栽培茜草，并独占此有用染料的，只有荷兰联邦（United Provinces），因为那里是长老教会国家，没有这种恶税。最近，英格兰亦开始栽培茜草了，这就因为议会制有法令，对每亩茜草地，只征抽五先令，并把什一税废止了。

亚洲有许多国家，正如欧洲大部分地方的教会同，其主要收入皆仰给于土地税。土地税的征收，不与土地地租为比例，而与土地生产物为比例。中国帝王之主要收入，即由帝国一切土地生产物之十分之一所构成。不过，这所谓十分之一，评价至轻，据说，许多地方还没有超过普通生产物的三十分之一。印度未经东印度公司统治以前，孟加拉回教政府所征土地税约为土地生产物五分之一，而古代埃及之土地税亦将近五分之一。

亚洲这种土地税，使亚洲的君主们，都关心于土地的耕作及改良。据说，中国的君主、回教治下之孟加拉君主、古代埃及君主，为求尽量增加其国内一切土地生产物之分量和价值，都会竭尽心力，从事公路及运河之创建与维持；对于每一部分生产物，务使其能畅销于国内。若欧洲享有什一税之教会则不同。各教会所分得之什一税，为数极少，故它们不能像亚洲君主那样关心土地之耕作及改良。一个教区的牧师，设为拓展其生产物之市场，而向其所属国之僻远地方修建运河或公路，他决不能发现那有什么利益。因此，这种税，如用以维持国家，其相伴而生之若干利益，尚可在某种限度抵消其不便；若用以维持教会，那就除不便外，再也无利益可言了。

加在土地生产物上的赋税，有的是征收实物，有的是依某种评价，征收货币。

教区牧师的什一税，和住在自己田庄内的小乡绅的地租，征收实物，那有时也许有若干利益。因为，他征集的分量及征集的区域，都极其有限：自己通能亲自监视，亲自处理。可是，一个住在大都会而有大资产的绅士，如其对于其散在各地之田庄的地租，亦征收实物，那就不免要蒙受其承办者及代理人怠慢的危险，尤其是这般人舞弊的危险。至若税吏由滥用及溺职所加于君主的损失，那无疑还要更大得多。一个普通人，哪怕遇事不关心，但与小心谨慎的君主比较，对于督视使用人那一点，怕还要来得有力。公家实物收入，经税吏胡乱处理所遭损失之大，往往使国库之所入，不过人民所出之一小部分。然而，中国公家收入的若干部分，据说就是这样征收的。中国大官及其税吏们，无疑的，都乐得保持这种征税惯例，因为征收实物，是远较征收货币容易舞弊多了。

土地生产物税征收货币，有的是准照随市场价格变动而变动的评价；有的则是准照一定不易的评价，例如，市场状态无论如何变动，一布奚小麦，常是评作同一货币价格。以前法征收的生产物，不过随耕作勤惰，在实际生产物上所生之变动而变动，以后法征收的生产物，就不但随土地生产物上之变动而变动，且会随贵金属价值的变动，乃至随各时代同名异量之铸币的变动而变动。因此，就前者言，其生产物，对于土地之实际生产物的价值，常保持同一比例；就后者言，其生产物，将在不同时期，对于那个价值，保持不同的比例。

不取偿于土地生产物之一定部分，或这一部分的价格，而完全取偿于一定额的货币之赋税或什一税，就确与英格兰的土地税为同一性质。这种税，既不会随土地地租而腾落，也不会妨害或促进土地的改良。有许多教区，大都以所谓金纳十分之一代税（modus），代替什一税，那种税法亦与英格兰之土地税相类。当孟加拉回教政府时代，其所属大部地域或则明达力斯(Zemindaries)，对于征收生产物五分之一的土地税，亦树立有一种极轻的货币代税制；此后，东印度公司之若干使用人，因借口恢复公家收入之本来价值，而在若干州区，把货币代税，改为实物付税了。可是，这一改变；一方面因沮害耕作，同时，又在他们管理下造出了滥用的新机会，所以，与他们开始管理那种税收时比较，公家收入曾大大地减少了。这般公司使用人之主张改弦更张，那于他们容或有利可图，但他们的主人及国家是不免同受牺牲的。

房租税

房租可以区分为两个部分：其一，或可称为建筑物租（building rent）；其他，通例呼为地皮租（ground rent）。

建筑物租，是建筑房屋所费资本之利息或利润。为要使建筑业与其他职业立于同一水准，这种建筑租就必得：第一，够支给他一种利息，相当于他把资本贷与确有担保者所能得到的利息；第二，足够他不断修理房屋，或者在一定年限内，收回其建筑房屋所费的资本。因此，各地的建筑租，或建筑资本的普通利润，就常受支配于货币之普通利息。在市场利率为百分之四的地方，如除去地皮租，尚能对于建筑全费用提供百分之六，或百分之六点五的建筑租，那建筑主的利润，就算是十足的了。若在市场利率为百分之五的地方，这建筑租也许会要求百分之七，或百分之七点五。不过，利润既与利息成比例，如其建筑主的利润，长此超过货币利息率过多，则其他事业上的资本，将会移用到建筑业上来，直至这方面的利润降到它原来的水准为止。又，若建筑业上的利润，长此低于货币利息率过多，则这方面的资本立即会移用到其他事业上，直至建筑业利润再抬高到原来的水准为止。

全房租中，凡超过合理利润以上的部分自然会移作地皮租；并且，在地皮主与建筑主为各别个人的场合，这部分大抵要扫数付与前者。此种剩余租金，乃住户为报酬当前位置之真实的或想象的利益所支付的代价。在离大都会辽远的地方，供选择之房屋基地甚多，因之，那里的地皮租，就比较用那地皮栽种所得出息不会更多。大都会附近之郊外别墅，其地皮租就有时昂贵得多。至若特别便利，或周围具有美景的位置，不待说，那是更其昂贵。在一国首都，及对房屋有最大需要的特别地段内（不问这需要是为了营业，为了游乐，抑徒徒为了虚荣和时伤），地皮租大都是最高的。

对房租所课之税，如由住户付出，且与各房屋之全租为比例，那至少在相当长期内，是不致影响建筑租金的。建筑主得不到合理利润，他就会不得已而抛弃这职业，这一来，不到几久，建筑的需要提高，其利润便会恢复原状，而与其他职业上的利润保持同一水准。不过，这种税也不会全然加在地皮租上。那往往是自行区分为两部分，一部分由住户担当，一部分由地皮主支出。

比方，假定有一个人，断定他每年能出六十镑的房租又假定，加在房租上，由住户支出的房租税，为每镑四先令，或全租金的五分之一，那么，在这场合，六十镑的房租，就要费他七十二镑；其中有十二镑超过了他认定能担负的额数。这一来，他将愿意任坏点的，或租金五十镑一年的房屋，这五十镑，再加上必须支付的房租税十镑，适为他断定每年能担负的房金六十镑；为要付房租税，他放弃房租贵十镑所附加的便利。不过，这附加便利究只放弃了一部分，而罕有放弃全部的。因为，有了房租税，他会以五十镑租得无税时五十镑所租不到的较好的房屋。这种税有减少竞争者的作用，对于年租六十镑之房屋，竞争既会因此减少，对于年租五十镑之房屋，竞争亦必因此减少，以此类推，除了租金最低，无可再减，且会缘以增加竞争之房屋外，对于其他一切房屋，竞争皆得依同一方法减少；其结果，一切房屋之租金皆因而削减。可是，因这削减的任何部分，至少，在相当长期内，不会影响建筑租，其全部就必然要加在地皮租上。因此，房租税最后的支付，一部分系出自那因为分担此税而不得不放弃其一部分便利的住户；另一部分，则系出自那因为分担此税，而不得不放弃其一部分收入的地皮所有者。至若他们两者间，究以何等比例分担这最后支付，那也许是不容易断定的。大约在不同的情形下，那种分配亦会极不一样；而且，随着这些不同的情形，住户及地皮所有者两造，就会因此税而受着极不公平的影响。

地皮租所有者由此税受到的不公平，全系分割上偶发的事实；可是住户由此税受到的不公平，那就除了分割上的原因以外，还有其他原因。房租费对于生活全费用的比例，随财产的程度而不同。大约，财产最多，此种比例最大；财产逐渐减少，此种比例亦逐渐减低；财产最少，此种比例乃趋于最小。生活必需品，是贫者费用的大部分。他们常有获得食物的困难，所以他们收入的大部分，都费在食物上了。富者不然。他们主要的收入，大都为生活上的奢侈品及虚饰品而花费了；而壮丽的居室，又大可陈饰他的奢侈品，显示他的虚荣。因此，国家征收的房租税，一般通是由富者担当。说到公平，那是欠缺公平吧，但也许不算怎么背理。富者按照收入比例——有时且超过此比例——为国家提供费用，那能说是极不合理的事呢！

房租在若干点上，虽与土地地租相似，但在某一点上，却与土地地租根本不同。土地地租的付给，是因为使用了一种生产的物体，支付地租的土地，即是产生地租的土地。至若房租的付给，却因为使用了一种不生产的物体。房屋乃至房屋所占的地皮都不会生产什么。所以，支付房租的人，必须由其他与房屋绝不相关之收入来源中抽出。房租税在加担于住户的限内，其来源必与房租本身的来源相同：即劳动工资、资本利润或土地地租。所以，住户所担任的一部分房租税，即是无所区别，加在这三项收入来源上的混合税之一；并且，在一切点上，均与一切其他消费品税，有同一的性质。就一般而论，要用一个消费品，来评定一个人全费用之奢俭，那恐怕最好是根据房租来评判。在此特殊消费品上，按此征取的消费税，其所得收入，或较今日欧洲任何其他税收为多。不过，房屋税如定得太高，大部分人将竭力以求避免：或者以较小房屋为满足，或者把大部分房屋费用移作其他用途。

确定房租，如采用确定普通地租所必需采用的方策，就容易做到十分正确的地步。无人居住的房屋，自当免税。若征税，那税之全部，就要加在既无收入又不能提供任何便利之房屋所有者身上了。设所有者自住其房屋，其应纳税额，亦不当恢其建筑所费为准，而必依其出租此房屋时，公平裁定之租金为准。假若依其建筑所费为准，那每镑三先令、四先令之房屋税，再加以他项税目，就几乎会把全国的富户大家全都毁掉，并且，我相信，其他一切文明国如都这样做，也都会得到同一结果。不论是谁，只要他留心考察这一国若干富户大家之都会第宅及田舍第宅，他将发现：这些第宅之建筑原费，若课以百分之六半或百分之七的税率，他们的房租就将近要等于他们所收的全部净租。他们所建造之宏壮的华丽的第宅，虽积数代之经营，但与其原费比例而言，却仅有极少的交换价值。[①]

与房租相较，地皮租是更妥当之课税对象。税在地皮租上，

① 本书初版以来，英国所课之房屋税，几与上述原理相近（此注系著者在第三版附入）。

是不会抬高房租的。那种税，将全由地皮所有者负担。他们常处在独占地位，对于地皮的使用，常尽可能地要求最大的租金。其所得租金为多为少，乃取决于竞相使用其地皮者为贫为富。换言之，他们是否能由一块地皮得到满意的租金，那要看竞争者能出得多少。都会争用地皮者多而有力，故都会的地皮常能得到最高的租金。不过，竞争者的财富，如在一切方面，都不会因地皮税有所增加，他们对于使用地皮，亦就不愿多有所费。那种税，由住户垫支，仰由地皮所有者垫支，无关紧要，要之，占住者所必须付纳的税愈多，他对于地皮支付的意念就愈少。所以地皮税之最后支付，完全要落在地皮所有者身上。无人居住的房屋之地皮租，当然是无税可言的。

在许多场合，地皮租及其他普通土地地租，同为所有者不用亲自劳神费力，便可享得的收入。因之，这收入虽有一部分要提充国家费用，但于个人生业，决不会有何等妨害。地皮课税以后，与未税以前比较，社会土地劳动的年产物，即大多数人民之真实财富与收入，是不会两样的。这样看来，地皮租及其他普通土地地租，就恐怕是最宜于担负特种税的收入了。

单就这点说，地皮租甚至于比普通土地地租，还更宜于成为特种税的对象。因为，在许多场合，普通土地地租至少有一部分要赖地主的注意和经营。地租税过重，便足成为这注意和经营的妨害。若地皮租不然。地皮租在超过普通土地地租的限内，完全是由于君主的善政。这善政一方面保护全人民的产业，同时，保护若干特殊住民的产业，其结果，这些住民乃得对于其房屋所占地皮，付以大大超过其实际价值的租金；或者说，因此善政，地皮所有者遂获得了更大得多的报酬，来赔偿地皮被人使用所蒙的损失。对于借国家善政而存在的资源，课以特别税，或使其纳税，较大于其他大部分收入资源，那是再合理没有的。

欧洲各国，虽然大都对于房租课税，但就我所知，没有一国把地皮租视为另一项税收的对象。租税创案者，对于确定房租之什么部分应归地皮租，若何部分应归建筑租也许曾觉有几分困难吧。然而要把它们彼此分开，也究不是何等了不起的困难啊。

在英国，有所谓年土地税（annual land-tax），照此种税法，房租所税，殆与地租同其比例。各不同教区地域，征收此税所准之评价，彼此常为一样。那在原来已是极不公平的，现今依然如此。就全王国大体而论，此税加诸房租上的，依然比加诸地租上的，要轻一些。仅有少数地区，那税率原来虽很高，但房租又颇有低落，故每镑三先令或四先令的土地税，据说与实际房租之比例相等。无人居住之房屋，法律虽规定纳税，而在大多数地区，却由估税吏的好意免除了。这种免除，固然不会影响全地区的税率，但在特定房屋的税率上，却不免有若干变动。又，房屋建筑修理，租金有增加，房租税却无增加，故特定房屋的税率就会发生更大的变动。

在荷兰领内[①]，不管实际房租多少，也不管有人住着，还是空着，一律按其价值，课税百分之二又二分之一。对于无人居住的房屋，即所有者不能由此取得收入的房屋，亦勒令纳税，尤其是纳如此的重税，未免苛刻。荷兰的市场利息率，普通不过百分之三，对于房屋全费用，既课以百分之二又二分之一的重税，那在大抵场合，就要达到建筑物租三分之一以上，或者达到全租三分之一以上。不过，据以征税的评价，虽极不公平，但普通征税的评价，大都在其实际价值以下。当房屋再建、增修或扩大时，一种新评价因而树立，其房租税，即以此新评价为准。

英格兰各时代房屋税之设计者，都以为要相当正确的，确定

---

① 《欧洲法律及赋税的记录》，二二三页。

各房屋之实际房租，非常困难。因此，他们规定房屋税时，遂根据一些比较明了的事实，即他们认定在大多数场合，对于房租保有相当比例之事实。

最初，有所谓炉捐（hearth-money），每炉取二先令。为要确定一房屋中究有几炉，收税吏乃有挨室调查之必要。这种讨厌的调查，遂使这种税成为一般人讨厌的对象了。所以，革命后不久，即被视为奴隶制度之标帜，而被废除了。

继炉捐而起的，为对于每住屋，课以二先令之税。房屋有十四窗，课四先令，有二十窗乃至二十以上之窗，课八先令。此税后来大有改变。凡有窗二十乃至三十以下之房屋，课十先令，有窗三十乃至三十以上之房屋，课二十先令。窗数大抵能从外面计算，且不必侵入各私人之内室。因此，关于这种税的调查，就没有炉捐那样惹人讨厌了。

往后，此税又经废止，而代以窗税（window-tax）。窗税设立后，亦曾有几许变更和增加。迄乎今日（一七七五年一月）英格兰每屋须课三先令，苏格兰每屋须课一先令以外，窗户另税若干。在英格兰，房屋不到七窗，课以最低税率二便士，房屋有二十五窗，乃至二十五窗以上，课以最高税率二先令。

这诸种税惹人反对的地方，要在不得其平。而其中最坏的，就是它们加担在贫民身上的，往往比加在富者身上的，反要重些。乡间市镇上十镑租金的房屋，有时，比伦敦五百镑租金房屋的窗户还要多。不论前者的住户怎么穷，后者的住户怎么富，但窗税既经规定下来，较贫者终不能不负担轻多的国家费用。这一来，这类税，就直接反乎前述四原则之第一原则了。不过，对于其他三原则，倒还不见得怎样乖违。

窗税乃至其他一切房屋税的自然倾向，是低减房租。一个人纳税愈多，显明的，他所能负担的房租就愈少。不过据我所知，英国自窗税施行以来，通计所有市镇乡村之房屋租金，皆多少提高若干了。这就因为各地房屋需要增加，致房租提高的程度，超过了窗税使其低减的程度。这事实可以证实国家繁荣程度已经增大，居民收入已经加多。设无窗税，房租是更会提高的。

第二项　利润税，即加在资本收入上之赋税

由资本所生之收入或利润，自会分成两个部分，其一为支付利息，属于资本所有者；又其一为支付利息以后之剩余。

后一部分利润，分明是不能直接课税的对象。那是投资危险及困难的报酬，并且，在大多数场合，这报酬是非常轻微的。资本使用者，必得有这项报酬，他才肯继续使用，否则，从其本身利益打算，他是不会再做下去的。因此，假如他依全利润之比例，受有课税负担，他就不得不提高利润率，或者把这负担转嫁到货币利息上面去，即是，少付利息。假若他按照税之比例而抬高其利润率，那么，全税虽或由他垫支，结果，还是按照他的投资方法，而由以下两种人民之任一方面付出。假若他把那用作农业资本，栽培土地，他就只能由保留一较大部分土地生产物，或者较大部分土地生产物的价值，而抬高其利润率，并且，他要想这样做得通，又唯有扣除地租，因之，此税最后的支付，就落到地主身上了。假若他把那用作商业资本或制造业资本，他就只能由高腾货物价格，而提高其利润率；在这一场合，此税最后的支付，就要完全落到消费者身上。假若他没有抬高利润率，他就不得不把全税转嫁到利润中分归货币利息的那一部分上去。他对于所借资本，只能提供较少利息，那税之全部，就终于要货币利息担当。在他不能以某一方法救出他自己时，他就只有采用其他方法来救济自己。

乍然一看，货币的利息，就好像和土地地租一样，是能够直接课税的对象。货币利息，是完全除了投资危险与困难之报酬后，所剩下的纯收入，土地地租亦是如此。地租税不能抬高地租，因为偿还农业家资本及其合理利润后，所剩下的纯收入，决不能在既税以后，大过其未税以前。同理，货币利息税，也不能抬高利息率，因为一国之资本量或货币量与土地量同，既税未税，在推想上，均是一样。本书第一篇讲过：普通利润率，到处都是受支配于可供使用的资本量，对于其用途范围之比例，换言之，普通利润率到处都受支配于可供使用的资本量，对于其可资经营的业务范围，持着如何的比例。不过，用途之范围，可资经营的业务范围，决不能因任何利息税而有所增减。可供使用之资本，不增不减，那么，普通利润率就必然要保持原状不变了。但是，在投资危险和困难无所变更的限内，报偿投资者之危险困难所必要的利润部分，同样会保持原状不变。结局，残余部分，即属于资本所有者，作为货币利息的部分，也必然要保持原状不变。所以，乍然看来，货币利息，就好像和土地地租一样，是能够直接课税的对象。

然而与地租相较，货币利息究是很不宜于直接课税的，这有两种情由在。

第一，个人所有土地之分量与价值，决不能保守秘密，且常能正确的确定。但是，一个人所持的资本全额，却几乎常是秘密的，要相当正确的确定，殆不易做到。资本额随时容易发生变动。慢讲一年，就是一月一日，都不一样。对于各个人私人情状的调查，即，为求适当的课税，而调查监视各个人的财产变动，乃是一件非人所能堪的无止息无限际的烦难工作。

第二，土地是不能移动的，而资本则容易移动。土地所有者，必然是其地产所在国的一个公民。资本所有者不然，他很可说是一个世界的公民，他不一定要附着于那个特定国家。一国如果为了要课以重税，而多方调查其财产，他就要舍此他适了。他并且会把资本移往任何国家，只要那里比较能随意经营事业，或者比较能安易的享有财富。移动资本，就会把前此在该国经营的一切产业停止。资本是耕作土地的，是使用劳动的。一国税收如有驱逐国内资本的倾向，那么，资本被驱逐出去多少，君主及社会两方面的收入源泉，就要涸竭多少。资本向外移动，不但资本利润，就是土地地租，劳动工资，亦必因而缩减。

因此，历来要课资本收入以赋税的国家，遂不大采用严厉的调查方法，而往往不得已，以那非常宽大的，从而多少随意一点的方法为满足。课税采用这方法，其极度的不公平不确定，只有由极度的低率，才得相偿。因为照此做法的结果，每个人都会觉得：自己所税，如已远较其实际收入为低，那么邻人所税虽较自己更低一些，他也就没有什么过不去了。

英格兰之所谓土地税（Land-tax），其所期在使资本所税，与土地所税，保持同一比例。当土地税率，每镑课四先令，或推定的地租五分之一时，对于资本，也期望课其推定的利息五分之一。年土地税初行之当时，法定利息率为百分之六，因此，每资本百镑，推想是课税二十四先令，即六镑的五分之一。自从法定利息率缩减为百分之五，每百镑资本所税，遂推想只有二十先令。这所谓土地税征收的金额，乃由乡村及主要市镇分摊。就中，一大部分加担在各乡村了。市镇方面负担的部分，又大半是课自房屋，其余则由市镇上之资本或营业（对于投在土地上之资本，没有企图课税的意向）征收。而其所征收的，又远在资本或营业之实际价值以下。因此，不论当时这征税评价，怎样失之公平，以轻微故，终没有惹起何等纷扰。今日全国将近普及的繁荣，在许多地方，已把土地、房屋及资本的价格，抬高极多了，而各教区各地区对于这一切的课税，却依旧是继续用那原初的评价，所以在现在看来，那种不公平，更无甚关系。加之，各地区的税率，久无变动，这一来，这种税的不确定性——在它课加于任何个人资本的限内——遂甚形减少了，同时，也愈成为不重要了。假若英格兰大部分土地，没有依其实际价值之半估定税额，那么，英格兰大部分资本，就恐怕没有依其实际价值五十分之一估定税额。在若干市镇中，全土地税，都是加在房屋上；威斯敏尼斯特市之资本同营业，全不征税。但伦敦不是如此。

无论哪个国家，都曾小心谨慎地回避了严密调查个人私事的举动。

在汉堡地方[①]，每个居民，对于其所有一切，都有支付公家百分之二十五的义务。如其一个住在汉堡的人的财产，主要为资本，那么，这项税就可视为一种资本税。各个人每年输纳国库之税额，自行估定，并得在长官之前，宣誓那为他所有总额之百分之二十五。不过，宣誓时，不言实额多少，也不受任何盘诘。这种税的支付，一般人都推想是非常忠实的。因为，在一个小小共和国中，那里的人民，都完全信赖长官，都确信赋税乃维持国家所必要，并且都相信，所出之税，将忠实地为维持国家而使用，那么，这种凭良心的自发的纳税办法，有时是会做得通的。而且行之者，也并不限于汉堡。

瑞士乌德瓦尔德联邦，常有暴风及洪水的灾害，所以常有筹集临时费之必要。当此场合，人民相与聚集，各自大公无私的，宣誓其财产额数，然后依此课税。在奇里赤，每有紧急需要，法律即命令各个人依其收入比例纳税，对于所纳税额，人人通负有宣誓之义务。据说，当地行政当局，全不疑其同胞市民有欺骗情事。在巴塞

① 《欧洲法律及赋税的记录》，第一卷七四页。

尔，政府的主要收入皆出自输出货物之小额关税。一切市民皆当宣誓每三个月纳入按法应纳的一定税款。一切商人，甚至一切旅舍主人，都须亲自登记其在领土内外所卖之货物，每到三个月末尾，就把这登记簿——登记计算出了的税额——送呈国库官吏，绝没有人疑虑国库收入会因此蒙到损失[①]。

对于各市民，误以公开宣誓其财产额之义务，在瑞士诸联邦中，似乎不算是一件痛苦事。但在汉堡，那就是了不得的痛苦了。从事投机贸易的商人，都恐怕随时要公开其财产实况。他逆料到：其结果，即是使他的信用破坏，使他的企业惨败。至若未从事此类投机事业之质朴节约的人民，却不会感到他们有隐蔽其财产实情之必要。

荷兰在故鄂伦吉公就总督职后不久，对于全市民之全财产，即课以百分之二，或即所谓五十便士取一之税。各市民财产之自行估计，乃至税之完纳，全与汉堡同。据一般推想，他们纳税颇为诚实。当时人民，对于刚由全体叛乱而树立的新政府，大大持有好感。这种税是为了救济国家特别急需而设的，所征只限于一次。实在说，要是永久征下去，那就未免太重了。荷兰当时市场之利息率，不常超过百分之三，今对于一般资本最高的纯收入，却课以百分之二的赋税，即每镑征去十三先令四便士了。人民为担此重税，而不多少蚕食其资本的，恐怕不多吧。当国家万分危急之秋，人民激于爱国热忱，以大的努力，放弃其一部分资本，尚觉可行，但这可一而不可再。设长此行去，这种税不久便会毁坏人民，使他们完全无力支持国家。

英格兰依土地税法案所课之资本税，虽与资本为比例，但其所期不在减少或分去资本之任何部分，仅在按照土地地租的比例，

① 《欧洲法律及赋税的记录》，第一卷，一六三、一六六、一七一页。

课货币利息以相等之税。所以，当地租税每镑四先令时，货币利息税，亦是每镑四先令。汉堡所行之税，乌德瓦尔德及奇里赤所行更较轻微之税，其主旨正同；课税之对象，不在于资本，而在于资本之利息或纯收入。若荷兰，其所税对象却是资本。

特定营业利润税

有些国家，对于资本利润，课有特别税，这资本，有时是用在特殊商业部门的，有时是用在农业上的。

在英格兰，对于贩卖商人及行商所课之税，对于出租马车及肩与所课之税，以及酒店主为得到麦酒火酒零售照会所纳之税，皆属于前一类税。在最近战争中，同类其他各税，曾经提议加在店铺方面。有人主张：战争之起，乃所以拥护本国商业，由此受到利润的商人，自应担负战争费用。

不过，对于特殊商业部门资本所课之税，结果，皆不是商人（他在一切场合必须有合理的利润，并且，在商业自由竞争的地方，他之所得，也罕能超过此限以上）负担，而常是由消费者负担。消费者必得在买物的价格上，支给商人垫付的税额。而在大多数场合，商人还会把价格多提高若干。

当这种税与商人之营业成比例时，结局总是由消费者付出，于商人无所谓压迫。但，当它不是与商人营业为比例，而同样课加于一切商人时，结果，虽亦是出自消费者，可是，大商由此受了特惠，小商却不免要受到几分压迫。对于每辆出租马车，一周课税五先令，对于每乘出租肩与，一周课税十先令，在这种税由车与所有主分途垫支的限内，那往往是十分正确的，与他们各自营业范围为比例。照这样税法，大营业者没有特惠，小营业者亦不致蒙到压迫。领麦酒贩卖照会所纳之税，每年二十先令；领火酒贩卖照会所纳之税，每年四十先令；领葡萄酒贩卖照会所纳之税，每年八十先令。这些，对于零卖酒店，通是一律看待，结果，大营业者就必然要获得若干利益，同时，小营业者就必然要蒙到若干压迫了。前者要在货物价格上取还其垫付税款，一定比后者容易。不过，因为这税率轻微，虽不公平，亦比较无限重要，并且，在许多人看来，小麦酒店到处林立，予以小小妨阻，亦无不当。若对店铺所课之税，虽大小店铺一律看待，有失公平，但这种税要想相当正确的，按照比例于各店铺进行中之营业范围，那除了采用自由国家绝难承认之调查外，再也无法进行。这不平之税，如颇为繁重，则小营业者将横受压迫，以致全部并合在大营业者手中。小营业者的竞争不存在了，大营业者即将享受营业上的独占，并如其他独占者相同，立即会联合起来，把利润大大抬高到纳税所需的限度以上。这一来，店铺税之最后支付，就不是由店铺主担当，而是由消费者担当；消费者且还要为店主的利润，支出一个附加额。因此之故，关于这种税的设计，遂抛在一边，而代以一七五九年所设之补助金。

在法兰西，有所谓个人的泰理税。此税之对象，为农业资本的利润。在欧洲，恐以此种赋税为最重的农业资本利润税。

在昔欧洲盛行封建政府之混乱局面下，君主迫于情势，不得不以赋税重担，仅加在一般能力拒绝纳税之人民身上。大领主们，当君主有特别急需时，虽愿意帮助帮助，但对于恒久纳税一层，终不肯承认，而君主亦无实力强其承认。通全英格兰之土地占有者，大部分原为农奴。他们后来在欧洲大部分渐归解放。其中一部分人乃获有地产保有权。他们之保有地产，如英格兰昔时佃据保有者（copy-holder）同。有时在国王之下，有时在大领主之下，以贱奴式之保有法保有之。其他没有获得保地权的人，则在他们领主之下，以若干年为期，以租得其所经营之土地，这一来，他们就比较不依附于领主了。大领主们看着这些下级人民，渐至享有繁荣与独立，前不胜其恶意的、侮蔑的嫌恶，因而乐得君主课他们以赋税。在若干国家，这种税的对象，限定是那些以贱奴式保有法保有的土地；并且，在这种场合，这才可说是真正的泰理税。经故国王沙尔底尼亚设定的土地税，以及在伦格多克、卜洛芬斯[①]、多佛奴[②]及希利塔尼诺[③]州，在孟托本课税区、在亚津[④]及根顿[⑤]选举区，乃至在法兰西其他若干地区，所行之泰理税，通是加在上述保有地上之赋税。在其他诸国，这种税的对象，乃是那些租用他人土地者——大地之租用法如何不问——所得之推定的利润。在这种场合，可说是个人的泰理税。法兰西所谓选举区诸州，大部分，通是行使这种税法。其实，泰理税既只课加于一国一部分土地上面，那必然是不公平的。可是，虽不公平，究不常出以专态——虽然有时不免出此。若个人的泰理税，则本要按照比例于某一阶级人民之利润，这利润究有多少，又只能推想，所以必然是专态的，不公平的。

法兰西今日（一七七五年）所行之个人的泰理税，每年课加于称为选举区之二十个课税区者，计达四千零十万七千二百三十九里维尔十六苏。诸州负担这税额的比率，年有变动，一取决于枢密院所接关于各州收获丰歉程度及其他情形（可以增加人民纳税能力之情形）的报告。每个课税区，区分为一定数的选举地域，全课税区按比分担的总额，再分配于这各选举地域；各选举地域分担的总额，亦是同样按照枢密院所接关于各地区纳税能力之报告而年有不同。照此看来，枢

---

① 卜洛芬斯：Provence，今译普罗旺斯，位于今法国东南部。——编者注

② 多佛奴：Dauphine。——编者注

③ 希利塔尼诺：Brittany，今译布列塔尼。——编者注

④ 亚津：Agen，今译阿让。——编者注

⑤ 根顿：Condom。——编者注

密院立意虽然尽善，但要想以相当正确比例，决定当年度某州某区某地域之实际纳税能力，却似乎是不可能的。况且，无知与误报，一定要多少使大公至正的枢密院错下判断。一个教区对全选举地域课税额所应分担的比率，每个人对所属教区课税额所应分担的比率，都是依必要情形而逐年不同。这诸种情形，在前场合，是由选举地域之税吏判定；在后一场合，则是由教区的税吏判定，这两者，都不免多少为州长的指导及势力所左右。据说，此等税吏，往往对于那些情形，错下评判。那不但是由于无知和误报，且由于党同伐异，乃至个人的私怨。任何纳税者，在此评价未定以前，不能确知他所支付的税额，那是显明的；他甚且在既经评判以后，亦还不能确切知道。假若一个应该免税的人被课有税，或所税超过了他应税的比率，他虽须暂时垫付出来，但如果他们诉说不平，并且有了不平的理由，那么，为要补偿他们，翌年，全教区便当追征一个附额。假若纳税者破产，或者全无支付能力，其应纳之税，便须由税吏垫支，并且，为补偿税吏，翌年全教区亦当追征一个附额。假若税吏自身破产了，选出他的教区，就必须当着选举地域之总税收吏，对于那个税吏的行动负责。但是，控诉一全教区，在总收税吏，未免觉得烦累；所以，任意选定那区最富的纳税者五六人，使他们补偿那税吏无力支付的损失。往后，再由全教区追征以补偿他们。这种追征税，常是特定年度泰理税以外的附额。

当一种税加在特定商业部门的利润上时，商人们都会留意，使上市的货物量所得卖价足够偿还他们垫支的税额。他们有的由营业上撤回一部分资本，使市场上的供给较前更形薄弱。价格因货少腾涨起来，那种税最后的支付就加到消费者身上了。但是，当一种税课加在农业资本利润上时，农人如由那种用途撤回一部分资本，一定得不到利益。务农业者占有一定量土地，对于土地支付地租。要求这土地耕作适宜，一定额资本是必要的。如果他把这必要的资本撤回一部分，他仍不会更有能力支付地租或赋税。为要付税，他绝不能以减少其生产物量来维护其利益。他想把赋税最后支付，借抬高生产物价，而转嫁于消费者，定做不通，赋税决不能使他抬高其生产物价格。不过，农业者也如一切其他营业者同，须得有其合理的利润，否则，他就会放弃他这种职业。在他有了这种负担以后，只有对于地主少付地租，才能得到合理的利润。他必须输纳的赋税愈多，他能够提供的地租就愈少。设这种税，课加在租约未满期前，那就无疑会使农业家蒙到损害，甚或陷于没落。可是，当着租约更新时，这赋税就一定要转嫁于地主。

在施行个人的泰理税诸国，农业家所纳之税，通例是按照比例于他在耕作上使用的资本。因此之故，他常怕保有良马良牛，而竭尽所能地，用那些最恶劣的最贫弱的农具耕作。这样做，足见他颇不信任税吏的公正，恐其强纳重税，所以装作贫困，以示无力付纳。采用这可怜策术的，大概没有好好考虑他自己的利益吧。他由减少生产物所损失的，说不定，比他减少赋税所节约的还多呢。虽然这种恶劣耕作的结果，市场上的供给无疑要稀薄一些，但由此惹起价格上些许的腾贵，就连赔偿他减少生产物的损失，还嫌不够，叫他支付更多的地租给地主，那是益发谈不到的。这种耕作的减退，公家、农业家、地主都会多少蒙其不利。至若个人的泰理税，如何以各种方法妨害耕作，从而，涸竭一大国主要的财富源泉，著者在本书第三篇已经解述过了。

北美南部诸州及西印度群岛，有所谓人头税，即对于每个黑奴逐年所课之税，适当地说，就是加在农业资本利润上的一种赋税。因为耕作者大部分都是农业家兼地主，所以这种税的最后支付，就由他们以地主的资格负担了。

对于农业使用的农奴，每人课以若干之税，往昔全欧洲似乎都曾行过。迄今俄罗斯帝国仍然是这样行着。也许是因为这个缘故吧，令人对于各种人头税，常视为奴隶的表征。然而，对于纳税者，一切的税，不独不是奴隶的表征，且是自由的表征。一个人纳税了，虽然表示他是隶属于政府，但他既有若干纳税的财产，他本身就不是主人的财产了。加在奴隶身上的人头税，和加在自由人身上的人头税，是截然两样的。后者是由被税人自行支付，前者则是由其他不同的人支付。后者完全是任意的，或完全是不公平的，而在大多数场合，两者且兼而有之。至若前者，在若干方面，虽是不公平的，但不同的奴隶有不同的价值，所以并不是任意的。主人知道他的奴隶人数，就确然知道他应当纳税好多。不过，这种不同的税，因为使用同一名称，从而被人视为同一性质。

荷兰对于男女仆役所课之税，不是加在资本上的，而是加在开支上的，因之，就有类于加在消费品上的一种消费税。英国最近对于每个男仆课税二十一先令，那与荷兰之仆役税相同。此税乃以最重的部分归中流阶级负担；每年收入百镑者，或要雇用一个男仆；每年收入万镑者，却不会雇用五十个男仆。至于贫民，那是不会受到影响的。

加在特定营业上的资本利润税，决不致影响货币利息。一个人放债，断乎不会对于无税营业的经营者取息多，对于有税营业的经营者取息少。一国政府，如企图以相当正确的比例，征收各种营业的资本利润，那在许多场合，当会减低货币利息。法兰西之芬吉体姆（Vingtieme），即二十便士取一之税，与英格兰所谓土地税同，同样以土地、房屋及资本之收入为对象。不过此税课加在资本方面的，虽不怎样严峻，但与英格兰土地税之加于资本方面者比较，却要正确多了。在许多场合，这完全要出自货币利息。在法兰西，货币往往按照所谓 Contracts for the Constitution of a Rent（即，一种永久年金，债务者若能偿还原借金额，即可随时偿却，但债权者却除了在特殊场合，即不许请求偿却）而偿还。所以，芬吉体姆虽正确地课这一切年金以赋税，但似不至于提高这年金的比率。

第一项及第二项之附录　加在土地房屋资财上之资本价值税

当财产为同一人所保有时，对于这财产所课之税，无论如何恒久，其用意决不在减少或取去其财产之任何部分的资本价值，而只在取去其财产之收入的一部分。但是当财产易主，即由死者转到生者或由生者转到生者时，所课之财产转移税，就往往不免要取去资本价值之某一部分。

由死者传给生者之一切财产，以及由生者过渡到生者之不动产如土地房屋，其转移在性质上，通是公开的，彰明较著的，长久隐藏不得，所以公家对于这种对象，是可以直接征税的。至若生者彼此间在借贷关系上发生资本或动产的转移，却常是守着秘密的，并且，往往也能保守秘密。对于这秘密事体，直接征税，不容易做到，所以采用两种间接方法：第一，规定债务契券，必须写在曾付一定额印花税的用纸或羊皮纸上，否则不发生效力；第二，规定此类相互授受行为，须公开地或秘密地注册，并征收一定的注册税，否则同样不发生勠力。此印花税及注册税，对于容易直接课税之财产继承及不动产变卖等行为，亦曾屡屡施行。

罗马古代由奥古斯丁设定之二十便士取一之遗产税(Vicesima Hereditatum)，乃对于财产由死者传给生者所课之转移税。狄昂·开希阿斯[①]，关于此税，曾有详明之记述。据他所说，这种税，虽加于一切继承、遗赠乃至死时赠与行为，但对于最亲者及贫者，

① 狄昂·开希阿斯：Dion Cassius，今译狄奥·卡西乌斯。——编者注

概予豁免。

荷兰对于继承所课之税，与此为同一种类。凡旁系继承则依亲疏顺序，对于其继承全价值，课以百分之五乃至百分之三十的继承税。对于旁系之遗言赠与或遗赠，亦同此税法。夫妻相续——夫传给妻或妻传给夫——取税百分之五十。直系尊辈对于其卑辈之悲惨的继承（Luctuosa Hereditas），则仅税二十分之一。直接继承，即直系卑辈对于其尊辈之继承，通例无税。父亲之死，对于其生前同居之子女，不独不能增加收入，往往会大大减少收入。父亲死了，父亲在世保有的勤劳、官位或者若干终身年金，都要损失去的，设更由课税取去一部分遗产，而加重这损失，那就未免近于残酷而且压制了。但对于罗马法所谓解放过了的子女，苏格兰法上所谓分家过了的子女，往往又当别论。因为他们通是已经分有财产，成有家室，并且，其生活不仰仗父亲，而另有独立财源。父亲的财产留下一分，他们的财产就会实际增加一分。所以，这类继承税，较之课加在一切其他遗产上的，恐怕不会惹起更多的不便。

封建法之为害，致死者遗给生者，生者过渡于生者之土地转移，通通有税。在往昔，欧洲各国且视此为其国王主要收入之一。

国王之采邑，例为其直接家臣所保用。保用者由他人继承此采邑时，须付一定税额，大概为一年之地租。假若继承者尚未成年，在他未成年期中，此采地之全地租都归王，王除扶养此未成年者以外，没有任何负担。采地如偶然为寡妇继承，那也只要支出寡妇的生活费就得了。继承者既达成年，他还得对于国王支付一种交代税，此税大概同为一年之地租。就目前而论，未成年如为长期，往往可以脱卸大地产上的一切债项，而恢复其家族已往之繁荣；但在当时，不能有此结果。那时普通的结果，不是债务的脱卸，而是土地的荒芜。

根据封建法，采地保有者，不得领主同意，不能竟行让渡，领主对于这同意，大抵要强抽一笔偿金。在当初，这项偿金是随意性质，往后，许多国都把这规定为土地价格中的一定部分。有的国家，其他封建惯例虽然大部分废止了，但对于这土地让渡税，却依然存续着，而为其君主收入之一个极大来源。在柏恩联邦中，此种税率极高；土地为贵族保有者，占其价格六分之一，为平民保有者，占其价格十分之一[①]。卢生拿联邦之土地变卖税，只限于一定地区，并非普遍。但是，一个人如为转居异地而变卖土地，则当于其卖价上抽税十分之一。此外，在其他许多国家，对于一切土地的变卖，或对于依一定保地法而保有的土地的变卖，所课之税，都多少为其君主之一项重要收入。

凡此所税，皆为间接的，或取其印花税，或取其注册税。而此等税法，有些与转移物之价值成比例，有些不与其价值成比例。

英国的印花税，没有按照转移的财产价值征收（最高金额的借据，支给一先令六便士或二先令六便士之印花税，就够了）。契据性质不同，所税因而高下。课税最重者，不过六镑，由购买税纸或羊皮纸缴纳之，此种高税，大抵以国王敕许及一定法律手续为对象，而与转移物之价值无关。英国对于契约或文件之注册，毫无所税，有之，不过管理此册据官吏之手续费罢了。即此手续费，亦罕超过管理者劳动之合理的报酬。至若君主，是不能由此取得分文的。

在荷兰[②]，印花税和注册税同时并行。在若干场合，此等税的征收，系按照比例于转移财产之价值；而在其他场合，则又没有按照此种比例。一切转移证书须用印花纸书写，其价格则

---

① 《欧洲法律及赋税的记录》，第一卷一五四页。

② 《欧洲法律及赋税的记录》，第一卷，二二三——二二五页。

与其所处理之财产为比例，因此，印花纸的种类，就有由三便士或三斯蒂维尔一张至三百佛洛林（即二十七镑十先令）一张的。假若所用印花纸，较低于其应用印花纸，其承继财产，就会全被没收。除汇票及其他若干商用票据外，所有一切票据借据等，皆当完纳印花税。特此税不依转移物价值比例而腾高。一切房屋土地的变卖，以及一切房屋土地之用作抵押品者，都须注册，并对国家纳变卖品或抵押品价格百分之二又二分之一的注册税。载重二百吨以上之船舶——不问有无甲板——变卖，亦适用此税则。是把船舶看作水上的房屋吧。此外，依裁判所命令而变卖的动产，亦同样缴纳印花税百分之二又二分之一。

法兰西亦是印花税和注册税同时并行。前者视为国内消费税之一部分。而实施此税的诸州，例由国内消费税吏征收。后者则成为国王所有收入之一部分，由其他官吏征收。

由印花及注册课税的方法，虽同为近代产物，但是，略在百年以前，印花税已几乎一般通行于欧洲了，注册税更极其普通。一个政府向其他政府学习技术，如所学的是由人民腰包括取金钱的技术，那就最容易学会。

财产由死者转到生者，课以税，则此税最终直接地都要落在接受此财产者的身上。对土地变卖所课之税，却完全要落在卖者身上。卖者之变卖土地，往往是迫于非卖不可，必须取得他所能取得的价格。若买者，则没有非买不可的需要，所以，他只肯出他所愿出的价格。他把土地所费的价格和赋税放在一处划算：必须付出的赋税愈多，他愿意出的价格就愈少。因此，这种税常是由那些经济困难的人负担，所以一定是残酷的压制的。至若新房屋变卖——在不卖地皮的场合——课以税，则所课之税，大抵是出自买者方面，因为建筑家普通总得获取利润，没有利润，他一定会放弃这种职业。如果税由他垫支了，买者大抵总得偿还他。对变卖旧房屋所课之税，则与对土地变卖所课之税同，结局通由卖者负担；因为，他卖，大概是有卖的必要，或者卖了于他方便些。每年出卖的新房屋数，多少受支配于需要；那需要对建筑家不能提供利润，他就不会继续建筑。若每年出卖的旧房屋数，却是受支配于偶发事故，这些事故大抵于需要无何等关系。一个商业城市上有两三件大破产事故发生，就有许多房屋要出卖，并且，都会以能够得到的价格出卖。对变卖地皮所课之税，亦由卖者负担，其理由与变卖土地同。借贷字据契约之印花税，注册税，全部当出自求借者，而事实上也常是由他付出。至若对争讼事件所课之印花税及注册税，例由诉讼者缴纳；不过，对于原告被告两方，都不免减少其争讼对象之资本价值。为争得某财产所费愈多，到手后的纯价值一定愈少。

各种财产转移税，如果会减少那财产的资本价值，结果，必会减少那用以维持生产劳动的资源。人民的资本，只是用以维持生产劳动者，君主的收入则多半是用以维持不生产劳动者。这种税，既是牺牲人民资本，而增益国君收入，所以多少总不免于滥费。

况且，这种税的征收，即使按照比例于转移物之价值，依旧不得公平。我们就说相等价值的财产吧，每转移一次，其价值即有一次的不同。如其不按照价值比例征收——大部分印花税及注册税，都是如此——那就更要不平等了。不过，此税在任何场合，皆明显而确定，无可通融。虽有时不免加在非常无力负担的人身上，而支付的期间，却还能便于纳税者。支付之期到了，他大抵还有钱可付。又，完纳此税时，用费极少。除纳税本身为一种无可避免的不便外，纳税者普通尚不致遭受其他的不便。

对于法兰西的印花税，不会闻见怎样的不平鸣。可是，他们称为康特洛尔（controle）的注册税，却就两样。那种税，大体上是任意的，不确定的，其立意就在多予包征总税吏以勒索的机会。所以反对法国现行财政制度的刊物，大半都是以这种注册税弊害为主题。不过，不确定一点，似乎还不是这种税之内在性质。如果这一般的不平，确是深有理由，那弊害倒宁可就是生于课税敕令命或法律用语，欠缺精确、明了。

抵押品之注册及一切不动产权利之注册，因其大可为债权者及买入者双方的保障，故极有利于大众。若其他大部分契据之注册，既于大众无何等利益，又往往于个人不便，甚且危险。一般认为应保守秘密的册据，绝不应存在。个人的信用，决不当委之于那样薄弱的保证，如下级税吏之正直与忠实。但是，在注册手续费成了君主收入源泉的地方，则应注册者固须注册，不应注册者亦须注册，故须无限地增设注册机关。法国有种种秘密的注册簿。这种弊害，虽或不是此税的必然结果，但我们总得承认，那是此税非常自然的结果。

英格兰课加在纸牌、骰子、新闻纸乃至定期印刷物等上的印花税，适当地说来，都是消费税；那种税最后的支付，将由使用或消费这些物品的人负担。他若对麦酒、葡萄酒及火酒零卖照会所课之税，虽原要加在这些零卖者的利润上，但结果，同样由消费者负担了。像这类税，虽然也是呼为印花税，虽然和上述财产转移税，由同一税吏，用同一方法征收，但其性质完全不同，且由完全不同之资源担负。

第三项　劳动工资税

我曾在本书第一篇努力说明过：低级劳动者的工资，到处都受支配于两种不同的情形，即对劳动的需要和食物之普通的平均的价格。劳动的需要，在增加呢，停止呢，抑在减退呢？换言之，在要求人口增加呢，停止呢，抑减退呢？劳动者的生活资料，即依此规定；并且，那种生活资料为丰裕，为平常，抑为缺乏的程度，亦将取决于此。若食物之普通的或平均的价格，那将决定付给劳动者的货币量，这货币量是使劳动者每年平均能购买这丰裕平常或者缺乏的生活资料的。当劳动需要及食物价格保持同一状态时，对劳动工资所课直接税之唯一结果，就是把工资略微提高到此税以上。比如，假定有一个特别场所，那里的劳动需要及食物价格，使劳动普通工资为十先令一周。又假定对工资所税，为五分取一，即每镑四先令。假若劳动需要及食物价格保持原状，劳动者仍必须在那个场所，获得那每周十先令所能购得之生活资料，换言之，付过了工资税之后，他还须有每周十先令的纯工资。但是，为要使课税后，还让劳动者有这个纯工资额，那么，这个场所的劳动价格就一定马上会提高，不但提高到十二先令，且会提高到十二先令六便士。这就是说，为要使他能够支付五分取一之税，他的工资立即提高，不但提高五分之一，且会提高四分之一。不论工资税率如何，在一切场合，工资总会按照比例于这个税率，而还要抬高一些。比方，此税率如为十分取一，劳动工资之提高就不是十分之一，而为八分之一。

对劳动工资所课之直接税，虽或不免由劳动者付出，适当地讲，那就连由他垫支还说不上；至少，在课税前后，劳动需要及食物价格保持原状时是如此。在这一场合，不但工资税，就是超过此税的若干部分，其实都是直接由雇他的人垫支。最后的支付，则在各种不同的场合，由各种不同的人负担。制造业劳动工资由课税加提高，垫支者将为制造业主，制造业主是有资格而且不得不把那垫支额，及由此所生利润，转嫁到货物价格上。因此，工资提高额及利润追加额之最后支付，都会加担在消费者身上。乡村劳动工资由课税而提高，垫支者将为农业家。农业家为要维持以前相同的劳动人数，势必使用较大的资本。为要收回这较大资本及其普通利润，他须留下一较大部分的土地生产物，或一较大部分土地生产物的价值。其结果，他对地主就要少付地租。所以，劳动工资提高额及利润追加额，都要由地主负担。总之，在一切场合，对劳动工资所课之直接税，结果，总不免惹起地租的缩减和制造物价值的增加。不过，这所缩减的，增加的，必定会超过本来所税的额数——那额数一部分落在土地地租上，一部分落在消费品上。

假若工资直接税，不曾使工资依此税比例而腾贵，那就因为劳动需要，大体上会因此而颇有低落。产业的衰退，贫民职业的减少，一国土地劳动年产物的减低，大概都不外这种税的结果。不过，因有此税，劳动价格却常比在无税的实际需要状态下要高昂一些；并且，这种价格的上腾，加上垫支此价格者的追加利润，结果，不是出自地主，就是出自消费者，于劳动者无何等关系。

对乡村劳动工资所课之税，并不会按照比例于此税而提高土地原生产物的价格；其理由，与农业家利润税，不会按此提高其生产价格同。

然而像这样不合理的恶税，竟有许多国家在实行。法国泰理税，有一部分的对象，即是乡村劳动者及日佣劳动者之勤劳，就恰好同此税相类。他们这些劳动者的工资，乃依他们住在地之普通率计算，并且，为使他们尽可能的少受格外负担，每年所得，估定不超过二百日之工资[①]。每人所担之税，依各年度之情形而不同，此等情形的评定，一决于税吏或州长派充协助税吏的委员。波希米亚于一七四八年开始变革财政组织的结果，对手工业者的勤劳，

---

① 《欧洲法律及赋税的记录》，第二卷一〇八页。

加上了一种非常的重税。这些手工业者被分为四个等级，第一级，年税一百佛洛林，每佛洛林一先令十便士半，计达九镑七先令六便士；第二级，年税七十佛洛林，第三级年税五十佛洛林，第四级——就中包含有乡村手工业者及城市最低级手工业者——年税二十五佛洛林。

我在本书第一篇讲过：优秀艺术家及自由职业者之报酬，必然对于比较低级的职业，要保有一定的比例。因此，这报酬课税之唯一结果，就是按照比例于此税，而还要略高的，抬高其报酬。假若报酬没有像这样提高，那优秀的艺术及自由职业，就已经没有与其他职业立于同一水准了，结果，从事此业者甚形减少，不久，它又重新回复到原先的水准。

诸官职的报酬，因为不像普通职业报酬之受支配于市场的自由竞争，所以，对于那种职业所要求的性质，并不常保持适当比例。在大多数国家，那种报酬，大都较高于其性质所要求之限度。掌理国政者，对于自身，乃至其直接从属者，大概都会与以超过充分限度以上之报酬。因此，在大抵场合，诸官职之报酬是很可课以重税的。加之，任有公职的人，尤其是任有有利公职的人，在各国通为一般嫉妒之的。对他们的报酬课税，即使较他种报酬所税再高，也一定大快人心。比如，英格兰依土地税法，对一切他种收入每镑征四先令，而对于每年百镑以上之官职薪俸，每镑实征五先令六便士，此举，曾颇为人所称道。他若皇室新成家者的年金，海陆军官的薪俸，以及其他少为人所羡忌的若干官薪，不在此例。除此以外，英格兰就没有对劳动工资另外课加什么直接税了。

第四项　原要混加在各种收入上的诸税

原要混加于各种收入上的诸税，即是人头税和消费品税。这种税，必须不分彼此的，由纳税者各种收入支付；不管那收入是出自土地地租也好，资本利润也好，劳动工资也好。

人头税

人头税，如企图按照比例于各纳税者之财富或收入，那就要完全成为任意的了。一个人财富的状态日有不同。不加以很难堪的调查，并且，至少，每年不新订一次，那就只有全凭推测。因此，他的税额评价，大抵都依评价者一时的好意恶意为转移，其结果，一定全是任意的不确定的。

人头税，如不按照比例于推定的财富，而比例于每个纳税者之身份，那就要完全成为不公平的了；同一身份的人，其财富程度，常不一样。

因此，这类税，如企图使其公平，他就要完全成为任意的、不确定的；如企图使其确定而不流于任意，它就要完全成为不公平的。不论税率为重为轻，不确定都大可顾虑；轻税上的相当的不公平，犹可勉强容忍，若重税，那就简直难堪了。

当威廉三世治世时，英格兰曾行过种种人头税。纳税者大部分，都是具有身份的，身份的等差，有公爵、侯爵、伯爵、子爵、男爵，士族、绅士及贵族长子末子等。一切行商坐贾，有财富在三百镑以上，即属商贾中之小康者，同样课税，至若三百镑以上之财富大小程度如何，在所不计。他们这种人的身份，大体是就其财富考量。有些人的人头税，起初是按照他们推定的财富课税，往后，则是按照其身份课税。法律家、辩护士、代诉人，起初按其收入，课人头税每镑三先令，往后，则按照其绅士的身份课税。所课之税，如不过重，相当程度的不公平，倒还没有什么；一不确定，那就不能忍受了。

法国由本世纪初推行之人头税，现尚继续施行。人民之最高阶级，所课税率不变；最低阶级，则依其推定上之财富程度，而年各不同。宫廷的官吏，最高法院之裁判官及其他官吏，军队之士官等，通以第一方法课税。诸州之较低阶级人民，则以第二方法课税。不甚过重之税，虽失之公平，法国人民犹易就犯；但州长之任意课却使税评价，他们忍受不了。在那个国家，下层阶级人民，对于其长士认为适当而给予他们的待遇，是必须隐忍下去的。

英格兰各种人头税，决未产出其所期待的金额，即未产出那想象上正确征收可以产出的金额。反之，法兰西的人头税，却常产出了其所期待的金额。英国政府是温和的，当它对各阶级人民课加人头税时，每以偶能税得的金额为满足；不能支付的人，不愿支付的人（这种人很多），或者因法律宽大，未强制其支付的人，虽使国家蒙到损失，亦不要求其赔偿。法国政府则是比较严酷的，它对每个课税区，课以一定之金额，这金额，州长必竭尽所能地征收到。假若某州诉说所税太高，即将在次年的课税评价上，按照比例于前年度的过重负担而减轻。但是本年度评定多少，还是必须缴纳的。州长为要确实收得各税区的金额，他有权把这金额加大一些；若由纳税人之破产者或支付不能者受到损失，就可以取偿于其余的人的格外负担。这种格外课税的决定，至一七六五年止，还是一任州长裁决。然而就在这一年，枢密院把这种裁决权握在自己掌中了。据法国赋税记录之博识者所观察，诸州之人口税，由贵族及享有不纳泰理税特权者负担之比例，最不足观。最大部分，乃课加正负担泰理税者身上。即依他们所付泰理税之多寡，而课加以一定金额的人头税。

人头税如课加在低级人民身上，就是一种对劳动工资的直接税，并且，伴有这种税的一切不便。

征收人头税，所费有限。如其严格厉行，那会对于国家提供一项极确定的收入。就因为这个缘故，不把低级人民安易、舒适及安全放在眼中的国家，人头税极其普通。不过，普通一大帝国由此取得的，往往不过是公共收入之一小部分；况且，这种税所曾提供过的最大金额，也往往可由其他于人民便利得多的方法征得。

消费品税

不论采用哪种人头税，想按照比例于人民的收入征收，都不可能；这种不可能，似乎就惹起了消费品税的发明。国家不知道如何直接地并比例地课其人民收入之税，它就努力间接地课其费用之税。这费用，认为在大多数场合，对于他们的收入，有近似的比例。对他们的费用课税，就是把税加在那费用所由而支出的消费品上。

所谓消费品，就是必需品或奢侈品。

我之所谓必需品，不但是维持生活上必要不可少的商品，且是按照一国习俗，少了它，体面人固不待说，就是最低阶级人民，亦觉有伤体面的那一切商品。例如，严格说来，麻衬衫并不算是生活上必要的。据我推想，希腊人、罗马人虽然没有亚麻，他们还是生活得非常舒服。但是，到现在，通欧洲大部分，哪怕一个日佣劳动者，没有穿上麻衬衫，亦是羞于走到人面前去的。没有衬衫，在想象上，是表示他穷到了破脸的程度，并且，一个人没有做极端的坏事，是不会那样穷的。不但衬衫，习俗，又以同样的方法，使皮鞋成为英格兰生活上的必需品。哪怕最穷的体面男人或女人，没穿上皮鞋，他或她是不肯出去献丑的。在苏格兰，对于最下层阶级男子，习俗上，虽亦以皮鞋为生活所必需，但同阶级的女子不然。她赤着脚，是没有什么不体面的。所以，在必需品中，我的解释，不但包括那些按照自然即为最低阶级人民所必需的物品，且包括那些按照礼节上之规律亦为同一阶级人民所必需的物品。此外，一切其他物品，我呼为奢侈品。不过，称之为奢侈品，并非要对于其适度的使用，有所非难。比如，在英国的啤酒、麦酒，甚至在葡萄酒产国的葡萄酒，我都呼为奢侈品。不论哪一阶级的人，他如完全禁绝这类饮料，决不致受人非难。因为，自然没有使这类饮料成为维持生活的必需品，而各地风习，亦未使其成为少了它便是失礼的必需品。

各地的劳动工资，一部分是受支配于劳动需要，另一部分则是受支配于生活必需品的平均价格。凡属提高这平均价格的原因，必然会提高工资。所以劳动需要状态，不论是进步的，停止的或退步的，劳动者仍可按照那状态所要求的程度，购得他应有的一定量必需品。对这些必需品所课之税，必然会使其价格提高，并且略高于那税额，因为垫支此税的商人，大概是一定要由此垫支，取得相当利润的。因此，这种必需品税，必定使劳动工资，比例于此等必需品价格之腾贵而提高。

这一来，对生活必需品课税，确与对劳动工资所课之直接税，有同一作用。劳动者虽会由自己手中支出此税，但至少在相当长期内，他甚至连垫支都说不上。那种税，常在一种增加的工资率上，由其直接雇主垫支给他。那雇主如系制造业者，他将把这增加的工资，连同其追加利润，转嫁到货物价格上，所以，此税最后的支付，以及这追加利润的支付，将成为消费者的负担。那雇主如系农业者，则此等支付，将成为地主的负担。

对所谓奢侈品的赋税，甚至对贫穷者奢侈品的赋税，则又当别论。课税品价格的腾贵，并一定会惹超劳动工资价格的腾贵。例如，香烟虽同为富者和贫者的奢侈品，但对这奢侈品课税，不致提高劳动工资。香烟在英格兰税其原价三倍，在法国税其原价十五倍，税率之高如此，而劳动工资似不因此受到影响。茶及砂糖，在英格兰，在荷兰，已成为最低阶级人民之奢侈品了；朱古力糖，在西班牙亦然。对此等奢侈品课税，其结果与对香烟课税同。英国在现世纪行程中，对各种酒类所课之税，并无人设想其于劳动工资有何影响。浓啤酒每桶征附加税三先令，致黑麦酒价格陡增，然伦敦普通劳动工资，并不因此提高。在此附加税未课以前，他们每日工资，约为十八便士二十便士，而现在所得，亦没有加多。

这类商品的高价，不一定会减少下等阶级人民养育家族之能力。对于真挚而勤劳的贫民，这种税的作用，与奢侈取缔法同，其倾向在使他们适度使用，或全不使用那些不复容易得到手的奢侈品。这种强制节约的结果，他们养家的能力，微特不因此税而减，且往往会因此税而增。大概抚育大家庭的，供给有用劳动需要的，主要都是这些真挚而勤劳的贫民。然而一切贫民，并不都是真挚而勤俭的；那些放肆者、胡行者，在奢侈品价格腾贵以后，依然会像以前一样使用；至若这放纵行为将如何使其家族困难，他们是不会顾及的。像这样胡行的人，能养育大家庭者少；他们的儿童，大概都由照料不周、处理不善及食物的缺乏及不卫生而夭亡了。就令儿童身体健壮，能堪耐其两亲不当行为所及于他们的痛苦，但两亲不当行为的榜样，通常亦会败坏此儿童的德行。这些儿童长大了，不独不能以其勤劳贡献社会，且会成为社会伤风败俗的害物。因此，贫民奢侈品价格的腾贵，虽或不免多少增加这种胡乱家庭的困苦，从而，多少减低其养家的能力，但尚不致大大减少一国有用的人口。

必需品的平均价格，不论腾贵多少，如其劳动工资不按此增加起来，那是必然会多少减低贫民的养家能力，从而，减低其供给有用劳动需要的能力；至若那需要状态是增加，是停止，抑是减退，换言之，所要求的人口数是增加，是停止，抑是减退，却无关系。

对奢侈品所课之税，除这商品本身外，其他任何商品价格，皆不会因此提高。对必需品所课之税，因其提高劳动工资，必然会提高一切制造品价格，从而减少其贩卖与消费的范围。奢侈品税，结局是由课税品消费者无代偿地支出。它们是不分彼此地课加于各种收入：土地地租、资本利润及劳动工资。必需品税，在它们影响贫民的限内，结局有一部分是由地主减少地租支出，另一部分是由加高制造品价格，而由富有的消费者——地主及其他的人——支出，且往往附有一个相当的额外负担。真为生活所必需，且为贫民消费的制造品，例如，粗制毛织物等，其价的腾贵，必然要提高工资，使贫民得到补偿。中流及上流阶级人民，如真能了解他们自身的利益，他们就常须反对生活必需品税，反对劳动工资之直接税。这两者最后的支付，全都要落在他们身上，且须附加一个相当的额外负担。尤其是地主，他的负担最重，他对于此等税，须由两重资格支付：一是地主资格，减少地租；一是消费者的资格，增加费用。马太·德克尔君，关于生活必需课税的观察，是十分正当的，他以为，某种税加在某种商品的价格上，有时竟重复累积四次或五次。比如，在鞋皮价格上，你不但要支给你自己的鞋皮税，并须支付皮鞋及制革匠鞋皮税的一部分；而且这些工匠在为你勤务期间所消费的盐、石硷及蜡烛税，乃至制盐者、制石硷者、制蜡烛者为你勤务期间所消费之鞋皮税，都须由你支出来。

英国对生活必需品所课之税，主要是加担于刚才述过的那四种商品，即盐、鞋皮、石硷及蜡烛。

盐为最普遍而且最古的课税对象。罗马曾对盐课税，我相信，现在欧洲各地，皆莫不实行盐税。一个人每年消费的盐量颇少，并且，此少量之盐，还可零用零购。因此，盐税虽再重，在当局者想来，似乎总不致令人感到怎样难堪。英格兰之盐税，每布奚三先令四便士，约三倍于其原价。在其他诸国，此税还要较高。鞋皮是一种真正的必需品。亚麻之使用，致石硷也成为必需品了。在冬夜较长的国度，蜡烛为职业上必要工具。英国鞋皮税石硷税，都是每镑三便士半。蜡烛则为每镑一便士。税加在鞋皮原价上，约达百分之八或百分之十；加在石硷原价上，约达百分之二十或二十五；加在蜡烛原价上，约达百分之十四或十五。这种种税，虽较盐税为轻，但仍是极重的。这四种商品既那是真正的必需品，如此的重税势必多少增加那真挚而勤劳贫民的费用，从而，多少提高他们劳动的工资。

在英国这样非常寒冷的国度，燃料一项，不独为烹调食物，即为户内工作劳动者生活上之快适，亦算是这个季节严密意义上的必需品。在一切燃料中，炭是最低廉的。燃料价格对于劳动价格影响之重要，以致英国所有主要制造业，都是局限在产炭区域；若在其他区域，因此必需品高价之故，它们就难得像这样便宜作业了。加之，有些制造业，如像玻璃、铁及一切其他金属工业，常以炭为其职业之必要工具。假若奖励金在某种场合，能够说是合理的，那么，对于把炭由一国丰饶地带运往缺乏地带之运输，加以奖励，那就恐怕说得上是合理的了。然而立法部微特不加奖励，却反而对于沿海岸运输之炭一吨，课税三先令三便士。此就多数种类之炭而言，已为真炭矿原价百分之六十以上。由陆运或由内河航运之炭，一律免税。炭价自然低廉的地方，可以无税的消费，炭价自然昂贵的地方，却反而要负担重税。

这类税，虽然提高生活必需品价格，从而提高劳动价格，但对于政府，却提供了一项不容易由其他方法得到的大宗收入。因此，要继续实行这类税，就不患无相当理由了。谷物输出奖励金，在现实农耕状态下，既有提高此必需品价格的趋势，故必然要生出上述那一切恶结果；可是，那对于政府，不独无收入可图，且往往要支出一笔大的费用。对外国谷物输入所课之重税，在平常丰收年度，等于禁绝；对生家畜及盐腌食品输入之绝对禁止，此仅行于法律普通状态下；现因此等物品缺乏，故在一定期间内，已不禁止爱尔兰及英国殖民地此类物品之输入，都会生出必需品税所生的一切恶结果，并且，都于政府无收入可言。要废止这种规定，除了叫大众确信此规定所由设立之制度，全无用处外，似乎不必要采取其他手段了。

对生活必需品所课之税率，比较英国，其他许多国家要高得多。许多国家，对水车场研磨之麦粉及粗粉有税，对火炉上烧炕之面包有税。在荷兰，都会上所消费之面包货币价格，推想起来，已因此税加倍了。住在乡村的人，则有代替此税一部分的他种税，即每个人随其推想上所消费之面包种类，每年各纳税若干。例如，消费小麦面包的人，纳三基尔德尔十五斯蒂维尔，约合六先令九便士半。这两税，以及同类其他若干税，据说，已由提高劳动价格，而使荷兰[①]大部分制造业归于荒废了。在米兰公领地，在艮诺亚诸领地，在摩的那公领地，在巴尔马、普勒生提亚、加斯塔拿诸公领地，乃至在教皇领地，同类之税，亦可见到，不过没有那样繁重罢了。法国有一位略有声名的著者，名拉·列福麦提尔，他曾提议改革该国财政，以这最有破坏性的税去代替其他诸税的大部分。诚如西塞罗所说："哪怕是顶荒谬绝伦的事，有时亦会有若干哲学家主张。"

屠肉税比这些面包税，还要行得普通。固然，屠肉在各地是否为生活必需品，仍有怀疑余地。但据经验所知，有谷粒及其他菜蔬，再辅以牛乳、干酪、牛油，弄不到牛油，则代以蔬油即无屠肉，亦可提供最丰盛的、最卫生的、最营养的，最有活素的食物。礼节在许多地方，要求人穿一件麻衬衫，穿一双皮鞋，但却没有在一个地方要求人吃屠肉。

消费品，不论是必需品，抑是奢侈品，其课税有两种方法。

① 《欧洲法律及赋税的记录》，第二卷二一〇、二一一页。

其一，根据他曾使用某种货物消费某种货物的理由，叫他每年支付一定的金额；其他，当货物尚留在商人手中，尚未移渡到消费者以前，即课以定额之税。一种不能立即用完，可继续消费相当长期的商品，最宜于以前一方法课税，一种可以立即消费或消费较速的商品，则最宜于以后一方法课税。马车税及金银器皿税，为前者课税方法的实例；国内消费税及关税大部分，则为后者课税方法的实例。

好好管理，一辆马车可以经用十年或十二年。在它未离制车者以前，固不妨全部一度课税。但对于买者，为保有马车的特权而年纳四镑，确比支付四十镑或四十八镑的附加价格而一度付清（买者在使用该马车期间大约要支出的税额），要便利些。同样，一件金银器皿，有时可以经用百年以上。为消费者计，对器皿每百翁斯年付五先令，所取约当共价值百分之一，比之一度付清年金之二十五倍乃至三十倍，确要容易些，因为在后一场合，此器皿之价格，至少将腾贵百分之二十五乃至百分之三十。对于房屋所课诸税，哪怕税额相等，亦更不宜于在房屋最初建筑或变卖时，一时课比重税，而更宜于逐年课以轻税。

马太·德克尔爵士有一个有名的提议，主张一切商品甚至立即或迅速消费的商品，都须依下面这方法课税，即为得到消费某商品的照会，可由消费者逐年支付一定金额，而不必由商人代为垫支。他这计划的目的，在撤废一切输入税和输出税，使商人之全资本全信用，都得使用在购买货物及租赁船舶上，从而，使资本或信用之任何部分，概不致转用以垫支各税，对于贸易之一切部分，特别是贩运贸易，就有所促进了。但是主张对立即消费或迅速消费之商品，亦以这种方法课税，似乎免不了以下四种极重要的反对意见。第一，这种税，比较以普通方法课税，更不公平，即是说，那将不能好好按照比例于诸纳税者之费用和消费。由商人垫支的麦酒、葡萄酒及火酒税，结局可以由各消费者正确按照比例于他们各自消费的数量拿出来。但是，假若这种税，是由购买饮酒照会而支付，那与消费量比例而言，节用者所担负的，就要比好酒者所担负的，重得多了；大宴宾客之家族所负担的，就要比罕宴宾客之家族所负担的，轻得多了。第二，按照这种课税方法，消费某种商品的照会，或则一年一付，或则半年一付，或则一季一付，那一来，对迅速消费商品所课诸税的主要便利之一，即陆续支付的便利，便要大大减少了。现在对黑麦酒一坛所付价格，为三便士半，而对于麦芽、藿蒲、啤酒所课诸税，及酿酒者垫支此诸税之额外利润，恐怕亦要达一便士半。假若一个劳动者能得便支出此一便士，他就购买黑麦酒一坛；如其不能，他将会以一品脱为满足，节约一便士，即等于获得一便士，他遂由这种节制，获有一法辛（farthing）了。税由陆续支付，他愿支就支，他几时能支就几时支，支付行为完全是自发的；他想避税，那也做得通。第三，这种税在运用上，比较没有奢侈取缔法的作用。当消费照会一度购得了，购买者多饮也好，少饮也好，其所税通为一样。第四，假若对于一个劳动者，一年、半年或一季零细饮用黑麦酒之全税，现在令其由一年一付，半年一付，或一季一付的，总支出来，即无何等其他的不便，那个额数往往就会使他大吃其苦。因此，这种课税方法，不出以悲惨的强制，就不会生出现在课税力法所能取得的同等收入，而现在这课税方法，却是没有何等强制的。然而，有若干国家，对立即消费或迅速消费的商品课税，就是采用这强制的方法。荷兰人民取得饮茶的照会，每人就须支出如此之多。

国内消费税，主要是加在那些由国内制造充国内消费的货物上。那种税，只课加在销行最广的若干种货物上。所以，关于课税的货物，关于各种货物所课之特定税率，皆清楚明白，没有夹杂丝毫疑问。这种税，除了前述盐、石硷、鞋皮及蜡烛，或者还加上普通玻璃外，其余几乎全都是加在我所说的奢侈品上面。

关税之实行，远较国内消费税为早。此税称为卡斯朵姆斯（customs）的由来，恐系表示那是由远古习用下来的一种惯例的支付。在最初，那似乎是对于商人利润所加之税。当封建的无政府野蛮时代，商人与城邑中的其他居民同，其人格之被轻蔑，其利得之被忌妒，殆与解放后之农奴，无大区别。加之，大贵族们，既已同意国王对于他们自己个人的利润课税，而对于这愈保护，愈于自己不利益的阶级的利润，自然不会不愿意国王予以同样的课税。在那种愚昧时代，商人利润不得直接课税之事，换言之，一切税之最后支付，不得不加上一个额外负担，归消费者负担之事，他们哪里懂得呢。

与英国商人的利得比较，外国商人的利得，还更遭不幸的待遇。因此，后者所税自然要比前者为重。课税在外国商人与英国商人间所设的区别，始于无智时代，往后，又因有独占精神，换言之，因要在外国市场及本国市场双方予本国商人以利益，而存续下来了。

往时关税，对于一切种类货物，不问其为必需品或奢侈品，也不问其为输出品或输入品，皆平等课税。同是商人为什么某种货物商人，要比他种货物商人享有更多特惠呢？为什么输出商人，要比输入商人享有更多特惠呢？那时似乎没有人这样想过。

往时关税，分有三个部门。第一个部门，或者说，一切关税中行之最早的部分，是羊毛和鞋皮的关税。这种税，主要的或者全部，都是输出税。当毛织物制造业在英格兰确立时，国王怕毛织物输出，失去了他的羊毛关税，遂把这同一之税，加在毛织物上面。其他两部门，一为葡萄酒税，此税系对每吨葡萄酒课税若干，称为吨税（tonnage），一为对其他一切货物所加之税，此税系对货物推定价格每镑课税若干，称为镑税（poundage）。爱德华三世四十七年，对一切输出输入的商品税，每镑课六便士。而课有特别税之羊毛、羊皮、鞋皮及葡萄酒，则不在此例。里查德二世十四年，此税每镑提高至一先令，三年以后，又由一先令缩减至六便士；亨利二世二年，复提高至八便士，后二年，重复回到一先令。由此时至威廉三世九年止，通为每镑税一先令。吨税及镑税，曾经议会依同一法令，认归国王，而称之为吨税镑税补助金。镑税补助金，在一个长期内，均为每镑一先令，或百分之五，故关税用语上所谓补助金（subsidy），一般都是表示这种百分之五的税。这种补助金——现称旧补助金——迄今仍照查理士二世十二年制定之关税表征收。由关税表确定所税货物价值之方法，据说在杰姆斯一世时代以前就行过的。威廉三世九年十年所课之新补助金，系对于大部分货物增税百分之五。新旧补助金之间，又有三分之一补助金三分之二补助金，更增税百分之五。一七四七年之补助金，为对于大部分货物课加之第四个百分之五，一七五九年之补助金，为对于若干特定货物课加之第五个百分之五。不但此也，有时为救国家的急需，或有时为遵从重商制度原理，耐规制本国贸易起见，还有种种色色之税，课加在若干特定货物上面。

重商制度一天一天的流行起来了。旧补助金，对于输出输入原是不分差别，一律课税。此后四种补助金，以及其他不时对若干特定货物所课诸税，遂全然——虽有若干例外——加在输入上面了。而对旧时国产品及国内制造品输出诸税的大部分，或则减轻，或则完全撤废。甚且对若干输出品予以奖金。对输入而又输出之品，有时支还其输入税全部；大多数场合，则支还其输入税之一部分。输入时由旧补助金所课之税。当其输出，只还半额；但由此后四补助金及其他海关税则所课之税，当其输出，对于大部分货物，即全部发还。此种输出特惠之增进和输入的沮害，不蒙其影响的，主要只是二三种制造原料罢了。这些原料，我们的商人及制造业者，均愿其尽可能的以廉价转渡在自己手中，并尽可能的以高价转渡给他们外国的敌手及竞争者。为了这个缘故，所以有时允许若干外国原料免税输入；西班牙的羊毛大麻及粗制亚麻丝，即其实例。而国内原料及殖民地特产原料的输出，有时或加禁止，有时或课以重税。比如，英国羊毛的输出，是禁止的；海狸皮、海狸毛及辛勒加树胶的输出，则课以较重之税；因为英国占领加拿大及辛勒加尔以来，几乎获得了这些商品的独占。

我在本书第四篇努力解述过，重商学说，对于人民大多数的收入，对于一国土地劳动的年产物，并不是怎样有利。而对于君主的收入，也似乎不会更有利些，至少，在那种收入仰赖关税的限内，是如此。

这种学说流行的结果，若干货物之输入全被禁止了。于是，输入商乃迫而秘密输入；在某种场合，密输完全行不通，而在其他场合，所得输入的，亦至有限。外国羊毛的输入，全被阻止了；外国丝绒的输入，则大大减少。在这两场合，得由输入征取关税的收入，完全化为乌有了。

对许多外国品输入课加重税，其用意在阻止英国消费这些物品，然而在许多场合，只是奖励了秘密输入，而在一切场合，却把关税收入减低了，使不及轻税所得提供的程度。斯韦佛特博士说，在关税的算术上，二加二不是四，往往只能得一；他这议论，于我们现在说及的重税，是十分允当的。假若重商学说，不曾这样教给我们说，在多数场合，课税不是收入工具，而是独占工具，那么，那种重税就决不会被人采用了。

有时对国内产物及制造品输出所给的奖励金，及对大部分外国货再输出所支还的税金，曾引起许多欺诈行为，并且引起了最破坏国家收入的秘密输入。如一般所知道的，为要得到奖励金或支还金，往往货物一旦载在船上，送出海口，马上复又由本国其他沿海地方上陆了。关税收入由奖励金及支还金———大部皆落到欺诈者手中了——招致的缺损，非常之大。至一七五五年一月五日为止的那一年度的关税总收入，计达五百零六万八千镑。由这总收入中支去的奖励金——同年度虽然对于谷物全未支给奖励金——为十六万七千八百镑。按照支还凭单及其他证明书所付之支还金，为二百一十五万六千八百镑。此两者合计，共二百三十二万四千六百镑。把这一大金额除去，关税收入就不过二百七十四万三千四百镑。再由此额扣除官吏薪俸及其他事件费，即关税行政费用二十八万七千九百镑，当年度纯关税收入，就只二百四十五万五千五百了。关税行政费，约当关税总收入百分之五或六；再扣除奖励金支还金，则为其残余部分百分之十以上了。

因为对于一切输入货物几乎都课以重税，所以我国输入商人辈，对秘密输入力求其多，而对通关登记则力求其少。反之，我国输出商人辈，有时为了虚荣心，要在不税货物上，摆其大商人场面，有时为了获取奖励金或支还金，其所通关登记的，往往超过他们实际输出的颇多。因为这两方面欺诈的结果，我国的输出，就在税关登记簿上，显得大大超过了我国的输入；这对于依所谓贸易差额测定国民繁荣的政治家们，真给予了一种说不出来的快感。

一切输入货物，除了极少数特别免税品外，都课有一定关税。假若输入某种未载入关税表中的货物，则此货物当基于输入者的宣誓，对于其价值每二十先令，课以四先令九便士又二十分之九的关税，即约当前述五种补助金或五种镑税比例之关税。关税表所包者广，极多的品目皆被列举其中，有许多且是不大使用，不为一般所知道的。因此，对于某种货物，究是属于哪个品目，从而,应该课以何种税率,屡屡无从确定。这种缺欠往往使税吏失败，并常常对于输入者惹起大大的麻烦、破费以及苦恼。所以，在明了、正确及分辨诸点上，关税实远不若国产税。

为使社会大多数人民，按照比例于他们各自的费用，提供国家收入，似乎不必要对于费用所由而支出的每项物品，课以赋税。由国产税征取的收入，与由关税征取的收入，不难推想是同样平等地由消费者负担。而国产税，则只课加于若干用途极广消费极多的物品上。于是，许多人有这种意见，以为依适当的经营，关税也可同样只课加于少数物品上，而不致亏损公家收入，且与外国贸易以大的利益。

英国用途最广消费最多的外国货，现在主要的是外国葡萄酒、白兰地酒，美洲及西印度所产之砂糖、蔗糖酒、烟草、椰子，东印度所产之茶、咖啡、瓷器，各种香料及若干种类的织物等。这种种物品，恐怕提供了现在关税收入大部分。现在对外国制品所课诸税，如把适才列举外货中若干货物的关税除外，那就有一大部分，不是以收入为目的，而是以独占为目的，即要在国内市场上，给本国商人以利益。因此，撤废一切禁令，对外国制品课以适度的关税，即据经验指示，每种物品都可供国家以最大收入的适度关税，我国工人，依然在国内市场上持有颇大的利益，而现在于政府无收入可言，以及仅提供极少收入的许多物品，到那时，亦会提供极大的收入了。

一种重税，有时会减少所税物品的消费，有时会奖励偷运，其结果，重税所提供政府的收入，往往不及轻税所能提供的收入。

当收入减少是由于消费减少时，唯一的救济方法，就是减低那消费品的税率。

当收入减少是由于奖励偷运时，那或者可以由两种方法救济：一是减少偷运的诱惑，一是增加偷运的困难。只有减低关税，才能减少偷运的诱惑；只有设立最适于阻止那种不法行为的税政制度，才能增加偷运的困难。

据经验看来，国产税法之防止偷运活动，比关税法要大有效果。在性质许可的限内，把类似国产税之税政制度，导入关税制度中，那就能大大增加偷运的困难。这种变更之轻而易举，许多人是设想到了的。

于是，有人就作这样的主张。输入者应负担某种关税的商品是搬进他自己所备的货栈，抑是保管在国家所备的货栈里，一听他自决，不过，在国家货栈保管的场合，其锁钥当由税关吏执掌，税关吏未临场，他不得擅开。假若这商人把货物运往自己的货栈，那就当立即付税，以后决不支还；并且，为确定那货栈内所存数量与所纳税的数量是否相符，税关吏得随时莅临检查。假若他把货物运往国家货栈，以备国内消费，不到出货时，他就可以不必纳税。如再输往国外，则完全免税；这一来，就常可确实保证他的货物是如此输出了。又，由批发或零售贩卖这些货物的商人，随时都要受税关吏的访问检查，并且还须依适当的凭单，证明他对于自己铺店中或货栈中全量货物，都支付了关税。英国现在对于输入蔗糖酒课加的所谓“国产税”(excise duties)，就是依此方法征收；这种税政制度，恐怕不难扩张到一切输入品的课税吧——假如这些税，与国产税同样，只课加于少数使用最广、消费最多的货物上。因为如果现在所税的一切种类货物，都改用这种方法征收，那要设备十分广大的国家货栈，恐怕是不容易吧；况且极精细的货物，或者，在保存上非特别小心注意不可的货物，商人决不放心寄存在别人的货栈内。

假若由这种税政制度，就是关税相当的高，亦可大大阻止偷运；并且，假若各种税时而提高，时而减低，惟望其能提供国家(课税常是用作收入的工具，而决不是用作独占的工具)以最大收入；那么，只对使用最广、消费最多的少数货物课以关税，其所得至少能与现在关税纯收入相等。关税要和国产税有同程度的单纯、明了、正确，就没有什么不可能了。在这种制度下，现在国家由外货再输出（实则会再输入以供国内消费）支还金所蒙的收入上的损失，就可完全省免了。这项节省，其数额已非常之大，再加上对国产货物输出所与奖励金之废止，其结果，关税纯收入，在制度变更以后，就无疑至少可以相等于其未变更以前。

假若制度这一变更，国家收入上无何等损失，全国的贸易及制造业，就确要获得非常大的利益。未课税的商品——此种商品占最大多数——贸易，将完全自由；而以各种可能的利益，运往世界各地。并且，这些商品，内中包含有一切生活必需品及一切制造品的原料。生活必需品既自由输入，其在国内市场上的平均货币价格低落，在此限内，劳动货币价格亦因而低落，但不致减少劳动之真实报酬。货币的价值，是按照比例于它所购买的生活必需品的数量。而生活必需品的价值，则与它所能换得的货币数量全然无关。劳动货币价格低落，国内一切制造品的货币价格，必然伴着低落。这一来，国内制造品，就可在一切国外市场上获得若干利益了。若干制造品，因原料自由输入，其价格就更为低下了。假若中国及印度生丝能够无税输入，英格兰丝制业者，就比较法兰西意大利的丝制业者，能更低廉地出卖其制造物了。在那种场合，外国丝绒的输入，就没有禁止之必要了。本国制造品之廉价，不但会保证我国商人，使能占有国内市场，且能大大支配国外市场。就连一切课税品的贸易，亦比现在要大获其利。假若那些商品，由国家货栈取出，输往外国时，一切税皆予蠲免，那种贸易就完全自由了。在此制度下，各种货物之贩运贸易，将享有一切可能的利益。假若那些货物由国家货栈取出，不运往外国，而销行国内，那就因为输入商，在未找着机会，把货物卖与商人或消费者以前，没有垫支税金的义务，所以与那一经输入，就要垫支税金的场合比较，他这时就能以更廉的价格出卖其货物了。因此，哪怕所经营的是课税的商品，而所课税又复同一，消费品外国贸易的经营，犹可在这情况下，比在现状下，获得遥为巨大的利益。

洛柏特·华尔普尔君之有名的国产税案，其目的，乃在关于葡萄酒及烟草设立一种制度，这制度与上面所提议的无大出入。他那时向议会提出的提案，虽只含有这两种商品，但依一般推想，那只是一种更广泛计划的端绪。因此，与偷运商人利益结合在一块的营私党派，遂对于这提案，激起了一种极不正当的反对骚闹。这骚闹的猛烈程度，致首相觉得还是把那提案撤回妥当，而且以后，再也没有人敢继起提议这个计划了。

对于由外国输入为国内消费的奢侈品所课之税，有时虽不免落在贫民身上，而主要则是归中产及中产以上的人民负担。如外国葡萄酒、咖啡、巧克力糖、茶、砂糖等之关税，皆属此类。

对于国内产出、国内消费之较廉的奢侈品，所课之税，就按照比例于各自的费用，很平均地落在一切阶级的人民身上。贫民为自身消费，付纳麦芽、藿蒲、啤酒、麦酒之税；富者则为自身及仆婢之消费，而付纳此税。

这里，须注意一件事，下层阶级人民或中层阶级以下人民之全部消费，在任何国家，比之中层阶级与中层阶级以上人民之全部消费，不但在数量上，即在价值上，亦大得多。与上流阶级的全部费用比较，下层阶级的全部费用要大得多。第一，各国的全部资本，几乎都是用作生产劳动的工资，而分配于下层阶级人民；第二，由土地地租及资本利润所生之收入大部分，都是用作仆婢和其他不生产劳动之工资及维持费，年年分配于同一阶级；第三，资本利润中之若干部分，乃属于同一阶级经营小资本所得的收入。小商店主、店伙乃至一切零卖商人每年挣得之利润额，到处都是非常之大，而在年收入中，占有一个极大的部分；第四，土地地租中之若干部分，亦属于这一阶级，而在此若干部分中，一大部分为略在中层阶级以下的人所有，一小部分则为最下层阶级人民所有，因为普通劳动者有时亦保有一两亩土地的所有权。这些下层阶级人民之费用，就各个人分开来看，虽是极小，但就全体合拢来看，却常占有社会全费用中的一个最大部分。一国土地劳动年产物中，把他们的除去，残下来供上流阶级消费的，往往在数量上，在价值上，都少得多。因此，主要以上流阶级人民之费用为对象之消费税，比较不分彼此以一切阶级之费用为对象之消费税，甚至比较主要以下层阶级费用为对象之消费税，要少得多。换言之，即以年产物之较小部分为对象之消费税，比较不分彼此，以全部年产物为对象之消费税，甚至比较主要以较大部分年产物为对象之消费税，要少得多。所以，在以费用为对象的一切课税中最能提供收入者，就要算以国产酒类原料及其制造品为对象之国产税；而国产税的这一部门有很多，或者说，主要是由普通人民负担。以一七七五年一月五日为终止期的那个年度，这一部门的总收入，计达三百三十四万一千八百三十七镑九先令九便士。

不过，我们常须牢记一件事：应当课税的，是下层阶级人民的奢侈费，而不是他们的必需费。对他们必需费课税之最后支付，完全要由上流阶级人民负担，即由年生产物之较小部分负担，而不是由年生产物之较大部分负担。在一切场合，此种税都会提高劳动工资，或者减少劳动需要。不把那种税的最后支付加在上流阶级身上，劳动价格决无从提高；不减少一国土地劳动年生产物，即一切税最后支出的源泉，劳动需要决不致减少。由此种税减少劳动需要的状态不论如何，劳动工资都不免要因而提高到没有此种税的场合以上。并且，在一切场合，这提高的工资之最后支付，必定会出自上流阶级。

酿造发酵饮料及蒸镏酒精饮料，如不为贩卖，而为自家消费，在英国都不课国产税。这种免税的目的，虽在避免收税吏往私家作讨厌的访问与检查，其结果，却常使此税的负担，加担于富者方面的过轻，而加担于贫者方面的过重。固然，自家蒸镏酒精饮料之事，虽有时行之，但不甚通行。而各地许多中等家庭及一切相当富贵家庭，都在酿造他们自用的啤酒。他们酿造强烈啤酒所费，比较普通酿造者（他们所垫支的一切费用及税金，都须有利润），每桶要便宜八先令。所以与普通人民——他们饮用的啤酒，实在都不如陆续向酿造所或酒店购买——能够饮用的一切同质饮料比较，小富贵人家所饮的，至少每桶要便宜九先令或十二先令。同样，为自家消费而制造的麦芽，虽亦不受收税吏的访问和检查，但在这场合，每人却须纳税七先令六便士。七先令六便士等于麦芽十布奚之国产税；而麦芽十布奚，又恰好是节俭家庭全家男女儿童平均所能消费的数量。可是，富贵之家，飨宴浩繁，其家人所饮用麦芽饮料，不过占其全消费之一小部分罢了。但也许因为这个缘由，或者还有其他缘由吧，自家制造麦芽，究不及自家酿造饮料那样通行。然则对于酿造或蒸镏自用饮料之人，对于制造麦芽之人，何不处以同种规定，其公正理由，殊难想象。

往往有人说，对麦芽课以较轻之税，其所得收入，会比现在重征于麦芽、啤酒及麦酒者为多。因为，瞒骗税收的机会，酿造所比麦芽制造场要多得多；并且，为自己消费而酿造饮料的人，统统免税，为自己消费而制造麦芽的人，则有国产税的负担。

伦敦之黑麦酒酿造所，普通每卡德麦芽成酒两桶半以上，有时或成酒三桶。各种麦芽税，每卡德六先令；各种强烈啤酒及麦酒税，每桶八先令。因此，在黑麦酒酿造所，课加于麦芽、啤酒及麦酒之诸税，对麦芽每卡德之产额，计达二十六先令乃至三十先令。若在那以普通乡村贩卖为目的之乡村酿造所，每卡德麦芽之产额，在强啤酒二桶及淡啤酒一桶以下者稀，且往往有产出两桶半强啤酒的。淡啤酒所课诸税，计每桶一先令四便士。所以，在乡村酿造所，对一卡德麦芽之产额，所加于麦芽、啤酒及麦酒的诸税，常为二十六先令，在二十三先令四便士以下者稀。合首都与各乡村平均计算，对一卡德麦芽的产额，所加于麦芽、啤酒及麦酒之税，恐不能少于二十四先令或二十五先令。但是，撤废一切啤酒税麦酒税，而把麦芽税加大三倍，即对麦芽每卡德，由六先令提高至十八先令，据说，由这单一税所得收入，比较由现在诸种重税所得收入，还更较多。

不过，旧麦芽税中，含有苹果汁每半桶四先令之税及强麦酒每桶十先令之税。在一七七四年，苹果汁税收入只三千零八十三镑六先令八便士。这个税额，恐较通例之额稍少；因当年度所课苹果汁诸税全部，皆在通例收入额以下。对强麦酒课税虽颇重，其消费因税重而减，故收入更不若苹果汁税。但是，为均衡这两种税的通常额，遂在所谓地方国产税项下，含有：一、苹果汁每半桶六先令八便士之旧国产税；二、酸果汁酒每半桶六先令八便士之旧国产税；三、醋每桶八先令九便士之旧国产税；四、蜜酒或蜜糖水每加伦十一便士之旧国产税。此等税的收入，用以均衡上述麦芽税中所含苹果汁税及强麦酒税之收入，或恐大有余裕。

	镑	先令	便士
1772年	旧麦芽税收入……………………772，023	11	11
	附加税…………………………356，776	7	$9\frac{3}{4}$
1773年	旧麦芽税收入……………………561，627	3	$7\frac{1}{2}$
	附加税…………………………278，650	15	$3\frac{3}{4}$
1774年	旧麦芽税收入……………………624，614	17	$5\frac{3}{4}$
	附加税…………………………310，745	2	$8\frac{1}{2}$

续表

		镑	先令	便士
1775年	旧麦芽税收入	657，357	0	$8\frac{1}{4}$
	附加税	323，785	12	$6\frac{1}{4}$
1772年—1775年	合　计	3,835,580	12	$\frac{3}{4}$
	四年之平均数	958，895	3	$\frac{3}{16}$
1772年	地方国产税收入	1，234,182	5	3
	伦敦酿造所税额	408，260	7	$2\frac{3}{4}$
1773年	地方国产税收入	1，245,808	3	3
	伦敦酿造所税额	405，406	17	$10\frac{1}{2}$
1774年	地方国产税收入	1，246,373	14	$5\frac{1}{2}$
	伦敦酿造所税额	320，601	18	$\frac{1}{4}$
1775年	地方国产税收入	1，214,583	6	1
	伦敦酿造所税额	463，670	7	$\frac{1}{4}$
1772年—1775年	合　计	6,547,832	19	$2\frac{1}{4}$
	四年之平均数	1，636，958	4	$9\frac{1}{2}$
	麦芽税四年平均数	958，895	3	$\frac{3}{6}$
	其他税四年平均数	1，636，958	4	$9\frac{1}{2}$
	两平均数之和	2，595，853	7	$9\frac{11}{19}$
	三倍麦芽税，即麦芽每卡德由六先令之税提高至十八先令，则此单一税将产出以下之收入	2,876,685	9	$\frac{9}{16}$
	对于前者之超过额	280，832	1	$2\frac{14}{16}$

麦芽不但用以酿造麦酒及啤酒，且用以制造下等火酒及酒精。假若麦芽税提高到每卡德十八先令，那以麦芽为一部分原料的特种下等火酒及酒精之国产税，就有减低若干之必要了。在所谓麦芽酒精中，普通以麦芽为其三分之一的原料，其他三分之二有时全为大麦，有时大麦占三分之一，小麦占三分之一。秘密买卖的机会与诱惑，在麦芽酒精蒸馏所里面，比在酿造所或麦芽制造场内，要大得多。酒精容积较小而价值较大，故机会多；其税率颇高，每加伦三先令十便士又三分之二[①]，故诱惑强。麦芽税增加，蒸馏所所课之税减少，庶几可以减杀秘密买卖的机会与诱惑，而使国家收入有更大的增加。

因设想酒精饮料，将有害于普通人民健康，并伤毁其德性，故英国过去某时期乃以妨阻这种饮料的消费为政策。依此政策，对蒸馏所课税之减低，皆不得过火，以致降落此种饮料之价格。酒精之高价，也许就因此没有变更吧，同时，如像麦酒、啤酒一类卫生而又有兴奋活力的饮料，就显然减价了。这样，人民现在算由最感痛苦的负担，得到一部分的解救，同时国家收入亦显有增进。

达芬兰特博士对现行国产税制度上的这种改变表示反对，但他的反对意见似没有何等根据。据他所说：这种税，现在没有平等地分配于麦芽制造者、酿造者及零售业者各个的利润上；在影响利润的限内，它全然归麦芽制造者负担了；酿造者及零卖业者可由酒精加价取回其税额，麦芽制造者却不容易做到这层；并且，对麦芽课以这高之税率，势必减低大麦耕地之地租及利润。

在相当长期内，没有一种税能够减低特定职业上之利润率；任何职业，一定常与邻近的其他职业保持水准。现在的麦芽税、

① 对标准强度酒精直接所课之税，虽只每加伦二先令六便士，但加入下等酒精（标准酒精，即由此蒸馏出来）所课之税，就有三先令十便士又三分之二了。这两种酒精，都按照发酵中原料的容量而课税。

啤酒税及麦酒税，决不会影响商人在这些商品上的利润；他们在增加货物价格时，就连垫支税额之附加利润，也要算进去的。固然一种税加在货物上，不免使此货物昂贵，从而减少货物的消费。但麦芽的消费是在酿成麦芽酒精以后，那种酒精的价格已由二十四先令乃至二十五先令的诸税，提高得这么高了，换以麦芽每卡德十八先令之税，决不会使其再高；反之，说不定还可因此减低一些。其消费，与其说会减少，恐怕不如说会增加。

为什么酿造者，现在能在酒精腾贵的价格上，收回二十四先令、二十五先令，有时乃至三十先令，麦芽制造者要在麦芽腾贵的价格上收回十八先令，却会更为困难呢？固然，麦芽制造者，对麦芽每卡德不是垫支六先令之税，而是垫支十八先令之税；但酿造者现在却要对其酿造所用的麦芽每卡德垫支二十四先令、二十五先令，有时甚至三十先令。麦芽制造者垫出较轻之税，断乎不会比酿造者垫出较重之税，还要不便吧。任何麦芽制造者，在贮仓里所保有的麦芽存货，比较酿造者在酒窖中所保有的啤酒麦酒存货，并不需要更长时间来处理。因此，前者之收回货币，就往往与后者同样迅速。麦芽制造者因税率加重而感到的不便，无论如何，只要许他比较现在酿造者，能有较长数月的信用，他就容易得到救济了。

不是减少大麦需要的原因，是决不致减少大麦耕地之地租及利润的。设改弦更张，把酿造啤酒麦酒之麦芽每卡德的税率，由二十四五先令减到十八先令，那个独不致减少需要，且会增加需要。况且，大麦耕地的地租及利润，是常须与其他同丰度及同耕作状态之土地的地租利润略相等的。如其较少，则大麦耕地的若干部分，将转作其他用途；如其较多，则更多土地将立即转来栽植大麦。当某种土地特产物的普通价格，可以称作独占价格时，对此所课之税，就必然会减少那土地的地租及利润。例如，葡萄酒的有效需要，常大感不足，因此，其价格，对于同丰度同耕作状态其他土地生产物的价格，往往超过自然的比例。现在如对于贵重葡萄酒这种生产物课税，此税必然要减少葡萄园之地租及利润。因为，葡萄酒的价格已经达到了通例上市葡萄酒量所能达到的最高限度；那种数量不减，其价格不会再高；那种土地既不能转用以生产其他同价值之生产物，所以没有较大的损害，其数量又不能减少。这一来，赋税的全重压就不免要落在地租及利润上，适当地说，不免要落在葡萄园之地租上了。当有人提议课砂糖以新税时，我国蔗糖栽培者屡鸣不平，以为此税的全重压不会落在消费者身上，而要落在生产者身上，因为在课税以后，他们不能把砂糖价格提高过未税以前。这就是说，未税以前，砂糖价格已是一种独占价格了。他们引来证明砂糖为不适当课税对象的论据，恐怕正好表示那是适当课税的对象；独占者的利得，随时都是最适于课税的。但是，大麦的普通价格，却从没有成为一种独占价格；大麦耕地的地租及利润，对于同丰度同耕作状态之其他土地的地租及利润，也从没有超过其自然的比例，课加在麦芽、啤酒及麦酒上的诸税，从未减低大麦价格；从未减少大麦耕地之地租及利润。对于使用麦芽作原料的酿造者，麦芽已在不断按照比例于麦芽税而腾贵；并且，这种税和对啤酒麦酒所课之税，已在不断提高那些商品的价格，要不然，就是在不断减低那些商品的品质。因此，这类税之最后支付，就在不断归消费者负担，而不是归生产者负担。

由制度的这种改革蒙到损害的，只有一种人，即为供自家消费之酿造者。但是，一般贫苦劳动者及工匠们所负担之重税，现在上流阶级却反得到了免除，那确是最不正当最不公平的。即使这种制度上的变更不会实现，那种免除也是应当撤废的。然而，从来妨阻这利国富裕民生之制度改革的，说不定就是这上流阶级的利益啊。

除上所述之关税及国产税外，还有更不公平，更间接影响货物价格的若干其他的税。法兰西称为培格(peages)的就是这种税；此在昔日萨克逊时代，呼为通行税（duties of passage），其原来设定之目的，似与我国税道通行税，或为维持道路或运河，而对运河及通航河流所课之通行税同。目的如此之赋税，最宜于按照容量及重量征收。在最初，此等税原为适应地方或省区目的之地方税或省区税，所以在许多场合，其管理都是委托于被税地方之特定都会、教区或庄园。因为在推想上，这些自治团体，是会以某种方法负责任实施此种税制的，可是往后对此全无责任的君主，却在许多国家，把此项税收的管理权握在自己掌中了。在大抵场合，君主虽亦增大了这税额，但在多数场合，却完全把那税制的实施忽视了。假若英国的税道通行税，成了政府的一个资源，那我们看看许多国家的榜样，就会十分之八九料到它的结果。那种通行税，结局无疑是由消费者支出；但消费者支出此税，不是按照比例于他的费用，不是按照比例于他所消费的货物的价值，而是按照比例于那种货物的体积或重量。当这种税的征收，不准照货物之体积或重量，而准照其推定的价值时，那就恰好是一种内国关税或国产税，此种国产税，会大大沮害一国最重要的国内商业。

若干小国，对于由水路陆路通过其领土，而从一外国运往他外国的货物，课有与此相类之税。此税在某国称为通过税。位于波河及流注波河之诸川沿岸的若干意大利小国家，由此税取得有一部分收入。这收入，完全出自外人。不加害自国工商业，而由一国课加于他国人民之税，这也许是唯一的种类。世界最重要的通过税，乃丹麦国王对一切通过波罗的海峡商船所课之税。

像关税及国产税大部分那样的奢侈品税，虽完全是不分彼此，由各种收入负担，由消费品课税的一切人，最后的或全无报偿的支付，但那不常是平等地或比例地落在每个人的收入上。因为每个人的性情支配他的消费程度，他之纳税就不是比例于其收入，而宁是准照于其性情；浪费者所纳过于其适当比例，节约者所纳，不及其适当比例。大财主在未成年期间，由国家保护获得了最大收入，但他普通由消费贡献国家的却极有限。身居他国者，对于其收入财源所在国的政府，不能于消费有一点贡献。假若其财源所在国，如像爱尔兰那样，没有土地税，对于动产或不动产的转移，亦无何等重税，那么，这个居留异国者，对于保证其享有大收入的政府，就不会贡献一个铜板。此种不公平，在政府隶属于或附庸于他国政府的国家最大。一个在附庸国具有广大之土地财产的人，大概原定居在统治国。爱尔兰恰好是处在这种附庸地位；无怪乎，对外居者课税之提议，会在该国大受欢迎。可是，一个人要经过怎样的外居，或何种程度的外居，才算是应当纳税的外居者呢，或者，所课之税，应以何时开始何时告终呢，求其确定，恐怕不免有点困难吧。然而我们如把这极特殊的情形除外，则此税在个人赋纳上所生的不公平，就很可由那惹起此不公平之情形，得到抵偿而有余；那情形，就是各个人的赋纳全凭自愿。对课税商品，消费或是不消费，他是可以完全自决的。因此，此税评价若甚适当，所税商品亦甚适当，纳税的人，是比较要少感到不平的。当这种税由商人或制造者垫支时，最后支出此税的消费者，立即就把它与商品价格混同了，并且几乎忘记自己付过了税金。

这种税是完全确定的，或者可以完全确定的。换言之，关于应付纳多少，应何时支付，即关于支付之数量及日期，此税皆得确定，不会残下一点疑问。英国关税或他国同类诸税虽有时显出不确定的样子，那无论如何，总不是起于那种税的性质，而是发生于课税之法律表现方法的不正确或不圆熟。

奢侈品税，大概是陆续支付，或者常可以陆续支付，即纳税者几时有购买课税品之必要，就几时支付。在支付的时间与方法上，这种税是或可以是最方便的了。就全体而论，对于前述课税四原则之前三原则，这种税或可符合。可是对于最后第四原则，就在在相反了。

与其他各种税比较，此税在征收上，人民之所出就往往更大于国家之所入了。在可能范围内，惹起此流弊的，一共有四种不同的方法。

第一，征收此税，即在安排至当的场合，亦有许许多多的税关吏及国产税吏之必要；他们的薪俸及特别费，就是国家无所入而人民必须出的实税。不过，英国此种费用，还较其他大多数国为轻，那是不能不承认的。以一七七五年一日五日为止的那个年度，英格兰国产税委员管理下诸税的总收入，计达五百五十万七千三百零八镑十八先令八便士又四分之一，这个金额是以百分之五又二分之一的费用征收的。不过，在此总收入中，因为要扣除输出奖励金及再输出支还金，故其纯收入不免缩减到五百万镑以下[①]。盐税为一种国产税，而其管理方法不同，故其征收所费，就更不赀了。关税的纯收入，未达到二百五十万镑；征收官吏及其他事件的费用，却已超过百分之十以上。但是不论何处，税关吏的特别费，实远轻其薪俸为多，在若干港口，竟有多至两倍三倍的。因此，假若税吏的薪俸及其他开支达到了关税纯收入百分之十以上，那么，把征收此收入全费用合算起来，就要超过百分之二十或三十以上了。国产税的税吏，几无何等特别费；又，因这个收入部门的行政，为比较最近之设施，故大体上，没有关税行政那样腐败；关税历时既久，许多弊害，即相因而生，且有明知其弊害而公认

① 这年度的纯收入，除去一切费用及津贴，计达九十七万五千六百五十二镑十九先令六便士。

了事的。现在由麦芽税及麦芽酒精税征收的全收入，如概行转嫁到麦芽上，国产税当年的征税费用，据推想已可节约四万镑以上。那么，关税如限定课加于少数货物，且依照国产税法征收，关税每年的征收费用，就恐怕可以节约得更多得多了。

第二，这种税，对于某部门的产业，是必然要惹起若干妨碍或沮害的。因为被税商品常因此提高价格，故不免要在此限内妨碍消费，从而妨害生产。假若此商品为国产品或国内制造品，则其产出及生产上所使用的劳动，就要减少了。假若此为外国商品，其价格因课税而腾贵，那在国内生产的同类商品，遂得在国内市场获得若干利益，而国内产业乃有更大部分转向这种商品的生产。但是，外国商品价格腾贵，国内某特殊部门的产业，虽或受到奖励，其他一切部门的产业，却必然要蒙到沮害。伯明翰制造业者所买外国葡萄酒愈贵，他为买此葡萄酒而卖去的一部分铁器，或者一部分铁器的价格，就必然愈贱。与前此比较，这一部分铁器对于他的价值减少了，他对于制作那铁器的奖励也减少了。一国消费者对他国剩余生产物付价愈昂，他们为买那生产物，而卖去自己的一部分剩余生产物，或者，一部分剩余生产物的价格，就必然愈低。与前此比较，这一部分剩余生产物对于他们的价值减少了，他们对于增加这一部分生产物的奖励也减少了。所以，对一切消费品所课之税，皆会使生产劳动量缩减至不税场合的自然程度以下：如其那消费品为国内商品，则被税商品生产上所雇用的劳动量缩减；如其为外国商品，则缩减者为外国商品所由而购买的国内商品生产上所雇用的劳动量。况且，那种税，常会变更国民产业的自然方向，并使它转向一个非自然所趋的，而且大概比较更无利益的通路上。

第三，由偷运而避免课税的企图，屡屡招致财产没收及其他惩罚，使偷运者陷于没落。偷运者侵犯国法，无疑应大加惩罚，但他之出此，并不能说是侵犯了自然正义，假若国法不定此为罪恶，他在一切点上，皆不妨为一个优良市民。有些腐败政府，至少不免有任意支出，滥费公帑之嫌。在这种政府下保障国家收入的法律，是不大为人所尊重的。所以，不干犯伪誓罪能找到容易安全之偷运机会的场合，许多人就会无所迟疑的进行偷运货物。那虽明明奖励人家去侵犯财政法规，明明奖励几乎常与侵犯财政法规相伴的伪誓罪，但对于购买此物品表示迟疑，在许多国家，简直视为一种伪善者的行为。那种敢于出此的人，不独不能博得称誉，却徒使人疑其为邻居中之大奸巨滑。公众对于偷运行为既如此宽容，偷运者便常常受到鼓励，而继续其俨若无罪的职业；如果财政法之刑罚要落在他头上，他还想凭其习非成是的财产劳力，出以防范。在最初，他与其说是犯罪者，却宁可说是粗心者，但到最后，他就屡屡对于社会的法律，出以最大胆的最有定见的侵犯了。而且，偷运者没落了，他前此用以维持生产劳动的资本，亦会被吸入国家收入中或税吏收入中，而用以维持不生产的劳动。这一来，社会的总资本仍要减少，原来可由此得到维持的有用产业亦减少。

第四，此税之施行，至少被税商品之商人，是得服从税吏之频繁访问和讨厌检查的，这样，他有时无疑要受到某种程度的压迫，而通常更不胜其苦恼与烦累。前面屡屡讲过，烦累虽然严格说来，不算是费用，但免得掉，人是愿意出费用的，所以那确与费用为等价。就其设定的目的说，国产税法是比较有效果的，可是在这点上，它却要惹起更多的烦累。商人输入课税商品时，如已付过关税，再把那货物搬往自己货栈中，那在大抵场合就不会再受税关吏之苦恼与烦累。若货物由国产税课税，情形就不是如此；税务官吏之不断检查访问，商人都须毫不迟疑地与之周旋。因此之故，国产税就比关税更不为人所欢喜了，从而，征收这国产税的官吏，亦更不为人所欢喜。有人主张：就一般而论，国产税税吏，恐怕与税关吏同样能好好履行其义务，不过，因为他们这义务，往往不免要使其邻人感到异常烦累，所以大都形成了税关吏所没有的冷酷性格。然而这种观察，十之八九是出于那些秘密买卖的不正商人。他们的秘密买卖，常为官吏所阻止，所摘发，故出此以讽刺。

不过，一有了消费品税就几乎免不了的这种不便，在英国，政费几为同额之其他国家，乃是同样轻微。我们这个国家，当然未达到完全之境，处处须待改良；但一与诸邻国相比，它却是同样良好，或者较为优良。

若干国家，因为想象消费品税，是对于商人利润所课之税，所以货物每卖一次，就课税一次。其意以为，输入商人或制造商人之利润如果课税，而介乎他们与消费者之间的中间商人的利润，似乎要同样课税，始得其平。西班牙之阿尔卡非那税（alcavala），仿佛就是依此原则设定的。这种税，最初对于各种动产或不动产每度变卖[①]，抽税百分之十，往后抽百分之十四，现在抽百分之六。征收此税，不但要监视货物由一地向他地转移，且要监视货物由一铺店向他铺店转移，所以期其周密，不能不有许多的税务官吏。况且，在这种税则上，须忍受税吏之不时访问检查的，不仅是某几种特定货物商人；一切农业者，一切制造业者，一切行商坐贾，都在检查访问之列。实行此税国家之大部分地域，皆不能为销售远方而生产。各地方的生产，必须按照比例于其邻近的消费。乌斯塔利兹以西班牙制造业荒废之罪，归之间尔卡非那税，其实西班牙农业之凋落，亦由此税，因此税不但课加于制造品，且课加于土地原生产物。

① 《欧洲法律及赋税的记录》，第一卷四五五页。

在那普勒王国[①]中，亦有同类之税，对一切契约价值，从而一切买卖契约价值，征抽万分之三。不过此税通较西班牙税为轻，并且该王国大部分城市及教区，皆许其付纳一种赔偿金，作为代替。至若城市教区征取此赔偿金之方法，听其自便，大概以不妨害那地方之内地商业为原则。因此，那普勒之税就没有西班牙税那样具有毁坏性了。

大不列颠王国各地通行之划一的课税制度，除少数无关重要的例外，几乎使全国内地商业及内地沿海贸易全部自由放任了。对内贸易之最大部分货物，可由王国之一端运往他端，不要许可证、通过证，也不受收税吏之盘诘、访问或检查。虽有若干例外，那都是无碍于国内商业之任何重要部门的。往海岸输送的货物，固然要有证明书或沿海输送许可证，但除石炭一项外，其余几乎都是免税的。由税制划一而成就的这种对内贸易自由，恐怕就是英国繁荣的主要原因之一，因为每个大国必须成为自国大部分产业生产物的最好最广泛的市场。假若依此税制划一，把同一自由扩张到爱尔兰及诸殖民地，则国家的伟大和帝国务部分的繁荣，说不定要远过于今日呢。

在法国，各州各有其不同的收税法，为要阻止某种货物的输入，或者对那货物课以一定税额，不但王国国境有守以极多数收税吏之必要，即各州州境，亦有守以多数收税吏之必要，这一来，国内商业就要受到不少的妨害。有若干州，对于格柏勒（gabelle）或盐税，得付纳一种赔偿金代替；而在其他诸州，则完全豁免。赋税包征者所享受（通全王国的大部分）的烟草专卖权，在若干州是全予免征了。与英格兰国产税相当的亚德税（aides），州与州迥不相同。若干州豁免了，而代以一种赔偿金或等价物。在

① 那普勒王国：the kingdom of Naples，今译那不勒斯王国。——编者注

其他施行此税且采用包征制的诸州，则设有许多地方税（local duties）；那些税的实施，只限于某特别城市或特别地区。至与我国关税相当的特列特税（traites）则分该王国为三大部分：第一，适用一六六四年税法，而称为五大包征区的诸州，其中包含有毕加的、诸曼的[①]及王国内部诸州的大部分；第二，适用一六六七年税法，而称为外疆的诸州，其中包含有边境诸州的大部分；第三，所谓与外国受同等待遇的诸州，这诸州，许与外国自由贸易，但与法国其他诸州贸易时，所受关税待遇，亦与外国相同。如亚尔萨斯[②]，如麦芝、道尔、斐尔荡三主教区[③]，如荡克尔克[④]、卑阳那[⑤]、马赛三市，都属于这个部分。在所谓五大包征区诸州（往时关税分为五大部门，每部门原来各成为一特定包征区的对象，所以有这个称呼：现在，这诸部门已合而为一了）及所谓外疆诸州，都各设有许多地方税，那些税的实施，也未超过某特定城市或特定地区。称为与外国受同等待遇的诸州，亦设有此种地方税，马赛市特别是如此。这种种税制既只实行于某州或某地域，则为要守护境界，该要增大多少国内商业的拘束，该要加添多少收税的官吏，就无待细述了。

除了这复杂税制所生的一般拘束外，法国对于其最重要的产物——其重要性只次于谷物——即葡萄酒商业，还加有种种特殊拘束，使某特定州区葡萄酒所享之特惠，胜过其他诸州之特惠。产葡萄酒最出名的诸州，我相信，就是在葡萄酒商业上所受拘束

① 毕加的、诺曼的：Picardy，Normandy。——编者注

② 亚尔萨斯：Alsace，今译阿尔萨斯。——编者注

③ 麦芝、道尔、斐尔荡三大主教区：the three bishoprics of Metz，Toul，and Verdun，即法国的梅斯（Metz）、图尔（Toul）和凡尔登（Verdun）三个主教区，隶属于洛林公国。——编者注

④ 荡克尔克：Dunkirk，今译敦刻尔克，法国东北部港市。——编者注

⑤ 卑阳那：Bayonne，今译巴约纳，法国西南部港市。——编者注

最少的诸州。这诸州享有的广泛市场的特惠，奖励它们，使它们在葡萄的栽培上，接着，在葡萄酒的调制上，都有良好的经营。

然而，这多样的复杂的税法，并非法国所特有。米兰小公领地，共分六州；各州关于若干种类的消费品，定有各别的课税制度。而比较更小的巴尔马公领土，亦分有三四州，各州亦同样有其各别的课税制度。在这样不合理的政制之下，如非土壤特别肥沃，气候甚调适，那种国度是难保不会马上转落到最低级的贫穷野蛮中。

对于消费品所课之税，有两种征收方法，其一由政府征收。在这场合，收税吏由政府任命，直接对政府负责，并且政府的收入随税收不时的变动，而年各不同；又其一则由政府规定一定额数，责成赋税包征者征收，在这场合，包征者得自行任命其征收员，此种征收员虽负有照法律指定方法征税的义务，但是受包征者监督，对包征者直接负责。最善的、最节约的征税方法，决不能求之于这种包征制。包征者于必需支付的额定国赋，吏员薪俸及经营全费用外，至少，尚须于赋税收入中，对于他所拿出的垫支，所冒的危险，所过的困难，以及应付这非常复杂事务经营上所必要的知识与熟练，提取相当利润。若政府像包征者那样设立行政制度，自己直接监督，至少，这种利润——常为一个非常大的巨额——是可以节省的。包征国家收入之任何显著部门，必需有一大资本或一大信用，单为了这条件，这种企业的竞争便会限定于少数人之间。而持有相当资本或信用的少数人中，具有必要知识或经验者，更为少数。于是，这另一条件，把那竞争局限于更少数人之间了。此有资格竞争的最少数人，知道他们彼此团结起来，于自己更有利些；大家不为竞争者，而为提携者，当着包征投标的场合，他们所提供的国赋，就会还在真实价值以下。所以，公家收入采用包征制的国家，包征者大概都是极富裕的人。单是他们的富，已够惹起一般的嫌恶；而往往与这类暴发财产相伴的虚荣，以及他们常用以炫耀其富之愚饰，更把这嫌恶加甚了。

公家收入的包征者决不会发觉，惩罚企图逃税者的法律，过于苛刻。纳税者不是他们的人民，他们自无所用其怜恤，并且，纳税者的一般破产，如发生于包征满期之次日，他们的利益就不会大受影响。在国家万分吃紧之秋，君主对于其收入之正确支出，必大大关心，这时候，赋税包征者一定会大诉其苦，说法律不较现行加重，他们决难提供普通的国赋。当此国家紧急关头，他们是有求必应的。所以，这包征税法，就一天苛酷一天。最惨忍的税法，常常见于公家收入大部分采用包征制的国家；而最温和的税法，则常常见于君主直接监督征收的国家。君主虽再愚暗，对于人民的怜念之情，是非包征者可比的。他知道，王室之恒久的伟大，乃依存于其人民的繁荣；他决无意为一时之利，而破坏这繁荣。若在赋税包征者，情形就两样了；他的昌盛，屡屡是人民没落的结果，而不是人民繁荣的结果。

包征者，提供了一定额赋税，即可包征一种赋税，但有时候他还获有课税品的侵占权。在法国，烟草税及盐税，就是以这种方法征收的。在此场合，包征者不仅课取了人民一种法外利润，而课取了两种法外利润，即包征者的利润和更大的侵占者的利润。烟草为一种奢侈品，买与不买，人民尚得自由。但盐为必需品，各个人是不能不向包征者购买一定分量的；因为这一定分量，他如不向包征者购买，就会被猜想曾从某某偷运者购买。对这两商品所课之税，皆异常繁重。其结果，偷运的诱惑，简直不可抵抗；而同时法律的严酷，包征者属员的提防，被诱惑者几乎都非破产不可。盐及烟草的密卖，每年总有几千百人送入牢狱，更有很多人被送上绞架。然而税由这种方法征收，对政府是很可提供一极巨额的收入的。一七六七年，烟草包征每年纳二千三百五十四万一千二百七十八里维尔，盐包征每年纳三千六百四十九万二千四百零四里维尔。此两项包征，自一七六八年起，更约定继续六年。看重君主收入，而轻视民脂民膏的人，恐怕都赞同这种征税方法。因此，在许多其他国家，特别是在奥地利及普鲁士领内，在意大利诸小国大部分，对于盐及烟草，都设立了同种的赋税与独占。

在法国，国王实际收入的大部分，是由于八个源泉即泰理税（taille）、人头税（capitation）、二十取一之税（two vingtiemes）、盐税（gabelles）、国产税（aides）、关税（traites）、官有财产及烟草包征。最后五者，诸州大抵皆采用包征制，而前面三者，则各地均置于政府直接监督及指导之下，由税政机关征收。与取自人民的数额比例而言，前三者输供国库的，要比后五者为多；后五者管理上颇为虚糜滥费，那是世所周知的。

现在法国的财政状态，似乎有采容三项极显明的改革之余地。第一，撤废泰理税及人头税，增加二十分取一之税，使其附加收入，等于前两税之金额，这样，国王的收入便得保存；征收费用可以大减；泰理税及人头税所加于下层阶级人民的烦累，会全然得到阻止，而且大部分上流阶级，又不致因此加重现在的负担。前面讲过，二十分取一之税，颇与英格兰之所谓土地税相类。泰理税，结果要出自土地所有者，那是一般所承认的；人头税的大部分，乃按照泰理税每镑若干的比率，课加于泰理税之纳税者，故此税大部分的最后支付，还得由同一阶级人民负担。因此，二十分取一之税，就令按照泰理人头两税所提供的税额增加，上流阶级仍不致加重现在的负担。不过，因现在泰理税课加于个人所有地及租户颇不公平之故，一经改革，许多个人就不免要加重负担。所以，现在享有特惠者的利害关系及由此利害关系出发的反对，恐怕就是最能阻止此改革及其他相类改革之障碍。第二，划一王国各地的盐税、国产税、关税、烟草税，即划一一切关税，一切国产税使这些税得以远较今日为少的费用征收，并且，王国的国内商业，亦得与英国国内商业，同样自由。第三，这一切税，皆当使其受支配于政府直接监督指导的税政机关，这一来，包征者的法外利润，就得附加于国家收入中。可是，与上述第一种改革计划同样，由个人私利出发的反对，亦很够阻此这最后二种改革计划的实现。

法国的课税制度，在一切点上，似皆较英国为劣。英国每年由八百万以下的人民，征取一千万镑税款，而绝不闻任何阶级有被困迫的情事。据方丈爱克培里搜集的材料，及谷物法与谷物商业论著者的观察，法国包含洛伦及巴尔两州，人民约二千三百万乃至二千四百万，这个数目将近有英国人口三倍之多。法国的土壤及气候，是优于英国的。法国的改良及耕作，是远在英国之先的；唯其如此，所以凡属需要长久岁月经营蓄积的一切事物，例如大都市，乃至城市内乡村内便利而宏大的建筑等等，法国皆胜于英国。没有这种种利益的英国，尚能不大费周折的，征收赋税一千万镑，法国总该可以不大费周折的，征收三千万镑吧。然根据我手边最好的报告——虽认为极不完全，法国一七六三年及一七六六年输归国库的全收入，通例在三万万零八百万里维尔乃至三万万二千五百万里维尔之间，以英币计之，尚未达到一千五百万镑。以法国人民之数，照英国人民之同一比例纳税，吾人殆期望其能得三千万镑。此金额还不到应该期待的半数，然而法国人民所受课税压迫，还较甚于英国人民，亦是世所公认的，但欧洲除英国外，法国还算是有最温和最宽大政府的一大帝国呢。

在荷兰，生活必需品课税之重，据说，曾破坏该国一切主要的制造业。就是渔业及造船业，亦将逐渐蒙其沮害。英国对必需品所课之税甚重，但未闻任何制造业受其破坏。制造业没有最苛的负担，要说有，不过原料输入税，特别是生丝输入税罢了。荷兰中央政府（United Provinces）及诸都市之收入，闻每年有五百二十五万镑以上，而其居民，还不及英国居民三分之一以上，以此推而较之，其税就重得多了。

在一切适当课税对象，都课过了税之后，假若国家的急需状态，仍继续要求新税，那就必须课税于不适当的对象了。因此，对必需品课税，并非荷兰共和政府之愚昧无知，因共和国要获得独立，维持独立，故虽平素节约异常，一临到多费的战争，亦就不得不大肆举债。加之，荷兰为异样国家，为了保住其存在，换言之，为了阻止为海水所吞没，必得有一项巨大费用，从而，必得大大加重其赋税的负担。共和的政治形态，似为荷兰现在伟大的主要支柱。大资本主，大商家，或则直接参加政治统治，或则间接具有左右政治的势力。他们由这种地位，取得了尊敬和权威，所以哪怕与欧洲其他地方比较，在这一国使用资本，利润要轻些；在这一国贷出资金，利息要薄些；在这一国取得少许收入所支配的生活必需品便宜品，要少些，但他们仍乐于居在这一国。这些富裕人民定居的结果，其所受障害虽再多，犹必然能在某种程度维持往该国的产业。设一旦国家灾难发生，这共和国的政体陷于破坏，全国统治落于贵族及军人之手，从而，这些富裕商人的重要性全体消失；他们再也不会高兴住在为人所不尊敬的国内。他们会连同居处及资本，迁往他国，这一来，一向由他们支持的荷兰产业和商业，就立即要紧跟在资本之后而他适了。

第三章　论公债

在商业未扩张、制造业未改进的未开化社会，关于仅能由商业及制造业引出的高价奢侈品，尚一无所知，这时，如我在本书第三编讲过的，有大收入者，除了尽收入能维持多少人，便用以维持多少人外，再也不能有其他消费或享受收入的方法。一大收入，随时都可说是一大量生活必需品的支配力。在那种未开化社会状态下，对于那收入，通例是付以一大量必需品，即粗衣粗食、谷物、家畜、羊毛及生皮。当时既无商业，又无制造业，所以这些原料的所有者，找不到一件产品可以交换其消费不了的大部分原料；除了尽其所有，用以衣人食人外，他简直无法处置其剩余物了。在此情形下，富者、有权势者的主要费用，就是素质的款待和着实的惠施。不过，同样如我在本书第三编讲过的，这种用途殆不很容易使人陷于没落。若利己的享乐,就不同了,虽在至微，追求的结果，智者有时亦不免于灭亡。斗鸡的热心，曾使许多人破产。然而，我相信，由这种款待或惠施而败家的人，其实例当不甚多。在我们封建的祖先之间，同一家族长久继续保有同一地产的事实，可充分明示他们生活上量入为出的一般性向。大土地所有者不断行着素质的款待，看来虽与良好经济不可分离的秩序生活有所背离，但至少，他们通例未把全收入尽行消费掉的那种节俭，我们确是不能不承认的。他们大概有机会卖掉其一部分羊毛或生皮，取得货币。这货币的若干部分，他们也许是用以购买当前环境所能提供的某种虚饰及奢华物品来消费，但还有若干部分，则常是照原样蓄藏起来的。实际上，他们除了把节约的部分蓄藏着，也就不好再怎么处置。经商吧，那对于一个绅士是不名誉的；放债吧，当时早视为非义，且为法律所不许，那是更不名誉的。加之，在那种强暴混乱的时代，说不定有一天会由自己的住宅被逐出来，要携带一般认为有价值之物，而逃往安全地带，在手边藏蓄一点货币，是便利的。使各个人以藏蓄货币为便利的力量，更同样使各个人以隐匿其藏蓄的货币为便利。动不动就有埋藏物发现，无主财宝发现，那可充分证明当时藏蓄货币，并隐匿藏蓄之事，甚为通行。有一个时候，埋藏物简直成了君主的一个重要收入部分。然在今日，哪怕全王国的一切埋藏物，亦怕不够成为一个多财绅士的主要收入部门了。

节约与藏蓄的倾向，行于人民之间，也同样行于君主之间。我在本书第四编讲过，一国国民如对于商业及制造业尚懵无所知，君主所处境地，自然会使他为蓄积，而行着必要的节约。在那种境地，就是君主的费用，亦不能由其虚荣心支配；他喜欢有一个华丽装饰的宫廷，但那个无智时代，却只能提供他一点无甚价值的玩物，这玩物构成了宫廷的全装饰。当时是无常备军之必要的，所以，如其他大领主的费用一样，就连君主的费用，除了用以奖励其属下租地者，接待从属者外，几乎没有用处。但是奖励及款待两项，是罕有流于过度的，大抵流于过度的，常是虚荣。因此，欧洲一切古代君主，殆莫不蓄有财宝。即在今日，听说每个鞑靼酋长，还是称有财宝。

在富有各种高价奢侈品的商业国内，君主，一如其领内一切大土地所有者，自然会把他的收入大部分用以购买这些奢侈品。他本国及邻近诸国，对于一切高价的装饰物，皆有丰富的供给，这些装饰物形成了宫廷之华丽的然无意义的美观。君主属下的贵族们，为了趋尚较差一等的同种的美观，一方面开革其家臣，一方面让租地人独立。这一来，他们就渐次失掉了权威，以致与君主领内其他大部分富裕市民，没有区别了。左右他们行为的浮薄热望，也左右他们君主的行为。在他领内，个个富有者都在征逐这享乐，独叫他成为一个富而不淫者，那是如何能够呢？就令他不为享乐，而消费其一大部分收入——其实，他是很容易这么做的——以致甚形减弱国防力，然在维持国防力以上的一切部分，那是不能期望他不消费的啊。他通例的费用，就等于他通例的收入；费用不超过收入，就算万幸了。财宝的蓄积，早就无望；一旦有特别急需，需要特别费用，他就定然要向人民要求特别的援助。一六一〇年法兰西王亨利四世没后，欧洲大君主中蓄有很多财宝的，推想起来，要算普鲁士现国王及前国王了。君主政府不说，共和政府，为蓄积而行节约的事亦几乎是同样罕见的。意大利诸共和国，尼德兰共和国，都负有债务。柏恩联邦积有不少的财宝，但在欧洲已算仅见。瑞士共和国之其他联邦，即全无蓄积可言。对于某种美观，至少，对于堂皇的建筑物及其他公共装饰物，最大王国之放荡的宫廷，自不必说，就连那些小共和国看似质朴的政府，也往往同样欲得而甘心了。

一国在平时没有节约，到战时就只好迫而借债。战争勃发起来，国库中，除了充当平时设施之经常费的必要货币外，更无其他货币可言了。战时为国防设备所需之费，须三倍、四倍于平时，从而在战时的收入，也须三倍、四倍于平时收入。就令君主持有一种直接手段，能按照比例于费用的增大而增大其收入——这几乎是不会有的——可是这增大收入之源泉，必出自赋税；赋税既课之后，不经过十个月乃至十二个月，恐难输入国库。然而在战争勃发的瞬间，或者宁说，在战争似要勃发的瞬间，军队必得增大，舰队必得装备，防军所在都市必得设防，而这军队、舰队、防军驻在的都市，且得供给武器、弹药及粮食。总之，一项马上就要的大费用，在危险临到的瞬间，就要支出来；这危险是不能等待新税徐缓纳入的。在此万分紧急之秋，除了借债，政府更不能有其他的来源了。

依道德原因的作用，使政府有借款必要的商业社会状态，又使人民生出了贷款的能力和贷款的意向。所以，这种社会状态，通例使其有借款之必要，亦同样使其有借款之便利。

商人制造家甚多的国家，必然多有这一类人，即他们自己的资本，及愿以货币借他或以货物托他的人的资本，通过他们手中的次数，比较私人收入通过不事生产作业者自己手中的次数，是同样频繁或更要频繁。像后面那种人的收入，每年只能规则地通过他手中一次。但一个商人，如从事那本利能迅速收回的职业，他的资本及信用全量，就往往每年要通过他手中三四次。因此，一个商人、制造家多的国家，必然多的是那种手中有充分货币的人，如其愿意的话，他们随时能够贷与政府以极多额的货币。所以，商业国人民，都具有出贷能力。

任何国家，如其他没有具备正规地司法行政，以致人民关于自己的财产所有权，不能感到安全；契约上的信义，不能由法律保障，并且，政府又不一定能正规的行使其权力，强制一切有支付能力者偿还债务，那么，那里的商业制造业，是罕能长久繁昌的。简言之，一国政府的正义，如不能使人相当信赖，那里的商业制造业就不会长久繁昌。大商人大制造家，平时把财产委托政府保护，信赖得过，到非常时把财产委托政府使用，亦就信赖得过。借货币于政府，哪怕在短短一瞬间，亦不致减少进行商业及制造业的能力。反之，通例却会增大那能力。国有急需，大抵会使政府乐于以极有利于出借方的条件借款。政府付与原债权者的保证物，得转移于任何其他债权者；并且，因一般信赖国家正义之故，那保证物大概能以轻高于原额的价格，在市场上买卖。商人或有钱者，贷货币于政府，尚可赚得货币；他的营业资本不独不减少，反而要增加。所以，政府如允许他最先应募新借款，他大抵会视为一种特惠。所以，商业国人民，都具有贷款的意向或意欲。

这种国家的政府，要应付非常场合，自然会倚赖人民之贷款能力与意向。他预见到借款的容易，所以在平时就无取乎孜孜于节约。

在未开化社会状态下，既无大商业资本，亦无大制造业资本。个人把他所能节约的货币，都藏蓄起来；凡所藏蓄的货币，都隐匿起来。他这么做，因为他不相信政府的正义，并且怕他的藏蓄被知道了，被发觉了，立即就要被掠夺。在此种状态下，政府即令当着万分吃紧之秋，能贷款的固属稀罕，愿贷款的就简直没有了。为君主者，预知借款之绝不可能，所以他就觉得，须为紧急关头预先节约。这种先见之明，把节约的自然倾向加强了。

巨额债务之增积过程，在欧洲各大国，差不多是一个样式的；目前各大国国民，都在受其压制，久而久之，说不定要因以破产咧！国家与个人同，开始借款，全凭对人的信用，对于债务的支付，无取乎指定特别资源，或以特别资源为担保。往后这种信用失效了，所以借款就有指定特别资源作抵押的事。

英国所谓无担保公债，就是依前一方法订结契约的。那有一部分为全无利息或想象上全无利息的债务，即类似个人营业账簿上所结的债务；还有一部分为附有利息，而类似个人来往之期票或信用券上所结的债务。凡属充当特别用途，或尚未预定用途，或在某种用途上业经满期，而还未偿付的债务，即陆军海军及军需费之临时开支的一部分，对外国君主所与补偿金的未付余额，海员工资的未付余额等，通例构成了前一种债务。有时为支付这债务之一部分，有时又为其他目的而发行之海军证券或财部证券，则属于后一种债务。财部证券利息，自发行之日算起；海军证券利息，自发行后六个月算起。英伦银行，或自动按照流通价值，折扣这种证券，或与政府协约相当条件以流通财部证券，即，按额面价格收受下来，扣付所应付的利息，以保持证券价值，便利证券流通，从而，使政府能够商借一极大额的这种公债。在法兰西，因无银行，国家证券有时以百分之六十或七十的折扣出售。在威廉治世大改铸货币时代，英伦银行认为应当停止其平常的业务，财部证券及符契，就以百分之二五乃至百分之六十的折扣买卖。这原因，一部分当由于革命甫定，新政府是否安定尚未可必；另一部分，则是因为没有英伦银行的援助。

此种手段既行不通，政府举债，遂有对债务指定国家特定收入作为抵押之必要。这种借款方法，因情形不同而有二种：有时，这指定或抵押，限于短期，如一年或数年；有时，又定为永久。在前一场合，那作抵押的收入，据推想能在限定期间内，支付所借货币之本金及其利息；在后一场合，作抵押的收入，据推想，够支付利息或典利息为等额之永久年金就行。政府几时能偿还借入的本金，几时就得免除付息的义务。货币以前一方法借入，通称为“先支法”(anticipation)；以后一方法借入，则通称为“永久息债法”(perpetual funding) 或简称为“息债法”。

英国年征的土地税及麦芽税，逐年都依不断插入课税法令中之借款条件先支了。而垫支此金额之英伦银行，大概附加一定利息（革命以来，此利息已由百分之八变为百分之三了)，徐徐收取此等收入。若某年度赋税收入，不够补还垫支之金额及其利息(此为常事)，则此不足之额，当取偿于次年度之赋税收入。国家收入中尚残下未用作担保的这唯一主要收入部门，每年在未收归国库之前，就这样正规的消费了。此与无打算之浪费者同，浪费者对于其收入，每迫不及待，而预为出息借支；国家则不断由其代理商及信托人借款，而不断为自己货币之使用支付利息。

当国王威廉及女王安时代，永久息债法不若今日习见，新税的大部分，只限于短期（仅四年、五年、六年或七年），而各年度国库的支出，大抵是得自以此税收为先支之借款。税收往往在限定期内，不够支付借款之本金及利息，于是乃有延期填补此缺陷之必要。

一六九七年，为填补数种税之不足额，遂依威廉三世第八年第二号法令，将此瞬将满期各税，延期至一七〇六年八月一日，是为第一次总担保或基金（the first general mortgage or fund）。这次延期所负担的不足额，计达五百十六万零四百五十九镑十四先令九便士又二分之一。

一七〇一年，此诸税及其他若干税，复因同一目的，延期至一七一〇年八月一日，是为第二次总担保或基金。这次延期所负担的不足额，计达二百零五万五千九百九十九镑七先令十一便士又二分之一。

一七〇七年，此诸税又作为一种新债基金，更延期至一七一二年八月一日，是为第三次总担保或基金。依此担保借入的金额，计达九十八万三千二百五十四镑十一先令九便士又四分之一。

一七〇八年，此诸税（就中，除去半额吨税镑税之旧补助金，及由英苏合并协定而撤废之苏格兰亚麻输入税）复作为一种新债基金，延期至一七一四年八月一日，是为第四次总担保或基金。由此担保借入之金额，计达九十二万五千一百七十六镑九先令二便士又四分之一。

一七〇九年，此诸税（除去吨税、镑税之旧补助金，于是，此补助金，完全不复为此次新债基金了）更为同一目的，延期至一七一六年八月一日，是为第五次总担保或基金。由此担保借入之金额，计达九十二万二千零二十九镑六先令。

一七一〇年，此诸税再延期至一七二〇年八月一日，是为第六次总担保或基金。由此担保借入的金额，计达一百二十九万六千五百五十二镑九先令十一便士又四分之三。

一七一一年，此诸税（到这时，已须供应四种先支了）及其他若干税项，皆规定永久继续下去，作为支付南海公司资本利息之基金，该公司在同年度曾为政府偿还债务，填补不足，而贷出九百一十七万七千九百六十七镑十五先令四便士。这金额，为当时所仅见之最大借款。

在此时期以前，为支付债务利息，而永久课加之主要的（在我观察得到的限内，可称为）唯一的诸税，其目的就在为英伦银行、东印度公司及当时计划中之土地银行三者，贷与政府之货币——其实后者是一种期待，而迄未成事实——支付利息。这时，英伦银行贷与政府之金额，为三百三十七万五千零二十七镑十七先令十便士又二分之一，年息百分之六，计达二十万零六千五百零一镑十三先令五便士；东印度公司贷与政府之金额为三百二十万镑，年息百分之五，计达十六万镑。

一七一五年，即乔治一世元年，依是年之十二号法令，凡从来作为英伦银行年息支付之担保的诸税，以及由这次法令定为永久的其他若干税，通通集积一共同基金，而称为集成基金。此基金不独用以支付英伦银行之年金，且用以支偿其他年金及债务。往后，依乔治一世三年之第八号法令，及五年之第三号法令，此基金乃更增大，而当时附入的诸税，亦同样定为永久的了。

一七一七年，即乔治一世三年，依是年第七号法令，其他数种税，又被定为永久的，课征所得，集积别一共同基金，而称为一般基金。此基金所支付之年息，计达七十二万四千八百四十九镑六先令十便士又二分之一。

这几次法令的结果，以前定为数年短期先支的诸税大部分，全都变成永久的了，而其用途，不在支付连续由先支法所借货币之本金，而仅用以支付其利息。

假若借入货币，非用先支法不可，那只要政府注意两点，数年之内，就可解放公家收入。第一，估量赋税基金在有限期间所能担负的债务，不使其负担过重；第二，第一次先支未满期以前，不作第二次先支。但是，欧洲大多数国家的政府，是不能注意到这些的。它们往往在第一次先支上，就予那基金以过度的负担；即或不然，在第一次先支未满期以前，它们大概都打算设定第二次第三次先支，以加重其负担。这样下去，指定之基金，完全不够支付所借货币之本金及利息，而不得不单用以支付利息，或支付那与利息为等额之永久年金；像这样无准备的先支，必然会引出那更多破坏性之永久息债法。此例既开，公家收入的重累，遂由一定期间延续到无限期间，似乎永难有解放之日；而在一切场合，由这种新方法，又轻之由旧的先支法，能取得更大金额，所以人们一度习知这新方法，每当国家万分吃紧之秋，一般都要舍旧法而用新法。救目前的急难，是直接参与国事者之要图，至若公家收入的解放，那是后继者的责任，他们不暇顾及了。

当女王安治世中，市场利息率，由百分之六，低落至百分之五；同女王十二年，且宣称百分之五，为有私人担保品借款之最高率合法利息。英国暂行税，大部分，变成了永久的，而分作集成基金、南海基金及一般基金后不久，国家的债权者与私人债权者同，亦收取货币利息百分之五。这一来，对永久息债法借款母本之大部，遂有百分之一的节约；换言之，由上述三基金所支付年金大部分，遂有六分之一的节约。此种节约，在用作基金之诸税收上，生出了一个巨额的剩余，而为此后减债基金（sinking fund）之基础。一七一七年，此剩余额，计达三十二万三千四百三十四镑七先令七便士又二分之一。一七二七年，大部分公债之利息，更低减至百分之四；一七五三年，减至百分之三点五；一七五七年，更减至百分之三，由是减债基金，遂益加增大了。

减债基金虽为支付旧债而设，然对于新债之征募，亦提供了不少便利。当国家有急需场合，此基金常可补助其他基金以举债，故成了一种补助基金。英国用此基金偿还旧债时多，抑用以另举新债时多，慢慢就会十分明白的。

借款的方法有二：一是先支，一是永久息债。但此外介乎这两者之间的，还有其他二方法，即有期年金之借款方法和终生年金之借款方法。

在威廉王及女王安治世当时，往往依有期年金方法借入巨额货币，而这有期的年限，有时较长，有时较短。一六九三年，议会通过一法案，以百分之十四的年金，即，以十六年满期，年还十四万镑的年金，借入百万镑。在前一六九一年，议会曾通过一法案，以终生年金法，借入百万镑；自今日看来，其条件是非常有利的。但应募之数，迄未满额。于是，翌年乃以百分之十四的终生年金借款，即以七年便可收回本金的条件借款，以补此未满之额。一六九五年，凡购有此项年金者，许其往财部对每百镑支付六十三镑，换取其他九十六年为期之年金；即因终生年金百分之十四与九十六年年金百分之十四的差额，为六十三镑；每年取十四镑，四年半即可收回本金。如此有利的条件，竟找不到几个买手，这原因，就因为当时政府的安定性，尚颇难必。女王安治世中，尝以终生年金及三十二年、八十九年、九十八年、九十九年之有期年金，借入货币。一七一九年，三十二年期之年金所有者，以其所有年金，换得了等于年金十一年半之金额的南海公司股本，至对于该年金临期未付之残金，亦与以等价的南海公司股本。一七二〇年，其他长短有期年金大部分，通通合为同一基金。

当时的长期年金，每年计达六十六万六千八百二十一镑八先令三便士又二分之一。一七七七年一月五日，其剩余部分，即当时募而末满之额，不过十三万六千四百五十三镑十二先令八便士。

在一七三九年及一七五五年发端的两次战争中，由有期年金或终生年金借入之货币极少。特九十八年期或九十九年期之年金，所值货币，殆与永久年金相等，从而，就无异出借了同额货币。但是，为家族治财产谋远久者，购买公债，决不愿购买那价值不断减少之公债；而这种人又占公债所有者及购入者之最大部分。因此，长期限年金之内在价值上，虽与永久年金之内在价值上无大出入，但终没有永久年金那么多的购买者。新债之应募者，大概都想尽快地卖放其应募股份；金额哪怕相等，与长期不能收回的年金比较，他们还愿获得那由议会偿还的永久年金。永久年金的价值，在推想上，是常为同一的，或者极为接近的；所以，那比较长期年金，要便于转移多了。

当上述两度战争期间，有期年金或终生年金，都是永久息债以外，付与新借款应募者的一种附加利益。即是说，那不是对于所借货币之本来基金而偿还的年金，而是对于贷方的一种附加奖励。

终生年金，往往行着两种付与方法，即对于各个生命的付与，和对于一群生命的付与。后者在法国为顿丹（Tontin）所发明，故名为顿丹法。在年金付与各个生命的场合，各年金受领者一旦死亡，国家收入上即减轻了他这一部分负担。若按顿丹法付与年金，国家收入上对此负担之解除，必待那一群中所有年金受领者都死过了才行；那一群人数，有时为二十人乃至三十人，就中，后死者承受前死者的年金，最后残存者，则承受其一群全部的年金。设以同一收入借取货币，各个生命付与法，就不若顿丹法，因后者能借入更多的货币。因为，残存者有承受权的年金，实际比对各个人付与的同额年金，有更多的价值。各个人对于自己的幸福，自然有几分自信，即彩票成功希望所基之原则，所以这种年金的买卖，就大抵要高过其实际价值若干。因此之故，一国政府，如常由年金法借款，大概总是采用顿丹法；因为，政府与其采用解除国家收入担负最速之方策，就不如常常采取能够借入最多额货币的方策。

法国公债中由终生年金构成的部分，要比英国的大得多。据波尔多议院一七六四年向国王提出之债簿，法国全部公债计达二十四万万里维尔，就中，由终生年金法借入的本金，约为三万万，即公债总额八分之一。此项年金，年付三千万里维尔，即公债总额之推定利息一万万二千万里维尔的四分之一。这种计算之不大正确，我是十分知道的，但因其提出的机关如此可尊重，我看，去真实的程度总该不远。英法两国借债方法上所生的差异，不是由于两国政府对于解除国家收入负担之苦心程度不同，而完全是由于出借人之见解及利益的不同。

英国政府所在地，为世界最大的商业都市，因之，以货币贷与政府的人，大概都是商人。商人之贷出货币，其用意不在减少其商业资本，反之，却在增加其商业资本，所以，新债之债券，如不能以相当的利润卖出，他就不会应诺那新债。但是，假若他贷出货币所购入的，不是永久年金，只是终身年金，那么，不论这年金是基于他自己本身，抑是基于他人，当其转售时，就难望有何等利润。不论是谁，对于与自己年龄相若，健康状态相当之他人的年金，比较对于以自己生命为基础的年金总不肯予以同一价格，所以，把以自己生命为基础的年金出卖，往往是不免要蒙到损失的。至若以第三者生命为基础的年金，对于买者卖者虽有同一价值，但其真实价值，就在付与价值的那一瞬间，开始减少了，而且此年金存续一天，其价值就越加减少一天。因此，终生年金，要想与其实价值常为一样，或无大出入之永久年金同样成为便于移转的资财，那是绝难做到的。

法国政府所在地，不是大商业都市；从而，以货币贷与政府的人，就不像英国那样，大部分是商人。法国政府每有急需，多半是向那些财政关系者，赋税包征者，未经包征之赋税的征收吏，宫廷银行家等，调借货币。这般人大抵出身微贱，因为多的是钱，所以常很骄傲。他们既不屑与同等身份的妇人结婚，而较有身份的妇人，又不屑与他们结婚，所以他们常决意过独身生活；他们自己是没有家族的，对于照例不大愿意往来的亲戚的家族，更漠不关心；他们只求自己一生好好度过去就完了，财产即身而止，那是无所介意的。况且，富有者嫌忌结婚，或其生活状况不宜或不便于结婚的人数，在法国，要远较英国为多。对于这不大为后人打算，或者全不留意后人的独身者，以其资财换入一种不长不短，恰如其所期待的长期收入，那是再便利没有的。

近代各国政府平时的经常费，多半是等于或者近于其经常收入。所以，战争一旦发生，要政府按照费用增加比例，而增加收入，就不独非其所愿，且非其所能。它们之所以不愿，因为如此巨额的突然的增税，恐伤害人民感情，致使他们嫌恶战争；它们之所以不能，因为战争所需费用无定，赋税应增多少才够，殆无把握。各国政府所碰到的这两层困难，一经举债，就容易解决了。借债能使它们增税少许，逐年筹得战争所需费用；并且，永久息债，能使它们尽可能以最轻微的增税，逐年筹得最大可能量的货币。在一大帝国中，住在首都中的人，以及住在远隔战场地带的人，大都不会由战争感到何等不便，反之，他们却可优游安逸的，从新闻上读到自国海陆军的功勋，而享其乐。这种享乐，是很可补偿他们战时所纳赋税对平时所纳赋税之小小差额的。他们通例都不满意和平的恢复，因为，那一来，他们那种享乐，便要中止；并且，再继续战争些时说不定就会实现的征服及国家光荣之无数虚望，也要消灭了。

可是和平虽然恢复了，在战争中加担的大部分赋税，却罕有解除的。那些赋税，都作了战债利息的担保。假若旧税同新税，于支付战债利息及开支政府经常费用外，尚有余剩，此余剩部分，恐不免转作偿还债务之减债基金。不过，第一，此减债基金，从不移作其他用途，要想在合理期待的和平继续行程中，偿付全部战债，每虞不足；况且，第二，这基金几乎常为其他目的而使用了呢。

新税之唯一目的，在偿付以此为担保之借款的利息。若有余剩，那余剩的部分，大概都是出乎意料或企图之外的，所以少有很大的额数。所谓减债基金，概由利息低减而生，非由于超过利息或年金之必要额以上的剩余。一六五五年的荷兰减债基金，一六八五年教皇领地的减债基金，通由利息减低而形成，所以以此基金偿还债务，往往不足。

当国家升平无事，而有种种特别开支之必要时，政府每觉增加新税，不若滥用减债基金来得便利。一切新税的增加，人民立即会多少感到痛苦。他们常为此而诉说不平，而出以反对。课税的种类愈繁多，已课之诸税愈加重，则人民对于任何新税的怨声亦愈嚣然，由是另课新税或加重旧税，就益形困难了。若暂时停止偿还债务，人民是不会马上感到痛苦的；那不致引起怨谤，亦不致有人诉说苦情。所以，减债基金的借用，常为目前救急之明白而容易的方策。可是，公债所积愈多，研究如何缩减公债愈成为必要，而滥用减债基金，就愈加是危险的破坏的了；公债相当缩减的可能性愈少，对平时种种特别开支而滥用减债基金的事，就愈加是可能的一定的了。一国国民既已负有过度的赋税，除非迫于新的战争，除非为报国仇，为救国亡，人民是不能再忍受新税之课加的。所以，减债基金，常不免于滥用。

英国自最初仰赖永久息债法那种破坏方策以来，平时公债的减少，从没有对战时公债之增加，保持何等比例。现在所有莫大的公债，大部分还是基于一次战争的战费，这战争，是于一六八八年发端，至一六九七年由来斯威克条约结束的。

一六九七年十二月三十一日，英国的公债——永久息债及无担保公债——计达二千一百五十一万五千七百四十二镑十三先令八便士又二分之一。其中有一大部分是基于短期先支，有若干部分是基于终身年金；所以不到四年，即在一七〇一年十二月三十一日以前，就偿还了一部分，有一部分复归于国库，其额达五百一十二万一千零四十一镑十二先令又四分之三。在如此短期内，偿还了如此多公债，实为前所未有。所以当时残余的公债，就不过一千六百三十九万四千七百零一镑一先令七便士又四分之一。

在那次起于一七〇二年，终于乌特列希特条约的战争中，公债益形增大起来。一七一四年十二月三十一日，其额计达五千三百六十八万一千零七十六镑五先令六便士十二分之一。由南海公司基金所增加之公债本金，在一七二二年十二月三十一日，已达五千五百二十八万二千九百七十八镑一先令三便士又六分之五。自一七二三年至一七三九年十二月三十一日，其间对于公债的偿还，异常缓慢，计此十七年太平无事岁月中所偿还之总额，仅及八百三十二万八千三百五十四镑十七先令十一便士又十二分之三，而当时公债之本金，则为四千六百九十五万四千六百二十三镑三先令四便士又十二分之七。

一七三九年发端的西班牙战争，及紧接西班牙战争而起的法兰西战争，更使公债益形加多；一七四八年十二月三十一日，即由爱·拉·查帕尔条约结束的那次战争之后，公债额已达七千八百二十九万三千三百十三镑一先令十便士又四分之一。前述十七年太平无事岁月中的公债偿还额，不过八百三十二万八千三百五十四镑十七先令十一便士又十二分之三；然而未满九年战争所增加的公债额，却为三千一百三十三万八千六百八十九镑十八先令六便士又六分之一[①]。

当柏尔哈姆君主政中，公债利息由百分之四减低至百分之三，以增加减债基金，偿还某一部分公债。一七五五年即最近战争勃发以前，英国永久息债为七千二百二十八万九千六百七十三镑，一七六三年一月五日，即媾结和约当时，这永久息债已达一万万二千二百六十万三千三百三十六镑八先令二便士又四分之一，而无担保公债且为一千三百九十二万七千五百八十九镑二先令二便士。但是由战争引起的费用，并不止于媾结和约之日，所以一七六四年一月五日，永久息债虽已增至一万万二千九百五十八万六千七百八十九镑十先令一便士又四分之三（就中一部分为新起公债，一部分则为由无担保公债改成之永久息债），而根据一位博识著者所著英国商业及财政之考察，当年度及次年度，还残有九百九十七万五千零十七镑十二先令二便士又四十四分之十五的无担保公债。因此，（据同一著者所述），在一七六四年，英国所有公债（内含永久息债及无担保公债）已达一万万三千九百五十一万六千八百零七镑二先令四便士。加之，对于一七五七年新公债应募者增附之终身年金，（计十四年，即可收回本金），约为四十七万二千五百镑；对于一七六一年及一七六二年新公债应募者增附之长期年金（计二十七年半即可收回本金），约为六百八十二万六千八百七十五镑。以柏尔哈姆君之慎重的忠于国事的设施，经七年太平无事的岁月，尚不能偿还六百万旧债，然在将近七年的战争期中，却竟举借了

① 见詹姆斯·普斯勒则爱特所著《国家收入史》。

七千五百万镑以上的新公债。

一七七五年一月五日，英国永久息债为一万万二千四百九十九万六千零八十六镑一先令六便士又四分之一，无担保公债（除去皇室费之一大债务）为四百一十五万零二百三十六镑三先令十一便士又八分之七；两者合共为一万万二千九百十四万六千三百二十二镑五先令六便士。依此计算，当太平无事的十七年间所偿还的全债务，仅及一千零四十一万五千四百七十四镑十六先令九便士又八分之七。然而就是这么小的公债减少额，尚非全由国家经常收入中节约得来，有许多是得自那与国家经常收入全不相涉之外来金额。例如三年内对土地税每镑增加一先令之税款若干镑，为获得领土而由东印度公司取得之赔偿金二百万镑，以及为更换特许状，由英伦银行取得的十一万镑，皆可算入此外来金额中。他若由最近战争生出之若干金额，理应视为偿还此战费的部分，所以亦须附加在这外来的金额内，其主要者如：

法国战利品收入……六十九万零四百四十九镑十八先令九便士

法国俘虏赔偿金…………………………………………六十七万镑

由割让诸岛卖得金额………………………………九万五千五百镑

合计……………百四十五万五千九百四十九镑十八先令九便士

假若在这个金额上，加入查桑姆伯爵及加尔克拉夫特君所推算之残额，其他同类军费之节约，以及上述三项金额，其总额一定要大大超过五百万镑以上。因此，战争终结之后，由国家经常收入节约所偿还之公债，平均起来，每年尚未达到五十万镑。依着一部分公债的偿还，一部分终身年金的满期，以及由百分之四降至百分之三的利息的低减，和平而后，减债基金无疑是显有增加了；假若一直和平下去，现在说不定每年可以由那基金抽出一百万镑来偿还公债。而在去年就是偿还过了一百万镑的。但是，皇室费的大债务，尚延而未付，而我们现在又要卷入新的战争中。

由历次战争所诏示，这新战争发展起来，又是不免要耗去同样多费用的。[①]在这新战争告终以前所不免举借的新债，说不定要等于国家由经常收入节约所偿还出全部旧债。因此，想由现在国家经常收入节约所得，偿还所有的公债，简直是一种幻想了。

据某著者所主张：欧洲各债务国之公债，特别是英国之公债，是国内其他资本以外的一大资本的蓄积；借有此蓄积，商业之扩展，制造业增大，土地之开垦改良，比较单靠其他资本所能成就的，那就大得多了。可是，主张此说的著者，没有注意到以下的事实，即，最初债权者贷与政府的资本，在贷与的那一瞬间，已经由资本的机能，转化为收入的机能了；换言之，已经不是用以维持生产劳动者，而是用以维持不生产的劳动者了。就一般而论，政府在借入那资本的当年，就把它支消了浪费了，绝未想到将来的再生产。固然，贷出资本的债权者，往往收到了资本等价以上的公债年金。这年金无疑会偿还他们的资本，使他们能进行从前同一的或者更大规模的商业和业务。即是说，他们无论卖出此年金，或以此年金作担保，借入资本，能由他人取得的新资本，都必等于或更多于他们向所贷与政府的资本。不过，他们像这样由他人取得或借入的新资本，以前一定是存在这个国中，并且与其他资本同样用以维持生产劳动。一旦转入国家之债权者手中时，在若干点上，对于这些债权者虽是新资本，对于该国并不是新资本，那不过是为要转作其他用途，而由某种用途抽去之资本罢了。所以，就他们私人而言，其贷与政府之资本，虽有所偿，就通国而言，即无所偿。如其他们不把这资本贷与政府，那该国用以维

① 这次战争，曾证明比我国历来战争所费更多，曾增加国债一万万镑以上。在十一年和平岁月中，虽偿还了一千万镑债务，在七年战争期中，竟举借了一万万镑以上的公债。（译者按：斯密此注，系第三版附入）

持生产劳动的资本或年生产物，就说不定要加倍了。

为开支政费，而增加当年之自由的或未作担保的赋税收入时，人民收入的一定部分，不过是离开某种不生产劳动，转而维持他种不生产劳动罢了。人民对于支作赋税的若干部分，虽无疑可以蓄为资本，从而，用以维持生产劳动，但其余大部分，仍恐不免用以维持不生产劳动，消费完事了吧。国家费用，在这么开销的场合，无疑会多少成为新资本进一步蓄积的阻碍，但不一定破坏现存的资本。

当国家费用，由起债开支时，则该国既存某部分资本，必年有破坏；从来用以维持生产劳动之若干部分年生产物，必会转而用以维持不生产劳动。不过，这种场合所征赋税，较之前一场合为轻，所以，人民个人收入上之负担较少，节约收入某部分以积成资本的能力，亦遥少损害。起债方法，愈破坏旧资本，则比较在当年度由征收收入以开支国费的方法，就愈少妨害新资本的获得或蓄积。在起债制度下，社会总资本上不时由政府浪费滥费所惹起的破绽，是更容易由人民之节约与勤劳得到弥补的。

不过，起债制度优于其他制度的这种利益，只限于战争继续期中。战费如常能以当年所征收入开支，则临时收入所由引出之赋税，将不会继续战争继续期间以上。与在起债制度下比较，人民在这种制度下的蓄积能力，当战时虽较小，当平时则较大。战争虽不定会惹起旧资本的破坏，和平则必会促成更多新资本的蓄积。一般的战争，是比较很快就结束了的，是比较不至于随便从事的。当战争继续期中，人民因累于战争的全负担，不久便会对战争发生厌倦。政府因要欢承人民之意向，自会适可而止，不敢故意延长。战役之兴，繁重而不可避免之负担，是可以前知的，设无真实或确定之利益可图，人民当不肯懵然主战。因此，人民蓄积能力多少不免受到损害的时期，是比较不常见到的，即令有那个时期，也是不会继续长久的。反之，与借债作战的时期比较，蓄积能力日臻健旺之时期，要长久多了。

况且，永久息债日益增积，则相伴而增加之赋税，即在平时，其损害人民之蓄积能力，亦往往与其他制度在战时所行的同样厉害。现在英国平时收入，每年达一千万镑以上。假若赋税都是自由的而不曾用作担保，并且把此种收入妥为经营起来，哪怕从事最激烈战争，亦无须起一个先令的新债。现在英国既已采用了有害的起债制度，所以居民个人收入，在平时所受负担，居民蓄积能力，在平时所受损害，竟与在最多费的战争期间一般无二了。

有人说，支付公债利息，有如右手支给左手。所有货币，皆未流出国外，那不过把一国居民某阶级的收入一部分转移到其他阶级罢了。在此转移间，全国民不会比从前更穷一文。这辩解，全是基于重商学说的诡辩，著者对此学说既曾加以详细的检讨，恐无须再在这里赘述。特主张此说者，假定全公债皆系募自国人，殊非事实；我国公债就有很大一部分是荷兰人及其他外国人的投资。现在即令说全公债没有外国人投资，这个理由，依旧减少不了公债的弊害。

土地及资本，是私人公家一切收入的两个源泉。资本不论用在农业上、制造业上，抑是商业上，通是支付生产劳动的工资。这两个收入源泉的经营，乃属于不同的两群人民，即土地所有者和资本所有者或使用者。

土地所有者为了自身收入，必愿修理或建筑其租地人之房屋，营造维持其田庄之必要沟渠和围墙，更从事其他应由地主设施经营的种种改良，这一来，其所有地乃能保持良好状态。若土地税繁多，致其收入大减；各种生活必需品税、方便品税，又使其收入的真实价值减而又减，他就觉得全然无力进行或维持这种种多费的改良了。可是地主一经停止其分内作业，想租地人继续进行下去，那全是不可能的。总之，地主的困难愈增加，该国的农业就必然要愈趋于荒废。

当生活必需品、方便品诸税之课加，致资本所有者及使用者，觉得以其资本所得同额收入，在某特定国度，不能购得其他国度那么多必需品、方便品时，他便会打算把他的资本，移往其他国度。又当此类赋税之征收，致大部分或全部商人及制造业者，换言之，大部分或全部资本使用者，不断受税吏恶意的麻烦的访问时，那移居的打算，不久就要见诸实行了。资本一经移动，靠此资本支持的产业，将随之没落，而该国之商业制造业，又将继农业而归于荒废。

土地资本这两大收入源泉所生收入大部分，如由其所有者（他们对土地各特定部门之良好状态，对资本各特定部门之良好经营，持有直接利益）转到其他未持有这种直接利益的人（如国家之债权者）手中，久而久之，必定要惹起土地的荒废和资本的滥费或迁移。国家之债权者，对于该国农业上制造业上及商业上的繁荣，从而对于土地之良好状态，资本之良好经营，无疑是持有一般的利益的，因为这三者任何方面一般的失败或衰退，诸种税收，就不够支付他应得的年金或利息了。但是，单以国家债权者的资格而论，他对于土地任何部分的良好状态，对于资本任何部分的良好经营，却没有一点利益；他关于这一切特定部门，全无所知，全未出以监督，他无从留意到那些。土地产业荒废了吧，他有时全不知道；即使荒废了，也不能使他直接蒙到影响。

起债的方策，曾经使采用此方策之一切国家，渐趋疲弱。发其端者，似为意大利诸共和国。诸共和国之残存而保有独立局面的，为民诺亚及威尼斯，此两者均因起债而日趋微弱。西班牙似曾由意大利诸共和国学得此起债方策，也许因其赋税较之意大利犹为不当之故，依自然国力而论，它是更加疲弱了。西班牙负债极久。在十六世纪末叶以前，即在英格兰未起一先令国债的百年以前，该国即负有重债。法国虽富有自然资源，亦苦于此同类债务之压迫。荷兰共和国因负债而衰弱，其程度殆与艮诺亚、威尼斯不相上下。由起债而衰微而荒废的国家，所在皆是，英国独能行之而全然无害么？

说这各国之课税制度，皆较劣于吾英，那是不错的，我亦相信其如此。但是，这里应当记住一件事。当最贤明政府税尽了一切适当课税对象时，一有紧急需要，它是一定要进行不适当之课税的。以荷兰共和政府之贤明，遇有急需，也不得不像西班牙那样，仰赖一些不便当的税收。在国家收入上之重负尚未释除以前，如发生新战争，并且，在其发展上，所需费用又和最近战争同样多，迫于无可抵抗之必要，说不定会使英国课税制度变成荷兰税制，甚至变成西班牙税制那样的繁苛。固然，我国得现行课税制度之赐，产业得无拘束地向上发展，从而，当着最多费之战争行程中，亦或不难由各个人之节俭与善行积约所得，以弥补政府由滥费在融会总资本上惹起之缺陷。最近战争所费之多，为英国历来战争所未有。在此次战争结束时，全国农业与从来同样繁荣，制造业与从来同样兴旺，商业亦与从来同样发达。因之，支持这诸产业部门之资本，就一定与从来为同多了。和平恢复以来，农业更有改进，国内各都市各村落之房屋租益形增加，此为人民财富及收入增加之实证。旧来诸税大部分，特别是国产税及关税主要部门之收入，皆年有增进。这种收入的增进，为消费增加之明显证明，亦即消费所赖而维持的生产增加之明显证明。英国今日易于支持的负担，在半世纪以前，那是谁都不相信它支持得了的。然而，我们切不要因着这种理由，就冒昧断定英国能支持一切负担哟，更不要过于自信，以为再重的负担，英国亦能不大吃苦的支持得了啊。

当公债一度增大到某种程度时，公公道道地完全偿还了的实例，我相信几乎没有。国家收入上的负担，如果说是曾经全然解除过，那就常是由倒账——有时公然的倒账，而大抵场合，则是貌为偿还，实系倒账——解除的。

货币名目价值提高，那是公债假偿还之名，行倒账之实的惯技。例如，银币六便士，如依议会法令或皇上敕旨，提高其名目价值为一先令，又，银币二十便士，如提高其名目价值为一镑，那么，依旧名目价值借入二十先令或银约四翁斯者，在新名目价值下他就得以六便士之银币二十枚或略少于二翁斯之银，偿还其债务。英国永久息债及无担保公债之本金，约一万万二千八百万镑，如照此方法偿还，约须现币六千四百万镑就行了。像这样偿还债务实不过貌为偿还罢了，在实际，国家债权者应得的每一镑，都被骗去了十先令。可是，横受此种灾害的，不但是国家之债权者，私人之债权者，亦各各有其比例上的损失。所以，这对于国家之债权者，不独全无利益，在大多数场合，还要附加他们一项大损失。不错，国家之债权者，如借有他人之巨额债款，很可依同一方法偿还，使其损失得到若干赔偿。无如在多数国家中，以货币贷与国家的人，多半是一些富有者，他们对于其余同胞市民，不是债务者的关系，而宁可说是债权者的关系。因此，这种貌为偿还的办法，对于国家之债权者的损失，没有减轻的，只有增大的；在这种场合，国家受不到一点利益，多数无辜人民却蒙受横灾了。这在私人财产上，将惹起一般的最有害的破灭；而在大抵场合，怠惰而浪费的债务者，将牺牲勤劳节约的债权者而致富了；国家资本的大部分，驯将由增益此资本者的手中转移到破毁此资本者的手中了。国家自度有宣言倒账之必要时，顶好像私人自度有宣言倒账之必要时那样，公平而开诚布公地倒账；那方法，常于债务者无何等了不起的不名誉，于债权者亦无何等了不起的大损害。国家为隐蔽倒账的不名誉，而出此容易识破而又极端有害的欺瞒下策，那真是再笨没有啊！

然而，国家无论古今，每当有此必要时，大都是采用这欺瞒的下策。在第一次奔尼克战争终结时，罗马人减低亚斯——此为当时计算一切其他铸币之铸币——价值，以前一亚斯含铜十二翁斯，此后只含铜二翁斯，即他们提高铜二翁斯之名目价值，使等于以前铜十二翁斯之名目价值。用这种方法，共和国前此所借巨债，只须还其实额六分之一就行了。这样突然的巨大的倒账，自我们今日设想一定是要惹起极大的喧闹的；然当时竟无此等表示。推其原因，盖因制定此方策之法律，一与其他一切关于铸币之法律同，由保民官提向民会，通过施行；那在当时，恐怕还是一种很得民心的法律。在罗马，也与在古代其他共和国一样，贫民不断向富者有力者借债，富者有力者为要在例年选举上确保其选举票数，常以法外高利，贷货币于贫民，此利息从未偿付，不久就积成了债务者不能偿付，他人亦无从代付的巨额。债务者惮于非常苛刻的诛求，遂迫而投票于其候补的债权者，但是他不能更从这债权者得到一点报酬。当时法律尽管严禁赠贿及收买，候补者提供之报酬，及元老院不时颁发之谷物，仍为共和国晚期贫穷市民赖以生活之主要资源。为要解除他们对债权者之服从关系，这些贫穷市民不断要求解除其全部债务，或要求他们所谓新案（New Tables），即偿还积下债务之一部分，得解除其全债务责任的新案。因此，把一切铸币价值减至其原先价值六分之一，他们就得以原先六分之一的货币，偿还其全部债务了，而制定此方策的法律，正好是一种最有利的新案。富者及有力者为要使人民满足，在许多场合，他们不得不同意此破弃债务的法律及施行“新案”的法律。不过，使他们同意此等法律的，一部分虽不外上述理由，一部分则因他们自身是政府的主要指导者，他们想借此解除国家的负担，恢复国家的元气。用这种方法，一万万二千八百万镑的债务，一次就减为二千一百三十三万三百三十三镑六先令八便士了。在第二次奔尼克战争期间亚斯价值，更曾经过两度低减；在先，是由含铜两翁斯减至一翁斯，往后更减至半翁斯，即减至本来价值二十四分之一了。依此最后方法，则我国现币一万万二千八百万的债务，就可一度减至五百三十三万三千三百三十三镑十六先令八便士。哪怕英国负债之巨，用这种方法，也是马上可以偿还的。

我相信，照此方策行去，一切国的铸币，将愈益减至其本来价值以下，而同名货币额所含之银，将愈益成为小量的了。

国家遇有倒账必要时，有时是提高货币名目价值，有时却是减低其标准成色，即在某种货币中搀以较大量的劣金。例如，照现行法定标准，银币每镑只能搀劣金十八便尼，若竟搀入八翁斯，这种银币一镑或二十先令，就与现币六先令八便士相当。而我国现币六先令八便士所含银量，遂几乎提高至一镑的名目价值了。这种标准成色的减低，与法国人所谓“升名”(augmentation)即直接提高货币名义价值，确有同一结果。

这种直接提高货币名义价值的方法，常是公开的、显然的，就其性质而论，亦必得如此。用此方法，较轻较小的铸币，遂取得了从前较重较大铸币之同一名称。若减低货币标准成色的方法，则正相反对，那大概都是保守秘密的。用此方法，造币局对于从前流通的同一名义价值的货币，虽竭力设法与以同一重量、容积及外观，但其实际价值，却相去甚远了。当法国约翰王欲偿还其债务，而减低铸币标准成色时，所有造币局之官吏，皆发誓保守秘密。以上两种方法，皆是不正当的。不过，单纯的“升名”，乃公然横暴的不正；而减低标准成色，乃阴险欺瞒的不正。所以后者一经发觉——绝无长久保守秘密之可能——常比前者要惹起更厉害得多的反感。铸币在大大“升名”以后，很少恢复其以前之重量，可是在极度减低其标准成色以后，却几乎常常会恢复其以前的成色。因为在后者，除了恢复成色以外，再没有其他可平人民之激怒与忿怨的方法。

在亨利八世当国之末，及爱德华六世当国之初，英国铸币不但提高了名义价值，同时并减低了标准成色。在詹姆斯六世初年，同样之欺伪行为，亦曾行于苏格尔，而此外，尝实行此等方法之国家，确不在少数。

英国国家收入之剩余部分，即开支了常年经费后的剩余部分，非常之少，想借此完全解除国家收入上之负担，不，想借此相当减轻那负担，已似乎全然绝望了。所以，非国家收入大有增加，或者，国家支出大有缩减，这负担的解除是永难实现的。

较今更公平的土地税，较今更公平的房屋租，以及前章所述现行关税乃国产税制之变更，恐怕不待增加大多数人民之负担，而只把这负担平均分配于全体国民，就可使国家收入大大增加。然而就令是一位极乐观的计划者，当他提出合理的希望，以为这种收入的增加，可以完全解除国家收入上之负担，至少可以在平时减轻这负担时，他能信得过战争不再发生，公债不再增积吗？

英国如把课税制度扩张到帝国所属各地，而不问那地方的居民为不列颠系人，抑为欧洲系人，那一来，收入或可望大有增加。然而，那是难得做通的，据英国宪法原则，各地方在议会中所占议员席数，与其纳税额保有一定比例，今若扩张税制到一切属地，势必要承认那些属地在议会中——如其它们愿意的话，在帝国会议中——按照同一比例，加入其代表，否则就不免失之公允，就不免违背宪法原则。偌大的变革，当然为许多强有力者之私人利益，和大部分人民之固定成见所反对，求其实现，那是极感困难，甚或万难做到的。然而，现在姑不忙决定不列颠与各属地之统一是否可行，只一考察：英国之课税制度，究能在何种程度适用于该帝国一切属地；假若有适用余地，究可望得到多少收入；并且，这一般统一成就后，究于全帝国各地之繁荣幸福有何影响；在这种种方面设想，也许没有什么不当之处吧。我看说得最坏，这种设想，也不过是一种新乌托邦；与摩尔之旧乌托邦比较确是兴味较少，但总不致更为无用且更近于妄想吧。

英国税收，有四个主要部门，即土地税、印花税、诸种关税及国产税。

就付纳土地税之能力而论，爱尔兰确与大不列颠不相上下，美洲及西印度殖民地且犹过之。地主在没有负担什一税或救贫税的地方，与课有此两税的地方比较，一定是更能付纳土地税的。什一税如不用金代制，而竟征收物品，那对于地主，比之每镑实征五先令之土地税，所费犹多。在大抵场合，这种税，要超过土地真实地租（即完全偿还农业资本及其合理利润后之残余部分）的四分之一以上。假若撤废一切代纳金，一切俗人保管之教会财产，大不列颠及爱尔兰之教会什一税，全部将不下六七百万镑。假若大不列颠或爱尔兰没有任何什一税，地主就很可提供六七百万附加土地税，而不致加大其现有负担。美洲是没有什一税的，课以土地税，自轻而易举。美洲及西印度之土地，大体上虽无租贷情形，致课税没有地租簿可资准据。但在威廉及玛利四年，大不列颠之土地课税，也并没有准据地租簿，而是准据一种极为宽松，极不正确的评价。因此，美洲的土地，用这种方法课税，亦未始不可，否则就照最近米兰公国及奥地利、普鲁士和沙尔庇尼亚诸领地之办法，经过正确之测量后，再依公平评价征税好了。

印花税推行于各属地，那是显然没有困难的。一个地方的法律手续形式相若，动产不动产移转契据无大出入，这种税就可同样照征，不必要何等改订。

设英国关税法，扩张到爱尔兰及诸殖民地，相伴而扩张其自由贸易——就正义上讲，应当如此——那于这两者都有最高度的利益。现在为抑制爱尔兰贸易而加之种种可恶的拘束，将因此彻底废除；对美洲产物所设之列举非列举的区别，将完全废止。如现在芬厄斯特尔岬以南诸地，对美洲若干产物，开放其市场一样，该岬以北诸地，亦将对于美洲一切产物开放其市场。关税法这样划一之后，英帝国各地间的贸易，将如现在大不列颠沿海贸易一样自由。而帝国对于各地所有产物，将在领土内提供一个无限的国内市场。市场这么扩大起来，爱尔兰及诸殖民地因增加关税所受的负担，是立即会得到补偿的。

英国课税制度要适用到它一切属地，只有国产税这一部门要完全改订。爱尔兰王国之生产和消费，确与大不列颠具有同一性质，从而，或可适用那制度，而无须修改。若美洲与西印度之生产和消费的性质，就和大不列颠颇不相同了。课税制度，适用到这些地方和适用到英格兰生产苹果酒啤酒诸州，是同样需要修改的。

例如，美洲呼为啤酒之发酵性饮料，占有当地人民普通饮料之一大部分，因为那是由蜜糖制成，所以与英国所谓啤酒颇不相类。那种饮料的保存，只能经过数日，故不能如英国啤酒之在大酿造所调制，保存，贩卖。自家要消费，就不得不以烹制食物的同一方法，在各家庭自行酿造。但是，各私人的家庭，如果须和那些以贩卖为目的之麦酒店主及酿造家，同样蒙受收税吏之可厌的访问及检查，那是完全为自由所不许可的。假若为了公平的缘故，以为此饮料有课税之必要，那可在制造场所，对于其制造原料课税；如果商业的情形不容课此国产税，那就不妨当原料输入被消费之殖民地时，课以输入税。对于输入美洲之糖蜜，除了英国议会所误每加伦一便士之税外，如以其他殖民地之船舶，输入麻萨朱塞特湾，每浩格斯赫德[1]课以州税八便士，如由北部诸殖民地输入南卡罗林那，每加伦课以州税五便士。假若这些方法都感觉不便，那就可仿照英格兰不征收麦芽税的办法，各家庭随其人数之多寡，付纳一定金额；或可照荷兰诸税征收的办法，区别一家人之年龄性别，每年付纳若干金额；或可按照德克尔所提议的英格兰一切消费品税的征收法。他那方法，我们前面已经讲过了。对于迅速消费的课税对象，那实在不甚便利，然在没有较好方法可用的场合，到底是不妨采用采用的。

砂糖、甜酒及烟草，到处都不视为生活必需品，但到处几乎都是普遍的消费，因之对此课税，那就再适当没有了。假若英国与诸殖民地之统一实现，此种商品，可在制造者或栽培者脱手前课税；如若这种课税方法，于他们不大方便，那就可把这待税商品积存于制造所在地及帝国诸港口之公营货栈中，由其所有者及收税吏共同管理，不到该商品引渡于消费者，内国零售商人，或输出商人的那时候，概不纳税。并且，输出商人，对于确系输往外国，提出了适当保证，当引渡时，亦予免税。因此，英国与诸殖民地之统一成功，这几种商品，恐怕就是英国现行税制不得不大施改革的主要商品。

把这种税制扩张到帝国所属各地，其所能生出之收入总额，究有多少呢，欲想得到相当正确的确定，那显见得是全不可能的。大不列颠依此制度，对于八百万以下的人民，每年可征收一千万镑的收入。爱尔兰的人民，有二百万以上。据某次在美洲议会提出的报告，美洲十二同盟州的人民，有三百万以上。然而这种报告，为了鼓励其国民，或威吓我国人民，恐不免出于夸

---

① 浩格斯赫德：hogshead，即五十二加伦半。——译者

张。所以我们可以这样假定：我国北美洲及西印度诸殖民地人民，合计不过三百万；或者说，欧洲美洲之全英帝国人民，合计不过一千三百万。如果这课税制度，对于八百万以下的居民，能征收一千万镑以上的收入，那么，对于一千三百万居民，当可征收一千六百二十五万镑以上的收入。在这假定能产生的收入中，爱尔兰及诸殖民地，常年为开支政费而征收的一项收入，是不能不减去的。爱尔兰之行政费，军事设施费，连同公债利息，就一七七五年三月以前之两个年度平均计算，每年还不到七十五万镑。依据极正确之计算，在目下骚乱开始以前，美洲及西印度主要殖民地之收入，计达十四万一千八百镑。不过这个计算当中，关于玛利兰、北卡罗林那的收入，及我国最近在大陆和岛屿方面领有地之收入，通予省略了，这省略的结果，恐怕有三四万镑的差额。为使数字简单起见，就假定爱尔兰及诸殖民地开支行政费之必要收入为一百万镑吧。在一千六百二十五万镑中，减除这一百万磅，尚残有一千五百二十五万镑，可供帝国开支一般费用及偿付公债利息之用。如果英国由现在的收入中，平时可节约一百万镑偿付公债，则在此增加的收入中，就不难节约六百二十五万镑下来，偿付公债。况且这一大减债基金，又因以前诸年度既偿公债，不须支付利息，而逐年增大；减债基金这样急速的增加，在几年之内，就足够偿还全部公债，而完全恢复现在帝国之消沉的憔悴的活力。同时人民亦得由若干最重负担之赋税，即生活必需品税或制造原料税中救出。由是劳动的贫民，乃能过较好的生活，以较廉的价格劳动，并以较廉价格提供其货物于市场。货价既廉，那种货物的需要增加，结果，生产那种货物之劳动需要增加。劳动需要增加，则劳动贫民的人数加多，其境遇亦有改善。这一来，他们的消费增加，同时，由他们消费的一切课税品所生之收入，也因而增加。

然而，由这种课税制度所生的收入，并不一定会立时按照比例于被税人民之数而增加。对于帝国领土内从未受惯此负担，而方始课以此负担的诸属地，在若干时期内，是应当大大从宽处置的；即在各处尽可能的正确征收时，亦不会处处按照人民数目之比例，产生收入。因为，在贫瘠地方，有关税及国产税可课之主要商品的消费，非常之少；而在居民稀薄的国度，秘密卖买之机会，又非常之多。苏格兰之下层人民，饮用麦芽饮料者极少；对于麦芽、啤酒及麦酒的国产税收入，就人民数及税率——麦芽品质有差异，故其税率亦有差异——相衡，苏格兰要比英格兰少多了。至若关于这些特定部门之秘密买卖，我相信，在这两国是不相上下的。课加于酿造所之税，及关税收入的大部分，各就其人口比较时，苏格兰要比英格兰为少，这原因，不但是被税商品在苏格兰消费较少，且秘密买卖亦在该地行之较易。爱尔兰之下层阶级人民，较之苏格兰尤贫，而其国土大部分的居民，则与苏格兰同样稀薄。因此，以人民之数为比例，爱尔兰之被税商品的消费，虽比苏格兰更少，而其秘密买卖之容易，则几相同。在美洲，在西印度，哪怕是最下层阶级的白人，其所处境遇，远非英格兰同一阶级人民所可企及，而对于一切奢侈品——他们通常爱好的——的消费，恐怕要大得多了。固然大陆南部诸殖民地及西印度群岛的居民，大部分皆为黑人，他们现在还是奴隶，其处境无疑较苏格兰或英格兰之最穷人民，尤为恶劣。但是，我们切不要根据这种理由，就想象他们比英格兰之最下级人民，所吃的更坏，所消费的轻税物品更少。为使他们好好工作，好好豢养他们，照料他们，那是他们主人的利益，正如好好喂养劳动家畜，是家畜所有者的利益一样。不论何处，黑人几乎与白人奴役同样受有甜酒、糖蜜及枞制啤酒的偿赐，纵令对那些物品课以轻率之税，这偿赐恐怕是不会取消的。因此，就居民数比例而言，美洲及西印度之被税商品的消费，恐不亚于英帝国任何地方。不错，就国土广袤比例而言，美洲的居民比较苏格兰或爱尔兰要稀薄得多，从而，那里秘密买卖的机会也要大得多。但是，假若现在对于芽麦及麦芽饮料诸税所征收的收入，由单一的麦芽税征收，则国产税最重要部门上之秘密买卖的机会，殆可完全杜绝；假若关税不课加于一切输入物品，而只局限于用途最广消费最多的少数物品，征收起来，一照国产税法那样，那么，秘密买卖的机会，纵不全然杜绝，也要大大减少的。经过这两种一见非常简单、非常容易的改革，哪怕在人口最稀薄的地方，就消费比例而言，其关税及国产税，恐怕亦会生出现在人口最稠密地方那样大的收入。

有人曾这样主张过：美洲人未保有金币，亦未保有银币。那个地方的内地贸易，全由纸币通行。间或有金银流到那里，又由交换我们的商品，全部送来英国了。没有金银是不能纳税的。我们既已取得了他们所有的金银。再要去榨取，那怎样能够呢?

然而，美洲现在金银的稀少，不是由于那个地方贫乏，也不是由于当地人民没有购买这些金属的能力。与英格兰比较，那里的劳动工资是那么高，而其食品价格又是那么低，假若他们大多数人民以购买更多量金银为必要，为便利，他们一定是有力购买的。因此，这些金属的稀少，就定是他们自动选择的结果，而非必然要求的结果。

金币银币之所以成为必要或便利，不外为了进行国内国外的交易。

本书第二编讲过，各国国内的交易，以纸币进行与以金币银币进行，殆有同一程度的便利。至少，在和平无事时，是如此。美洲人虽以再多的资本，使用在土地改良上，都可得到利润；因此，尽量节省其剩余物中必须用以购买高价金银的部分，而用以购买职业用具、衣料、家具及开垦耕作必要的铁制农具等，换言之，不购入死的资本，而购入活的生产的资本，在他们必定是便利的。殖民地政府发觉了，供给人民以足够——大概会超过足够限度以上——流通国内交易的纸币量，乃于他们有利益。在它们之中，特别如本雪文尼亚政府，往往以纸币贷与人民，由厚利取得了一项收入。此外，如麻塞鸠塞湾（Massachusetts Bay）政府，一有急需，便发行纸币，以供国用。往后，为该殖民地之便利，纸币价格逐渐折减，再予收回。一七四七年[①]，同殖民地依此方法，以所发行纸币价格十分之一，偿还其大部分的公债。省去国内交易上使用金银的费用，那是殖民地人民的便利；供结一种媒介物——这虽伴有几许的不利——使此费用节省成为可能，那是诸殖民地政府的便利。纸币过多，势必由诸殖民地国内交易上，驱逐金银货币，这理由，正如纸币过多，曾由苏格兰国内大部分交易上，驱逐这些金属一样。在这两国，由纸币过多所惹起的，不是人民的贫乏，却是他们企业的计划的精神。他们都希望举其所有资财，用作活动的生产的资财。

诸殖民地与英国所行之对外贸易，因多少有使用金银之必要，故正确的按此必要比例，而多少使用金银。不需要金银的地方，自罕能见到金银，需要金银的地方，大概是不愁没有金银的。

英国与产于殖民地间所行的贸易，大概是英国货物，先行赊交与殖民地人民，经过相当长期之后，再取偿于一定价格的烟草。以烟草支付，不以金银支付，在殖民地人民，固然比较便利；对于购买的货物，不付金银，而付以他自己偶尔要脱手的他种货物，在商人方面，亦比较便利。商人为应临时的必要，往往须在他营业资本中，划出一定额现金，保存不用。在这种场合，他就无此顾虑，他可在铺店或货栈中，存储更多量的货物；或者从事更大的营业。但是，一个商人，对于其他一切交易关系者的货物，通

① 见哈琴生著《麻萨朱塞特史》第二卷四三六页以下。

以另一种货物支付，受者又都感到便利，那种事毕竟是罕见的。若英国商人在威基尼亚及玛利兰进行贸易，其情形又当别论，他们对于卖给这些殖民地的货物，与其取金银，实不如取烟草来得便利。烟草的卖却，有利润可图；金银的卖却，却无利润可得。因此，在英国与此等产烟殖民地间所行的贸易上，金银是极其少见的。玛利兰及威基尼亚，无论对于国内贸易或对于国外贸易，几乎同样没有使用金银的必要。从而，它们的金银，就比美洲其他任何殖民地为少。然而就繁荣说，就富裕说，它们并不弱于一切邻近的殖民地啊。

在北部诸殖民地，即在本雪文尼亚、纽约、纽吉萨、新英格兰四州等地，输往英格兰之产物价值，及为它们自己使用，或其他殖民地使用——在这场合，由它们担任输送——而由英格兰输入之制造品价值，并不相等。从而，这项差额，就不能不以金银付给英格兰；大体上，它们总是不愁无金银支付的。

产砂糖诸殖民地年年输往英格兰之生产物价值，较之它们由英格兰输入一切货物的价值，要大得多。假若送往母国之砂糖及甜酒的代价，须支付于这些殖民地，那英国每年就不得不送出一巨额货币，填补这差额；由是，对西印度贸易——如某政治家等所指陈的——就成为极端不利的贸易了。但事实是这样的：许多大糖产地的所有主，都住在英国。他们的地租，当以其所有地之产物，即砂糖、糖酒，送给他们。据西印度商人自己计算，在这些殖民地购入的砂糖及糖酒的价值，亦不能等于他们年年在那里卖掉的货物的价值。这个差额亦必然要以金银支给这些商人；然而，那大概也是不愁无金银支付的。

诸殖民地对英国偿付的困难与延滞，皆与它们各各应偿付的差额大小，不成比例。北部诸殖民地通常应偿付相当大的差额，而产烟殖民地偿付的差额，有时全然没有，即有亦甚微，但是就一般而论，前者每能按期偿付，后者却不能按期偿付。诸产糖殖民地偿付的困难，不是按照比例于这各殖民地应偿付的差额大小，而宁可说是按照比例于它们所含荒地面积的大小；荒地面积愈大，激栽培者，使从事本人资力以上的开荒垦殖的诱惑亦愈大，从而，其偿付就愈不容易；反之，荒地面积愈小，则其结果正相反。依此理由，与那些完全耕作多年，以致栽培者无机可投的小岛，如巴佩道斯、安的瓜及圣克利斯多福比较，尚存有极多荒地之牙买加大岛的偿付，就大概是不规则的、不确定的了。新领地格林拿达、托巴哥、圣芬逻特及多米尼加，对于这种投机，已开了一个新的舞台；而这诸岛屿最近偿付之不规则与不确完，与牙买加大岛没有两样。

因此，就大部分殖民地而论，其余银之所以稀少，并不是由于贫乏。它们对活动的生产的资本，有大需要，故以尽量节省死的资本为便利，以那较金银为不便，然甚廉价的通商媒介物为满足。这一来，它们就得以金银的价值转用在职业用具、衣料、家具及开垦耕作必要的铁制农具上了。在那些非金银货币莫办的交易部门，它们往往总能找到必要的金银量，如其找不到的话，那不是它们迫于贫乏的结果，却是不必要的过大的企业的结果。它们对于偿付的拖延不定，不是它们贫乏了，却是它们致富的热望太过了。设使殖民地税收中，开销过了当地行政费军事设备费以外的一切部分，统须以金银送往英国，他们必充分具有购买此必要金银量的手段。在这场合，它们不过以其现在购买活动的生产的资本的一部分剩余生产物，转用以购买死的资本罢了；由是，它们进行国内交易，就不得不舍却廉价的通商媒介物，而使用高价的通商媒介物，而这高价的通商媒介物的费用，就不免对于它们改良土地的过度企业的活力与热心，有所抑制了。然而美洲收入的任何部分，都没有以金银送往英国之必要，普通大抵以汇票汇寄（由英国特殊商人或特殊公司出票及认受，这特殊商人或公司曾定购若干美洲剩余生产物，它们收割货物后，即照价以货币支付国库）。这一来，美洲无须输出一翁斯金银，一切都办理妥当了。

爱尔兰及美洲帮同偿还英国公债，就正义上讲，那是应当的。英国之起公债，原为支持由革命树立的政府。赖这政府，爱尔兰之新教徒，才得在自国享有全权威，他们的自由，他们的财产，乃至他们的宗教，才得有所保护；并且，赖这政府，美洲若干殖民地，才有其现在的特许状，现在的宪法，而美洲所有殖民地的人民，才从那时享有自由、安全和财产。因之，这公债之起，并不但是为了防御英国，同时也是为了防御英国一切属地。特别是最近战争中所起的莫大公债，以及前此战争所起的大部分公债，其本来的用途，都是为了防御美洲哩。

爱尔兰之归并于英国，除享有自由贸易的利益外，更获得了其他重要得多的利益，这利益偿其随归并而增加的赋税，大大有余。苏格兰归并于英，从来被贵族权力压制的中下级人民，完全得到解放了。贵族权力之在爱尔兰，其压制更甚，受其害者更多，自经归并之后，人民大部分，亦同样从贵族压迫之下，得到了解放了。如同苏格兰贵族一样，爱尔兰贵族之形成，不是由于门第财产那样自然的可为尊敬的差别，其差别乃生于最可憎的宗教偏见及政治偏见。这种差别尤能助长压制者的傲慢，及被压制者的嫌忌与憎恶，其结果，同国居民间相互怀抱的敌意，就比之相异国民间厉害得多了；假使爱尔兰不归并于英国，其居民今后数十百年，也许还难被视为一个国民。

在美洲诸殖民地间，原无专横的贵族存在。然而就幸福与安定言，那里的人民，其受归并于英之赐亦不浅。至少，他们由此，得免去了小民主政体下必然会发生之仇视凶恶的党争了，那党争，屡屡分裂人民间的感情，并扰乱政府的安定。假若美洲完全与英国脱离关系——如非由这种归并加以防止，那是很容易发生的——此党争将更比以前凶暴十倍。在目下之扰乱开始以前，母国的强压力，常能制止党争，使仅出于无礼及侮辱。设无此强压力，恐怕不久就要诉之暴力而演成流血惨剧了。隶于一个统一政府下之党派的精神，在一切大国通例皆横溢于帝国中心，在僻远地方，则较为冷淡。与首都隔远了，即与党争和野心之主要漩涡隔远了，这样，对于任何党的见解，就比较没有成见，而对于各党的行动，亦得公正无私的观察。以目前而论，在苏格兰之党争，当不若英格兰之激切；诸属归并实现后，在爱尔兰之党争，又当不若苏格兰之激切；不久美洲诸殖民地之无所事乎党争的融和一致的景象，那将为英帝国任何属地所梦想不到。固然，归并实现之后，爱尔兰及美洲诸殖民地会不免受到重于现在一切负担的赋税，但国家收入设能勤勉而忠实的应用，从而公债得继续的偿还，不久，英国国家收入，缩减至够维持平时设施就行了，现在大部分的赋税，当不致继续征收下去。

东印度公司获得的领土，那无疑是属于国王的，即英国国家与人民的权利。由那些领土导出之别一个收入源泉，恐怕比上述诸源泉还要来得丰富。与英国比较，据说，那些地方更丰饶，更广大，而正面积广袤的比例上，更其富裕，其人口更为稠密。不过，就赋税而论，那已经征到十足的程度了，有的且超过十足程度以上了；要从那里抽取一大收入，恐不必另加新税。我觉得，比较妥当的办法，与其增加那些不幸人民的负担，却毋宁减低其负担；与其设新税以裕收入，却毋宁阻止既征赋税大部分之滥用与中饱。

假若要由上述诸资源引出大大的收入，在英国实行不来，那残下的唯一办法，就是减少费用。在征税方法上，在国家收入的开支方法上，无疑尚有改良余地，不过，与其他邻国较，英国至少总算收得经济，用得经济的。英国平时的国防军事设备，较之富均力敌之欧洲任何国家，尤为适当。所以想在这个项目上节省费用，似乎难能。在目下之扰乱开始以前，美洲诸殖民地之平时设施费用，为数颇大，假若不能由这些殖民地取得何等收入，它们这项费用，总应该一定是可以完全节省的。不过，这些殖民地平时的经费虽再大，比之英国为防御它们作战所耗费了的，那就微乎其微了。英国完全为保障殖民地而发生的最近战争——前面讲过，其所费在九千万镑以上。主要为保障殖民地之一七三九年之西班牙战争，及由此次战争结果惹起之法兰西战争，所在费四千万镑以上；这项费用的大部分，当然应由诸殖民地负担。在这两次战争上，英国为诸殖民地所费了的，远过于前一次战争开始以前之总公债额两倍以上。假若不从事这几次战争，当时的公债，已可完全偿还，或者实际完全偿还了也说不定。假若不为了这些殖民地，前一次战争也许不至于战；后一次战争则确不会战。竟战了，竟支出了这么大的费用，就因为想到这些殖民地是英国领土之故。但是，对于维持帝国，既未提供财力，又未提供武力的地方，决不能视为领土。那也许可以算是附丽于帝国的一种壮丽华美的装饰吧。然帝国既已不能支持这装饰的费用，早就应当废置完事；假若不能按照比例于其支出而增加收入，至少应当使其量入为出。如其不问诸殖民地拒绝纳税与否，仍必视为英帝国之领土，那在将来防御殖民地的战争上，恐不免还要耗去英国以前几次战争那样多的费用。百余年来，英国统治者曾以我国在大西洋岸保有一疆土的想象，使人民引为快慰。然为一大疆土，迄今仍只存于想象中。不是疆土，只是疆土的计划，不是金矿，只是金矿的计划。总之，向是一种计划而已。这计划，在过去以至现在，已使英国费得太多了，设今后依同一方法继续下去，将来所费，正自无限。加之，费了这么多，还收不到一点利润。因为，前面讲过，殖民地贸易独占的结果，于大部分人民是有损无益的。我国统治者，将实现其一向所耽入的黄金之梦——人民也许同样耽于此梦中，抑是自己先由那梦中醒过来，再努力唤醒人民呢，现今确是不容他们踌躅的时候。如其那计划不能完成，自应当放弃。如其英帝国之领土，不能对于全帝国维持有所贡献，这时候，英国就当自行免除她为防御那领土而支出的战费，乃至平时行政军事设施的一部分费用，并努力使其将来的目的与计划，合乎立国之常道。

图书在版编目（CIP）数据

国富论 /（英）斯密（Smith,A.）著；郭大力，王亚南译．
一南京：译林出版社，2014.10
（汉译经典）
书名原文：An inquiry into the nature and causes of the wealth of nations
ISBN 978-7-5447-4973-2

Ⅰ.①国… Ⅱ.①斯… ②郭… ③王… Ⅲ.①古典资产阶级政治经济学
Ⅳ.①F091.33

中国版本图书馆CIP数据核字（2014）第205752号

书　　名 国富论
作　　者 〔英国〕亚当·斯密
译　　者 郭大力　王亚南
责任编辑 王振华
特约编辑 段颖龙
出版发行 凤凰出版传媒股份有限公司
译林出版社
出版社地址 南京市湖南路1号A楼，邮编：210009
电子信箱 yilin@yilin.com
出版社网址 http://www.yilin.com
印　　刷 泰安市恒彩印务有限公司
开　　本 960×640毫米　1/16
印　　张 54
字　　数 650千字
版　　次 2014年10月第1版　2023年10月第4次印刷
书　　号 ISBN 978-7-5447-4973-2
定　　价 96.00元（上、下）
译林版图书若有印装错误可向承印厂调换